叢書・ウニベルシタス　971

イメージの前で〈増補改訂版〉

美術史の目的への問い

ジョルジュ・ディディ=ユベルマン
江澤健一郎 訳

法政大学出版局

目次

凡例

一、本書は、Georges Didi-Huberman, *Devant l'image, question posée aux fins d'une histoire de l'art*, Minuit, Paris, 1990 の全訳に、同書英語版の序「悪魔祓い師」を増補したものである。

一、ディディ＝ユベルマンによる引用文は基本的に拙訳である。原典がフランス語以外のものも、原則としてフランス語から訳出した。ただし、邦訳が存在する場合は参照して、特にフランス語訳との間に隔たりがある場合には、邦訳にしたがって調整した。また、なかには既訳を引用した場合もあるが、その場合も文脈にしたがって訳文を一部変更した。変更の際の責任は、いっさい本書の訳者にある。邦訳者の方々に謝意を表するとともにご了承を乞いたい。

一、原文でイタリックで示された単語は、原則として傍点で示した。しかし、イタリックがフランス語以外の単語を示している場合は、基本的に訳者の判断で傍点を付さなかった。その場合、例えば「素描（*disegno*）」という形で原語を付記するかルビを付けた場合もあるが、不要と判断した場合は省略した。また原語をカタカナで表した場合は傍点を付し、基本的に原語は併記しなかった（たとえば「アケイロポイエートス」）。また、傍点の代わりに「　」を用いた場合もある。

一、〈　〉は、大文字で始まる単語を示す。フランス語の Idée を「イデア」と訳す場合などのように、慣例的に大文字で始まる意味の場合は、〈　〉を付けなかったが、必要に応じて付けた場合もある。また、すべて大文字で表記された単語は、太字で示した。

一、［　］は、著者による註を示し、〔　〕内の語句は、訳者による註である。また、原語の多義性を表すために、〔　〕ではなく、（　）を用いた場合もある。

一、書物の題名は『　』で示し、雑誌などに掲載された論文は「　」、絵画や版画の題名は《　》で示した。

英語版の序

悪魔祓い師

諺《ことわざ》曰《いわ》く、「知識の豊富な人《アヴェルティ》には、一人で二人分の価値がある」。知識の豊富な美術史家には、一人で二人分の価値があるはずだということが、いまや確実なことに思われる……その二人分の二人目になれるのは、エルヴィン・パノフスキーが確立したイコノロジーの原理を見いだして、自分のものにできた美術史家である。知識の豊富な美術史家には、一人で二人分の価値がある。その二人分の一人目は、ヴェルフリンの教えにしたがって、形式と様式的変遷に取り組んでいる。二人目は、パノフスキーの教えにしたがって、具象的な芸術作品の内容（あるいは、非常に不適切に呼ばれているように、その「主題」）が「イメージ、物語、寓意のなかに表された特殊なテーマや概念」[1]の複雑な世界に属していることを知っているのだ。

（1） E. Panofsky, «Iconography and Iconology : an Introduction to the Study of Renaissance Art» (1939), *Meaning in the Visual Arts*, Chicago, The University of Chicago Press, 1955 (éd. 1982), p. 29. Trad. C. Herbette et B.

もっとも目立たない、もっともありふれた要素においてであろうとも——衣服や建築の細部、テーブルの水差し、風景のなかにいるウサギ、さらには《メロドの祭壇画》におけるあの寓意的なネズミ取り(2)——、寓意と「偽装された象徴」が、どこまで視覚的な表象を取り囲むことができたのかを、パノフスキーのおかげで、われわれは今では以前よりもよく知っているのである。窓の単なる透明さが、《受胎告知》の文脈において、神学思想によるもっとも神秘的な挑戦の媒体となりうることを、パノフスキーのおかげでわれわれはよく知っている《アヴェルティ》のだ（それは、ガラスが光線に貫かれても無傷なままであるように、神の精液に貫かれても無傷なままでいる聖処女の処女膜である）。

フランス語の「être averti（よく知っている。警告を受けている）」は、二つの仕方で理解されている。積極的な仕方は、ひとが知ることができる何かを指している。この意味で、パノフスキーは、われわれに次の事実を決定的に知らせてくれた。つまり、大いなる学問的な伝統——とくに中世のスコラ哲学とルネサンスの新プラトン主義——が、キリスト教的で人文主義的な西洋の長い期間において、イメージの意味作用（*meaning*）について生み出されるあらゆる考えを構造化したのである。この観点でいえば、パノフスキーの教えは——彼の同輩であるフリッツ・ザクスル、そしてエドガー・ウィンドやルドルフ・ウィットカウアーの教えのように——いまでも素晴らしいものであり、その長い期間をまさに理解するには絶対に必要なものである。あえて言うなら、イコノロジーは、視覚芸術が伝えられるようになる可能的な意味の複雑さをわれわれに知らせることによって、イメージの純潔を奪って、イメージを利口にさせたのである。どうして、それを非難することなどできようか。

しかし、「être averti」は否定的な仕方でも理解されている。それは、十分に気を付けなければならないものに対して、それを遠ざけておくことを意味するのである。知識の豊富な人は、精通している人であるが——美術史学においては、博学な人、学識豊かな人と言われるだろう——、それは、自分の知の条件そのもの、自分の学識の穏やかな実践を無傷なままにするために、絶対に払いのけるべき危険を知らされている人でもある。この観点では、パノフスキーの作品は、相変わらず断固たる閉域を特徴としている。その閉域は、いかなる軽率さ、いかなる破廉恥さからも、すなわち理性の実践におけるいかなる傲慢さ（*hybris*）、いかなる行き過ぎからも学問を守るための、紛れもない保安用の警戒線である。それゆえに、パノフスキーの本にはしばしば事前の「注意書き」があるのだ。『イデア』が一九五九年に再版されたときの注意書きは、とりわけいまでも重要である。

Teyssèdre, « Introduction », *Essais d'iconologie. Thèmes humanistes dans l'art de la Renaissance*, Paris, Gallimard, 1967, p. 19〔エルヴィン・パノフスキー『イコノロジー研究——ルネサンス美術における人文主義の諸テーマ』上、浅野徹・阿天坊燿・塚田孝雄・永澤峻・福部信敏訳、ちくま学芸文庫、二〇〇二年、三七頁〕.

（2）*Id.*, *Early Netherlandish Painting*, Cambridge, Harvard University Press, 1953 (éd. 1971), p. 131-148〔アーウィン・パノフスキー『初期ネーデルラント絵画——その起源と性格』勝國興・蜷川順子訳、中央公論美術出版、二〇〇一年、九一—一〇二頁〕. Trad. D. Le Bourg, *Les Primitifs flamands*, Paris, Hazan, 1992, p. 251-276〔同書、九七—一〇〇頁〕（「偽装された象徴」という概念について）et 299-303〔同書、一一三—一一四頁〕（《メロドの祭壇画》とメイヤー・シャピロの解釈について）. Cf. M. A. Holly, *Panofsky and the Foundations of Art History*, Ithaca, Cornell University Press, 1984.

もし書物が調剤と同じ法的規則にしたがう必要があるとすれば、それぞれの本の表紙に**注意**（*CAUTIUS*）と、「取扱注意」と記載せねばならないだろう。(3)

パノフスキーは、美術史家がパルマコン（***pharmakon***）〔毒である薬〕を扱う務めにあることをよく知っていた。美術史家が研究するイメージの実体は、強力で魅力的だが、変質を引き起こす実体なのだ。その実体は安心させてくれる。つまりそれは、このうえなく素晴らしい回答を学者にもたらすが、しかし**注意だ**（*CAUTIUS*）**！**　その実体は、それを過剰に飲みこむ者、破滅するほどそれと密着する者にとっては、すぐさま麻薬、さらには毒薬になってしまうのだ。パノフスキーは正真正銘の、徹底した合理主義者であった。つまり、彼の全問題とは、薬剤師が自分のパルマコンのせいで冒す危険を払いのけることにあったのである。その危険とは、イメージの認識を務めとする者が、イメージのせいで冒す危険である。イメージが、認識の実証的、あるいは「客観的」な実践を危機にさらす——その密着する力、つまり想像することへの誘惑によって——まさに当のものであるなら（パノフスキーは、プラトンを忘れることはなかった）、いかにして一つのイメージを認識できるのだろうか。イメージがわれわれに想像させるものであり、想像力（感性的な）が認識（知性的な）の障害であるなら——それなら、いかにして一つのイメージを認識することができるのだろうか。

これが問いただすべき逆説である。つまり、イコノロジーを「客観的な科学」にするために、パノフスキーは、何かを文字通りに悪魔祓いしなければならなかったのだ。その何かとは、彼がその「科学」によって明確にしようとした対象の、その力に固有なものである。

*

この逆説を、寓話の形——一見したところ恣意的な、いずれにせよ典型的にイコノロジー的な——で表すことができるだろう。私がその寓話を取り出すのは、この偉大な美術史家がいつも研究していた作品の顕在的な世界、人文主義的あるいはキリスト教的な世界からではない。より潜在的な、まさに彼の父祖伝来の世界、つまりその中央ヨーロッパにおけるユダヤ文化の世界から、それを取り出してみたい（彼の父は、シロンスクのユダヤ人であった）。十八世紀からハシディズム運動に貫かれていたこの文化においては——この運動は、ドイツの知識階級においては、パノフスキーの同時代人、つまりゲルショム・ショーレム、そして彼以前にはマルティン・ブーバーによって引き継がれていた[4]——、誰もがディブックの民話をよく知ってい

（3） *Id., Idea. Ein Beitrag zur Begriffsgeschichte der älteren Kunsttheorie*（1924）, Berlin, Wissenschaftsverlag Volker Spiess, 1993, p. II. Trad. H. Joly, *Idea. Contribution à l'histoire du concept de l'ancienne théorie de l'art*, Paris, Gallimard, 1983, p. 15（一九五九年版の序文）〔エルヴィン・パノフスキー『イデア——美と芸術の理論のために』伊藤博明・富松保文訳、平凡社ライブラリー、二〇〇四年、一六頁〕.

（4） Cf. M. Buber, *Gog et Magog. Chronique de l'époque napoléonienne*（1949）, trad. J. Loewenson-Lavi, Paris, Gallimard, 1958〔マルティン・ブーバー『ゴグとマゴグ——ある年代記　ブーバー著作集9』田口義弘ほか訳、みすず書房、一九七〇年〕. *Id., Les Récits hassidiques*（1949）, trad. A. Guerne, Paris, Plon, 1963. G. Scholem, *Les Grands Courants de la mystique juive*（1941）, trad. M.-M. Davy, Paris, Payot, 1950〔ゲルショム・ショーレム『ユダヤ神秘主義——その主潮流』山下肇ほか訳、法政大学出版局、一九八五年〕. *Id.*, « Martin Buber et son interprétation

たのである。

いたって簡潔なこの伝説は、偉大なユダヤ神秘思想——とりわけ、ポーランドのユダヤ人共同体（*shtetls*）にまで伝えられたイサク・ルリアのカバラ——の神髄にとって、《受胎告知》の絵において、透明な窓が受肉の神秘のために果たす役割を果たしている。この伝説には多様な背景があるため、私には要約することしかできない。それは、ホネンという非常に博識で、非常に大胆なまでに書物に好奇心を抱いた男の物語である。タルムードの律法万能主義は、彼には「あまりにも無味乾燥」で霊感のないものに思われたため、彼はむしろカバラの深淵を好んでいる。それは、モーセ・コルドベロが概論『甘い光』において書いたように、「妻をめとって自分の思想を浄化していなければ、この学問に入り込むのは禁じられている」(5)だけに危険な賭けであった。

ホネンは、妻をめとってもいなかったし、思想を浄化してもいなかったが、レアという若くて美しい娘を狂おしく愛していて、彼女のほうも彼を愛している。彼らはお互いに定めの人であった。ところが、若い娘の父親が、もっと良い結婚相手を選んでしまって、結婚式が行われる手はずが整っている。ホネンは、絶望のあまり、秘教の知識に定められた制限を思い切って破ってしまう。彼は、運命を払いのけるために、秘密の名前を呼び出す。だが彼は、まったくもって未熟すぎて、その欲望は十分に純粋ではなかった。彼が不可能なものを求めて操ろうとした輝きは、彼を焼き尽くす炎となり、彼を消滅させようとする。彼は大きな叫び声をあげて、自分の本のただなかで死を迎えて崩れ落ちる。

予定されていた結婚の日がやってくる。結婚の絆が告げられんとする瞬間に、若い娘は、まったき絶望の果てに、大きな叫び声をあげて——今度は彼女が——倒れ込んでしまう。彼女は死んではいなかった。しかし、人々が彼女を失神から回復させると、彼女は、あの死者の声で語り始め、わめき始めるのだ。若い男のさまよえる魂、罪の償いを果たさぬ魂が、彼女のなかに入り込んだのである。こうして彼女は、ディブックに取り憑かれてしまった。物語の残りの部分は、驚くべき義人（*tsadik*）、ミローピリのラビであるアズリエルの管轄下で、彼女に行われる悪魔祓いの息詰まるような描写である。それは、儀式のドラマであり、そこでディブックは、最後には呪われ、追い出され、そうしてレアの身体から引きずり出される。

　しかし、共同体の全員が急いで再び結婚式を行う準備をしているあいだに、今度はその若い娘自身が、悪魔祓いの魔法の輪を破って、思いもよらぬ場所で――いくつかの説では彼女は死亡して、他の説では壁のなかに入り込んでいく――、彼女が運命で結ばれた亡霊、永遠の若きディブックと再会しに行くのだ。

　この物語は、シュロイメ・アン＝スキ（一八六三―一九二〇）がイディッシュ語で書いた舞台用の脚色を通じてとくに知られている。アン＝スキは、短編や中編小説の作者であり、ポーランドとロシアにおけるユダヤの民間伝承を研究した傑出した民族学者であった。(6) この戯曲は、一九一七年にヴィリニュスの劇団によっ

---

du hassidisme » (1961), trad. B. Dupuy, *Le Messianisme juif. Essai sur la spiritualité du judaïsme*, Paris, Calmann-Lévy, 1974, p. 333-357. *Id.*, « La neutralisation du messianisme dans le hassidisme primitif » (1970), *ibid.*, p. 267-301.

（5） M. Cordovero, *La douce Lumière* (1587), trad. S. Ouziel, Paris, Verdier, 1997, p. 93. 他の人々は、四〇歳になるまでカバラに近づくことを禁じている。

（6） C. Anski, *Le Dibbouk. Légende dramatique en trois actes* (1917), trad. N. Gourfinkel et A. Mambush, Paris, L'Arche, 1957〔S・アン＝スキ、ヴィトルト・ゴンブローヴィチ『ディブック／ブルグント公女イヴォンナ』《ポーランド文学古典叢書》第5巻』赤尾光春ほか訳、未知谷、二〇一五年〕.

て、イディッシュ語の原文で舞台化された。だが、国際的に知られるようになったのは、詩人であるハイム・ナフマン・ビアリクによるヘブライ語版によってであった。その戯曲は、スタニスラフスキーの弟子であったイェヴゲーニー・ワフタンゴフによって、一九二一年からモスクワで上演された。そして一九二六年からは、ハビマー劇場の劇団（この劇団に対して、スターリン体制下のロシアは、だんだんと好意的ではなくなった）によって世界中で巡業上演された。最後にこの戯曲は、三〇年代のポーランドで映画化される。それは、ミハウ・ヴァシンスキが一九三七年にイディッシュ語で映画化した、一種の表現主義的な「音楽悲劇」――ハリウッドで「ミュージカルコメディー」として注目を集めていたものとは正反対のもの――であった。

これは、驚くほど人物の動きが抑えられた映画だが、非常に心を揺さぶる作品である。この映画は、民衆劇から直接に生まれたものであり、その跡を隠したりはしていない。さらに今になってみれば、この映画は、現実のドラマが残した、まだ生きている亡霊のような遺物として現れるのだ。その現実のドラマとは、この想像的なドラマの俳優全員を、絶滅収容所へ連れ去ろうとしていたドラマである。この映画で悪魔祓いの場面は――それはアン゠スキの戯曲では、第三場の全体を占めていた――、数分間に短縮されている。この映画監督は、少女に男性の声で語らせる策を、それが映画なら簡単であるにもかかわらず用いなかった。儀式（特に相次いで鳴り響く角笛（*shofar*））は著しく簡略化された。しかし、このような粗描だけでも、私の寓話には十分だ。そしてこの寓話のなかで、レアを〈美術史〉の擬人化として想像して、敬虔な人々の「聖なる集まり」を、図像解釈学者たちの「学問的共同体」と呼ばれるものの特徴で……そしてパノフスキーをアズリエル、奇跡のラビ、賢者、悪魔祓い師の役で想像しなければならない。

＊

真の問いは、ディブックそのもの——人格、すなわち神秘を知りたがるあまり肉体が変質した若い男であると同時に、非‐人格、すなわち生者たちが幽霊のようになる変質であり、それらの生者たちのあいだ、あるいは彼らのなかで彼はさまよい続け、さらには宿り続けている——が誰の、あるいは何の寓意なのかを知ることにある。約一五年前に私は、パノフスキーがこのディブックを悪魔祓いするのに用いた概念道具の批判的検討から始めて、この問いの全般的な枠組みを提起しようと試みた。そこでのお祓いの呪文は、宗教的な伝統からではなく、哲学的な伝統から取り入れられていた。私は、ヴァザーリ的なアカデミズムの偉大な「魔術的言葉」が、新カント主義的に適用されるのを、そこにおおよそ見いだしていた。勝ち誇る再生（*rinascita*）は、美術史のある種の概念に、人文主義的な合理性として移し替えられた。名高い模倣（*imitazione*）は、形象化と意味作用の関係を示す階層化された分類表に移し替えられた。そして必然的なイデア（*idea*）は、「象徴形式」というカッシーラー的な概念に移し替えられる。そして最後に、必須である素描（*disegno*）は、カント的な超越論的図式論の利用——典型的に観念論的な——に移し替えられたのである。[7]

この変換の枠組み——十六世紀イタリアの典型的な人文主義が、十八世紀の偉大なドイツ哲学によって新たに解釈され、十九世紀に定着した「文献学的な」歴史の要請に、カッシーラーによって、続いてパノフス

（7） G. Didi-Huberman, *Devant l'image. Question posée aux fins d'une histoire de l'art*, Paris, Les Éditions de Minuit, 1990〔ディディ＝ユベルマン『イメージの前で——美術史の目的への問い』本書〕.

キーによって適用された――は、精神を満足させずにはいなかった。フランスにおける構造主義の勢力圏は、「骨董屋のような」美術史の埃にまみれた歴史主義に対して、まさにこの枠組みを取り入れるよりほかなかったのである。それゆえに、文化領域の社会学者たち（ピエール・ブルデュー）、そして芸術の記号学者たち（ルイ・マラン、ユベール・ダミッシュ）は、パノフスキーがイメージの領域に持ち込んだ一種の超越論的図式論に賛同を表明しているのだ。いわばひとつの純粋理性が、美術史家たちに開かれて、認識論的な再創設のようなものを彼らに期待させたのである。

　偶然や欲望によって、ルネサンス絵画の領域における私の最初の調査対象は、パノフスキー的な「純粋理性」に抗う対象となった[8]。まず始めは例外として現れ、続いて理論面における豊かな対象として現れたものを、「プリンストンの先生」が用いた道具は理解させてくれなかったのである。理解するのを諦めるか、イコノロジーを超えるエピステーメーの体制へ向かって、イコノロジーを突き動かさなければならなかったのだ。その体制とは、重層決定の体制であり、そこでパノフスキー的な決定は、さまざまな理由、非常に「不純で」、混成的で、矛盾していて、ずれていて、アナクロニズム的な……さまざまな理由の試練を受けていた。そしてフロイトは、それらの理由が理解可能になる枠組みを、無意識、つまり人文科学全体におけるこの典型的なパルマコンの支配下にあるものとして示していた。

　このようにフロイトを経由して迂回する必要性を、美術史（*Kunstgeschichte*）の伝統全体と決別する断固たる次なる（*post*）試みとして思い描くなら、まさに誤解をしたことになろう――フロイトを破壊者として非難するにせよ、「脱構築する者」として正当化するにせよ。何かが終わったのだ（*over*）、とこの領域で断言できるのは、流行とスローガンの偽造者だけである。それは、批判的な記憶を捨てて自発的な忘却を取ることであり、その忘却は、自分自身の歴史の放棄にしばしば似ているのである。本当に批判するには、将来の代案を提示するには、考古学に専念すべきではないだろうか。その考古学とは、ラカンがフロイトとともに学び始め、フーコーがビンスワンガーとともに、ドゥルーズがベルクソンとともに、あるいはデリダがフッサールとともに学び始めた考古学である。したがってイコノロジー批判は、まさに美術史の考古学におけるリズムと、一挙に調和しなければならなかったのだ。さらに厳密にいえば、まさにハンブルクにおけるパノフスキー自身の「師」と照らし合わせてこそ、この批判は思考され、続いて延長されたのである。もちろん問題の人物とは、アビ・ヴァールブルクである。(9)

これがわれわれのディブックだ。フィレンツェ絵画における人文主義的な典拠の偉大な解釈者である。(10) ル

---

(8) *Id., Fra Angelico — Dissemblance et figuration*, Paris, Flammarion, 1990〔ディディ＝ユベルマン『フラ・アンジェリコ——神秘神学と絵画表現』寺田光德・平岡洋子訳、平凡社、二〇〇一年〕.

(9) *Id., L'Image survivante. Histoire de l'art et temps des fantômes selon Aby Warburg*, Paris, Les Éditions de Minuit, 2002〔ディディ＝ユベルマン『残存するイメージ——アビ・ヴァールブルクによる美術史と幽霊たちの時間』竹内孝宏・水野千依訳、人文書院、二〇〇五年〕.

(10) A. Warburg, «Sandro Botticellis «Geburt der Venus» und «Frühling». Eine Untersuchung über die Vorstellungen von der Antike in der Italienischen Frührenaissance» (1893), *Ausgewählte Schriften und Würdigungen*, éd. D. Wuttke, Baden-Baden, Valentin Koerner, 1980, pp. 11-64. Trad. S. Muller, «*La Naissance de Vénus* et *Le Printemps* de Sandro Botticelli», *Essais florentins*, Paris, Klincksieck, 1990, p. 47–100〔アビ・ヴァールブルク『ヴァールブルク著作集1　サンドロ・ボッティチェッリの《ウェヌスの誕生》と《春》——イタリア初期ルネサンスにおける古代表象に関する研究』伊藤博明監訳、富松保文訳、ありな書房、二〇〇七年〕.

ネサンスの肖像画をめぐる儀礼の革命的な人類学者である。[11] 彼こそが、イコノロジーの天才的で幽霊的な創始者である。[12] それにしても、彼の「基礎的な問題」、具象的な表現性のための「原初的語」、つまり彼がカバラ学者風にあえて「根源語（*Urworte*）」と呼んだものの探究は、なんと大胆なことであろう！　イメージを解釈するばかりでなく、理解しようとしたからこそ、ハンブルクの、イエナの精神病院の壁のなかで、続いてルートヴィヒ・ビンスワンガー――フロイトの大いなる友――が運営したクロイツリンゲンの有名な私立病院で五年間にわたって精神錯乱に陥る前に、ある意味でヴァールブルクは悪魔の誘惑に身をさらして、最後には自分の本のさなかで狂って倒れ込む人となったのだ。そして彼は、『ムネモシュネ』の作成者である。『ムネモシュネ』は、非常に異端的で度外れなイメージのモンタージュであり、それらのイメージは、いかなる歴史主義的な論証からも逃れる倍音にしたがって、共に協和することができるのである。[13] さらに彼は、『基礎概念（*Grundbegriffe*）』の詩人、あるいは予言者である。『基礎概念』は出版できない草稿であり、そこでは「噴出」する思考、固定観念、「諸観念の流出」が、理論的な思考の同じひとつの高揚において混ざり合っている。[14] そして彼は、幽霊、救われざる魂であり、レア、つまり〈美術史〉と呼ばれるわれらが美しき学問の身体（社会的な）のなかを、まだ彷徨っているのである――だが、だんだんと寡黙ではなくなりながら。

ウィリアム・ヘクシャーは、一九六九年に発表したパノフスキーの「履歴」において、次の特徴を強調すべきであると考えていた。

［パノフスキーは］「不安定なもの」が好きではなかった。彼は、ウィリアム・ブレイクについて次のように

語っていた。「私は彼には耐えられないのです。ヘルダーリンのような本当の狂人たちなら、嫌《いや》になったり

---

(11) *Id.*, «Bildniskunst und florentinisches Bürgertum. Domenico Ghirlandajo in Santa Trinita. Die Bildnisse des Lorenzo de'Medici und seiner Angehörigen» (1902), *Ausgewählte Schriften, op. cit.*, p. 65-102. Trad. S. Muller, «L'art du portrait et la bourgeoisie florentine. Domenico Ghirlandaio à Santa Trinita. Les portraits de Laurent de Médicis et de son entourage», *Essais florentins, op. cit.*, p. 101-135〔ヴァールブルク「肖像芸術とフィレンツェの市民階級——サンタ・トリニタ聖堂のドミニコ・ギルランダイオ、ロレンツォ・デ・メディチとその一族の肖像」『ヴァールブルク著作集2　フィレンツェ市民文化における古典世界』伊藤博明監訳、上村清雄・岡田温司訳、ありな書房、二〇〇四年〕.

(12) A. Warburg, «Italienische Kunst und internationale Astrologie im Palazzo Schifanoja zu Ferrara» (1912), *Ausgewählte Schriften, op. cit.*, p. 173-198. Trad. S. Muller, «Art italien et astrologie internationale au Palazzo Schifanoia à Ferrare», *Essais florentins, op. cit.*, p. 197-220〔ヴァールブルク「フェッラーラのスキファノイア宮におけるイタリア美術と国際的占星術」『ヴァールブルク著作集5　フェッラーラのスキファノイア宮におけるイタリア美術と国際的占星術』伊藤博明監訳、加藤哲弘訳、ありな書房、二〇〇三年〕. Cf. W. S. Heckscher, «The Genesis of Iconology» (1967), *Art and Literature. Studies in Relationship*, Baden-Baden, Valentin Koerner, 1985, p. 253-280.

(13) A. Warburg, *Gesammelte Schriften, II-1. Der Bilderatlas Mnemosyne*, éd. M. Warnke et C. Brink, Berlin, Akademie Verlag, 2000〔ヴァールブルク、ほか『ヴァールブルク著作集　別巻1　ムネモシュネ・アトラス』ありな書房、二〇一二年〕.

(14) *Id.*, *Mnemosyne. Grundbegriffe, I-II* (1928-1929), Londres, Warburg Institute Archive, III, 102.3-4.

はしません。真の狂気からは、詩的な花々が生まれることがあります。ですが、つねに断崖のふちを歩いているる狂った天才たちは、好きではありません[15]」。

おそらくパノフスキーは、ディブックの悪魔祓い師のように、アビ・ヴァールブルクが要請した「名前のない科学」の「不安定な」内容を悪魔祓いする試みを断固として行いながら、同時に居心地の悪い思いをしていたのだ。「狂った天才」が、美術史の方法をめぐる名高いセミナーで断崖に言及したとき、彼はハンブルクにいた。「地震計」としての歴史家、時間の振動と亀裂の歴史家は、その断崖のふちを進んでいるのだ[16]。しかしパノフスキーは、「不安定さ」とそれに伴う眩暈からわれわれを守ろうとしながら、あたかも断崖が存在しないかのように振る舞ったのである。あたかも「不安定なもの」「眩暈に襲われること」が、歴史的理性の観点から見れば、必然的に間違いであったかのように。

さて、パノフスキーが自分のイコノロジーから悪魔祓いしようとしたのは、変質した人物――ヴァールブルク本人――というよりも、どちらかといえば別のものである。むしろ彼が悪魔祓いするのは、変質そのものとして理解されるディブックであり、その変質とは、イメージについて構築すべき歴史的な知が、イメージそのものによって変質することである。二つのものが一つのディブックを特徴づけている。一つ目は、その回帰の亡霊的な力、すなわち心理的な強迫観念の力であり、前後や古いものと新しいものをめぐる時系列的なあらゆる規則に対する挑戦の力である。まさに死亡した後でこそ、ディブックは完全に語り始め、自分の思考、若さを享受し始めて、さらにはレアとの実体的な一体性において真に「生誕し」始めるのである。

ディブックの第二の特徴は密着であり、それは内部と外部、近さと遠さをめぐるトポロジー的なあらゆる法則に対して、同じような挑戦がなされることで成立している。まさに死によってレアから引き離されたからこそ、ディブックは、若い娘の身体、声、魂とかくも親密に溶け合うのである。さらにディブックという言葉は、まさに密着を含意するヘブライ語の語根、*daleth-beth-khof* から作られているのだ。そしてそのようにして、聖書の他のテクストと比べても『申命記』は、神との結合を示そうとしていたのである。(17) この同じ言語学的語根は、*devekut* という単語と概念を形成していて、ゲルショム・ショーレムは、カバラの伝統（そこでこの用語は、予言のもっとも高い段階、予言者の口そのものにおいて語る神の声を指している）に始まり、この単語が遍在的な役割を果たすハシディズムにいたるその運命を、見事に描き出してみせた。それは、観想による融合であり、選民主義的、あるいは終末論的ないかなる価値からも解き放たれた神秘的な

---

(15) W. S. Heckscher, «Erwin Panofsky : a Curriculum Vitae» (1969), *Art and Literature, op. cit.*, p. 341. Trad. B. Turle, «Erwin Panofsky : un *curriculum vitae*», dans E. Panofsky, *Trois Essais sur le style*, Paris, Gallimard-Le Promeneur, 1996, p. 193.

(16) A. Warburg, «Seminarübungen über Jacob Burckhardt» (1927), éd. B. Roeck, *Idea. Jahrbuch der Hamburger Kunsthalle*, X, 1991, p. 86-89. Trad. D. Meur, «Texte de clôture du séminaire sur Burckhardt», *Les Cahiers du Musée national d'Art moderne*, no 68, 1999, p. 21-23（そして私の解説，*ibid.*, p. 5-20）〔ヴァールブルク「ブルクハルト演習最終日」『ヴァールブルク著作集　別巻2　怪物から天球へ――講演・書簡・エッセイ』伊藤博明・加藤哲弘訳、ありな書房、二〇一四年〕.

(17) 『申命記』第一一章二二。

感情移入である。[18] われわれの物語におけるディブックは、不首尾に終わった *devekut* の神秘的な過程が陥る失墜、その悪魔的な裏面にほかならない。しかし、その構造は同じである。

なぜ、このような文献学的な細かいことに言及するのだろうか。なぜなら、アビ・ヴァールブルクが考え出した美術史は、その基礎概念―― *Nachleben*、つまり「死後の生」あるいは「残存」――において、まさに密着と回帰の力を組み合わせているからであり、イメージはその力を持つものとして現れるのである。いわゆる「再生《ルネサンス》」の現象や「影響」による単なる伝達とは異なって、残存するイメージは、自分の使用価値や当初の意味作用を失いながらも、歴史のある瞬間に、それでも幽霊のように再来するイメージである。その瞬間とは「危機」の瞬間であり、その瞬間において、残存するイメージはその潜在性、執拗さ、生気、いわば「人類学的な密着」を明白に示すのである。

一方では、タイラーによる残存（*survivals*）の民族学、ダーウィンによる「異時性」や失われた輪（*missing links*）のモデル、ブルクハルトによる「生きた残滓」の理論、ニーチェによる永劫回帰の哲学は、ヴァールブルクが、美術史を「大人のための幽霊の物語（歴史）[19]」として革命的に定式化する手助けとなった。その一方で、〈ロマン主義者たち〉における悲劇的なパトスの美学、ゲーテにおける《ラオコーン》の解説、ロベルト・フィッシャーにおける感情移入（*Einfühlung*）の概念、フロイトとビンスワンガーによるイメージの徴候的な理解は、イメージの歴史的な現在性において、原初的なものの人類学的な――そして精神的な――「密着」が、革命的に定式化される手助けをしたのである。[20]

＊

ところが、まさにそのすべてを、パノフスキーは、自分自身が作った理解可能性のモデルから追い出そうとした。ヴァールブルクが、美術の歴史（*Geschichte der Kunst*）がわれわれの肌にはりつく幽霊の物語（歴史）であることを示して、十九世紀の歴史主義全体を解体したのに対して、パノフスキーは、自分の美術史（*Kunstgeschichte*）を悪魔祓いの、防護柵の、理性的な遠隔化の物語（歴史）として再構成しようとしたのである。確かにパノフスキーは、美術史におけるロマン主義的な生気論の危険性に対して、われわれに有益な警告《アヴェルティール》をしている。しかし、同時に彼は、本質的に演繹的な歴史的モデルのために、つまり、重層決定のリゾームや文化現象のダイナミックな様相にあまり注意を払わない歴史的モデルのために、生（*Leben*）や残存（*Nachleben*）――時間に取り憑くイメージの、この非常に逆説的で、特有な「生」――をめぐるあらゆる思考を悪魔祓いするのである。彼は、芸術の歴史化されていない研究法にみられる美学的な不鮮明さに対して、われわれに有益な警告をしている。しかし、それゆえに彼は、イメージの世界に固有なアナクロニズムや不安定さを悪魔祓いしてしまうのだ。彼は、指標のなかに特徴の価値しか求めないが、そこにヴァ

(18) G. Scholem, « Le *devekut* ou la communion avec Dieu » (1949–1950), trad. B. Dupuy, *Le Messianisme juif*, *op. cit.*, p. 303–331. その間に、*dibbouk* と *devekut* は、中世におけるユダヤ哲学において「知性要因との結合」を指すようになった。Cf. M.-R. Hayoun, « *Dibbuq* ou *devêqut* (conjonction avec l'intellect agent) », *Encyclopédie philosophique universelle, II. Les notions philosophiques*, dir. S. Auroux, Paris, PUF, 1990, I, p. 643–644.

(19) A. Warburg, *Mnemosyne. Grundbegriffe, II*, *op. cit.*, p. 3（一九二九年七月二日の覚書）.

(20) G・ディディ＝ユベルマン『残存するイメージ』（前掲書）を参照。

ールブルクは――フロイトに似て――徴候の価値を探し求めていた[21]。パノフスキーは、例外を構造的に統合する――カッシーラーにとって重要な「象徴機能の統一性」にしたがって――象徴の統一性に例外を還元してしまうが、それに対してヴァールブルクは、徴候の分裂と偶発事の至高性によって、象徴の統一性を断ち切っていたのである。

それゆえにこそパノフスキーは、モチーフ(それらは、実体として分離されている)の同定につねにより注意を払う図像学へ回帰して、自分の仕事を終えるのに対して、ヴァールブルクは、モチーフ(それらは網の目をなして混合している)の感染を分析しながら、けっして絶えることなく図像学を転覆していた。パノフスキーが、人文主義的な学者の慎み深さと知の征服を一緒に操るのに対して、ヴァールブルクは、文献学者の控え目な態度とまぎれもない知の悲劇を調和させている。つまり、図式論(公理的な)のカント的な勝利が、不安定さ(発見的な)のニーチェ的な苦痛と対立しているのである。パノフスキーは、考証されていない解釈における主観主義的なうぬぼれに対して、われわれに有益な警告をしているが、しかし彼は、まさにすぐさま尊大に、説明的になり、巧みに構築された自分の回答に満足してしまう。ヴァールブルクのほうは、芸術家にとどまり、不安で、含意に富んでいて、自分の途方もない学識でもけっして鎮められない問いを探究し続けていた。パノフスキーがひとつのイメージを説明するときには、あらゆる表現的な価値の彼方で意味作用が示される。ヴァールブルクがひとつのイメージを理解するときには、彼によればそれは、いかなる意味作用も人類学的に超えてしまう「表現的な価値」を明るみに出すようになされる。しかし、分析を意味作用の原理の彼方に(つまり、徴候のメタ記号学的な理解のただなかにおいて)位置づけようとすれば、もちろん危険が生じるのだ。イメージのパルマコンを扱うには、非常に特殊な直観が必要なのである。

＊

パノフスキーによる悪魔祓いには、明確な哲学的で歴史的な理由がある。不滅の警告、イコノロジーの偉大な立法者、偉大なタルムード学者が投げかける**注意**（*CAUTIUS*）**！**は、つねに同じものに向けられているのだ。つまり、あらゆる悪は、非理性に由来するのである。啓蒙の人であるパノフスキーは、ナチズムの台頭——彼の親族のうち、約三〇人がその犠牲となった——、そして一九三三年のハンブルク大学における彼の罷免を、とりわけ「純然たる非理性」としてまさに感じていた。いかにしてナチ政権が、ドイツ語をもっとも威信に満ちた哲学的語彙にいたるまで押収したのか、その方法をめぐって文献学者のヴィクトール・クレンペラーが書いた傑出した書物を読めば[22]、戦後のパノフスキーが、一九三三年のようには、もはやけっ

(21) *Id.*, « Pour une anthropologie des singularités formelles. Remarque sur l'invention warburgienne », *Genèses. Sciences sociales et histoire*, nº 24, 1996, p. 145-163〔「形式的特異性の人類学のために——ヴァールブルクの発想に関する考察」三宅真紀・赤間啓之訳、『記憶された身体——アビ・ヴァールブルクのイメージの宝庫』国立西洋美術館、一九九九年〕.

(22) V. Klemperer, *LTI. La Langue du IIIe Reich. Carnets d'un philologue* (1946), trad. E. Guillot, Paris, Albin Michel, 1996〔ヴィクトール・クレンペラー『第三帝国の言語「LTI」——ある言語学者のノート』羽田洋ほか訳、法政大学出版局、一九七四年〕.

してマルティン・ハイデガーに言及しなくなったことを理解できるのである。[23]

しかしパノフスキーは、まさにひとつの思想世界全体——ドイツにおける世紀初頭の三〇年に生じた思想、つまりハイデガーとユングの思想、だがそればかりでなく、ニーチェとフロイト、ベンヤミンとエルンスト・ブロッホの思想もそうである——と、最後には袂《たもと》を分かってしまった。この点で重要なのは、彼が異常なまでに、全面的に英語を受け入れて、それと対称的に自分の母語を拒絶したことである。彼は、一九六七年、つまり死の一年前になって初めて、ドイツに帰国することを受け入れたのであり、そこでまさに英語で講演を行おうと望んだのである。[24] ウィリアム・ヘクシャーは次のように書いていた。「彼は、英語が果たした著しい効果を認めていた。英語は、まさに自分の思考を確立するにあたって、そして明晰に、論理的に、体系的に、見事な口調で考えを提示する彼の方法にとって、そのような効果を果たしていたのである。それは、ヨーロッパにおける多くの学識者、とりわけドイツ人が［…］読者と自分たちのあいだに立ち上げていた「ウールのカーテン」とは正反対であった」。[25]「合衆国における美術史三〇年——移住した一ヨーロッパ人の印象」と題された一九五三年のテクストにおいて、パノフスキーは、ドイツ語の理論的な語彙に対して、懐古的に嫌悪感をはっきりと表明していた（たとえば、*taktisch* という単語が、同時に「戦術的な」と「触覚的な」を意味することが、彼をいらだたせていた）。[26]

非理性——日常語における二重の意味に潜り込みさえする——の危険をよく知っている人間《アヴェルティ》として、パノフスキーは、自分の思考が発揮される状況から、イメージの歴史から、非理性を悪魔祓いしようとした。悪魔祓いすることとは、切り離すこと、是が非でもほぐし離すことを意味している。つまりそれは、不可解な、不純な残存を、明瞭で理想的な再生の外側へとほぐし離すことである。そしてそれは、意味深長な密着（感

情移入のパトス）を、意味作用の領域外にほぐし離すことである。そしてそれは、徴候的な回帰（無意識の

（23） E. Panofsky, «Zum Problem der Beschreibung und Inhaltsdeutung von Werken de bildenden Kunst» (1932), *Aufsätze zu Grundfragen der Kunstwissenschaft*, Berlin, Wissenschaftsverlag Volker Spiess, 1998, p. 85-97. Trad. G. Ballangé, «Contribution au problème de la description d'œuvres appartenant aux arts plastiques et à celui de l'interprétation de leur contenu», *La Perspective comme forme symbolique et autres essais*, Paris, Les Éditions de Minuit, 1975, p. 248-249 et 253〔エルヴィーン・パノフスキー「造形芸術作品の記述および内容解釈の問題について」『芸術学の根本問題』細井雄介訳、中央公論美術出版、一九九四年、一〇二―一〇三、一〇五頁〕.

（24） J. Bialostocki, «Erwin Panofsky, 1892-1968. Le penseur, l'historien, l'homme», *L'Information d'histoire de l'art*, XVI, 1971, n° 5, p. 200.

（25） W. S. Heckscher, «Erwin Panofsky : a Curriculum Vitae», *art. cit.*, p. 208.

（26） E. Panofsky, «Three Decades of Art History in the United States : Impressions of a Transplanted European» (1953), *Meaning in the Visual Arts*, *op. cit.*, p. 329-330〔アーウィン・パノフスキー「合衆国における美術史三十年――移住した一ヨーロッパ人の印象」『視覚芸術の意味』中森義宗・内藤秀雄・清水忠訳、岩崎美術社、一九七一年、二九八―三二六頁〕。合衆国においてパノフスキーが過ごした最初の時期に関しては、以下の文献を参照。C. Elsler, «Kunstgeschichte American Style : A Study in Migration», *The Intellectual Migration : Europe and America, 1930-1960*, dir. D. Fleming at B. Bailyn, Cambridge, Harvard University Press, 1969, p. 544-629. K. Michels, ««Pineapple and Mayonnaise — Why Not?» European Art Historians Meet the New World», *The Art Historian. National Traditions and Institutional Practices*, dir. M. F. Zimmermann, Williamstown, Sterling and Francine Clark Art Institute, 2003, p. 57-66.

パトス）を、象徴の世界から外にほぐし離すことである。

　しかし、イメージに内在する力を非具体化しなければ、「純粋非理性」から（つまり、ヴァールブルクのほうは挑もうとした、あの純粋非理性批判（*Kritik der reinen Unvernunft*）から）[27]「純粋理性」をほぐし離すことはできない。カントの、啓蒙の後継者、カッシーラーが考案した象徴による目的論の後継者であるパノフスキーは、イメージが――人間の魂に属するあらゆるものと同様に――われわれに要請しているのが、啓蒙（光）の理性論ではなく、いわば「〈明暗〉」の理性論であることを理解しなかった。それは、ヴァールブルクが「怪物の弁証法」と呼ばれるものに直面して、あるいはフロイトが「文化の中の居心地悪さ」と呼ばれるものに直面して表した、悲劇的な理性論である。しかしパノフスキーは、アングロサクソンの背景もあって、無意識がひとつの誤謬にすぎないことを望んだ。それと引き換えに彼は、イメージにおける不可解な――だが、有効で人類学的に重大な――部分全体を悪魔祓いしてしまった。おそらくこれが、彼がわれわれに譲り与えた知の主要な限界である。もちろん、だからといって、パノフスキー本人を悪魔祓いしてよいことにはならない。ただ、彼を読み、再び読むことが――だが、称賛というもの自体が要請するように、批判的な仕方で――求められるだけである。

　パノフスキーによる警告のおかげで、美術史家が、つねに自分の理性と実証への「学問的」欲望を何に投入しているのかが、われわれには以前よりもよく分かっている。つまりいかなる点で、知ることを恐れるべきではないのかが、われわれには以前よりもよく分かっているのだ。だが、パノフスキーによる悪魔祓いに抗って――そして彼より前にヴァールブルクが冒した危険のおかげで――、知らないことをいかなる点で恐れてはならないのかも、われわれには分かっているのである。この物語（歴史）においては、二つの部分、二つの「場面」に立ち向かう勇気を持たなければならない。つまり悪魔祓い師に、そしてディブックそのものに立ち向かうのだ。そして思考を可能にするヴェールに、さらには思考を不可能なものに導く裂け目に立ち向かうのである。

(27) A. Warburg, *Mnemosyne. Grundbegriffe, II, op. cit.*, p.8（一九二九年六月二十一日のメモ）.

イメージの前で

芸術学（*Kunstwissenschaft*）の対象が、歴史的角度だけではない別の角度から理解されることを必ず要求していることは、芸術学にとって恵みであると同時に呪いでもある。（…）それが恵みであるのは、この要求が芸術学をつねに緊張状態におくからであり、たえず方法論的考察を引き起こすからであり、とりわけ、芸術作品が芸術作品であり、何らかの歴史的対象ではないことを、われわれに絶えず思い出させるからである。それが呪いであるのは、この要求が、耐え難い不確実感と分裂感を必ず研究にもたらすからであり、この規範性発見の努力が、科学的取り組みの真剣さとは不釣り合いな帰結や、個別的芸術作品の唯一性がもたらす価値を損なうような帰結を、しばしば招いたからである。

E・パノフスキー「〈芸術意志〉の概念」（一九二〇年）*1

非‐知は裸にする。この命題は絶頂であるが、次のように理解されなければならない。裸にする、つまり知がそれまで隠していたものをわたしは見るのだが、見るとしたらわたしは知ってしまうのだ。実際、わたしは知るのだが、わたしが知ったものを非‐知はまた裸にしてしまうのである。

G・バタイユ『内的体験』（一九四三年）*2

＊1　E. Panofsky, *Le concept de* Kunstwollen（1920）, p. 197-198〔パノフスキー「芸術意志の概念」『芸術学の根本問題』前掲書、二四―二五頁〕.

＊2　G. Bataille, *L'expérience intérieure*（1943）, *O.C.*, V, p. 66〔ジョルジュ・バタイユ『内的体験――無神学大全』出口裕弘訳、平凡社ライブラリー、一九九八年、一二八―一二九頁〕.

提起される問い

しばしば、われわれが芸術的イメージへ眼差しを向けるとき、逆説の疑いえない感覚がやってくる。即座に、迂回することなくわれわれを襲うものは、不可解な明証性として混乱の徴を帯びている。それに対して、明瞭判明にみえるものは、すぐに分かるように、長い迂回——媒介、言葉の使用——の結果にほかならない。結局のところ、この逆説には月並みな要素しかない。それは各自の運命である。われわれはその運命に寄り添い、それに押し流されるままとなることもできる。われわれは、この知と非‐知の絡み合いにおいて、普遍と特異の、命名を促すものとわれわれに呆然と口を開けさせるものの……絡み合いにおいて、ときには囚われ、ときには解放されていると感じて何か喜びを覚えることさえできる。そのすべては絵の、彫刻の同じ表面において生じ、そこでは何も隠されていなかったであろうし、すべてがわれわれの前で率直に現前化されていたであろう。

われわれは反対に、そのような逆説に不満を感じるかもしれない。いつまでもそのままではいずに、それについてさらに知ろうとして、イメージがわれわれの前でまだその内に隠していると思えたものを、より明瞭な仕方で想像しようとするだろう。こうしてわれわれは、芸術の知を自ら自称する言説へと向かうかもしれない。この芸術の知は考古学であり、作品においてその創造の時——古かろうが新しかろうが——から忘却され、あるいは気づかれなかったものを対象としている。したがってこの学問の規定は、要するに芸術的対象の特殊な知識を提供することであるが、周知のようにこの学問は美術史と呼ばれている。この学問の発明は、その対象の発明と比べるとごく最近のことである。つまりラスコーを目印とするなら、美術史は芸術そのものに対して明らかに約一六五世紀も遅れて始まり、キリスト教世界という西洋的枠組みに限っても、そのうち約十世紀が旺盛な芸術活動で満ちているといえるだろう。しかし、いまや美術史はその遅れをすべて取り戻した印象を与える。美術史は、無数の対象を再検討し、カタログ化し、解釈してきた。美術史は、驚くべき量の情報を積み上げ、われわれが好んでわれらが遺産と呼ぶものに関する、網羅的な知識を管理できるようになったのである。

実際に美術史は、つねにより征服的な企てとして現れる。美術史は要求に応え、不可欠なものとなる。大学における学問として、それはたえず洗練され、新たな情報を生み出す。つまり美術史のおかげで、当然のように人々は知を獲得するのである。美術館や美術展を構成する審級として、美術史は同様に絶えずより視野を広げていく。つまり美術史は、さまざまな対象の膨大な集合を演出し、美術史のおかげで人々は多くの見せ物を獲得する。最後に歴史は、美術市場の基本的歯車、そして保証となり、この市場もまた絶えずエスカレートしていく。つまり美術史のおかげで、こうして人々はお金も獲得するのである。さて、問題となるこれらの三つの魅力、あるいは三つの「獲得」は、現代のブルジョワジーにとって健康そのものと同じく貴重なものとなったようだ。ならば美術史家が専門医の特徴を帯びて見えようとも、驚くことがあろうか。この専門医は、芸術についてすべてを知っていると想定される主体の権利を権威にして、患者に語りかけるのである。

そうなのだ、このことに驚かなければならないのだ。確信的な調子が、美術史という美しい学問をほぼ支配しているが、この本は、その確信的な調子を単に問いただそうとしている。自明なはずなのだ、歴史の要素、あらゆる実証の手続きに対する歴史固有の脆さ、とりわけ人間が制作した具象的事物の領域における極度に欠落的な歴史の性質——それらすべてが最大限の節度へ導くはずであることは自明なのである。歴史家とは、言葉のあらゆる意味において *fictor* にほかならない。つまり過去の彫塑家、作り手、作者、創作者であり、その過去を彼は読ませるのである。そして、彼がそのように失われた時の探究を展開するのが芸術の要素においてであるとき、まさに歴史家は、もはや限定された対象を前にするのではなく、液体の、あるいは空気の広がりのようなものを——たえず形を変えながら彼の上を通り過ぎる輪郭なき雲のようなものを——前にするのである。さて、雲を知るには、雲を察しながらも、けっしてそれを完全には捉えきれずにいるほかないだろう。

それにもかかわらず、美術史の本は、余すところなく解明された過去のような、まさしくあらゆる面で把握され認識された対象の印象をわれわれに与えることができる。すべてがそこでは可視的で、識別されているようにみえる。不確実性原理の退場、というわけだ。すべての見えるものが、医学的診断の確実な——必然的な——記号学にしたがって、そこでは読まれ解読されているようにみえる。そしてそのすべてがひとつの科学を生み出すとされる。この科学は、表象が統一的に機能していて、正確な鏡や透明なガラスであるという確信に最終的に基づき、そして表象が、直接的（「自然な」）あるいは超越論的（「象徴的な」）次元においてあらゆる概念をイメージに、あらゆるイメージを概念に翻訳できるという確信に基づいている。要するにそれは、知の言説において、すべてが完璧に合致してすべてが一致するという確信である。こうして、芸術的イメージに自分の眼差しを向けることは、見えるもののすべてを──つまり見えるもののなかに読み取られるもののすべてを──命名できることを意味する。ここには真理という暗黙のモデルが存在する。そしてこのモデルは、古典的形而上学における事物と知性の一致（*adæquatio rei et intellectus*）を、イメージの汎翻訳可能性という神話──こちらは実証主義的である──に奇妙にも重ねてしまうのである。

したがって、われわれの問いは次のようになる。いかなる不可解な、あるいは勝ち誇った理性が、いかなる死にいたる不安が、あるいはいかなる偏執的熱狂が、まさに美術史にこのような調子を、このような確実性というレトリックを採用させることができたのか。いかにして、読めるものへの見えるもののこうした閉じこめ、そして明瞭な知へのそれらすべての閉じこめが構成されえた──これほどの明証性を伴って──のだろうか。新参者や良識人の回答（必ずしも不適切とはいえない回答）は、次のようになるだろう。つまり大学的な知としての美術史は、大学的な歴史と知だけを芸術に探し求める。そして、そのために美術史はその対象を、「芸術」を、美術館や歴史と知の厳正な保管庫を思わせるものに還元しなければならなかった。要するに、当該の「芸術に関する特殊な知識」は、不自然な境界をその対象に捏造することになろうとも、最後にはその対象に自分自身の言説の特殊形態を単に押しつけてしまったのである──そしてこの対象は、それ固有の特殊な展開や爆発を奪われてしまう。こうして、この知が押しつける明証性と確信的な調子を理解できるだろう。つまりこの知は、その言説の問題設定によってあらかじめ与えられた回答だけを、芸術のなかに探し求めていたのである。

この提起された問いに対して広範に回答しようとすれば、確かに、美術史に対する真の批判的歴史に取り組むことになるだろう。それはこの学問の誕生と進展、その実践における委細と制度的顛末、その認識形而上学的基盤と秘められた幻想を検討する歴史である。要するにそれが検討するのは、美術史が語り、語らず、否認することの焦点である。美術史にとって、思考、思考しえないもの、思考されないものの焦点である――それらすべてが、それ自身の歴史において進展し、転倒し、回帰している。ここでわれわれは、この方向へ最初の一歩を進めるだけにとどめ、まずは、実践そのものがもはや自らの不確実性に問いかけなくなるときにもたらす、いくつかの逆説を検討した。つづいて、十六世紀におけるヴァザーリの作品という実践の歴史における本質的段階と、この作品が長きにわたってこの学問全体に与えたはずの暗黙の目的を検討した。最後に、われわれはもう一つの重要な時期を検討しようと試みた。その時期とは、エルヴィン・パノフスキーが、異論の余地なき権威をもって、芸術作品に適用される歴史的知を、理性において基礎づけようと試みた時期である。

歴史学全般が、だんだんと芸術的イメージを資料として、さらにはモニュメントや特殊研究の対象として利用してきている今日において、この「理性」の問題、この方法論的問題は本質的である。美術史がその研究対象に期待しているものをわれわれが実際に理解できるのは、「理性」を通じてであるから、この「理性」の問題は本質的である。この学問のあらゆる重大な時期に――ヴァザーリからパノフスキーにいたるまで、アカデミーの時代から学術研究所の時代まで――、つねに「理性」の問題が問いなおされ、そのカードが配りなおされ、さらにはゲームの規則が作りなおされたのであり、そしてそれはつねに、イメージに向けられたこれらの移ろいやすい眼差しに必要な目的への期待、新たにされる欲望に応じてなされたのである。

美術史の「理性」をふたたび問題とすること、それはその認識の規定をふたたび問うことである。パノフスキーが――彼は、学識を深める忍耐強い労苦に取り組むことも、自分自身で理論的立場の選択に乗り出すことも、何も恐れなかった――、美術史のカードを配りなおそうとしてカント哲学に向かい、美術史に方法論的構成を与え、この構成がほぼたえず利用されてきたことに、何か驚くことがあるだろうか。パノフスキーがカントへ向かったのは、『純粋理性批判』の作者が認識の問題を、その限界と主体的条件の働きを定義することによって切り開き、また繰り返し切り開くことができたからである。これが、カント哲学のまさに「批判的」な様相である。この哲学は、数世代の知識人全体を、意識的にせよ無意識的にせよ作り上げ、形成したのである。カント的な、あるいは新カント派的な鍵を――カッシーラー経由で――捉えることによって、パノフスキーはこうして自分の学問に新たな扉を開いていた。しかし、これらの扉が開かれるやいなや、おそらく彼は自分の目の前でまさにそれをふたたび閉ざし、批判に対してはつかの間の通り道という契機しか、つまりすきま風しか残さなかったのである。それは、哲学におけるカント哲学が同じことをしていたからである。つまり切り開くとしても、それはより一層閉じるためであり、知をふたたび問題化するとしても、それは根源的な渦巻き――つまり、非-知という消去しえない否定性――を噴出させるためではなく、まさにひとつの知をふたたび統一化し、再総合し、再図式化するためであり、もはやこの知の閉域は、超越性の高らかな言表を通じて自己充足に甘んじていたのである。

早くも人々は言うだろうか、このような諸問題はあまりにも一般的である、これらはもはやすでに美術史そのものには関わらない、これらは大学構内のまったく別の建物において、つまり遠くあちらの哲学部がある建物において扱われなければならないと。このように言うこと（それはしばしば聞こえてくる）は、自分の耳と目を閉ざすこと、口にだけ語らせることを意味する。まもなく――それは問いが実際に提起される時間である――気づくように、美術史家は、その振る舞いがいかに取るに足りず、あるいは複雑であろうとも、いかに旧態依然としていようとも、そのひとつひとつにおいてたえず哲学的選択を行っているのである。それらの選択は彼を導き、彼がジレンマのなかで決断するのをひそかに助け、彼の黒幕を抽象的に形成している――まさにとりわけ彼が知らぬ間に。さて、自分自身の黒幕を知らないことほど危険なことはない。この無知は、すぐさま自己疎外に変質するかもしれない。したがって、知らぬ間に哲学的選択をすることは、考えうる最悪の哲学を実践する最高の方法をまさにもたらすのである。

したがって、美術史が用いる確信的調子に対するわれわれの問いは、美術史家が気づきもせずに頻繁に採用しているカント的調子に対する問いへと、エルヴィン・パノフスキーの作品が占める決定的役割を介して変貌した。したがって、芸術的イメージに関する歴史研究の領域に対する、カント哲学の厳密な適用が問題となるのではない――パノフスキー本人の意図はともかくとして、それはもはや問題とはならない。問題となるのは、より悪いことに調子である。それは屈折、「カント・シンドローム」であり、そこではカント本人が、もはや真に自分の姿を認めることもできなくなるのだ。美術史におけるカント的調子について語ること、それは前代未聞の新カント主義について語ること、自然発生的哲学について語ることである。そしてこの哲学が、歴史家の選択を導き、芸術について生み出される知の言説に形を与えているのである。しかし、結局のところ自然発生的哲学とは何であろうか。この哲学はどこに動機を見出し、どこへ導き、何に基づいているのだろうか。それは言葉に、ただ言葉だけに基づくのであり、それらの言葉の特殊な使用法は裂け目を埋め、矛盾を否認し、イメージの世界が知の世界に提起するあらゆる難問《アポリア》を、一瞬もためらうことなく解消するのである。したがって、ある種の哲学概念の自然発生的で道具的で無批判的な使用は、美術史が、媚薬や忘却薬ではなく、魔術的な言葉を自分のために作り出すように促しているのだ。それらの言葉は、概念的にはほとんど厳密さを欠いているが、それでもすべてを解消するには有効であるだろう。すなわち、専制的になるほど楽天的に無数の回答を前面へと押し出すために、問いの世界を溶解させ、抹消するのに有効であるだろう。

　われわれは、既成の回答に別の既成の回答を突き付けようとはしなかった。われわれはただ、この領域においては、問いがあらゆる回答の言表を超えて生き延びることを示そうと望んだ。フロイトという名前がここでカントという名前と向き会いにやって来るのは、美術史という学問を新たなる世界理解の、新たなる世界観（*Weltanschauung*）の支配下で確立するためではない。新フロイト主義は、新カント主義と同様に——そして強力な思想から生まれるあらゆる理論と同様に——自然発生的な、魔術的あるいは専制的な使用を免れるどころではない。しかしフロイト的領域には、われわれが総称的に人文科学と名付けるものを、その規定そのものにおいて根本的に修正できる認識批判のあらゆる要素が、間違いなく存在している。それは、彼が主体の問題を衝撃的な方法でふたたび切り開いたからであり——もはや主体は、閉ざされたものとしてではなく引き裂かれたものとして考察され、もはや主体は、総合に関しては、それが超越論的な総合であろうとも無能な主体となる——、フロイトが、知の問題もまた、同様に決定的な仕方で切り開くことができたからである。

フロイトの作品への訴えが、非常に明確に批評的範例《パラディグム》の作動に関係していることが——そして臨床的範例の作動にはまったく関係していないことが——理解されるだろう。とくに本書における徴候《サンプトム》〔症候〕という用語の強調は、いかなる臨床的「応用」や解決とも無関係であるだろう。フロイト主義に、芸術的イメージの臨床や謎の解決方法を期待すれば、ごく単純にあのシャルコーの目で、シャルコーの期待をもってフロイトを読むことになってしまうだろう。ここで「フロイト的理性」に期待できることは、たとえばむしろ歴史の対象に対してわれわれを位置づけなおすことであり、この歴史の対象の精神分析的検証は、事後性や反復や歪曲や徹底操作といった概念を経由して、きわめて複雑な作用についてわれわれによりいっそうの理解をもたらす。あるいはさらに全般的に、この批評道具は、美術史の枠内で、この知の対象の規定そのものを再考させてくれるはずである。この知の対象に関して、これからわれわれは、自分たちの学問を実行しながら獲得するものを、そこでわれわれが失うものと向き合いながら、思考しなければならないだろう。つまり、より不可解だがそれでもなお至高な、非-知への強制と向き合いながら。

したがって、これが争点となるだろう。つまりそれは知ることであるが、しかしそれだけではなく、非-知が知の網の目から身をほどくときに非-知を思考することである。それは弁証法化することである。それは知そのものを超えて非-知の要素を、知るのではなく（知ることはまさにそれを否認することになるだろう）思考する逆説的な試練に身を投じることである。この非-知の要素が、われわれが芸術的イメージに眼差しを向けるたびにわれわれを眩惑しているのである。もはや境域を、閉域を思考すること——カントにおけるように——が重要なのではなく、本質的で中心的な裂け目を感じることが重要である。明証性が、破裂しながら空虚になり、不可解なものへと変わっていくその場所で。

したがって、ここでわれわれは最初の逆説に戻ってきている。この逆説に、われわれはイメージの「現前化」や現前可能性を考察することによって取り組んだ。われわれの眼差しは、まさにわれわれの好奇心——あるいは知への意志——が働き始める前にそれらのイメージに向けられているのだ。「現前可能性を考察すること」、それはドイツ語では *Rücksicht auf Darstellbarkeit* と言われ、まさにこの表現によってフロイトは、無意識の形成物に特有な形象可能性の作用を指していた。ごく簡単に次のように言えるだろう。獲得の面前にある、あるいはむしろ獲得においてとぐろを巻く喪失を、知の中でとぐろを巻く非‐知を、あるいは骨組みに含まれた裂け目を思考する要請は、芸術的イメージにおいて働く形象可能性の作用そのものを検討することに繫がるのである——ただし次のことを了解しておきたい、つまりここで「イメージ」や「形象可能性」という言葉は、通常「具象的」芸術と呼ばれるもの、つまり自然な世界の対象や行動を表象する芸術という限定的な範囲をはるかに超えているのである。

ついでに触れるなら、このような問題設定の「近世的《モデルヌ》」性格を取り違えないようにしよう。形象可能性を発明したのはフロイトではないし、絵画的なものにおける「具象的」表象可能性に対してその「現前可能性」を作動させたのは抽象芸術ではないのである。これらの問題はすべて、イメージそのものと同じほど古くから存在している。大昔のテクストが、やはりそれらについて論じているのだ。そしてわれわれの仮説は、まさに次の点から始まっている。つまり、このうえなく「近世的」現象である美術史——なぜならそれは十六世紀に生まれたのだ——は、視覚的なものと形象可能なものという大昔からの問題設定を、芸術的イメージに新たな諸目的を与えることで埋葬しようとしたのである。それらの新たな目的は、視覚的なものを見えるものの（そして模倣の）専制下に置き、形象可能なものを読めるものの（そして図像解釈学《イコノロジー》の）専制下に位置づけていたのだ。「現代的《コンタンポレーヌ》」あるいは「フロイト的」問題設定が、作用《トラヴァイユ》や構造的強制としてわれわれに語っていることを、大昔の教父たちはずっと以前から表明していたし――当然のようにまったく異なる言表行為の領域においてであるが――、中世の画家たちは、彼らに特有なイメージ概念による本質的要請としてそれを機能させていたのである。(1) この概念は、今日においては忘却され、それを蘇らせるのは非常に困難である。

　というのは、これがこの小著の動機となっていたからである。つまり、アカデミックな美術史の枠内で経験される一種の不安を書き込むために、いくらかの考察をすることによって、より息の長い仕事(2)に付き添うことがまさに重要であった。より正確にいえば、中世末期やルネサンスのある種の作品に眼差しを向けているあいだに、パノフスキーから継承した図像学的方法が突如としてその不充足を、あるいは別の言い方をす

（1）既刊論文「肉の色、あるいはテルトゥリアヌスの逆説」（« La couleur de chair ou le paradoxe de Tertullien », *Nouvelle Revue de Psychanalyse*, XXXV, 1987, p. 9-49）を参照していただきたい〔同論文は、後にディディ＝ユベルマンの単著『開かれたイメージ――視覚芸術における受肉のモチーフ』（*L'image ouverte. Motifs de l'incarnation dans les arts visuels*, Gallimard, Paris, 2007）に収められている〕。

（2）『フラ・アンジェリコ――非類似と形象化』（*Fra Angelico — Dissemblance et figuration*, Flammarion, Paris, 1990〔『フラ・アンジェリコ――神秘神学と絵画表現』寺田光德・平岡洋子訳、平凡社、二〇〇一年〕）。――『開かれたイメージ――視覚芸術における受肉のモチーフ』近刊〔前注の訳注にあるように、この本は二〇〇七年にガリマール社より刊行されている〕.

るならその方法論的な自己充足の様態を、つまりはその閉鎖性を暴露していたのがなぜなのかを、理解しなければならなかったのである。われわれは、これらすべての問題をフラ・アンジェリコの作品について明確化しようと試み、つづいて一九八八年から八九年に社会科学高等研究院で行った講義において、「プリンストンの先生」がアルブレヒト・デューラーの作品に捧げた書物を再読しながら明確化しようと努めた。そのセミナーのひとつに招かれた精神分析家のピエール・フェディダは、われわれの問いのいくつかに対して、さらなる別の問いによって答えることになった——とりわけ次の問いによって。「要するに、パノフスキーはあなたがたのフロイトなのですか、それともシャルコーなのですか」。これはもう一つの問い方である。そして、いまだにこの小さな書物は、終わりなき議論のつねに開かれた備忘録のような、この問いの引き延ばされた反響にほかならないだろう。(3)

(3) この本の二つの断片がすでに発表されている。ひとつは、一九八八年にストラスブールで開かれたシンポジウムの議事録 *Mort de Dieu. Fin de l'art*, C.E.R.I.T., Strasbourg, 1990 においてである。もう一方は、*Cahiers du Musée national d'Art moderne*, n° 30, décembre 1989, p. 41-58 においてである。

第一章　単なる実践の限界内における美術史

図 1．フラ・アンジェリコ《受胎告知》，1440–1441 年頃．
フレスコ，フィレンツェ，サン・マルコ修道院，第 3 僧房．

一瞬、眼差しをルネサンス絵画の有名なイメージに向けてみよう（図1）。それは、フィレンツェのサン・マルコ修道院にあるフレスコ画である。このフレスコ画は、そこに住み、後にフラ・アンジェリコの異名をとったあるドミニコ会修道士によって、一四四〇年代におそらく描かれた。それは、漆喰の壁でできたほんの小さな僧房に、禁域（*clausura*）の僧房にあり、想像すればわかるように、ひとりの同じ修道士が十五世紀に何年ものあいだ毎日そこにいて、そこで独りになり、聖書を瞑想し、眠り、夢を見て、おそらく亡くなった。いまだに十分な沈黙に満ちたこの僧房へいま入り込むと、この芸術作品には投光器が向けられているにもかかわらず、それを目にした瞬間に襲いかかる眩《まばゆ》い目くらましの効果は払いのけられないままである。フレスコ画のそばには東向きの小窓があり、その明るさは十分にわれわれの顔を包み込み、期待される光景をあらかじめ覆い隠す。意図的に逆光のなかに描かれたアンジェリコのフレスコ画は、いわばそれを明瞭に把握することを困難にする。このフレスコ画は、さして見るべきものはない、という漠然とした印象を与える。その場の光に目が慣れると、さらに次のような印象が奇妙にも強まってくるだろう。つまり、このフレスコ画が「明らかになる」のは、まさに壁の白色へと帰るためである。というのは、ここに描かれているものはすべて、微かにくすんだ同じ石灰の地《じ》に残された、淡く繊細ないくつかの色斑によってできているからである。そのように、自然光がわれわれの眼差しを取り巻く——そしてわれわれをほとんど盲目にする——場で、次にわれわれを捕らえるのは、いまや白、背景における白い顔料なのだ。

しかしわれわれは、この感覚に抗うようにあらかじめ促されている。フィレンツェへの旅、美術館に変わった修道院、フラ・アンジェリコという固有名——それらすべてが、さらに詳しく見るようにわれわれに求めている。このフレスコ画が少しずつ現実に見えるものになるのは、その表象的な細部の出現とともにである。それは、アルベルティ的な意味で見えるものになる。つまりそれは、可視的な意味作用の離散的要素を——記号[1]として識別可能な要素を——放ち始める。それは、美術史家が言う意味で見えるものになる。つまり今日、美術史家は、ここに大画家の手を、あちらには弟子の手を識別しようと努め、遠近法的な構築が規則正しいかどうかを判断し、作品をフラ・アンジェリコの年譜上に、さらには十五世紀トスカーナ風様式という地理において位置づけようとするのである。このフレスコ画が同様に——まさにとりわけ——見えるものとなるのは、そこで何かがより複雑な諸単位を、パノフスキーが言及していたような「テーマ」や「概念」を、歴史物語や寓意を、つまりは知の諸単位を、われわれに対して提起したり「翻訳」できるからであろう。そのとき、目に入ったフレスコ画は、現実に十全に見えるものとなる——それは、あたかも自ら明白化するかのように、明瞭で判明なものとなるのだ。したがって、それは読めるものになるのである。

こうしてわれわれは、アンジェリコのフレスコ画を読むことができるように、あるいはそうできると想定されるようになる。われわれは、もちろんそこに歴史物語《イストワール》を読み込む——アルベルティがすでに、あらゆる描かれた構図の理由や最終原因とみなしていたこの歴史物語（*istoria*）を[2]……。この物語に、明らかに歴史家は夢中になるしかないだろう。そのようにして少しずつ、イメージの時間性がわれわれにとって変化する。

つまり、その不可解な直接性という特徴は、いわば後景へと移行し、次にわれわれの眼下に読まれるべく現れるのは、シークエンス、説話的シークエンスであり、それはあたかも、不動性において一挙に目にされた形象が、いまや一種の運動性や展開する時間を与えられたかのようである。それはもはや結晶の持続ではなく、物語の時系列性である。こうしてわれわれは、アンジェリコのイメージとともにこのうえなく単純な事態にいたる。つまりそれは、誰もが知っている物語、歴史家がその「原典」――すなわちオリジナルのテクスト――を探すまでもない物語であり、それほどこの物語は、キリスト教的西洋の共通知識に属しているのである。したがって、見えるものになるやいなや、このフレスコ画は物語を、初めに聖ルカが福音書に書いた受胎告知の筋書きを「物語り」始める。この小さな僧房に入り込む図像学者の卵が、一度このフレスコ画が見えるものとなるや、一瞬のうちに『ルカによる福音書』第一章の二六から三八節のテクストをそこに読

(1) 「ここで私は、目に見えるように表面に存在する任意のものを記号 (*segno*) と呼んでいる。見えないものはというと、それらがいかなる点においても画家と無関係であることは、誰も否定しないだろう。というのも画家は、見える (*si vede*) ものをただ描こうと努めるからである」。L. B. Alberti, *De pictura* (1435), I, 2, éd. C. Grayson, Laterza, Bari, 1975, p. 10〔レオン・バッティスタ・アルベルティ『絵画論(新装普及版)』三輪福松訳、中央公論美術出版、一九九二年、一〇頁〕.

(2) 「私にとって構図 (*composizione*) とは、描かれた作品において諸部分を構成している描く理由 (*ragione di dipignere*) である。画家のもっとも偉大な作品 (*grandissima opera del pittore*) とは、歴史物語〔歴史画(物語画)〕(*istoria*) である。歴史物語〔歴史画〕の部分は身体である。身体の部分は四肢である。四肢の部分は面である」。*Id. ibid.*, II, 33, p. 56-58〔同書、四一頁〕.

み取ることは、疑うまでもないことだ。これは異論の余地なき判断である。それは、この世のすべての絵に対して、同じことをする気にさせる判断かもしれない……。

しかし、もう少し先に進むとしよう。あるいはむしろ、いましばらくイメージと対面したままでいよう。あっという間に、表象的な細部へのわれわれの興味は弱まるかもしれず、その代わりにある種の不安が、ある種の失望が、ふたたびわれわれの眼差しの明瞭性をおそらく覆いはじめるだろう。それは読めるものに関する失望である。実際、このフレスコ画は、このうえなく貧しく、このうえなく簡略に語られた物語として現れるのだ。いかなる顕著な細部も、いかなる目立った特徴も、フラ・アンジェリコがナザレの町――そこは受胎告知の「歴史的」場所とされている――をいかに「見ていた」のか、天使と聖処女の出会いをいかに位置づけていたのかという事実を、けっしてわれわれに語ることはないだろう。この絵には、目を引くところがまったくない。つまりそれは、このうえなく饒舌さに欠けているのだ。聖ルカは、この出来事を有声の会話として物語っていたが、アンジェリコの人物たちは唇をすっかり閉ざして、一種の沈黙した相互関係のなかで永遠に凝固しているようだ。ここには表現された感情も、行動も、絵画的な劇もない。そして、われわれの物語を取り仕切るのは、両手を合わせた殉教者聖ペテロという周縁的な存在ではない。というのは、まさに聖ペテロは、そこでは、この物語においては無用な存在なのだ。むしろ彼は、この山場が現実感を喪失する仕上げをしているのである。

様式的過剰さが、十五世紀《クワトロチェント》の受胎告知図の全般的特徴であるが、この作品はさらに、そのことに精通した美術史家を失望させるだろう。実際、他ではいたるところに、外典に由来する細部、イリュージョニズム的幻想、極度に複雑化した空間、リアリズム的なタッチ、日常的小道具、時系列的な目印があふれている。ここには――聖処女の腕に抱かれた小さな伝統的書物を除けば――そのようなものは何もない。フラ・アンジェリコは、彼の時代の美学が要求していた本質的特質のひとつに関して、ただ単に無能であったかのようにみえる。その特質とは多様性（*varietà*）であり、アルベルティは、それを物語の絵画的着想《アンヴァンシオン》における重要な範例《パラディグム》としていた。(3) 絵画においてはマザッチョが、彫刻においてはドナテッロが、劇的な心理学をふたたび着想していたこの「再生《ルネサンス》」の時代に、あのフレスコ画は着想（*invenzione*）がかくも貧困でかくも最小限であるため、精彩を欠くようにみえる。

明らかに、われわれが話題にしている「失望」の原因は、独特な無味乾燥さにほかならない。フラ・アンジェリコは、自分の虚構を表す可視的世界を、そのような無味乾燥さにおいて捉えた――いわゆる「素速く捉えた」瞬間とは反対に、凝固させ凝結させた――のである。空間は、純粋な記憶の場へと還元された。その縮尺（「自然」という言葉をここで用いてもよければ、「自然」よりもいくぶん小さな人物たち）は、表象された小さな中庭が、ある意味で僧房という白い建築物を延長しているとしても、だまし絵的ないかなる傾向も無効化している。そして上部にみられる交差リブの効果にもかかわらず、われわれの目の高さにある描かれた空間は、大きな筆跡で塗られた床、つまりピエロ・デラ・フランチェスカやボッティチェッリが構築したいかなる舗床ともかけ離れて不意に立ち上がる床とともに、石灰の土台だけを示しているようだ。ただ二つの顔だけが、肉色のなかに浮かぶ淡くそして入念に描かれた白色によって強調され、引き立てられてい

（3）「歴史物語〔歴史画〕をまず第一に心地よいものにする（*voluttà nella istoria*）ものは、描かれるものの豊かさと多様性（*copia e varietà delle cose*）からやってくる」。*Id., ibid.,* II, 40, p. 68〔同書、四七―四八頁〕.

る。他のすべては、まさに細部を軽視することによって生み出され、天使の翼による軽快な絵文字や、処女が身につけるドレープの驚くべき混沌から、そこでわれわれの正面に現れるこの簡潔な場の鉱物的な空虚さにいたるまで、他のすべては、まさに奇妙な欠如によって生み出されているのである。

この「見ちがい言いちがい」の印象から、しばしば美術史家は、作品全般や芸術家本人に対するあいまいな判断を引き出してきた。人々は、ときにはこの芸術家を、宗教的図像にひたすら専念したいくぶん単純な、さらには素朴な――そしていくぶん軽蔑的な意味で、おめでたい《ベア》、「天使のような《アンジェリック》」――絵師として紹介している。逆に一方で人々は、この画家にみられる至福感《ベアティテュード》や天使的な傾向を有効に利用している。つまり、見えるものや読めるものがフラ・アンジェリコの強みでなかったとしたら、それはまさに見えないものや語りえぬものを彼が得意としていたからである。彼の受胎告知図において、天使と聖処女の間には何も存在しないとすれば、それは何もないが、語りえぬものや形象化不可能な神の声を証言していたからであり、その声に、聖処女と同様にアンジェリコは完全に従属しなければならなかったのである……。おそらくこのような判断は、作品全般の宗教的規定、さらには神秘主義的規定に関わる何らかの適切さに触れている。しかしこの判断は、その規定が存在していた方法、それが存在していた物質そのものの理解を切り捨てているのだ。この判断は、絵画に、そしてとくにこのフレスコ画に背を向けているのだ。この判断は、それらに背を向け、それら抜きで――つまりまたフラ・アンジェリコ抜きで――、形而上学の、観念の、主体なき信仰の怪しい領域へと消えていくのだ。したがってこの判断は、いわば絵画を非受肉化することによって初めて、それを理解したと考えるのである。この判断は、三つの範疇しか持たない記号学の恣意的な限界内において、実際には――そして先の判断と同様に――機能している。その三つの範疇とは、見えるもの、読めるもの、見えないものである。したがって、読めるものという中間的規定（その焦点は翻訳可能性である）を除けば、唯一の選択が、アンジェリコのフレスコ画に眼差しを向ける者に与えられる。つまり把握をして、そうして描写可能な見えるものの世界に身を置くか。あるいは把握せずに、ひとつの形而上学が生まれる見えないものの領域、絵に存在しない単なる画面外から作品全体の観念的彼岸にいたる、見えないものの領域に身を置くかである。

しかし、この不十分な記号学に代わる選択肢が存在する。その選択肢が基づく全般的仮定によれば、イメージは知——見える、読める、あるいは見えない知——の伝達だけからその有効性を得るのではなく、逆にその有効性は、伝達され解体される知の、産出され変形される非‐知の絡み合い、さらには錯綜においてつねに働いているのだ。したがって、この選択肢はある眼差しを要請するが、それは、捉えるものを識別して認識するために、あるいは是が非でも命名するために単に接近する眼差しではなく——まずはいくぶんか遠ざかり、すべてを解明するのをすぐさまやめる眼差しである。それは何か浮動する注意、判断時期の長い延長のようなものであり、そこで解釈は、把握される見えるものと経験される剝奪状態の試練の間で、いくつもの次元で展開する時間を持つだろう。このように、その選択肢には、イメージを捉えるのではなく、むしろイメージによって捉えられる弁証法的段階——おそらくそれは、実証主義というものには思考不可能である——が存在するであろう。つまりそれは、イ、メ、ー、ジ、に、対する自分の知を失うに任せる弁証法的段階である。もちろんこの危険は甚大である。それは虚構のなかでも最も素晴らしい危険である。われわれは、つねに転移（フロイト的転移（*Übertragung*）という専門的意味において）や投影に臨みながら、眼差しの現象学の偶然に身を委ねることを受け入れるだろう。われわれは、自分たちの貧弱な歴史的知だけを盾として、次の問いを想像することを受け入れるだろう。つまりいかにして、フラ・アンジェリコと呼ばれた十五世紀のドミニコ会修道士は、知の連鎖でその作品を貫くばかりか、その連鎖をすべて散り散りになるまで引き裂き、その諸経路をずらし、それらに別の仕方で他の場所を意味させることができたのか。

そのためにはもっとも単純なものへと、すなわち最初の不可解な明証性へと帰らなければならない。われわれは、名付けられるゆえに見たと確信したすべてのものを、しばし手放さなければならず、そしてわれわれの知が解明できなかったものへと、これ以後は帰らなければならない。したがって、表象された見えるものの手前で、フレスコ画が一挙にわれわれに示した眼差しの、現前化の、形象可能性の条件そのものへと帰らなければならないのだ。だから、とくに見るべきものがなかったという、その逆説的な印象を思い出そう。われわれの顔に向かう光を、とくに偏在する白を──僧房の空間全体に広がるこのフレスコ画に現前する白を──思い出そう。それでは、この逆光はどのようなものなのだろうか、この白はどのようなものなのだろうか。前者は、まずは何も識別しないことをわれわれに強制し、後者は、天使と聖処女の間でいかなる光景もえぐり取り、アンジェリコが二人の間に単に何も位置づけなかった、とわれわれに考えさせる。しかし、そのように語ることは見つめないことであり、見るべきものの探究に甘んじることである。見つめるとしよう。そこには白があるのだから、何もないわけではない。われわれはその白を捉えることができないが、それはわれわれを襲うのだから、そしてわれわれとしてはそれを定義の網の目に捕らえることはできないが、それはわれわれを包み込むのだから、その白は無ではない。この白は、提示された、あるいは逸らされた対象という意味で見えるのではない。しかしそれはまた、われわれの目に強い印象を与えるのだから、あるはまさにそれ以上のことを行うのだから、見えないのでもない。それは物質なのだ。それは一方では光の微粒子による流れであり、他方では石灰の微粒子によるきらめきである。それは、作品の絵画的な現前化における本質的で量塊的な要素である。それは視覚的である、とわれわれは言おう。

したがって、これが導入すべき新たな用語であり、見えるもの（言葉の古典的な意味における表象要素としての）とも、見えないもの（抽象要素としての）とも区別すべき新たな用語であろう。アンジェリコの白は、明らかに彼のフレスコ画における模倣の構造《エコノミー》の一部をなしている。つまり哲学者なら言うように、この白は、表象されたこの中庭の偶有的な属性を示していて、中庭はここでは白色でも、他の場合や将来においては中庭としての定義を失わずに多色的となりうるのである。そうした意味でこの白は、まさに表象の世界に属している。しかしこの白は、限界を超えて表象を強化し、異なるものを展開し、別の経路を通じて見る者を襲うのである。この白はまさに、表象の探求者に「何もない」と思わせることができる――それが壁を、現実の壁のすぐ近くにあり、それと同様に白色である壁を表象しているにもかかわらず、そしてそれが最後には、その白さだけを現前化するにもかかわらず。一方でこの白は、いかなる点でも抽象的ではない。なぜなら逆に、それはショックの、視覚的な対面の準-触知性として現れるからである。われわれは、このフレスコ画にあるがままの白を厳密に名付けなければならない。つまりそれは、非常に具体的な白の面である。(4)

(4) 私は、視覚的なもの（*visuel*）と絵画的な面というこの関連した二つの概念を、以下のテクストにおいてすでに理論的に導入しようと試みた。つまり、『受肉した絵画』（*La peinture incarnée*, Minuit, Paris, 1985）、そして後出の補遺に再録された「描写しない芸術、フェルメールにおける細部というアポリア」（« L'art de ne pas décrire. Une aporie du détail chez Vermeer »）という題名の論文において（*La Part de l'œil*, nº 2, 1986, p. 102-119）。

しかし、単なる対象を名付けるように それを名付けるのは、非常に困難である。それは絵画における対象というよりも、むしろひとつの出来事であろう。その規定は、異論の余地がないと同時に逆説的に思える。それに異論の余地がないのは、直接的な効力を備えているからである。つまりその力だけが、あらゆる様相の認識以前に、それを強烈に示すのである──まさにその白が、表象的要素の属性と考えられる前に、われわれの目の前のそこに、単に「白が存在する」のだ。したがってそれは、至高であると同様に逆説的である。それが逆説的なのは潜在的だからである。それは明瞭判明に現れない何かの現象である。それは分節された記号ではないし、そのように可読的ではない。それは単に自分を呈示する。つまりそれは純粋な「指標現象」であり、この現象は、まさに白亜の色彩が「満たし」形容するものをわれわれに語る前に、われわれをその色彩と対面させるのだ。したがって、形象可能なものの性質──おそろしいまでに具体的で、解読不可能で、現前化された──だけが出現するのである。その性質は量塊的であり、展開されている。そして主体の眼差し、その歴史、幻影、内面的分割を巻き込んでいく。

潜在的という用語は、視覚的なものの体制が、可視的認識における「通常の」（習慣的に採用された、とむしろ言いたい）条件をわれわれからどんなに奪おうとしているのかを、示そうとしている。徳（*virtus*）──フラ・アンジェリコ自身が、この言葉をあらゆる語調で用いたはずであり、そしてこの言葉の理論的で神学的な歴史は、アルベルトゥス・マグヌスと聖トマス・アクィナス以来、とくにドミニコ会修道院の壁の中では驚異的である──は、可視的に現れないものの至高な力をまさに指している。徳（*virtus*）という出来事、潜勢《アン・ピュイッサンス》的なもの、力《ピュイッサンス》であるものは、目がしたがうべきひとつの方向も、読解の一義的意味もけっして示さない。だからといって、それには意味が欠けているわけではない。実際は正反対である。つまりそれは、自分の一種の否定性から多様な展開の力を引き出し、一義的な一つ二つの意味作用をではなく、意味の星座全体を可能にするのである。それらの星座は、そこに網の目のように存在していて、われわれはその潜在的な迷宮をただ不完全に見渡すしかなく、けっしてその全体も境界も知らずにいなければならない。要するに、ここで潜在的という用語は、サン・マルコの小さな僧房でわれわれと対面していた、あの白亜の白における二重の逆説的な性質を指している。つまりこの白は、出来事として異論の余地がなく単純である。そしてこの白は、可能な意味が増殖する交差点に位置していて、それらの意味から自分の必然性を引き出し、それらを凝縮し、ずらし、変貌させるのである。したがって、おそらくそれを徴候と呼ばなければならないのだ。徴候とは、意味の連合や衝突による分岐が、突如として顕在化した接触の焦点である。

視覚的なものの領域が見えるもののなかで「徴候」をなすと言うことは、フラ・アンジェリコの天使と聖処女の間で、そこかしこに漂う何らかの欠陥や病的状態を探し求めることではない。問題は、より単純に奇妙な弁証法の認識を試みることである。その弁証法によれば、作品は、僧房へ入る見る者の眼差しに一挙に現前化しながら、同時に潜在的記憶――潜伏した、有効な――の複雑な錯綜を解き放つのである。さて、これらすべては、単なる今日におけるわれわれの眼差しの問題ではない。作品の現前化、その直接的視覚性の作劇法は、作品そのものの構成要素を、そしてフラ・アンジェリコに特有な絵画戦略の構成要素をなしているのだ。この芸術家は、僧房にある他の三つの壁の一つに、すなわちこの場合のように光を放つのではなく、きちんと光に照らされた表面にフレスコ画を制作することもきっとできたであろう。同様に、これほど強烈な白の使い方は、彼の時代には美学的に不快な緊張をまねく要素として批判されていたのだから、それなしで済ますこともきっとできたであろう。(5) 最後に、われわれは潜在的記憶の錯綜を仮定しながらも、その記憶を、このフレスコ画の白とそのかくも貧弱な図像にただちに「読み取」ることはしなかったが、この記憶の錯綜もまた、当然のようにあの受胎告知図でいくつかの形象の間を貫き、風のように通り抜けるのである。フラ・アンジェリコとその修道院生活についてわれわれが知っているすべてのことが、確かに次のことを教えてくれる。つまり、修練士各自に必要とされる相当な聖書釈義の教養、説教、「記憶術」の驚くほど豊かな使用法、この小さな僧房からほんの数歩のところにあるサン・マルコの図書館に混在するギリシア語とラテン語のテクスト、画家のすぐ近くにいたジョヴァンニ・ドミニチやフィレンツェの聖アントニヌスという教養豊かな存在——それらすべてが、潜在的に意味を増殖させる絵画……という仮説を立証し、このフレスコ画がわれわれに経験させる視覚的単純さの逆説を強調するようになる。

したがってこれが、イメージがわれわれに示す非‐知である。非‐知は二重である。つまり、それはまず眼差しの現象学における脆弱な明証性に関わる。この明証性は、歴史家自身の眼差し、彼を裸にする彼自身の眼差しを通さなければ捉えられないため、歴史家はあまりにもなす術がない。つづいて非‐知は、過去の知の忘却され失われた使用法に関わっている。つまりわれわれは、今でも聖アントニヌスの『神学大全』を読むことができるが、この同じアントニヌスが、サン・マルコ修道院の自分の僧房で、アンジェリコのフレスコ画を観想しながら呼び出した連想や意味には、もはや手が届かないのである。確かに聖アントニヌスは、よく知られた数節を図像——とくに受胎告知の図像——について書いているが、彼の身近な同宗者フラ・アンジェリコについては一言も書いていないし、サン・マルコの強烈な白に対する自分自身の知覚についてはなおさら書いていない。絵画に向けられた眼差しが引き起こす衝撃の力を、ドミニコ会修道院院長は単に書き留める習慣がなかった（そして、それは書き言葉《エクリチュール》の一般的な使用法ではなかった）のだが、だからといって明らかに眼差しが存在しなかったわけではないし、眼差しがすべてに対して無関心であったわけではない。われわれは、イメージの効力から何かをつかもうとするなら、テクストの権威――あるいは文書化された「原典」の探究――に依存するだけではいられない。なぜならその効力は、確かに借用によって生み出されてはいるが、同様に言説の次元にもたらされる中断によっても生み出されているからである。イメージの効力は、イメージに転換した可読性によって生み出されるが、しかし同様に読めるものの次元において、そしてその次元を超えてもたらされる開放の――つまり侵入の、徴候化の――作用によっても生み出されるのである。

　このような状況は、われわれを無力にする。それがわれわれに強いるのは、ある場合は、立証できない何かを口にするのを恐れて（そのようにして、しばしば歴史家は、あまりにも立証しやすい陳腐なことばかりを語ろうと努める）、芸術的イメージのそれでも本質的な様相に口を閉ざすことであり、あるいは立証不可能なものを想像して、最後にはその危険を引き受けることである。われわれが視覚的なものの領域と呼ぶものが、言葉の厳密な意味、「科学的な」意味において立証可能になることなどあるだろうか。なぜならこの領域そのものは、知の対象や知の行為でも、テーマや概念でもなく、たんなる眼差しに対する効力だからである。しかし、われわれはもう少し先へ進むことができる。まず、視点を変えることによって。つまり、次のように確認することによってである。この非‐知という概念を、知の喪失という語り口だけで提示しても、

（5）「むやみに白（…）を使う画家は、厳しい非難を受ける」L. B. Alberti, *De pictura*, II, 47, *éd. cit.*, p. 84〔アルベルティ『絵画論』前掲書、五八頁〕.

確かにわれわれの問題に取り組む最善の方法とはならない。なぜならそれは知を、絶対的参照項という特権において、なおも保護する方法になってしまうからである。つづいて、アンジェリコのフレスコ画——非常に「簡潔」で、非常に「簡略」な——の、もっとも直接的な原典テクストをなしたとはとても思われないものを、まさにふたたび開かなければならない。アンジェリコの教養と信仰形態を形成した、アルベルトゥス・マグヌスから聖アントニヌスにいたる『神学大全』の豊饒で複雑な総体を、ふたたび開かなければならないのだ。そして、十五世紀のドミニコ会修道院でまだ用いられていた『記憶術』を、あるいは『万物亀鑑類型大全』と名付けられたとてつもない百科事典を、ふたたび開かなければならないのである……。

さて、これらの「大全《ソンム》」にわれわれは何を見出すのだろうか。知の総体《ソンム》であろうか。正確にはそうではない。むしろ迷宮であり、そこで知は道を踏み外し、幻影となり、そこで体系は、イメージの大いなる変動、大いなる波及となる。そこでは神学そのものが、現在われわれが了解している意味での、つまりわれわれが所有している意味での知とは考えられていない。神学は、絶対的な〈他者〉を論じ、完全にそれに従属するのであり、神だけがこの知を統御し所有するのである。知が存在するとしても、それは誰によっても——それが聖トマス本人であろうとも——「捉え」られず、把握されない。それは神の知恵（*scientia Dei*）、つまりのという属格のあらゆる意味における神の知恵である。それゆえにこの知は、あらゆる人間的な知を、そして他のあらゆる知の方法や要求を超えている——ある意味では基礎づけ、他方では崩壊させる——と必ず言われている。つまり「確かにその原理は、他のいかなる学からでもなく、神から直接に啓示によって（*per revelationem*）それにもたらされるのである」(6)。ところが、啓示は何も把握させない。つまり、それはむしろ神の知恵（*scientia Dei*）のなかへ捕らえられるようにするのである。そしてこの知恵そのものは、権利上、時間の終焉——目が真に開くとされる時——まで把握しえないもの、つまり知と非‐知の解きほぐしえない円環を生み出すものであり続けるのだ。それに、いったいこの信仰世界において、他の可能性などありえようか。この信仰世界は、信じがたいものを信じるようにたえず要求し、われわれの知らないあらゆるものの代わりとなる何かを信じるように、たえず要求しているのである。したがって、偉大な神学大系そのもののなかに、非‐知の現実的な作用が、強制が存在しているのだ。その作用は、そこで想像を絶するものと、神秘と名付けられている。それは、つねに特異な、つねに衝撃的な出来事の脈動において与えられる。つまり、聖トマスがここで啓示と名付ける不可解な明証性において。さて、フラ・アンジェリコのまったく簡潔な白亜の物質の前でほとんど触覚的に感受した二つの様相が、何か指数的に構成されたようにこの信仰構造に現れるのを見ると、われわれは困惑してしまう。つまりそれは徴候であり、徴候は、その唯一の衝撃と同時にその潜在的記憶の執拗な存続を、その意味の迷宮的な移動を解き放つのである。

中世の人間は、彼らにとって宗教全体の基盤を構成するものを、それとは別の形で考えはしなかった。その基盤とは、すなわち〈書物〉、聖書であり、そのそれぞれの微粒子が、出来事と神秘、直接的（さらには奇跡的）到達と到達しえぬもの、近きものと遠きもの、明証性と不明瞭性という二重の力を担うものと理解されていた。これがその魅惑の大いなる価値、これがそのオーラとしての価値である。したがって、この時代の人間にとって、聖書は、われわれが一般的に理解している意味での可読的対象ではなかった。彼らは、

（6） Thomas d'Aquin, *Summa theologiae*, Ia, 1, 5〔トマス・アクィナス『神学大全』第一冊、第一部、第一問題、第五項、高田三郎訳、創文社、一九六〇年、一五頁〕.

テクストを穿ち、切り開き、幻想的な関係の、連合の、展開の無限な枝分かれをそこに生じさせなければならず——彼らの信仰がそう要請していた——、その枝分かれにおいては、すべてが、とくにテクストの「字句」そのもの（その明白な意味）には存在しないものが、開花しえたのである。それは「読解《レクチュール》」——この単語は、語源的に関係の密接化を示す——ではなく、釈義——こちらの単語は、明白なテクストの外部へ抜け出ることを意味し、意味のあらゆる風への開放を意味する——と呼ばれる。アルベルトゥス・マグヌスや彼の弟子たちは、受胎告知の注釈に際して、そこに唯一の出来事の結晶のようなものを見ていたが、同時に彼らはそこに、ある圧倒的に法外な開花を見ていた。そこで開花するのは、アダムの創造から時間の終焉にいたるすべてに関わり、Mという文字（マリアのイニシャル）の単純な形態から天使の位階性の驚異的構成にいたるすべてに関わる、内包され連合した意味、潜在的関連、記憶、預言である。(7) したがって、彼らにとっての受胎告知は、厳密な意味では「テーマ」（この単語を音楽的な意味で理解しないかぎりは）でも、概念でも、物語でさえもなかった——それはむしろ無数の出来事の神秘的な、潜在的な母体であった。

まさにこの思考の連合的次元——本質的に幻想にゆだねられ、幻想を要請する次元——においてこそ、われわれの眼差しをあらためてフラ・アンジェリコの白い面に向けなければならない。この白さは、しかしながら非常に簡潔である。しかし、そのまったき簡潔さは、聖処女が持つ小さな本の空虚な内部に似ている。つまりこの白さは、聖書の神秘全体を担うのに可読性を必要としないのだ。同様にそれは、白という視覚的出来事に形象化を行う自由な力を与えるために、描写的条件を、可視性の条件を純化していたのである。したがって、この白さそのものが、その直接的な白さにおいて潜在的意味の母体に、顔料による釈義の（翻訳や色の割り当てのではなく）行為に——奇妙でなじみ深い置換、絵画となった神秘に——生成できるという意味で、この白さは形象化するのである。それはいかにしてであろうか。それなら、この開かれた空虚な本のイメージに似せて、この啓示を示す非書記的な聖書《エクリチュール》のイメージに似せて、地面の線にしたがって「折り曲げられた」われわれと向かい合う空間をイメージ化すれば十分ではないだろうか。そうだ、ある意味ではそれで十分である――私の想像では、何年にもわたる教育を受けたドミニコ会修道士にとっては、それだけで十分に、彼が全生涯を捧げたこの神秘のまぎれもない展開を、ほんのわずかな釈義的な関係化から引き出すことができたのである。

受胎告知の天使が口にしたいくつかの謎めいた言葉には、中心となる次の言葉がある。«*Ecce concipies in utero, et paries filium, et vocabis nomen eius Iesum*» ――「見よ、汝は母胎に身ごもり、男の子を生み、その子をイエスという名で呼ぶだろう」(8)。キリスト教の伝統は、この文章そのもの――それは、人物を別にすれば、イザヤによる預言の非常に正確な引用である(9)――にすでに現れている釈義的な関係を利用して、聖処女の小さな本をまさに預言的な節のページで開いていた。こうして、受胎告知の時点からすでに、聖なる時間の円環が閉じることができたのであった。以上のことはすべて、十四世紀と十五世紀の図像においてい

(7) アルベルトゥス・マグヌスの、自筆や偽書と疑われる他の多くのテクストのなかでも、*Mariale sive quaestiones super Evangelium, Missus est Angelus Gabriel*..., éd. A. et E. Borgnet, *Opera omnia*, XXXVII, Vivès, Paris, 1898, p. 1-362を参照されたい。

(8) 『ルカによる福音書』第一章、三一節。

(9) 『イザヤ書』第七章、一四節。「見よ、乙女が身ごもって男の子を産み、その子の名は……(*Ecce, virgo concipiet et pariet filium, et vocabit nomen eius*...)」。

たるところに見出されるが、フラ・アンジェリコはそれを否定したりはしなかった。単に彼は、それらの文章が指し示す白い空白の神秘に、それを含み込ませたのである。「空虚な」（むしろ潜在的な）ページは、このフレスコ画において天使の閉じた唇に呼応し、両者は同じ神秘に、同じ潜在性に呼びかけている。それは、受肉する御言葉の来るべき誕生であり、御言葉は、受胎告知において、マリアの身体における襞のどこかにまさに形成されるのである。こうしてわれわれは理解するのだ。イメージにおける大胆な明るみ、この種の裸形化、カタルシス化がまず目指していたのは、このフレスコ画には始めから表象不可能と分かっていた神秘を潜在化できるように、フレスコ画そのものを塗油される表面のように――わずかな清めの水で聖化される身体のように――神秘的で純粋にすることなのである。

　したがって、これは受肉である。神学の全体、ドミニコ会修道院の生活全体、慎み深い画家の目的全体が、この想像しえない、理解しえない中心をたえず巡っていたのだ。この中心は、肉という直接的な人間性と同時に、イエス・キリストにおける御言葉の潜在的な、強力な神性を前提としていたのである。修道院の小さな僧房のために顔料として使用された聖ヨハネの白（*bianco di San Giovanni*）[*1]が受肉を表象していたとか、キリスト教の中心的神秘を表す図像学的アトリビュートの役割を果たしていたなどと言うつもりはない。ただわれわれが言いたいのは、この白が、フラ・アンジェリコの用いた形象可能性の方法――それは不安定で、つねに変化し変動する方法、いわば重層決定的で「浮動する」方法である――の一部をなし、そして揺動する視覚的な網の目によって受肉の神秘を包み込むためにそこに自ら現前化した、ということである。このような芸術の力強さは、画家の技巧においてもっとも簡潔で偶然的な物質的方法を、こうしてつねに究極的に――なぜなら彼岸を目指しているからである――考察した点に大部分は集約される。アンジェリコにとっての白は、作品で表象される対象を目立たせたり、あるいは逆に中性化するために恣意的に選ばれる「彩色」ではなかった。そして、いかに抽象的な図像学であろうとも、図像学における既定の象徴でもなかった。フラ・アンジェリコは、彼の全信仰が向けられた表象不可能な神秘の何ものかを、白の次元に「受肉させる」ために、簡潔に白の現前化――フレスコ画におけるそのここでの現前の絵画的様態――を活用したのである。フラ・アンジェリコにおいて、白は表象的コードには属していない。逆に白は、絶対的に純化されたイメージ――白い残骸、神秘の徴候――に向かって表象を切り開くのである。この白は、いかに直接的にほとんどショックのように与えられようとも、イメージの「自然状態」や目の「野生状態」という観念とはまったく無関係である。それは簡潔でそして非常に複雑である。それは形象化する途方もない力によるショックを――面《パン》を――与える。つまりそれは、聖書という無限で同化不可能な素材を、圧縮し、ずらし、変形するのだ。それは、現働態にある釈義の視覚的出来事を示すのである。

したがってこの白は、予兆が読み取られる表面のような意味で、釈義の表面である。それが眼差しを捕らえるのは、まさにイメージの制御不能な連鎖を引き起こすためであり、それらのイメージは、このフレスコ画で天使と聖処女を結ぶ神秘をめぐって、潜在的な網の目を編み上げることができるのだ。この正面的な白は、まさしく観想のための表面、夢のスクリーンである――しかし、そこではあらゆる夢が可能となるだろう。この白は、目に対して、このフレスコ画の前でほとんど自らを閉ざすことを要求する。この白は、この

＊1　フィレンツェでフレスコ画に用いられたこの白色顔料については、チェンニーノ・チェンニーニ『絵画術の書』(辻茂ほか訳、岩波書店、一九九一年)第五八章と用語解説(二〇四―二〇五頁)を参照されたい。

見える世界において、ドミニコ会修道士の眼差しをまったく幻想的な領域——要するに見神（*visio Dei*）という表現が指していた領域——へ投げ込むことができる「破局」や多層化の操作因《オペラトゥール》、視覚的な操作因である。したがってそれは、言葉の多様な意味において、期待が生じる表面である。つまりそれは、可視的で「自然な」光景からわれわれを連れ出し、物語から連れ出し、眼差しの極限的な様態を、けっしてそこに完全には現れない夢見られた様態を、「眼差しの終焉」のようなものを——ユダヤ・キリスト教的な最大の欲望対象を指すために「時間の終焉」と言う場合のように——われわれに待望させるのである。どれほどこのアンジェリコの白が、この可視的なほとんど無が、このフレスコ画で称揚される神秘についに具体的に触れることができたのかを、こうしてわれわれは理解する。その神秘とは、受胎告知、告知である。フラ・アンジェリコは、告知の過程を模倣できる視覚的な操作因を手に入れるために、受胎告知の様相を模倣できるあらゆる可視的手段を削ぎ落としていた。つまりそれは出現し、現前化する何かだが——しかし描写も表象も行わず、告知する内容を出現させることもないのである（さもなくば、まさにそれはもはや告知ではなく、その帰結の言表となるだろう）[10]。

　ここには形象可能性の驚異——それは、夢の明白さのなかでわれわれを苛むあらゆるものに似ている——が存在する。その白がそこにあるだけで十分であった。それは光のように強烈で（この白は、隣接する僧房で、神的な光背《マンドルラ》や後光の発光において再びそのような強烈さで見出される）、岸壁のように不透明である（それはあらゆる墳墓にみられる鉱物的な白でもある）。それが現前化するだけで、障害とともに与えられる光という不可能な物質がそこから生み出される。つまり壁の面とともに、面そのものの神秘的な蒸発が。受肉の神秘に関するドミニコ会の大量の釈義を追っていくと、同じ逆説的なイメージが見出されるからといって、驚くまでもないだろう。受肉する御言葉を光の強度にたとえ、その強度があらゆる壁を貫き、マリアの胎内（*uterus Mariae*）という白い小部屋に宿る……とする受胎告知に関するこれこれの注釈を、フラ・アンジェリコが読んでいようがいまいが重要ではない。(11) 重要な点は、明確な神学的釈義と一対一で対応する何かありえそうにない翻訳にはなく、顔料の使用そのものが可能にする真正な釈義的作業にある。共通点は、唯一の原典テクストにあるのではない（あるいは、そこにあるとしても任意にでしかない）。つまり共通点はまず、受胎告知が始めから示していた逆説と神秘を形象化するために、逆説的な、神秘的なイメージを生み出す全般的要請にある。共通点、それはこの神秘という全般的概念であり、ある日、一人のドミニコ会修道士が、画家としての技量のすべてを、この概念にしたがわせる決意をしたのである。

　この白壁の面が、われわれが考えているように、眼差しにとって逆説と神秘としてまさに顕現しうるとすれば、同様にそれが、イメージや象徴（分離可能な）としてではなく、範例として機能できると考えるべきである。つまり、イメージと象徴の母体として。さらに、もうしばらく小さな僧房にいるだけで、受胎告知の正面的な白が、どれだけ包囲する力に変貌しうるかを感じ取ることができる。正面にあるものが周囲を取

---

(10)　さらにそれゆえに、聖アントニヌスは、受胎告知の絵において、画家たちが子供のイエス——告知の「最終段階」あるいは帰結——を表象するのを厳しく禁じていたのである。Cf. Antonin de Florence, *Summa theologiae*, IIIa, 8, 4, 11 (édition de Vérone et rééd. Graz, 1959, III, p. 307-323).

(11)　いずれにせよ、多くの釈義の母体を形成する基本的な解説を、フラ・アンジェリコが知らなかったはずはない。その解説とは、トマス・アクィナスの『天使祝詞の解説』第三章と第四章であり、同様に『四福音書連続註解』とアルベルトゥス・マグヌスによる偉大な釈義である。

り巻くものに変わり、ドミニコ会修道士が観想していた白が、おそらく彼にこうささやいてもいたのだ。「私は汝が住まう場——僧房そのもの——であり、私は汝を包む場である。こうして汝は、受胎告知の神秘を想像する以上に、その神秘に立ち会うのだ」と。こうして視覚的な覆いが近づいてきて、見つめる者の身体に触れるまでになる——なぜなら壁の白とページの白は、同時にドミニコ会修道服の白なのだ……。したがって、白が見る者にこうささやいていたのである。「私は、夜も昼も汝を包み、汝に触れる表面であり、汝を包む場である」と。観想的なドミニコ会修道士（イメージのなかの殉教者聖ペテロに似た）に、どうしてこのような印象を拒むことができようか。着衣の日には、彼自身の衣服が聖処女からの賜物であり、その色彩によって受胎告知の神秘的弁証法をすでに象徴化している、と説明されていた彼なのだから。(12)

しかしわれわれは、受胎告知の視覚的な逆説へ導くこの序論を中断しなければならない。(13) ここでのわれわれの問いは、方法的なものである。すでに、イメージの白さに眼差しを向けるこの数秒が、美術史によって馴染んだ決定論の典型からはるか遠くへとわれわれを連れて行ってくれた。われわれは、イコノロジーが奇妙にも弱体化する領域へと進んだ。それはコードを失い、さまざまな連合へとゆだねられた領域である。われわれは非 - 知について語った。とくにわれわれは、見えるものという概念を二分して、美術史が自分の道具の一つとは認めない範疇を解き放った。いったいなぜであろうか。この範疇は、あまりにも奇妙なのだろうか、それともあまりにも理論的なのだろうか。この範疇は、単なる個人的な見解に、精神による見解になってしまうのであろうか。見えるものを、細密にとは言わずとも、二つに切断してしまうこの範疇は。

まさに二つの道が、このような反論に答えるべくわれわれに与えられている。最初の道は、われわれの仮説の歴史的正当性を明らかにして、主張するものである。われわれの考えでは、見えるものと視覚的なものの区分は古くから存在していて、長い時間をかけて展開している。われわれは、それが無数のテクスト、無数の具象的実践において暗示され、そして頻繁に明示されていると考えている。そして、われわれがそれを古いものと——ともかくキリスト教文明の範囲において——考えるのは、さらに普遍的な人類学的価値をそれに与えているからにほかならない。しかし、その普遍性を論証するには、われわれの課題である歴史全体を、まさに一歩一歩たどり直さなければならないだろう——そしてこの歴史は長大なのだ。だから今のところは、その概要と全体的な問題設定を示すにとどめよう。いずれにせよ、問題となる仮説が正当性としての価値を、あるいは逆に錯誤に満ちた性格を明示するのは、研究そのものに固有の持続においてであることを、われわれは知らぬわけではないのだ。

初期の教父たち、とくにテルトゥリアヌスが、すでにミメーシスの古典的理論に驚くべき割れ目をもたらしたとき、キリスト教芸術はまだ生まれてさえいなかった。この割れ目から、新たな、特殊なイメージ様態が、受胎告知の問題——中心的幻想——に支配されたイメージ様態が現れる。いかなる芸術的プログラムとも無関係なイメージの神学が、来るべき美学のあらゆる基盤をすでに与えていたのである。その美学は、し

(12) Cf. le *Tractatus de approbatione Ordinis fratrum praedicatorum*（一二六〇—一二七〇年頃）, éd. T. Käppeli, *Archivum fratrum praedicatorum*, VI, 1936, p. 140–160, とくに p. 149–151.

(13) この点については、はるかに広がりのある道筋を『フラ・アンジェリコ——非類似と形象化』（*Fra Angelico — Dissemblance et figuration*, *op. cit.*〔『フラ・アンジェリコ』前掲書〕）において示している。

たがって図像学や「芸術作品」の観点では思考不可能であるが——これらの言葉は、当時はまだいかなる現実にも対応することができなかった[14]——、それでもやはり美学であり、可視的世界の前で新たに生み出すべき立場の定言的命令のようなものであった。さて、この立場は逆説的な領域を切り開いていた。その領域では、外観や見えるものの全般さえも対象とする激甚な憎しみが、われわれが視覚的なものの要請と呼ぶものの強烈で矛盾した探究と混ざり合っていた。この要請の対象は「不可能なもの」であり、見えるものに対する何か〈他なるもの〉、見えるものの中断、その徴候、そのトラウマ的真実、その彼岸……のような何かであるが、しかし見えないものやイデアのようなものではなく、むしろそれとは正反対のものである。この何かは、受肉の逆説そのものが思考しがたく「不可能」であるように、思考しがたいものであり続けている。

しかし、もっとも全般的なわれわれの仮説によれば、キリスト教の視覚芸術は、現実に、そして長い期間にわたってこの賭けに応じていた。それらの芸術は、そのイメージ物質において、可視的世界のこの中断化を、徴候化を、実際に実現していたのである。それらの芸術は、実際に模倣を受肉のモチーフへと開いたのだ。なぜそれができたのか、そしてなぜそうしてかつてないもっともイメージに富んだ宗教を構成したのか。なぜなら、受肉の逆説における「不可能なもの」は、神の超越性と見せかけて、内在性の核心そのものに、フロイトとともにメタ心理学的と形容できる内在性の核心そのものに触れていたからである——それは現実の肉について、われわれの神秘的な、理解不可能な肉について何かを知るために、不可能な身体……を創作する人間の能力の内在性である。この能力は、まさに形象可能性の力と呼ばれる。

すでに検討したように、形象可能性は、通常「形象化」という言葉が指すものと対立しており、それは形象可能性が生む視覚的瞬間が、可視的世界の「通常の」体制と対立し、あるいはむしろその体制において障害を、切れ込みを、徴候をなすのと同様である。この「通常の」体制においては、ひとは見ているものを知っていると考えている。つまりそこでひとは、目が捕らえようとするそれぞれの様相を名付けることができるのだ。テルトゥリアヌスは、自分の護教論の明白な矛盾を超えて、次のように語る一種の挑戦をイメージに実際に投げかけていた。つまり「お前が単に見えるものであり、私がお前を偶像のように憎悪するか、さもなくばお前が視覚的なものの輝きに身を開き、そうして私がお前に、私の奥底まで触れた力を、神の真理の瞬間を奇跡のように現れさせた力を認めるかのどちらかである」。イメージの強力な神学の存在と、三世

---

(14) 確かに、芸術の「近世的」でアカデミックな(したがってアナクロニズム的な)定義という視点と同様に、図像学的視点からも、初期キリスト教時代にはキリスト教芸術は存在していないと言えるだろう。つまり「芸術というものが、固有の様式、独自の内容によって定義されるとするなら、ヘラクレスやディオニュソスの芸術が存在しないように、キリスト教芸術も存在しない。そして、キリスト教徒たちの芸術も存在しない。というのは、彼らは古代の人間にとどまっているからであり、古代の芸術的言語を維持しているからである」。F. Monfrin, « La Bible dans l'iconographie chrétienne d'Occident », *Le monde latin antique et la Bible*, dir. J. Fontaine et C. Pietri, Beauchesne, Paris, 1985, p. 207. いかにこの判断が、問題の時代には意味を持たなかった芸術の定義にしたがうことでしか意味を持たないかが分かる。結局、初期数世紀のキリスト教における視覚的なものに固有の効力を対象とする、拡大された——つまり人類学的な——視点の必要が強く感じられる。P・ブラウンによる研究の全功績はそこにある。P. Brown, *Genèse de l'Antiquité tardive* (1978), trad. A. Rousselle, Gallimard, Paris, 1983 ; *Le culte des saints — Son essor et sa fonction dans la chrétienté latine* (1981), trad. A. Rousselle, Le Cerf, Paris, 1984 ; *La société et le sacré dans l'Antiquité tardive* (1982), trad. A. Rousselle, Le Seuil, Paris, 1985.

紀末頃までキリスト教「芸術」がほとんど存在しなかったことの明白な対照性、この対照性はおそらく、古代キリスト教が、自らのために芸術作品の美術館をまったく構成しようとはしなかったことに部分的に起因している。古代キリスト教はまず、祭儀と信仰の空間において、自分固有の視覚的効力を、広義の意味における自分固有の「視覚芸術」を確立しようとしたのである。この視覚的効力は、まったく異なるものを通じて、たとえば単なる十字の徴、諸聖人の近くに（*ad sanctos*）集まる墓、さらには衆人の前で死を迎える殉教者の劇的光景を通じて現れることができたのだ。

この初期の時代にキリスト教は、イメージに対するモーゼの禁止[15]をまったく反駁していなかったことを思い出さねばならない。テルトゥリアヌス、そして他の多くの教父たち、さらに後には多くの神秘主義的な書き手たちが、可視的な世界を、御言葉が受肉して身を落としてくれた世界を受け入れはじめたのは、その世界に喪失を、犠牲的な損害をこうむらせることを暗黙の条件としていた。可視的な世界に奇跡の、秘蹟の、変貌の機会を与えられるように、いわば可視的な世界に「割礼を施さ」なければならず、それを裂き、危機に曝し、惑わし、それをほとんど衰弱させて部分的に犠牲にできなければならなかった。その構造《エコノミー》全体にとって本質的な言葉でそれを名付けよう。つまり、転換と。見えるものそのもののなかに見えるものに対する〈他なるもの〉を、すなわち神的なものの視覚的指標を、徴候を見出すためには、確かに転換がまさしく必要であった。キリスト教徒がまず要求したのが、見えるものの可視性——それはつねに外観、ヴィーナスの形象における美（*venustas*）、要するに偶像崇拝であった——ではなく、まさにその視覚性であった理由をいまやよりよく理解できる。その視覚性とは、別の言い方をすれば、その「聖なる」衝撃的な出来事の性格であり、事物の様相をつかの間に脱形象化して貫くその受肉した真実であり、異なるものの視的な効果

——無意識の効果のような——である。したがって手短に述べるなら、最終的にキリスト教は、見えるものから制御ではなく無意識を呼び出したと言えるだろう。さて、この表現——「見えるものにおける無意識」——に意味を与えねばならぬとしたら、探究すべきはその反対物である見えないものの方向ではなく、さらによじれ、より矛盾した、そして同様により強烈な——より「受肉した」——現象学の方向である。出来事が、視覚的なものの徴候が指し示そうとしているのは、そのことである。

美術史は、人間が視覚的効力を求めて作り出した事物を、見えるものを制御する月並みな図式に統合しようとするなら、その広大な星座的布置を理解し損ねてしまう。こうして美術史は、あまりにも頻繁に中世のイメージにおける人類学的一貫性を無視してしまう。こうして美術史は、あまりにも頻繁にイコンを単なる紋切り型のイメージとして扱い、暗黙の内にその「図像学的貧しさ」を軽蔑してきた。[16] こうして美術史は、

(15)『出エジプト記』第二〇章四。——『申命記』第五章八。

(16) E・キッツィンガーとK・ヴァイツマンがすでに出版した目覚ましい研究に加えて、おそらくH・ベルティングのイコンに関する未刊の本は、そのすべての誤りを決定的に正そうとするだろうが、それは「美術」史ではなく、イメージの歴史から出発してなされる……。H. Belting, *Das Bild und sein Publikum im Mittelalter — Form und Funktion früher Bildtafeln der Passion*, G. Mann, Berlin, 1981を参照。広義に理解された「視覚的領域」(夢から、儀礼やもちろんイメージを経由して、聖遺物にいたる)に関する最重要研究が展開しているのは、歴史人類学の領域である点に注目したい。とくに以下を参照。J. Le Goff, *L'imaginaire médiéval*, Gallimard, Paris, 1985. — M. Pastoureau, *Figures et couleurs — Etudes sur la symbolique et la sensibilité médiévales*, Le Léopard d'or, Paris, 1986. — J.-C. Schmitt, *Religione, folklore e società nell'Occidente medievale*, Laterza, Bari, 1988. — *Id.*, *La raison des*

一連の多くの形象的事物や装置を自分の領域から排除してきたし、今でもなお排除しているのである。それらの事物や装置は、専門家が今日「芸術作品」と名付けるものとは直接に対応しない――それは額縁、非表象的要素、祭壇のテーブルや奉納される宝石であり、聖なるイメージの可視性を妨げているが、その代わりに「徴候」を介してその視覚的価値を構成しようと有効に力を尽くしている。その「徴候」とは、きらめき、輝き、影への後退……といった、美術史家が形態を同定しようと行う調査を明らかに妨げるあらゆるものである。ゴシック様式のステンドグラスにおける可視的現実性は、図像学的テーマの特徴的な処理とその「様式」が現れる細部を通じて定義されうるが――しかし、今日そのすべては、写真による望遠操作を通じてでなければ把握されない――、それに対して、この同じステンドグラスの視覚的現実性は、まずは様態であり、大聖堂に入る人々自身が光と色彩のなかを歩んでいると感じるように、中世のイメージ物質はその様態に基づいて着想されたのである。その色彩は神秘的であり、あの高み、ステンドグラスそのものの上では、ほとんど同定不可能だがあらかじめ神聖とされた諸領域を形成して、不調和な網の目をなして錯綜し、ここ、身廊の敷石では、光の多色的な群がりとなって錯綜し、そこを歩行者の歩みが敬虔に横切っていた……。敬虔にというのは、この身体と光の微妙な出会いが、すでに受肉の隠喩として機能していたからである。[17]

したがって、視覚的範例の歴史を生み出すことは、眼差しと触覚による現象学の歴史を生み出すことになる。この現象学はつねに特異であり、確かに象徴構造によって導かれてはいるが、つねにその規則性を中断し、ずらしている。この歴史を生み出すことは、困難な作業である。なぜならそれは、構造の視点と出来事の視点――すなわち構造にもたらされる開口――という、明らかに無関係な二つの視点の連関を見出すことを要請するからである。さて、特異なものについて何を知ることができるだろうか。まさにこれが美術史の中心的問いである。この問いは、エピステーメーの視点で——いかなる「芸術心理学」からも遠ざかって——美術史を精神分析に関連づける。[18] この関連は、眼差しの運命がつねに記憶の問題、顕在的でないだけにいっそう有効となる記憶の問題である点でも、驚くべきものである。見えるものとともにあるとき、もちろんわれわれは、顕在化するものの支配圏にいる。視覚的なものの方は、むしろ出来事‐徴候の変則的な網の目を指し、それらの出来事‐徴候は、非常に多くの痕跡や輝き、あるいは「言表行為の刻印」として、かくも多くの指標として、見えるものを襲うのである……。それは何の指標であろうか。それは、その記号「物質」がまずはイメージであったため、古文書のどこにも完全には描写されず、証明されず、記載されなかった何か——作用、進行過程にある記憶——の指標である。いま肝心なのは、この潜在的なものの効力——視

gestes — Pour une histoire des gestes en Occident, IIIe–*XIII*^{e} *siècle*, Gallimard, Paris, 1990〔ジャン＝クロード・シュミット『中世の身振り』松村剛訳、みすず書房、一九九六年〕.

(17) たとえば、アルベルトゥス・マグヌス『ルカ福音書註解』(Albert le Grand, *Enarrationes in Evangelium Lucae*. I, 35, éd. A. Borgnet, *Opera omnia*, XXII, Vivès, Paris, 1894, p. 100–102) とトマス・アクィナス『四福音書連続註解 (ルカ)』(Thomas d'Aquin, *Catena aurea* (Luc), I, Marietti, Turin, 1894, II, p. 16) を参照。これらの二つのテクストは、受胎告知の瞬間における御言葉の受肉を、身体と光の出会いという (そのうえ、その過程で生じる影の領域という) 隠喩にしたがって注釈している。

(18) これは、R・クラインによってすでに表明されている問いと関連づけである。R. Klein, « Considérations sur les fondements de l'iconographie » (1963), *La forme et l'intelligible. Écrits sur la Renaissance et l'art moderne*, Gallimard, Paris, 1970, p. 358 et 368–374.

覚的な——を、いかにして歴史的方法に取り込むのかを知ることである。しかし、美術史におけるイメージの潜在性とは、いったい何を意味しうるのだろうか。われわれは、このような潜在性を思考するにあたって、形態と色彩の織物に重なるイデアの見えない支配圏に、怪しげな手助けを要請せざるをえないのではないか。しかも一枚の絵が、いかなるわずかな細部も解釈できる者に対して、余すところなく自分のすべてを「顕在的に」見せていることは明白ではないだろうか。現前化され、提示された可視的事物の研究に完全に専念している学問において、徴候は、結局は何を意味するのだろうか。おそらくこれが、根本的問題である。

しかしわれわれは、さらに別の水準で再び問わなければならない。いかなる点で、そのような範疇——徴候、視覚的なもの、潜在的なもの——は美術史の実践に関わっているのだろうか。これらの範疇は、あまりにも一般的、あるいはあまりにも哲学的ではないだろうか。芸術作品について知りうるすべてを引き出すのに、誰も「視覚的なもの」を利用していないようであるが、なぜあくまでも「視覚的なもの」に問いかけるのか。したがってわれわれは、原理的反論を、いずれにせよ警戒の表明を聞き取らねばならない。今日、自分の方法の内的進歩を、つまり正当性をよりどころとする領域において、この問いが引き起こしうる警戒の表明を聞き取らねばならない——われわれはその代わりに、この領域そのものの方法論、さらにはそれ自体の歴史を尺度にして、この正当性を問いたださなければならないだろう(19)。

第一の警戒は、問題提起的な形態そのものに、いわばその哲学的内容に向けられるだろう。ある学問が、その歴史において哲学的思考の恩恵を多く受けているにもかかわらず——H・ヴェルフリン、A・リーグル、A・ヴァールブルクやE・パノフスキーといった「大家たち」は、けっしてそのことをとくに隠しはしなかった――、その学問のアカデミックな実践者たちがいまや理論的思考をほとんど歓迎しないのは、奇妙だがよく目にする事実である。[20]「精神の見解」に対する臆病な、あるいは非常に傲慢な警戒がしばしば見られる。まるで自分の技量を確信した美術史家が、変革のために生み出された理論を彼自身の学問と暗黙のうちに対立させているようである。そしてこの学問は、カタログからモノグラフにいたるまで、まさに進歩するために生み出されるのである。

---

(19) 美術史の歴史はまだ生まれていない。この歴史は、この学問をその真の根拠――フッサールがこの語に与えたであろう意味において――という角度から分析するだろう。G・バザンの本『美術史の歴史――ヴァザーリから今日まで』(G. Bazin, *Histoire de l'histoire de l'art, de Vasari à nos jours*, Albin Michel, Paris, 1986) は、このような関心にはほど遠い。

(20) フランスに関しては、美術館で行われる古い芸術の大展覧会のほぼひたすらモノグラフ的な内容を確認すれば十分であり、あるいは美術史の「公認」機関、『芸術雑誌 (*Revue de l'art*)』と『美術史 (*Histoire de l'art*)』(一方は国立科学研究センター (C.N.R.S.) によって発行され、もう一方は国立美術史研究所によって発行されている) における主題系を確かめれば十分である。人々は、私に対して顕著な例外を突き付けるであろう――「問題提起的な」形態に注目する研究者がいないわけではないのだから、それは当然のことである。しかし、彼らが少数派にしかなっていないことを認めざるをえない。ここでの批判的検討は、メイン・ストリームに、つまりある意味で、社会体として考察された美術史における平均的な思考されないものに関わっている。――いずれにせよ、次のような公然たる警戒感をそこで取り上げておこう。この警戒感は、引用すると、人文科学に対する「最近の知性化」と「記号学的外観」に向けられ、それに対して「作品における物質的で歴史的な二重の様相」が提起されるのだ。A. Chastel, *Fables, formes, figures*, Flammarion, Paris, 1978, I, p. 45.

しかし、何に向かって進歩するのであろうか。もちろん、より幅広い正確さへ向かってである。なぜならこれが、美術史における進歩が今日に採用する形態だからである。あらゆる水準において、人々は情報処理を行う、つまり情報に属するものを極限まで洗練させるのだ。そのように、美術史は平均的状態（それは勝ち誇った状態である）において進行する。つまりそれは、つねにより正確化する正確さであり、そのような細部と網羅性を探究する理由が分かっていれば、それ自体としては明らかに楽しいものである。正確さは、真実にいたる方法を構成することができる――だが正確さは、その唯一の目的ではありえないし、ただ一つの形態ではなおさらありえないだろう。正確さは、真実にいたる方法を構成するが、それはただ研究対象の真実が、観察や描写の可能的な正確さを認めるとされる場合である。ところが、正確な描写によってはいかなる真実ももたらされない対象が、まさに物理的な対象が存在しているのだ[21]。美術史の対象は、正確であることが真実を語ることに等しい対象に属しているのだろうか。この問いは、提起されるに値するし、それぞれの対象に対して繰り返し提起されるに値する。

動いている対象、すなわち相対的対象を写真に撮ろうとするなら、ある選択をすることができるし、まさにそうしなければならない。つまり一枚のスナップショットを、さらには一連のスナップショットを実現するか、露出時間を運動そのものが持続するかぎりつづくように調整するかである。一方の場合には、正確な対象と運動の骨組み（完全に空虚で非受肉的な形態、抽象）が得られるだろう。もう一方の場合には、運動を触知できる曲線が、しかしぼやけた対象の幻影（こちらは「抽象的」な）が得られるだろう。今日、美術史においては、紛れもない確信的なレトリックの断定的な語調が支配的であるが――これは精密科学と驚くべき対照をなしていて、後者においては、実験の変動によってはるかに控えめな語調（「今はこう仮定しよう……」）に基づいて知が構成されている――、美術史は、本来は自分が次のようなタイプの問題に直面していることをしばしば無視しているのである。その問題とは、認識の選択、二者択一であり、そこではどちらを選ぼうとも喪失が生じるのだ。それは厳密には疎外と呼ばれる。(22) この学問は、完全に情報処理化され、芸術の世界市場においていわゆる科学性を保証し、驚くべき量の情報を集積しているが――この学問は疎外されたものとして、その対象によって本質的に疎外されたものとして、つまりは喪失へと定められたものとしてまさに現れようとしているのではないか。これはもう一つの問いである。

---

(21) これはすでに、物理的経験の一定条件における「詳細な認識」に関して、G・バシュラールが展開した批判の全体的意味であった（G. Bachelard, *Essai sur la connaissance approchée*, Vrin, Paris, 1927〔ガストン・バシュラール『近似的認識試論』豊田彰・及川馥・片山洋之介訳、国文社、一九八二年〕）。今日、カタストロフィーの形態発生幾何学のような進んだ学問は、描写的正確さのモデルよりも、形態が意味するものになることを時間的過程で断定させてくれるモデルを探し求めている。Cf. R. Thom, *Esquisse d'une sémio-physique*, InterEditions, Paris, 1988, p. 11.

(22) 「金か、それとも命か！」という論理形態にしたがって――それはJ・ラカンによって分析されている（J. Lacan, *Le séminaire, XI. Les quatre concepts fondamentaux de la psychanalyse*, Le Seuil, Paris, 1973, p. 185-195〔ジャック・ラカン『精神分析の四基本概念』ジャック＝アラン・ミレール編、小出浩之ほか訳、岩波書店、二〇〇〇年、二七一―二八八頁〕）。バルザックの見事な「哲学研究」である『知られざる傑作』によれば、この「疎外」が、すでに芸術家本人のドラマを構成することを思い出さねばならない。G・ディディ＝ユベルマン『受肉した絵画』（G. Didi-Huberman, *La peinture incarnée*, Minuit, Paris, 1985, p. 47-49）を参照されたい。

要するに、今日の美術史が驚くべき技術を備えているからといって、それが次のような補足的な疑問を覆い隠すようであってはならない。異論の余地なき方法の進歩――ひとつの学問を、ひとつの知の領域を進歩させるのは、はたしてそれなのだろうか。むしろ更新された問題設定、つまり理論的な転換にこそ、知識の前進を見る必要があるのではないか。この仮説はきっと凡庸なものに思えるだろう。しかし、より正確でより有効な新しい道具を用いていまだに古くからの問いが提起されるこの領域においては、この仮説は凡庸ではない。つまり、正確さが、さらには確信が蓄積されていくとしても、それは真実へのあらゆる参与が前提とする不安に、よりいっそう背を向けるためなのである。人々は、美術史を「世界像の時代」[23]に位置づけて、置き直した――しかし、問いに背を向けていたのである。さて、回答が見つかったときには、その回答が生まれた問いをつねに問い直さなければならないだろう。回答に満足してはならないだろう。「理論的なもの」を当然のように警戒する美術史家は、問いが回答の後にまさに生き残りうるという奇妙な事実を実際には警戒し、あるいはむしろ恐れているのだ。メイヤー・シャピロは、多くの問題設定を更新して、多くの問いを見事に作り直したが、彼自身も危険に身をさらしてしまったようだ――それは認識論《エピステモロジー》的な、そして同様に倫理的な危険であり、その究極の帰結によって定義するなら、方法論的自己充足と閉鎖性である。「正確に帰属させられた」自分にとってのファン・ゴッホの靴をハイデガーの靴と対立させたとき、もちろんシャピロは何か重要なものを指摘して、問いを再び転換させていた。しかし彼は、多くの人に（おそらく自分自身にではなく）問いを解消させる錯覚を、問題を終了させる錯覚を――したがって、ただ単にハイデガー的な問題設定を失効させる錯覚を――おそらく与えてしまった。それはやはり、この領域では、もっとも正確な言説が必然的にもっとも真実であろう、という錯覚である。しかし、これらの二つのテクストを注意深く検討すれば、結局は二人の書き手がどちらも誤解をしている部分があったことが分かる——これらのファン・ゴッホ「の」靴に関する正確さや、とくに帰属決定が、この絵画「の」真理を誇示することはけっしてできないのである。(24)

この種の論争が招くもう一つの危険は、対決する思考同士の閉鎖性という結果である。哲学者は、美術史家にとっては「輝かしい」つまりは虚しい存在にとどまり、美術史家の方は、少なくとも自分が論じているすべての範囲においては自分が正しい（正確であり、回答を見つけた）と心に思い、自分の問題設定の浅薄さを正当化するだろう。このように美術史における科学主義的な錯覚は進行する。このように特殊性という

(23)　M・ハイデガーの表現によれば、*«Die Zeit des Weltbildes»* である。M. Heidegger, «L'époque des conceptions du monde» (1938), trad. W. Brokmeier, *Chemins qui ne mènent nulle part*, Gallimard, Paris, 1962 (nouvelle édition, 1980), p. 99-146〔マルティン・ハイデッガー「世界像の時代」『杣径——ハイデッガー全集』第五巻、茅野良男ほか訳、創文社、一九八八年、九七—一三四頁〕.

(24)　これはJ・デリダが、M・シャピロとM・ハイデガーのこの論争について行った分析における帰結の一つである。この分析は、二人の論者における「我有化の欲望」として解釈された「帰属の欲望」を問題としている。Cf. J. Derrida, *La vérité en peinture*, Flammarion, Paris, 1978, p. 291-436〔ジャック・デリダ『絵画における真理』下、高橋允昭・阿部宏慈訳、法政大学出版局、一九九七年、一二一—三三八頁〕. ——M・シャピロのテクスト «L'objet personnel, sujet de nature morte — A propos d'une notation de Heidegger sur Van Gogh» (1968) は、『マキュラ』誌 (*Macula*, n° 3-4, 1978, p. 6-10) に掲載され、論集 *Style, artiste et société* (trad. G. Durand, Gallimard, Paris, 1982, p. 349-360) に再録されている。

錯覚は進行するが、その対象となる研究領域は、相対的でおおいに変動するものではないにせよ、しかし定義不可能である。おそらく美術史家は、自分が特殊性と呼ぶもののなかに自分の対象を閉じこめることによって、その対象を自分のために保持し、保護していると思っている。しかしそうすることで、この閉鎖性という前提――この理想、このイデオロギー――が対象に与えた限界のなかに、彼自身が閉じこめられてしまうのである。(25)

ゴシック式ステンドグラスの「特殊性」は、どこにあるのだろうか。絶対にどこにもない。特殊性は、飾り焼結ガラスの焼成にあり、それは有色鉱石の商人が歩む長い道のりにあり、それは建築家によって計算された開口部に、形態の伝統に、しかしまたエリウゲナによる偽ディオニュシオス・アレオパギタの翻訳を書き写す修道士の錐《きり》にあり、それは神の光に関する日曜の説教にあり、それは色彩によって襲われるという、そして単にこの接触の源を高みに見つめるという、触覚的な感覚にある。視覚的な対象は、形象可能性の価値を備えた対象は、積極的に異質な現実の諸次元にさまざまな橋を投げかける効力を全面的に展開しているのだ。それらの視覚的対象は、置換と圧縮の過剰な操作因であり、知と同様に非‐知から生み出される有機体である。それらの機能は多方向的であり、効力は多形的である。それらの効力から「定義」を切り離すならば、そこには何らかの無定見が生じないだろうか。ならば美術史家は、視覚的対象の力学と構造（エコノミー）――それらはその対象の可視的で物理的な限界を超えていく――を思考するにあたって、練り上げられた記号学を、人類学を、メタ心理学を必要としないことがあろうか。「この視覚的対象について、美術史家の特殊な視点からあなたがたに語るとしよう」と言う人物は、したがって核心を逃してしまう可能性がある。それは、美術史がそもそも核心を逃すはずだからではなく、まさにその反対である。そうではなく、美術史には、つねに自分の認識論的広がりを表明し直す義務があるからである。

あらゆる防衛反応、あらゆる否認のように、特殊性の言説は、次のような明白な事実を隠蔽しようとする——けっしてそれに成功することはないにせよ。その明白な事実とは、この言説そのものが、自分と本来は異なる思想体系によって決定されていることである。あらゆる害悪がそこから生じる。なぜなら知がそこで自己を疎外し、自己を忘却し、自己を損なうのは、自分自身のモデルを隠蔽することによってだからである。防衛反応は、「輸入された」あらゆる概念を拒絶することにあり、否認は、人々がひたすらそれ——輸入された概念、借用された概念を利用して変形すること——だけをしている事実に目を向けるのを拒むことにある。カタログを作ることは、論理的に編成された事物たちの純然たる知にいたるわけではない。なぜなら、いくつもの知の方法、いくつもの編成の論理からの選択がつねに存在していて、それぞれの個別的なカタロ

---

(25) まさにそのようにして、『芸術雑誌』(前掲書、註20)は、一九六八年の創刊時に自分の方針に題目を付けていた。つまり「芸術作品と呼ばれるこれらのオリジナルな「生産物」を十全に担う学問」——人類学や心理学や社会学や美学と根本的に、しかし非常に曖昧に区別される学問——のために尽力することである(A. Chastel, *L'histoire de l'art, fins et moyens*, Flammarion, Paris, 1980, p. 13)。奇妙なことに、区分け行為——同様にそれは全体化する、つまり「十全に担う」行為である——の形をしたこの出生行為の後で、この雑誌の第二号の方は、美術史家たち自身にとってまさに現実的な「知的区分け」を嘆きながら確認することで始まっていた(*ibid.*, p. 20)。しかしこのような確認は、「方針」そのものの精神による帰結でしかありえなかった。——特殊な学問としての美術史における論法は、同様にA・シャステルによって解説されていることを指摘しておこう(A. Chastel, «L'histoire de l'art», *Encyclopædia Universalis*, II, E.U., Paris, 1968, p. 506-507)。

グは、分類範疇の個別的なタイプの選択――暗黙の内にせよそうでないにせよ、意識的にせよそうでないにせよ、いずれにせよイデオロギー的な――に由来しているからである。[26] カタログが成立する手前で、帰属と年代確定そのものが、まるごとひとつの「哲学」に関わっている――すなわち、「手」とは何であるかに精通する方法、「着想《アンヴァンシオン》」の作者問題、「スタイル」の規則性や成熟、そしてさらに多くの他の範疇であり、それらは独自の歴史を持ち、発明《アンヴァンテ》されたものであり、恒常的に存在していたものではない。したがって、美術史において実践の働き全体を導いているのは、まさに言説の秩序なのである。

図像学を実践することとは、原典テクストや象徴表現や意味作用に関する純然たる知にいたることでもない。正確に言って、テクストとは何か、原典とは、象徴とは、意味作用とは何か。美術史家はほとんどの場合、そのことについてあまり知りすぎようとはしない。シニフィアン〔意味するもの〕という単語、そして同様に無意識という単語――それらはすべて、最悪の場合には彼をおびえさせ、最良の場合にも彼をいらだたせる。年月が経ち、流行の効果が持続して、彼はおそらく記号という単語や潜在意識という単語を使うようになるだろうが……、まさにそのことによって、自分が何も理解しようとはしなかったことを示すのだ。[27] しかし、彼には無縁に、あるいはあまりにも「同時代的に」思える範疇に対する彼のおもな論法、決定的な攻撃は、最終的にはうわべだけのとどめの一撃をもたらすだろう――それを歴史家の一撃と呼ぶことができるだろう。「歴史において、過去の現実を解釈するのに、現在の範疇を利用するのが適切であるなどと信じることが一体できようか」。実際これが、歴史の概念そのものに関する、特殊性の言説による帰結である。これがそのもっとも根本的な、もっとも明白な、もっともよく共有された形態である。つまりテルトゥリアヌスは、見えるものと視覚的なものの差異を――それらの言葉を使って、という意味で――けっして言明などしなかった。中世は、けっして無意識についてなど語りはしなかった。そして中世が、意味するもの（*signi-cans*）や意味されるもの（*significatum*）について語ったとしても、それは当然のようにソシュール的な意味においてでも、ラカン的な意味においてでもなかった。そして結論である。視覚的なものはテルトゥリアヌスにおいては存在せず、無意識は中世には存在せず、そしてシニフィアンは現代思想の無意識的癖《チック》にすぎない。そこには「歴史的」なものは何もなく、中世的なものは何もない。

　この論法は、いろいろな理由で並外れている。この論法は、多くの人から見て、ひとつの学問全体の根拠となるような明証性の重みを帯びている（そしてこの「重み」を、ここで厳粛さと名づけることができるだろう）。しかし、いくつかの決定的な批判的研究、とくにミシェル・フーコーの研究が存在するにもかかわらず、この論法にはきわめて根強い認識論的無邪気さの重みがある（そしてこの「重み」は、その意味で鈍重さや無気力と呼べるだろう）。なぜならこのような「明証性」が、最初からまるごとひとつの歴史哲学を開始していたことがすぐに分かるからである……その歴史哲学は、それ自体が歴史を持ち、混乱した沈殿物に関して、それ自身の実践的顛末を明証性のスクリーンによりよく映し出すために、委細をたえず隠蔽して

---

(26)　どんなささいな整理も、それが良識によって導かれていようと、論理的でエピステーメー的で修辞学的な選択の総体から生じている。そこから、それぞれのカタログ化における特異な性格が生じる。それが、P・ファルギエールの博士論文 *Invention et mémoire. Recherches sur les origines du musée au XVIe siècle*（近刊）が十六世紀《チンクエチェント》について、半ばレヴィ＝ストロース的な表現で分析していることである。

(27)　たとえば G. Bazin, *Histoire de l'art*, *op. cit.*, p. 322 sqq. を参照。

きたのである。したがって、「歴史家の一撃」に応えなければならないのは歴史家としてであるが、しかし同様に弁証法論者としてであり、そのためにはもっとも単純なもの——実践のアポリア——からもっとも複雑なもの——理性のアポリア——へと出発しなければならないのである。

このように、「歴史家の一撃」という命題を改良しながら、つまり逆転させながらまずは問いたださなければならない。つまり、実際に過去の現実を過去の——もちろん同じ過去の——範疇によって解釈することができるのだろうか。そしてそのとき、この同じの内容とは何であろうか。結局、歴史的学問にとって同じとは何か。失われた祭儀の、中世の眼差しの、その世界が過ぎ去ってしまった対象の、つまりその世界が崩壊してしまった対象の「同一性」をどのようにして捉えるのか。どんな歴史家にも感情移入の欲望（絶対に正当化される欲望）がある。そしてこの欲望は、ときには強迫観念に、心理的強制に、ときにはボルヘス的な狂気に変貌しうる。このような欲望は、歴史における不可欠なものと思考不可能なものを、同時に名指している。なぜ不可欠なものかというと、「comprendre〔理解する、内包する〕」という語の文字通りの意味において過去を理解するには、一種の婚姻に身をゆだねる必要があるからである。つまり過去の中へと入り込み、それを深く理解し、要するにそれを完全に捉えるために一体化していると感じなければならず、その代わりにわれわれ自身が、この行為のさなかに過去によって捕らえられるのである。つまり捕獲され、絡みつかれ、さらには茫然自失させられるのだ。歴史的操作そのものの根本的に模倣的な性格を、この感情移入の運動を通じて見誤ることはありそうにない。修復家が、自分自身の手で絵のタッチを一つずつなぞり、いわばそれに「ふたたび生命を与え」、その絵の準‐創造者となった感情を、それについてすべてを知っているという感情を抱くことがあるように――同様に歴史家は、自分の口に過去の言葉を、頭には過去の教義を詰め込み、目の前には過去の色彩を置き……そうして彼は、この過去を身をもって知ろうと、ある意味ではそれを予見しようと進むであろう。

この模倣的な性格は、結局のところ、先ほど言及した欲望の征服的な前進をまさに構成している。「征服」そのものはというと、それは稀にしか厳密に論証的に確実とはならず、多くの面でその幻想性の強固さを示すだろう。この征服は、ともかく想像行為であろう[28]。征服は、ミシュレの場合のように、過去に関する真の詩学において展開しうるだろう（このことは、もう一度いうなら、それがさまざまな不正確さを生み出すにしても、「偽物」であることを意味しない）。しかし、つねにこの征服は、あまりにも遅れて調査にやって来たあのシャーロック・ホームズの相対的な勝利であろう。つまり痕跡は、それまでに堆積した他の無数の痕跡のなかにないとすれば、おそらく消失してしまったのだ。もはや事件に関わる全人物の数も名前も分から

（28）　G・デュビィの作品『中世のヨーロッパ』の素晴らしい冒頭部を思い出しておこう（G. Duby, *L'Europe au Moyen Age* (1981), Flammarion, Paris, 1984, p. 13〔ジョルジュ・デュビィ『ヨーロッパの中世――芸術と社会』池田健二・杉崎泰一郎訳、藤原書店、一九九五年、一一頁〕）。「想像しよう。それは歴史家たちがつねにしなければならないことである。彼らの役割は、残骸を、過去の人間たちが残した痕跡を集めることであり、証言の裏付けをとり、綿密に考証することである。しかしそれらの痕跡、とくに貧者や日常的な事柄が残した痕跡は、かすかで不連続である。ここで問題となるような非常に古い時代に関していえば、痕跡は稀有である。それらの痕跡に基づいて骨組みを築くことができるが、しかしそれは非常に頼りないものである。それらのいくつかの支柱の間で、不確実性が口を開けたままなのだ。紀元一〇〇〇年のヨーロッパを、したがってわれわれは想像しなければならない」。

ない。凶器は消えてしまったか、時間の経過によってあまりにも見事にきれいになってしまった。動機は、存在する資料から推理されうるだろう——しかし他に隠された、あるいは失われた資料は存在しないのだろうか。そこにあるそれらの資料は、真の動機をより巧みに隠すための策略、それまでにひそかに準備された虚偽ではないのだろうか。さらに、なぜ動機は書き表されたのだろうか。それに、本当に犯罪が生じたのだろうか。これはもちろん、シャーロック・ホームズが最初から夢想していたことではあるが、しかし彼が今いるそこからは絶対に断言することはできないだろう……。

歴史家の偉大さと悲惨。つねに彼の欲望は、喪失対象としての過去による執拗なメランコリーと、発見対象や表象対象としての過去による脆い勝利の間で宙づりとなるだろう。「欲望」「想像力」「幻想」といった言葉がそこに現れるのは、歴史家自身をつねに求める亀裂を彼に示すためにほかならないことを、彼は忘れようとするが、忘れることができない。つまり、歴史家にとっての過去——過去一般——は、不可能なものに、思考不可能なものに由来しているのだ。われわれにはまだいくつかのモニュメントが残されているが、もはやわれわれはそれらを要請した世界を知らない。われわれにはまだいくつかの言葉が残されているが、もはやわれわれはそれらを支えていた言表行為を知らない。われわれにはまだいくつかのイメージが残っているが、もはやわれわれはそれらを具体化していた眼差しを知らない。われわれにはまだ祭儀の描写が残されているが、もはやわれわれはその現象学も、その効力の正確な価値も知らない。これはどういうことだろうか。いかなる過去も、決定的にアナクロニズム的なのだ。つまり過去は、それについてわれわれが抱く形象を通じて初めて存在し、存立するのである。したがって過去は、「想起する現在」の操作においてしか存在しない。この現在は、まさに過去を現前化して、そしてこの現前化の事後に過去を形成して表象する、素晴らしい、あるいは危険な力を備えているのだ(29)。

歴史家はそれぞれ、自分がそのことをすべてよく知っていると、すなわち過去に関するわれわれのヴィジョンに対する現在による永続的強制をよく知っていると、答えることができるだろう。しかしまさに、それだけが問題となるのではない。同様に、それとは反対の事態が問題となるのだ。すなわち、過去もまた強制として機能するのである。まず、フロイト的な意味での強迫（*Zwang*）として。なぜなら過去は、歴史家に対して至高な強迫観念として、構造的な強迫観念として与えられるからである。そして次に、ときには過去が、歴史解釈そのものの疎外的要素として強力に現れるからである――これはやっかいな逆説である。実際、過去の現実を過去の範疇だけで解釈する計画を完全に実現するとしたら、そしてそのことに具体的な意味があるとしたら、何が得られるのだろうか。おそらく、審問官による論証――「特殊な」論証――だけを備えた異端審問所の解釈が得られるだろう。この解釈が、受刑者による論証（抗弁と叫び）も備えているとしても、いずれにせよそれは悪循環のなかで空回りをするだろう。想像力において過去と結ばれることは必要なことだが、それで十分ではない。おそらくそこで人は、ひとつの時代における微細な点にまで到達し、そうしてその時代を、それに固有な了解可能性を通じて理解しようと努める。しかし、了解可能性そのものを理

(29) P・フェディダの、個別領域をはるかに超えて豊饒な、注目すべき論文を参照（P. Fédida, «Passé anachronique et présent réminiscent. Epos et puissance mémoriale du langage», *L'Écrit du temps*, nº 10, 1985, p. 23–45）――現在と過去の複雑な諸関係に関する、同様に豊かなもう一つの確定作業が、M・モスコヴィシの最近の本において行われている（M. Moscovici, *Il est arrivé quelque chose — Approches de l'événement psychique*, Ramsay, Paris, 1989）。

解しようとするなら、円環を断ち切り、婚姻関係を裏切ることもできなければならない。それは遠隔化した眼差しを条件として初めてなされる。つまりこの眼差しは、現在のなかをさまよい、現在を知るのであり、そしてこの知は、今度はその眼差しを豊饒なものに変えるのである。

状況は、ここでもまだ疎外的な選択の、いずれにせよ危険な選択の状況である。一方には、同時代的なロゴス中心主義の危険がある。この危険によって、厳密にソシュール的あるいはラカン的な視点は、オッカム的な記号（*signum*）や「指示機能」からその実質を取り除いてしまうだろう[30]。他方には、空虚な全体主義の危険があり、そこで過去——想定される過去、つまり理想的過去——は、解釈の絶対的主人として機能するだろう。両者の間における有益な実践とは、弁証法化することである。たとえばそれは出会いの豊かさであり、それによって、現在の目で過去を見ることは、われわれが困難を乗り越え、それまで気づかなかった過去の新たな様相へ文字通りに身を投じる手助けをしてくれるだろう。この様相は、当時から埋没している様相であり（なぜなら、これが歴史家における真の傷、当時からのひそかな作用だからである）、それを新たな——素朴でも無垢でもない——眼差しが、突如として露わにしたのである。

　何が美術史においてこのような出会いを、このような質的跳躍を可能にするのだろうか。しばしばそれは美術史そのものである——すぐに明確化するなら、それは主格的属格の意味における美術の歴史、その歴史を担うのが美術そのものという意味での美術の歴史であり、目的格的属格（この場合、美術はまず歴史学の対象として理解されている）の意味におけるものではない。人々は、完全に主体的実践の名において語る客観的学問をおそらく夢見て、美術史のこの二つの意味をほとんどの場合は混同して重ねてしまっている。しかし、事情は明らかに異なっている。主格的意味における美術史は客観的学問に先行し、それを条件づけるにもかかわらず、この学問によってあまりにも頻繁に無視されている。ゴヤ、マネ、ピカソは、いかなる美術史家にも先駆けて、ベラスケスの《侍女たち》を解釈した。さて、彼らの解釈はどのように構成されていたのだろうか。おのおのが十七世紀の絵を、その根本的要因《パラメーター》を利用することによって変形していた。そしてそうすることによって、これらの要因をおのおのが示し、さらには証明していたのである。これが、絵画そのものが自分自身の過去をいかに解釈しえたか——言葉の強い意味において、そして影響関係という問題設定をはるかに超えて——を見つめることの、真に歴史的な意義である。なぜなら、その変形の働きは「主観的」であるにしてもやはり厳密なものであるからだ。[31] さて、ここでわれわれは「当時からのひそかな

---

(30) P・アルフェリの素晴らしい著書を参照（P. Alféri, *Guillaume d'Ockham. Le singulier*, Minuit, Paris, 1989）。

(31) ピカソが一九五七年の八月から十二月に描いた一連の絵を、必然的な構造的段階として組み込んだのは、H・ダミッシュが提示した《侍女たち》の分析における重大な長所である。Cf. H. Damisch, *L'origine de la perspective*, Flammarion, Paris, 1987, p. 387-402. ——私のほうは、現代美術に親しむことで形成された「美学的」注意力を土台にして、フラ・アンジェリコに関する衝撃的な発見をした経験がある（それは、約四・五平方メートルの斬新な部分であり、万人の目に曝されてはいるが、けっして見つめられることもなく、網羅的とされるカタログに入る評価さえ受けていない）……。G・ディディ＝ユベルマン「フラ・アンジェリコによる形象の非類似」（*Mélanges de l'École française de Rome / Moyen Age — Temps modernes*, XCVIII, 1986, 2, p. 709-802）を参照。この論文は、『フラ・アンジェリコ——非類似と形象化』（前掲書）に再録されている。——「目的格的」属格の意味における美術の歴史（学問）が、「主格的」属格の意味における美術の歴史（すなわち現代美術）に端から端まで従属していることを、H・ベルティングの本は力強く示している（H. Belting, *Das Ende der Kunstgeschichte?*, Deutscher Kunst-

作用」に関わっているのではないだろうか。そうなのだ、われわれはそれに関わっているのだ。しかしわれわれは、あらゆる仕方でその作用を強いられている——そしてせめてわれわれがつねに思考して処理しなければならないのはこのことなのである。したがって、弁証法化しなければならないのであり、しかも総合する希望を抱いてはならないのだ。つまり、それは綱渡り芸人の芸術である。彼は飛び上がり、一瞬は空中を歩いているが、しかしけっして飛ぶことはできないと知っているのである。

歴史家は、過去の対象xを解釈する適切な範疇を探し求めるとき、選択的な状況に置かれるが、この状況にもう一度戻りたい。実際には何が起こっているのだろうか。過去の範疇（対象xが属する大文字の過去X）と現在の範疇をめぐる単なる選択よりも、いくぶん微妙な何かである。われわれが頻繁に目にするように、確かに歴史家は、あまりにも「現在的」に見える範疇の明白なアナクロニズムで苦闘するのを避けて、自分が利用できるもっとも古い（つまり過去Xにもっとも近い）範疇を選択している。こうすることによって、彼自身が狭義のアナクロニズム——それはより明白さに欠けるが、はるかに目を欺く——に目をつぶり、それ以後はそこに落ち込んでしまう。このことは、いくつかの誤解を引き起こす可能性がある。たとえば、マイケル・バクサンドールのすでに古典となった著作『十五世紀のイタリアにおける絵画と経験』を読むと、ひとつの時代がようやくそれ自身の目を通じて考察された、という心強い印象を受ける。[32] これこそが、もっとも完璧に実現された「歴史家の一撃」である。つまり、十五世紀《クワトロチェント》の絵画が何であったのかを正確に理解するには、十五世紀における「最良の美術批評家」クリストフォロ・ランディーノが示した一六の範疇を通じて十五世紀の絵を解釈しなければならず、そしてそれだけで十分であったのだ。[33] しかし、この著書が紹介する四人の大芸術家の一人にこの概念が適用された結果を検証すると、すぐさまこの分析原理の限界が、さらにはその謬論《ソフィスム》としての意味が理解される。実際、フラ・アンジェリコの死と、彼の作品に対するランディーノの判断を隔てる三〇年が存在するだけで、アナクロニズムのスクリーンが介在するには十分であった。つまりランディーノが使用し、つづいてバクサンドールが使用した範疇――とりわけ、愛らしい（*vezzoso*）(34)と敬虔な（*devoto*）という範疇――を分析すると、どのような点で誤解が生じて、ほんのわずかな意味の偏差が生まれたのかが明らかになる。フラ・アンジェリコが「敬虔な」芸術を展開した時代Xと（そしてそれと関係する特異な空間）と、ランディーノが自分の判断を表明した時代X＋三〇の間では、敬虔（*devoto*）という範疇、そしてそれとともに絵画にとって根本的な他の範疇、たとえば形象（*figura*）や歴史物語（*historia*）

---

verlag, Munich, 1983〔ハンス・ベルティング『美術史の終焉？』元木幸一訳、勁草書房、一九九一年〕。――ここで言及される「出会い」が、いかなる点においても一般化のモデルを提供しないことを最後に強調しておきたい。つまり、ひとつの利益の元となりえたひとつの強制（現在による強制）の例しか存在しないのである。

（32）フランス語訳が採用したのは、自分自身に向けられる目というこの意味のほうである。M. Baxandall, *L'œil du Quattrocento — L'usage de la peinture dans l'Italie de la Renaissance*〔十五世紀の目――ルネサンス期のイタリアにおける絵画の使用〕(1972), trad. Y. Delsaut, Gallimard, Paris, 1985〔マイケル・バクサンドール『ルネサンス絵画の社会史』篠塚二三男ほか訳、平凡社、一九八九年〕. バクサンドール自身が序文において書いているように、彼の本は「十五世紀《クワトロチェント》絵画の検討に適した知的装備の要素を再構成している」(p. 8〔八頁〕)。

（33）*Id., ibid.*, p. 168〔同書、一九一頁〕.

（34）「*Vezzoso*：淫らな、可憐な、軽率な、気まぐれな、陽気な、元気な、快活な、魅力的な、かわいらしい、あだっぽい、優雅な、いたずらっぽい、魅惑的な、気取った」。J. Florio, cité par *id., ibid.*, p. 225.

の意義が、完全に変わってしまっていた。したがって、この約三〇年という狭小な空間において、歴史家は、ただアナクロニズム的な現在だけの罠を逃れたと思いこんでいたのだが、アナクロニズム的な過去の罠に陥ってしまったといえるだろう。(35)

過去そのものが、どれほど過去を覆い隠す可能性があるのかが、こうして分かる。歴史においてアナクロニズムは、完全に手を切る必要があるものではなく――そのような行為は、極言すれば適合の幻想や理想にすぎない――、それによって論じ、議論し、おそらく利用さえしなければならないものである。一般的に歴史家が、現在の範疇よりも過去（それがどんなものであろうと）の範疇を一挙に選び取るのは、体質的に彼が真実を過去（どんなものであろうとも）の側に位置づけ、「現在のもの」を意味しうるいかなるものにも、やはり体質的な不信感を抱いているからである。「自然な」性向と不信感、理論的な拒絶と特殊性の要請といったこれらのさまざまな動きを見ていると、そこで美術史家は、彼自身による実践を指す言葉そのものを、歴史と芸術という言葉を鵜呑みにしているだけであるという印象を受けてしまう。社会的あるいは言説的（とくに大学的）な同一性が、それらすべての動きを通じて働いているという印象を受けてしまう――しかし、それは思考されないものという様態に基づいている。そしてそれは、思考されないものが、要請と拒絶の働き全体を、その不明瞭な働きをここで導いているからであり、芸術と歴史が、お互いを結合する実践に決定的な土台を形成するどころか、その主要な認識論《エピステモロジー》的障害を構成しようと姿を現すからである……。

この仮説は意表を突くかもしれない。しかしそれは、特殊性の言説による論理的な帰結にほかならず、この言説は、自分の領域の現実的な広がりを、批判的に検討することを放棄してしまったのである。(36)歴史と芸術という言葉の関係を問いただすことなく、それらの言葉を鵜呑みにするなら、次のような二つの命題を暗に公理として利用することになってしまう。まず、芸術は過去のものであり、歴史という観点に収まるかぎりで対象として捉えられる。次に、芸術は見えるものに属するものであり、特殊な同一性、識別可能な様相、区分基準、閉じた領域を備えたものである。美術史が、自分固有の実践における限界を自分自身のために図式化するのは、そのような至上命令を暗に受け入れることによってである。つまり美術史は、それ以後は自分の「特殊性」という黄金の檻の中で進展していく――つまり、そこで堂々めぐりをするのである。

二つの「公理」そのものが堂々めぐりをしている。あたかも一方が尻尾、もう一方が尻尾を追うものであり、その尻尾は自分のものにほかならないかのように。したがって、二つの命題は補完的である。それらが共同で行う還元操作は、逆説的な関係においてその一貫性を見出す。その逆説的な関係において、過去のある種の定義と、見えるもののある種の定義が持続的に結合しているのだ。この関係の極端な形態は、結局のところ次のように表明されうるだろう。つまり、芸術は終焉を迎えており、すべてが見えるものである。要するに、すべてが見えるものである、なぜなら芸術が終焉を迎えているからである（なぜなら芸術は過去のものだからである）。要するに芸術は死んでいる、なぜなら見ることが可能なものはすべて見られてしまったからであり、非－芸術さえも……。われわれは今、さらにひとつの逆説を、芸術に関するいくつかの命題

---

(35) *Id., ibid.*, p. 224-231〔同書、二五二―二六〇頁〕. ――フラ・アンジェリコに適用されたランディーノの範疇に対するこの批判を、私は前掲論文（註31）において展開した。

(36) さらにこの点について、R・クラインは、次のように書くとき十分に意識的であり、それを配慮していた。「とくに美術史にとって、理論的な問題はすべて（…）次のような唯一の根本的問いに還元される。つまり、美術史に視点を提供する歴史と、対象を提供する芸術をいかにして和解させるのか」。*La forme et l'intelligible, op. cit.*, p. 374.

かじめ限界づけたのだといえるだろう。すべての事柄が、おそらく分析の最後に解明されるだろう。によって条件づけられた陳腐さでもあり、この図式論において、美術史そのものが、自分固有の実践をあらる。それは、美術史の実践をひそかに条件づけている陳腐さである――そして同様に、より根本的な図式論の種のスローガンによって、われわれの時代における二重の陳腐さにただひたすら声を与えているからであの限界で提起される仮定節を口にしているのだろうか。それだけではない。なぜならわれわれはそこで、こ

第一の陳腐さは、したがって次のように表される。芸術は過去のものであり、終わったものであろう。芸術は死んだものであろう。もはや見えるものにも視覚的なものにもまったく由来しない領域（要するに混沌）において、帝国が崩壊したような雰囲気において、われわれ全員は泣き濡れてあるいは冷笑的《シニカル》になって、芸術が死んでいる場所から、あるいはむしろその時代から語りかけるだろう。この時代はいつ始まったのだろうか。誰がそれを完遂するのか。美術の歴史――目的格的属格の意味における、つまり学問という意味における――は、「主格的」意味における美術の歴史のなかにその答えが見つかると、ただ単に断定している。つまり二十世紀に――さらにはすでに十九世紀に――〈美術〉の穏やかな構成や歴史的特殊性を崩壊させた一部の芸術家による言説や作品のなかに、それが見つかるというのである。この意味で「芸術の終焉」は、多かれ少なかれ聖像破壊的な対象から発して言明されうる。たとえばマレーヴィッチの《白地の上の白い正方形》、一九二一年におけるロトチェンコの《最後の絵画》、マルセル・デュシャンの《レディ・メイド》、あるいはさらに最近ではアメリカの「バッド・ペインティング」やポストモダン主義的なイデオロギー……。しかし、どこでも同じ芸術の終焉が問われているのだろうか。ある人々が終焉と呼んだものは、他の人々に

とっては、芸術がいまだにそうであることが可能であり、まさにそうであらねばならなかったものの純化された要素として現れていたのではなかったか。これらのあらゆる定式化の両義性、さらには不毛さが、すぐさま一目瞭然となるのだ。(37)

さらに「芸術の終焉」は、それ自体で奇妙な表現となっている。つまり、それはまさにポストモダン性の先駆者《エロ》(あるいは英雄《エロ》かもしれない)にとって、スローガンの役割を果たすと考えられるが、しかし同様に、現代美術全般に嫌悪感を覚えるすべての人々にとって、逆上した非難の叫びの役割を果たすとも考えられる……。それはあたかも、ある意味では肯定的で高揚した価値を、別の意味では否定的で恐怖に満ちた価値を与えるだけでは、対立する二つの集団が振りかざすたったひとつの表現のアイロニーを、充分に抑えられないかのようだ。それは聾者の対話を思わせる(一方が「芸術の終焉だ!」とわめくと、もう一方が「いや、そんなことはまったくない! 芸術の終焉なのだ!!」と応える)——さらには二つの軍隊が同じ旗を掲げ、あるいは同じ突撃ラッパを鳴らしながら互いに飛びかかる戦いの不条理さを、それは思わせる。

---

(37) 膨大な書誌のなかから次のものだけを指摘しておこう。A・ロトチェンコについては、N. Taraboukine, *Le dernier tableau*, trad. A. B. Nakov et M. Pétris, Champ libre, Paris, 1972(とくに p. 40-42)〔ニコライ・タラブーキン『最後の絵画』江村公訳、水声社、二〇〇六年〕。——マルセル・デュシャンと「これは芸術である」という判断については、Th・ド・デューヴの最近の本 *Au nom de l'art — Pour une archéologie de la modernité*, Minuit, Paris, 1988〔ティエリー・ド・デューヴ『芸術の名において——デュシャン以後のカント/デュシャンによるカント』松浦寿夫・松岡新一郎訳、青土社、二〇〇二年〕。——ポストモダニズムについては、Y-A・ボワの良質な説明 «Modernisme et postmodernisme», *Encyclopædia Universalis. Symposium*, E.U., Paris, 1988, p. 187-196。

確かに、これら二つの軍隊は、「芸術の終焉」という表現を振りかざすとき、それぞれの叫び声において美術史の意味に同じ意味を与えているわけではない。しかし、この同じラッパの音を彼らに与えるのは、これらの軍隊が、それぞれが「自分の意味」において、しかし両者が一緒になって、歴史の意味――美術史の意味――を称える歌声をあげているという事実である。実際、「芸術の終焉」という表現を口にできる者は、「芸術は歴史を持ち、この歴史は意味を持っている」ことを決定した、あるいは前提とした者だけである。芸術が死に瀕しているとみなされうることは、芸術が生まれつつあるとあらかじめみなされたことを意味し、そして芸術が始まり、その自己目的論と呼べるものを極限まで弁証法的に展開したことを意味している。他の領域同様にこの領域においても、「終焉」の思想は、出生行為やもろもろの終焉の展開という観念に由来する「諸終焉」の思想の一部をなし、あるいはむしろ諸終焉の定義の思想、それらの範疇的同一化の思想の一部をなしているのである。

こうして、芸術の終焉という「近代的」モチーフは、実際には美術史そのものと同じくらい古いことが分かる。しかしそれは、主格的属格の意味における美術の歴史ではない。というのは、実践が効力をもって歴史的領域全般で展開するには、自分の終焉が明らかになる必要はないからである。むしろ私が問題にしたいのは言説の秩序であり、この秩序は、実践の全体に特殊な意味を与えるために――歴史の意味という観点で――構成されているのである。美術史は、自分の対象が過去のものであることを(38)、いわば「単純過去」の対象であることを望むばかりではない。極端な場合に美術史は、自分の対象が固定され、輝きを失い、使い古され、鮮度を失い、終焉を迎え、要するに色あせた対象であることを望むだろう。つまり死んだ対象であることを。この悲しみに満ちた欲望、理性が自分の対象を前にして、それをひそかに、そしてあらかじめ殺害した上で行うこの喪の作業は、確かに奇妙な欲望である。西洋における最初期のテクストにおいて、美術史の計画——もちろんそれは、はるかに遠大な百科全書的計画の一部である——が広がりのある明白な形で構成されているが、このテクストを読むだけで、その冒頭からすぐに芸術の終焉というこのモチーフが現れる。もちろんそれは、有名な『博物誌』第三五巻である。プリニウスはそこで一挙に、いわば色彩——過ぎ去ったものの色彩——のことを告げている。

このようにして、まず絵画について言い残したことを締めくくるとしよう（*dicemus quae restant de pictura*：われわれは絵画に関して「残る」ものについて語るとしよう。キケロが*pauci restant*と、つまりそこから残るものはほとんどない、残ったものはすべて死滅してしまった……と言いえたように）、かつて絵画は、国王たちや国民たちの間で好評を博した頃は名高い芸術であり、その上、この芸術が後世に伝える（*posteris tradere*）べきと考える人々を気高く表していたが、今日では完全に押しのけられてしまった（*nunc vero in totum pulsa*：今ではまさに完全に追放されてしまった）……[39]。

---

(38) 美術史における過去の批判に関してはH. Damisch, *L'origine de la perspective*, *op. cit.*, p. 12-17, 37-52 et 79-89を参照。ダミッシュは、過去の代わりに範例と起源という二つの理論的用語を用いている。

(39) Pline l'Ancien, *Histoire naturelle*, XXXV, I, 2, éd. et trad. J.-M. Croisille, Les Belles Lettres, Paris, 1985, p. 36〔プリニウス『プリニウスの博物誌』第Ⅲ巻（第三五巻一〔二〕）、中野定雄ほか訳、雄山閣、一九八六年、一四〇六頁〕.

見た目は矛盾する二つのテーマがここでは結合しているが、この結合は、美術史が自分の対象を確立しながらそれに与えた規定について、すでに何かを教えてくれている。いわばこの対象は、「残ったもの」として後世に伝わり、そのようなものとして……つまり不死なる対象として伝達され（*tradere*）うるようになるには、その本来の世界から追放され（*pulsa*）なければならなかったのだ。ある種の歴史の眼差しのもとで、もっとも不死なる対象はおそらく、それ自体の死をもっとも実現して完成した対象であることが分かる。プリニウスの十五世紀後に、ヴァザーリ、万人から美術史の真正な創始者とみなされるヴァザーリは、素描芸術（*arti del disegno*）に関する有名な「三段階の法則」と同時に、芸術全般がすでにその自己目的論を完成していた時代に彼自身が書いた総括を提示していた。

私は細部に拘泥するつもりはないので、諸芸術の再生《ルネサンス》からわれわれの世紀にいたる間に三つの区分――むしろそれを時代（*età*：年代）と呼ぶことにしよう――を設けるつもりである。そのそれぞれが、明白なもろもろの差異（*manifestissima differenza*：ひとつの非常に明白な差異）によって他のものと区別される。最初のもっとも隔たった時代には、三芸術が完璧にはほど遠かった（*queste tre arti essere state molto lontane dalla loro perfezione*）ことが確かに分かった。そこには良い要素が見られたにもかかわらず、これらの芸術はあまりにも不十分（*tanta imperfezione*）であったため、確かに過大に称賛されるには値しなかった。とはいえそれらは出発点をもたらし、道を切り開き、後に続くより優れた芸術家たちに技術を伝えたのである。それだけのこととはいえ、それらを称えずにはいられないし、たとえ作品そのものは厳密な芸術規則から判断すると賛美には値しないとしても、これらの芸術を何らかの形で賛美せずにはいられない。

二つめの時代においては、着想、素描、より入念なスタイル、より深い細やかさという点で進歩が明白である（*si veggono manifesto esser le cose migliorate assai*）。前の時代の粗雑さに由来する老いさらばえた錆びつき、不手際、ちぐはぐさは消え去った。しかし、この時代に現在のわれわれの着想、素描、彩色の水準に達したような、すべてにおいて完璧なただ一人の人物（*essersi trovato uno in ogni cosa perfetto*）が存在したなどとあえて主張することができようか。（…）

三つめの時代は、われわれの全面的な讃嘆（*lode*：われわれの賞讃）に値する。芸術は、可能な限り深く自然の模倣へと進んでいったと確信をもって言うことができる。芸術は、あまりにも高みへと上り詰めたため、これからさらに高まることを期待するよりも、むしろそれが衰退することが懸念されるほどである（*e che ella sia salita tanto alto, che più presto si abbia a temere del calare a basso, che sperare oggimai più augmento*）。私は、これらすべてのことについて自分で大いに熟考して、これらの芸術がその性質において特別な特性を持っていると考えている。つまり、取るに足りない初期に始まり、少しずつ改善されながら進み、最後には完璧さの絶頂に（*al colmo della perfezione*）いたるのだ。[40]

（40） G. Vasari, *Le Vite de'più eccellenti pittori, scultori ed architettori* (1550-1568)〔ジョルジョ・ヴァザーリ『最も卓越した画家、彫刻家、建築家の列伝』〕, éd. G. Milanesi, Sansoni, Florence, 1906 (rééd. 1981), II, p. 95-96. Trad. fr. N. Blamoutier, *Les vies des meilleurs peintres, sculpteurs et architectes*, dir. A. Chastel, Berger-Levrault, Paris, 1983, III, p. 18-19〔『ヴァザーリの芸術論——『芸術家列伝』における技法論と美学』辻茂ほか、翻訳・註解・研究、平凡社、一九八〇年、二〇四—二〇五頁〕.

したがってヴァザーリからすでに、美術史そのものが完璧さというイデアの――この用語には後で言及する――、完全な実現へと向かうイデアの自己運動として定義されたのである。[41]「素描の諸芸術」に固有の歴史性、時代によるそれらの「差異」、芸術家それぞれの、作品それぞれの特異性、それらすべてが、唯一の点に対する距離の大小に応じてすでに評価され、評定されていた。この唯一の点の普通名詞は、先ほどのテクストにおいては「完璧さの絶頂（*colmo della perfezione*）」と呼ばれ、その固有名詞は、ヴァザーリのテクストの他のいたるところで口にされている。つまり、それは *Michelangiolo* ――実現された完璧さ、具現化された完璧さとしてのミケランジェロである。[42] 今日でもまだ多くの歴史家が、この価値基準の図式に基づいて思考している。つまり、この図式にはとくに二重の利点があり、それは歴史をイデア的な出来事として示すと同時に、今日における芸術の商業的な評価に「明瞭な」（むしろ「理想主義的な《イデアリスト》」と言おう）土台を与えてくれるのである。

さらに、最初の偉大な美術史家が、もちろん知らず知らずにではあるが――しかし今日の歴史家も一般的にそれを知らずにいる――歴史性に対する新ヘーゲル主義的立場をすでに選択していた、といくぶんかアイロニーを交えて断定できるだろう。[43] これはどういう意味であろうか。それが意味するのは、たった三つの事柄であり、それらは、ヘーゲル本人が歴史性に与えた、より厳密にしてより豊饒で至高な体系の近似物を提供するのである。要するにそれは、歴史に対する三つの要請に還元されたヘーゲル的なものである（さらにそれは、新という接頭辞で示そうとしたように部分的に歪められている）。まず第一に、歴史（芸術の）の原動力は、その特異な人物たちの彼方にある。厳密に言って実現されるのはそれ、彼方である。つまり、完璧さの絶頂（*colmo della perfezione*）において完璧化するのは彼方なのだ。ヴァザーリは、しばしばそれに神的な（*divino*）という形容辞を付けている――この神的なものは、その実現にあたってミケランジェロを示し、まさに明示していた。この彼方を〈イデア〔理念〕〉と名付けることも、〈精神〉と名付けることもできる。[44] これが歴史的観念論《イデアリスム》の長くそして執拗な伝統である。

第二に歴史は、その特異な人物たちや対象の死とともに考察される。これがヘーゲルが言った「歴史の驚くべき作業」であり、この作業は、〈精神〉の内容全体を個々の形態に受肉させたが、しかしそれは否定的

（41）あるいはむしろ、目的格的属格の意味における美術の歴史が、主格的属格の意味における美術の歴史を定義したのである――興味深いのは、両者の分裂が、筆を取る決意をした画家においてなされねばならなかったことである……。

（42）その「生」そのものが、G・ヴァザーリの作品における頂点をなしている。G. Vasari, *Le vite..., op. cit.*, VII, p. 135-404（trad. fr., IX, p. 169-340）〔ジョルジョ・ヴァザーリ『芸術家列伝3――レオナルド・ダ・ヴィンチ、ミケランジェロ』田中英道・森雅彦訳、白水Uブックス、二〇一一年、四〇―二二二頁〕.

（43）これは歴史性に関しての話である。知識に対するその暗黙の哲学に関しては、美術史家が一般的には新カント派的であることを――そしてそれを自覚していないことを――後で検討する。暗黙の哲学というこの問題、それが関与する実践におけるその特殊な役割、純然たる「世界観」との違いを検討するには、L. Althusser, *Philosophie et philosophie spontanée des savants*（1967）, Maspero, Paris, 1974〔ルイ・アルチュセール『科学者のための哲学講義』西川長夫ほか訳、福村出版、一九七七年〕を、とくにp. 98-116〔一一三―一三七頁〕を参照されたい。

（44）ヘーゲルは明言していた。「したがって世界史は（…）〈理念（*Idee*）〉が空間に外在化されるように、全般的に時間における〈精神（*Geist*）〉の外在化である」。G. W. F. Hegel, *Leçons sur la philosophie de l'histoire*（1837）, trad. J. Gibelin, Vrin, Paris, 1970, p. 62〔G・W・F・ヘーゲル『歴史哲学講義』上、長谷川宏訳、岩波文庫、一九九四年、一二六頁〕.

なものと「止揚」(*Aufhebung*)の連続運動を通じてであり、この運動において個々の形態は消尽されて死を迎え、歴史に対してそれ固有の真理を開示していたのである。[45] このように、芸術の終焉についてヘーゲルが語ったあまりにも有名な言葉が鵜呑みにされたのだが、[46] 美術史家にとってその暗黙の帰結は、結局のところ逆説と残酷な良識の奇妙な混合物であった。つまり、ある対象の絶対的で完全で真正な歴史を作成できると確信するには、その対象の死を待ったほうが――あるいは極言すれば、自分の手でそれを殺害したほうがよいのである……。そして第三番目に、〈精神〉と〈死〉によるこの二重の作用は、〈絶対知〉のようなものへと到達させてくれたのだ。『精神現象学』の最後の二頁において、概念把握された歴史というテーマが高まることが思い出される。そこでヘーゲルは、驚くべき隠喩、「画廊」とみなされる生成の隠喩から、精神による「自己自身への集中」の要請へとわれわれを旅させ、そしてこの集中は、一方では〈歴史〉を、他方では「新たな世界」――ずっと以前から期待されていた〈絶対知〉の世界――を生み出すだろう。

歴史は、知において現実化する［精神の］生成、自分自身を媒介する生成である(…)。この生成は、緩やかな運動と諸精神の継起を、イメージの画廊(*eine Galerie von Bildern*)を示している。そのそれぞれのイメージは〈精神〉のあらゆる豊かさで飾られ、まさにかくも緩やかに動いているが、それは〈自己〉が自分の実体のこの豊かさのすべてに入り込み、それを消化しなければならないからである。なぜなら〈精神〉の完成(*Vollendung*)は、自分が何であるかを、自己の実体を完全に知ることであり(*vollkommen zu wissen*)、そのときこの知は自己自身への集中となり、そこで〈精神〉は自己の定在を放棄して、その形態を記憶にゆだねるからである。[47]

かくして、目的格的属格の意味における美術の歴史は、主格的属格の意味における美術の歴史を完全に同化して吸収するいくらかの希望を自らに与えるのだ……。歴史におけるこの本質的強迫、その根本的で致死的な強迫（*Zwang*）——さらにそれは、歴史に特有というにはほど遠い——についてふたたび論じるとしよう。この強迫によれば、ある事物が一方では不死となり、他方では知りうるものとなるには、それが死んでいる必要があるだろう。ここでそのような逆説をたえず問いただしたい。この逆説は、究極の帰結にまで押し進められた事後性の抗いがたい力——その恐ろしく至高な効力——を示している。ヘーゲル本人が、非常に美しい文章で芸術作品の真理を歴史家の眼差しの下に位置づけたのは、そのような逆説的な表現においてであることをさらに思い出しておきたい。

（45） *Id., La phénoménologie de l'Esprit* (1807), trad. J. Hyppolite, Aubier-Montaigne, Paris, 1941, I, p. 27 et II, p. 311〔同『精神現象学』樫山欽四郎訳、平凡社ライブラリー、一九九七年、上、四五—四六頁、下、四〇五—四〇六頁／長谷川宏訳、作品社、一九九八年、一九、五四七—五四八頁〕.

（46） ヘーゲル本人における芸術の終焉（これは実際には終わりも死も意味しない）を対象とする厳密な分析にかんしては、P‐J・ラバリエールの発表を参照されたい（P.-J. Labarrière, «Deus redivivus. Quand l'intelligible prend sens», *Mort de Dieu, op. cit.*）。

（47） G. W. F. Hegel, *La phénoménologie de l'Esprit, op. cit.*, II, p. 311-312〔ヘーゲル『精神現象学』前掲書、樫山訳、下、四〇五—四〇六頁／長谷川訳、五四八頁〕.

［ギリシアの］彫像はいまや、生きた魂が消え去った亡骸であり、頌歌は信仰が失われた言葉である。神々の食卓には精神の食べ物や飲み物がなくなり、競技や祝祭は、もはや意識そのものと本質の幸福な一致を回復させてはくれない。ミューズの作品には精神の力が欠けている（…）。もはやそれらの作品は、われわれにとっての現在の姿に変わってしまった。つまり、それらは木からもぎ取られた美しい果実である。少女が果物を差し出すように、親しげな運命がわれわれにそれらを与えてくれたのだ。もはやそれらをそこに存在させた現実の生命はなく、それらが実った木もなく、大地も、それらの実体を構成していた元素もなく、それらを決定可能にする気候風土や、それらの生育過程を司る季節の移り変わりもない。このように運命が芸術作品とともにわれわれに与えるのは、それらの作品の世界、それらが花咲き実った人倫的生活の春や夏ではなく、その現実性の覆われた記憶や内的な回想だけである。したがって、もはやそれらの作品を味わうわれわれの行為は、われわれの意識を満たす完璧な真理に意識を到達させる神の礼拝行為ではなく、それらの果実からわずかな雨の滴や埃をぬぐい去る外面的な行為であり、それらを取り巻き、生みだし、それらに精神をもたらしていた人倫的現実性における内的要素の代わりに、それらの外面的存在、言語、歴史的要素などといった死んだ要素を延々と組み立て、それらの生命に入り込むのではなく、単に自分のなかでそれらを思い浮かべるのである。

しかし、木の果実を差し出す少女は、果実を直接的に提示していた自然、つまり木や空気や光などといった条件と要素において展開する自然を上回る存在である。なぜなら彼女は、自己を意識した目の輝きにおいて、そして果物を差し出す身振りにおいて、それらすべての条件を高次の形に総合しているからである。それと同様に、これらの芸術作品をわれわれに示す運命の精神は、この人民の人倫的生活や現実性を上回るものである。なぜならこの精神は、芸術作品のうちにかつて散逸し、そこにいまだに外在化している精神の回想と内面化だからである。(48)

このテクストは素晴らしい。とくにそれが構成の細部において、いわば不安な意味での弁証法的テクストだからである。確かにこのテクストは、対象の世界を内面化して乗り越えた歴史という観念を結論としている。つまり「自己を意識した」歴史家による総合が、彼が向かう過去の対象よりも「高次の形」であるという考えを結論としている……。しかしこれは、同様に事後性の致死的な意味を忘却していないテクストである。このテクストは、歴史の言説が、過去の「死んだ要素を延々と組み立てる」だけであることを知っている。このテクストは、美術史における時間が、神の死と同様に芸術の死を意味していることを知っていて、そのことを語っているのだ。要するにヘーゲルは、あらゆる知が前提とする喪失を忘れていないのである——彼が古代ギリシアの太古の謎めいた影像について語るように、この喪失は「それらをそこに存在させた現実の生命」と関係している。いまやわれわれはこの喪失を、さきほどの「芸術作品」という可視的対象の視覚的効力と人類学的次元に対する、われわれの問題提起の緊急性と関係づけることができるだろう。「これらの影像（…）を見てわれわれが感ずる感嘆の念には、われわれを跪かせる力はない」とヘーゲルは美学講義においてさらに言っていた。(49) もし美術史家がこのようなテクストの教えに注意深くしたがえば、彼は自分の対

(48) *Id., ibid.*, II, p. 261-262〔同書、樫山訳、下、三四三―三四四頁／長谷川訳、五〇七―五〇八頁〕.
(49) *Id., Esthétique*, trad. S. Jankélévitch, Flammarion, Paris, 1979, I, p. 153〔同『美学講義』上、長谷川宏訳、一九

象の必然的に開かれた、分裂した有り様を発見するだろう。この対象は、いまや彼の眼差しの下に置かれるが、もはやわれわれが今は当然望まない何かを奪われている。その何かは確かに乗り越えられてしまった。しかしその何かは、この対象において生命のすべてを、その機能を、効力をなしていたのだ。つまりその何かもまた各人を、自分の眼差しの、その対象の眼差しの下に置いていたのだ……。それゆえに困難は、消失したものを呼び出しながら、残存するもの（見えるもの）を見つめることにある。要するに、この消失の視覚的痕跡、別の言い方でわれわれが（いかなる臨床的含意《コノテーション》もなしに）その徴候と呼ぶものを探りながら。(50)

これは美術史にとって逆説的な作業だろうか。これは、この学問が全体的に取り入れた「新ヘーゲル主義的」調子が、苦労してヘーゲルを再読することを避け、あるいはいずれにせよ自分自身の立場を弁証法化するのを避けているだけに、なおさら逆説的な作業である。この学問は、もはやヘーゲルから絶対知の夢や要求しか取り上げず、そのため同時に二つの陥穽に、二つの哲学的罠に陥ってしまう。第一の罠は、形而上学的次元にある。それを何性の罠と呼ぶことができるだろう。この言葉が、アリストテレスの伝える有名な「ソロンの言葉」をまだわれわれに思わせるという意味において。つまりわれわれは、誰かに関する真実（「ソクラテスは幸福である」）を、その死後にしか言明することができないだろう（「私が語るときにまだソクラテスが生きていれば、彼はつねに不幸になるかもしれず、そうなれば私は真実を言わなかったことになるだろう」(51)）。したがって、歴史家が自分の対象を死んだ対象に変えようとするのは、根本的に形而上学的なモチーフのためである。つまり、「私は、おまえという芸術作品が何者なのか、おまえが死んでから語ろう。こうして私は美術史が終焉するときに、この歴史の真実を語れると確信するだろう……」。いまやわれわれは、なぜこのような終焉がひそかに望まれることがありえたのかを、以前よりもよく理解している。そしてまたなぜ「芸術の死」という主題が、絵画に関する歴史的言説や理論的言説において、かくも昔から残留しえたのかということも。

第二の哲学的罠は、実証主義的次元にある。この罠は、過去に関するあらゆる「喪失」を、決定的な知の勝利という回答を通じて一掃できると信じ込む。そして、芸術は死んだ、とはもはや言わずに、芸術は不死である、と語るのだ。この罠は、芸術を「保存し」、「カタログ化し」、「修復した」のである。さて、芸術の終焉という陳腐さが弁証法の戯画にすぎないように、自己を過信したこの知は、芸術作品に適用されたヘーゲル的絶対知の戯画を示すだけだろう。つまり、すべては見えているという戯画を。

したがって第二の陳腐さ、第二の罠とは、「芸術が死に、解剖されてから、すべてが見えるものとなった」である。芸術が絶え間なく、余すところなく訪れることができるモニュメントとなってから、すべては見えるものとなった。なぜなら芸術は、同時に不死となりすっかり解明されたからである。今では美術館を歩き回るか、まさに立派な図版入りの本を開くだけで、中世芸術やルネサンス芸術のなかを歩んでいる気になっ

九五年、作品社、一一〇頁〕.

(50) ギリシア語における *symptôma* は、一緒に倒れ、落ちるもののことである。それは偶然の出会い、暗合であり、事物の秩序を攪乱しにくる出来事である——テュケー（*tuchè*）という予測不可能だが至高な法の下において。

(51)「開示する死」、「ソロンの言葉」、アリストテレス的本質（*to ti èn einai*）（ラテン語の伝統においては、*quidditas* という用語で表される）という根本的テーマについては、P. Aubenque, *Le problème de l'être chez Aristote*, P.U.F., Paris, 1962（3e éd. 1972）, p. 460-476 を参照。

てしまう。これらの新手の教会献金箱に硬貨を一枚滑り込ませるだけで、ルネサンス前派《プリミティヴィズム》の画家が描いた祭壇画を二五〇ワットの光で見ることができるし、それを薄明のなかで、もう少しぼんやりとした状態ではあるがもう少し時間をかけて観察する場合よりも、よりよく把握した気になることができるのだ。実際にはこの祭壇画は、この薄明のために描かれ、そしてまだそこで、その金地の輝きを色斑の呼び声のように放っているというのに。ある芸術作品が有名になるとしたらどうだろうか。すべてがそれを見えるものに、「視聴覚的に」するために、そしてできればそれ以上のことをするために為されるであろうし、われわれの誰もがそれを、不死の、修復され、非受肉化され、防弾ガラスによって守られた美しき偶像を見に来るであろう。そしてこの防弾ガラスは、ただわれわれ自身の反映をわれわれに送り返すだけである。あたかも集団の肖像が、孤独なイメージを永遠に覆い尽くしたかのように[52]。

　見えるものによる専制、これこそが、こんにち芸術作品に関して生み出されて提供される知のスクリーン――この単語が持ちうるあらゆる意味において――である。この可視性が蓄積されれば、確かに非常に興味深い画像ライブラリーや研究所になる。しかし、それは大型スーパーマーケットにもなり、美術史は、痛手をこうむろうともその管理のために役割を果たすのである。われらが親愛なる学問は、与えられたつねに強力になる方法を通じて、このいわゆる要求状況を利用していると思いこんでいる。しかし実際には、この要求の罠に陥っているのだ。つまりこの学問は、万人に対して「傑作の秘密」を解明することを強制され、確信だけを提示するように強制され、競売会場の輝かしい壇上から、誰一人もはや対象を見ることがない金庫にいたるまで、投資され位置づけられる無数の可視的対象を鑑定するのである。したがって美術史家は、「ロワイヤル氏〔サーカスの司会者〕」、きわめて博識だが、おそらく本人が思う以上に無邪気な「ロワイヤル氏」の非常にいかがわしい役割を演じようとしているのだろう。つまり彼は、ある見せ物を紹介して保証している。たとえ舞台の袖にいようとも、彼は、彼もまた自分の演技を成功させることを、つまり確信に満ちた仮面をつねに提示することを強制されているのである。

　美術史は、見えるものの専制に身をゆだねているかぎり、イメージの視覚的効力を理解し損ねるだろう。美術史は歴史であり、過去を理解しようと努めているのだから、次のような長きにわたる逆転を――少なくともキリスト教芸術に関しては――考慮しなければならない。つまり、要求以前に欲望が存在し、スクリーン以前に開放が存在し、位置づけ以前にイメージの場が存在したのである。可視的な芸術作品以前に、可視的世界の「開放」に対する要請が存在し、この開放は、形態ばかりでなく、視覚的で、行為化され、書かれ、あるいは歌われた狂乱もまた差し出していたのだ。図像学的な鍵ばかりでなく、神秘の徴候や痕跡もまた示していたのだ。さて、キリスト教芸術が欲望、つまり未来であった時点と、芸術が過去形で語られることを前提とした知の決定的勝利の間で、いったい何が起こったのだろうか。

(52) だから、鑑賞したいのがガラスに映った一群の観光客の反映ならば、ルーヴルの《モナ・リザ》の前へ行くがよい。これは、イメージへの礼拝と結びついたさらなる視覚的効果であろうか。

第二章　再生《ルネサンス》としての芸術
そして理想的人間の不死性

ルネサンスが存在した。素晴らしい神話的潮流、人間精神の黄金時代、あらゆる発明によって発明された支配。この言葉は魔術的に鳴り響く――これは約束する言葉なのだ。この言葉は、過去や忘却の影を閉ざし、あらゆる明晰さの夜明けを切り開きながら、生まれつつまた想起しつつある未来という非常に特殊な時間において述べられているようだ。芸術が、今日われわれが了解している意味において――だんだんと了解しがたくなっているとはいえ――おそらく発明され、いずれにせよ正式に公認されたのは、イタリアのルネサンスにおいてである。[1] あたかもこの領域における起源の問題もまた、この再生という言葉、この反復される起源という言葉を通じてでなければ語られえないかのようである。

(1)「あらゆる悪の元凶である「この禿げ、この疥癬病み」、つまりルネサンスは、芸術という概念を発明し、われわれはだんだんとこの概念から離れているとはいえ、まだそれを糧として生きている。ルネサンスは、対象の制作に、芸術家という職業の古くからの公然たる存在理由に正式な公認を与えた。われわれは、もはや同時に対象を拒絶しないかぎりは、ルネサンスとこの公認を切り離すことができない」。R. Klein, «L'éclipse de l'"œuvre d'art"» (1967), *La forme et l'intelligible*, *op. cit.*, p. 408.

確かなことがひとつある。つまり起源と反復される起源の間で、十五世紀《クワトロチェント》、つづいて十六世紀《チンクエチェント》が、不死鳥時代という観念、芸術が自分の灰から再生した時代という観念を発明したのである。したがって、灰がすでに存在していたと仮定していたのであり、芸術がすでに死んでいたと仮定していたのであった。芸術の復活のようなものを発明することによって、ルネサンスは同時に芸術の死という幻想を解き放っていた。さて、誕生と死を、芸術の死と復活を切り離す間隔には何が存在するのだろうか。そこには考案された美術史の始動が存在するのだ。それゆえに、ルネサンスという神話的な上げ潮は、歴史の発明——美術史の発明——をもたらしたはずである。ルネサンスと美術史のこの関係は非常に本質的であり、今日においてもいまだに非常に際立っているため、[2] ルネサンスという概念が〈美術史〉と呼ばれる偉大な学問の成果なのか、それとも美術史の可能性と概念そのものが、ルネサンスと（自分自身によって）呼ばれる文明の偉大な時代の歴史的成果にほかならないのかが、もはやあまりよく分からないほどである……。これら二つの仮説にはどちらにも真実の価値があるが、とくに後者はそうであり、次のことをかなりはっきりと説明してくれるだろう。つまりなぜ美術史は、その開花から四世紀を経てもなお人文主義の影響下に、[3] さらには次のように言明する残酷な公準の暗黙の強制下に、位置づけられることがありえたのか。つまり、芸術は死んでいるかあるいは再生するかであり、再生するとすれば、それでよりいっそう不死となるだろう……。

実際、この公準は自己同一化の、自己−認識の、勝ち誇った欲望の運動に属している。美術史——目的格的属格の意味における、つまり芸術を対象とする学問——が、芸術自身による自己認識に必要な段階として、いわばその洗礼として発明されたという仮説を提示しておこう。明白な（そして単語の二つの意味において「すぐれた＝区別された《ディスタンゲ》」）主体として認識されるために、ルネサンス芸術は、ある時、他人の眼差しの下

（実際には大公たちの眼差しの下）で客体として措定されざるをえなかったかのようだ。そしてこの客体は、歴史を持って初めてそのあらゆる意味を帯びるのである。したがって、美術史を発明することは、教条的で社会的な次元で自己を確立しようとしていた——自分自身を超えて、観念あるいは理想として——実践にとって、まさしく自己同一化の作業であった。そのためにもこの実践は切断作業を行い、目的格的属格の意味における美術の歴史と、主格的属格の意味における美術の歴史を切り離さなければならなかったのである——この実践は、それ以後は物象化されるが（自らによって、他人によって）、要するに意味を与えられ、自己同一化されるのだ。

この同一化作業の基礎工事が、熟達して誠実な、教養豊かで宮廷的な芸術家によって、驚くほど刻苦勉励に努めた芸術家によって十六世紀に行われた。彼は、ローマ、ナポリ、ヴェネチア、ボローニャ、そしてとりわけフィレンツェにおいて、数平方キロメートルの面積を寓意画で覆い尽くし、いくつもの宮殿（とくにイタリア・ルネサンスのもっとも名高い美術館となる宮殿であるウフィツィ）を建築した。そしてこの芸術

---

(2) もっとも著名な美術史家たちが、何よりもイタリアのルネサンスに取り組んだことは偶然ではない——H・ヴェルフリンとA・ヴァールブルクからB・ベレンソン、E・パノフスキー、E・ウィント、E・ゴンブリッチ、F・ハートやA・シャステル……にいたるまで。

(3) E・パノフスキーの有名な論文「人文主義的学問としての美術史」（«L'histoire de l'art est une discipline humaniste» (1940), trad. M. et B. Teyssèdre, *L'œuvre d'art et ses significations. Essais sur les «arts visuels»*, Gallimard, Paris, 1969, p. 27-52〔パノフスキー「人文学としての美術史」『視覚芸術の意味』前掲書、一一—三六頁〕）を参照。この論文には後ほどふたたび言及する。

家は、墓碑を建立し、ミケランジェロの公葬を主宰した——しかし、彼のもっとも名高い作品は、やはり当然のように歴史家としてのこの膨大なテクストであり、そこで彼は『チマブーエから今日にいたるイタリアの最も卓越した建築家、画家、彫刻家の生涯……』[4]を物語っているのだ。人々は、ジョルジョ・ヴァザーリの人物像を、コジモ・デ・メディチ時代のトスカーナ公国の建築家にして画家として認知し、人文主義者《ユマニスト》たちの友人、アカデミーの創立者、見識豊かな収集家として認知し、そして最後に、頻繁に引用されるユーリウス・フォン・シュロッサーの表現にならうなら、「美術史の真正な開祖にして教父」として認知していたであろう——そしてシュロッサーは、「言葉の良い意味においてと同様に悪い意味において」[5]と正当に言い添えていた。

誰であろうと、チマブーエから十六世紀末にいたるイタリア芸術を研究しようとする者は、必ずヴァザーリの影のなかを歩むだろう。それは安堵感を与える影である。なぜならそれは情報の宝庫であり、ほとんど毎日記述された年代記、カタログ、事象の内的なヴィジョンだからである。同輩たちの『生涯〔列伝〕』を語るこのイタリア人芸術家よりも巧みに、再生する芸術の生をこのように語れた者がいるだろうか。しかしそれは、同様に人を欺く影でもある。ユーリウス・フォン・シュロッサーの正当な指摘は重要性を増し、G・ミラネージに始まる現代のヴァザーリの刊行者たちは、このテクストを鵜呑みにしないように注意を促

(4) G・ヴァザーリの『列伝〔生涯〕』初版の完全な題名を指摘しておこう。『アレッツォの画家ジョルジョ・ヴァザーリによりトスカーナ語で書かれた、チマブーエから今日にいたるイタリアの最も卓越した建築家、画家、彫刻家の列伝——および芸術に有用かつ必要な序説』(*Le vite de più eccellenti architetti, pittori, et scultori italiani, da*

Cimabue infino a' tempi nostri : descritte in lingua toscana da Giorgio Vasari, pittore aretino — Con una sua utile et necessaria introduzzione a le arti loro, L. Torrentino, Florence, 1550, 2 vol. in-4°) ——一八年後に彼は、増補されて木版肖像画を挿絵とした新版を、若干異なる題名で出版していた。この題名においては、画家が一番目に来ている。『ジョルジョ・ヴァザーリによって書かれて新たに増補された最も卓越した画家、彫刻家、建築家の列伝、および彼らの肖像画、そして一五五〇年から一五六七年の現存芸術家または死亡した芸術家の伝記を含む補完版』*Le vite de più eccellenti pittori, scultori et architettori, scritte e di nuovo ampliate da Giorgio Vasari con i ritratti loro e con l'aggiunta delle vite de' vivi et de' morti dall'anno 1550 infino al 1567*, Giunti, Florence, 1568, 3 vol. in-4° ——二つの版の間におけるヴァザーリのエクリチュールの変遷については、R. Bettarini, « Vasari scrittore : come la Torrentiana diventò Giuntina », *Il Vasari storiografo e artista — Atti del Congresso internazionale nel IV centenario della morte* (1974), Istituto nazionale di Studi sul Rinascimento, Florence, 1976, p. 485–500を参照。

(5) J. von Schlosser, *La littérature artistique* (1924), trad. J. Chavy, Flammarion, Paris, 1984, p. 341. ヴァザーリは、この古典的作品のまさに中心を占めている。それは「ヴァザーリ」と題された第五書であり、それに先行する他の書は、彼を根本的な関心の中心のように参照している。たとえば、「ヴァザーリ以前の歴史記述」と題された第三の書がそれにあたる。美術史の発明者ヴァザーリというテーマは、E・パノフスキーによって再び取り上げられた(E. Panofsky, « Le feuillet initial du *Libro* de Vasari, ou le style gothique vu de la Renaissance italienne » (1930), trad. M. et B. Teyssèdre, *L'œuvre d'art et ses significations*, *op. cit.*, p. 138〔パノフスキー「ジョルジョ・ヴァザーリの『リブロ』の第一頁——イタリア・ルネサンスの立場から判断したゴシック様式の研究。ドメニコ・ベッカフーミによる二つのファサード設計案を付録として」『視覚芸術の意味』前掲書〕:「それは美術史の誕生である」)。同様に、J. Rouchette, *La Renaissance que nous a léguée Vasari*, Les Belles-Lettres, Paris, 1959, p. 113–406(「ルネサンス芸術の最初の歴史」)とE. Rud, *Vasari's Life and « Lives » : the First Art Historian*, Thames and Hudson, Londres, 1963を参照。

している。つまりそれは、悪意の、誇張の、悪口の、虚偽の主張の宝庫でもあるのだ。要するに、今日の美術史家は、ヴァザーリのテクストを、その不正確さに鑑みながら判断することができるのである。[6]

このようなテクストを判断するのにそれだけで十分であろうか。明らかに否である。ヴァザーリにおけるもろもろの「不正確さ」は、単に訂正されるべきものとして理解されてはならない。それらは言表における否定的「誤謬」であるのと同様に、言表行為における肯定的戦略である。それらはある企ての、大いなる言わんとする意志の一部をなし、この意志は、ヴァザーリが作品を準備し続けて一〇年間に書き込んだ数千頁を駆けめぐり、『列伝』第二版の改稿に要した一八年の間もなお駆け抜けていたのである──そしておそらくこの意志は、今日の学識者が、『列伝』現代版の眼差しの下で、イタリア美術史に限らず何らかの美術史を執筆しようと書き込む原稿を今でも駆け抜けている。いったい、最初にひとつの美術史を構成（時間的な意味で）し始めたこの言わんとする意志が、あらゆる美術史の構成（構造的な意味で）に取り憑き、それを形成せずになどいられたであろうか。ならばこの意志は、今日においてもなお、この学問の理論的現状に──その諸目的の現状に──関わっているのである。実際、問いは次のような形で提起される。つまり、どのような目的でヴァザーリは美術史を発明したのか。そしてとりわけ、いかなる系譜を、それらの目的はわれわれに強いたのであろうか。[7]

『列伝』を開いてみよう──まさにそれらを開いてみよう。偉大なテクストの縁ほど目的が巣ごもるところはけっしてない、という理論的直観を抱いて縁にとどまってみよう。[8] この点に関して、ヴァザーリの場合は典型的である。なぜなら『列伝』によって、言説の、エクリチュールの新たなジャンルの枠組みを描くこ

（6）『列伝』の主要な現代版は、G・ミラネージ（Sansoni, Florence, 1878–1885, rééd. en 1973, 9 vol.）、P・デラ・ペルゴラ、L・グラッシ、G・プレヴィターリ（Club del Libro, Milan, 1962, 7 vol.）、そしてとりわけ一五五〇年と一五六八年の二つのテクストを収録した、註解付きのR・ベッタリーニとP・バロッキによる版（Sansoni, Florence, 1966 sq. 刊行中）である。そして、A・シャステル監修による『列伝』のフランス語訳の存在を指摘しておこう（Berger-Levrault, Paris, 1981-1988, 11 vol.）。

（7）ヴァザーリに捧げられた膨大な参考文献において、第一の問いはしばしば扱われているが、第二の問いはいわばまったく扱われていない。いずれにせよ主要な文献を指摘しておこう。W. Kallab, *Vasaristudien*, Grasser, Vienne, 1908. — A. Blunt, *La théorie des arts en Italie, 1450-1600*（1940）, trad. J. Debouzy, Gallimard, Paris, 1966, p. 149-173. — *Studi vasariani – Atti del convegno internazionale per il IV centenario della prima edizione delle « Vite » di Vasari*（1950）, Sansoni, Florence, 1952. — T. S. R. Boase, *Giorgio Vasari, the Man and the Book*, Princeton University Press / National Gallery of Art, Washington, 1971. — *Il Vasari storiografo e artista, op. cit.* — *Giorgio Vasari – Principi, letterati e artisti nelle carte di G. Vasari*, Edam, Florence, 1981. — P. Barocchi, *Studi vasariani*, Einaudi, Turin, 1984. — *Giorgio Vasari tra decorazione ambientale e storiografia artistica*（1981）, Olschki, Florence, 1985. — Dossier « Autour de Vasari », *Revue de l'Art*, n° 80, 1988, p. 26-75. — R. Le Mollé, *Georges Vasari et le vocabulaire de la critique d'art dans les « Vite »*, ELLUG, Grenoble, 1988.

（8）この「直観」は、実際には重要でよく知られた理論形成に基づいている。それらの理論形成が対象とするのは、付随的なもの〔パレルゴン〕（cf. J. Derrida, *La vérité en peinture, op. cit.*, p. 19-168〔デリダ『絵画における真理』上、前掲書、二五―二三六頁〕）、テクストの傍らにあるもの〔パラテクスト〕（cf. G. Genette, *Seuils*, Le Seuil, Paris, 1987〔ジェラール・ジュネット『スイユ――テクストから書物へ』和泉涼一訳、水声社、二〇〇一年〕）、あるいは絵画的であると同様にテクスト的な枠組み〔フレーム〕（cf. L. Marin, « Du cadre au décor ou la question de l'ornement dans la peinture », *Rivista di Estetica*, XXII, 1982, n° 12, p. 16-25）の作用である。

とがまさに重要であり、芸術に関する知の新時代の岸辺へ読者を導くことが、まさに重要であったからだ。『列伝』の枠組みは、正当化手続きの多層的な、複雑なシステムとして読み取られる——そして見られる——べきである。それは「作用している」枠組みであり、われわれが本を開くときに入り込む区域を規定する通過儀礼であり、新たな活動領域の定義、新たな寺院の、つまりは美術史の定義である。ヴァザーリは、四種の正当化を交互に示しながら、読者を『列伝』へと招いていく。そして、それらの正当化を解明するだけで、彼が自分に定めた目的を、すなわち先ほど言及した大いなる同一化の運動を詳細に説明できるのである。『列伝』を開くこと、すでにそれは、精巧な弁証法を花びらをむしるように検討することである。この弁証法によって、ひとつの人間的実践が、自らの自己目的論を公準として、自らの象徴的承認（自らを承認することと自らを承認させること）を探求したのである。そしてその自己目的論によれば、この実践は自分自身だけを目的としていて、その意味で人々はその歴史を、その非常に特殊な歴史を物語ることができたのである……。

確かにそれは精巧な弁証法である。まずそれは、十六世紀にヨーロッパのどの宮廷でもおそらく行われていた、奇妙な頭の動きのひとつに似ている。それは、ただ頭をよりいっそう上げるために頭を下げる運動である。それはお辞儀、権力関係にある礼儀正しさであり、いわば次のように語っている。「私はあなたのものです」、つづいて「あなたが私なしにはいられないことをご承認ください」、そして最終的には次のように言外にほのめかす、「私は自分以外の誰のものともならない、なぜなら私は貴族の家系に属しているのだから」。そのようにヴァザーリは事を行ったのだ。つまり礼儀正しく、政治的に。『列伝』を執筆するにあたって彼が最初に行った正当化は、要するに伝統的な服従関係を確立することであり、「まさに名高くまさに卓越したコジモ・デ・メディチ大公、フィレンツェの君主」を前にして、頭を低く下げることから始めることであった。この人物に対してヴァザーリは、「非常に恭しく両手に口づけをして」(*umilissimamente Le bacio le mani*)自分の全作品を捧げたのである。したがって、この書物が「人々の手に届く」のは、「まさに崇敬すべき彼の名において(*sotto l'onoratissimo nome Suo*)でなければならない」。つまりヴァザーリは、大いなる美術の歴史(主格的属格の意味における)をメディチ家の名の下に位置づけた遠い昔からの関係に、一挙に訴えかけている。したがって、初めての美術の歴史(目的格的属格の意味における)もまた、論理的に言って、威厳に満ちた紋章の下に位置づけられねばならなかった。相次いだ二つの版における版画刷りの口絵、メディチ家の有名な玉(*pale*)で飾られた口絵が(図2と4)さらに表象しているのはそのことである。(9)

メディチ家の「まさにしがない僕《しもべ》」そして「まさに忠実なる僕(10)」であったヴァザーリは、したがって自分の大作品を恭順と称揚による二重の作用へと開いている。それは廷臣としての、役人芸術家としての恭順である。なぜなら彼は、自分の労作のすべてを大公に、「われらが芸術の唯一なる父、主君、庇護者」に捧

(9) G. Vasari, *Le vite*, I, p. 1-4(現在もっとも入手しやすいG・ミラネージの版を出典として示し、つづいてフランス語訳の出典を示すが、その訳があまりにも不正確な場合は修正する。*trad. cit.*, I, p. 41-43).

(10) *Id., ibid.*, I, p. 4 et 7 (*trad. cit.*, I, p. 43 et 45). コジモに対する最初の献辞、つづいて第二の献辞による(一五五〇年と一五六八年)。トッレンティーノ版においては、ヴァザーリが教皇ユリウス三世の庇護も求めていたことに注意しなければならない。

図 2. G. ヴァザーリ『列伝』の口絵, 初版 (L. トッレンティーノ, フィレンツェ, 1550 年). 木版.

げているからである。なぜなら彼は、コジモの「魂の偉大さ」と「王にふさわしい華麗さ」をより賛美するために、ペンを取る御用画家としての自分の「粗野な仕事」（*rozza fatica*）の価値を、低く貶めているからである。[11] しかしそうしながら、彼は豊かな称揚の舞台を切り開き、結局のところそこで自分の役割を見出すだろう。それは、コジモが芸術を庇護してその範にしたがうことができたメディチ家の家系の称揚、それらの「まさに名高き祖先たち」の称揚である（*seguendo in ciò l'orme degli illustrissimi Suoi progenitori*）。[12]

さらにそれを超えて、それは都市の称揚、神話的起源を持つこのフロレンティア〔フィレンツェ〕の称揚であり、一五五〇年の口絵においては、二人の小児像《プット》（*putti*）がその図案化された景色のヴェールを剝いでいる。さて、フィレンツェという都市は、換喩的にその住民、とりわけこの都市を栄光あらしめた著名な住民である芸術家たちのことにもなる。一四〇〇年より少し前に、すでにフィリッポ・ヴィッラーニが『年代記』においてチマブーエとジョットを著名人（*uomini famosi*）のなかに数え上げ、一四八二〔八一〕年にはランディーノが、『神曲』の記念碑的な注釈の冒頭において、フィレンツェとそこに住む偉人たちを称揚していた。ヴァザーリ――本人がトスカーナの画家である――は、こうした市の誇りの献辞的使用法に、まさに驚異的な歴史書という広がりを与えたのである。[13]

---

(11) *Id., ibid.*

(12) *Id., ibid.*, I, p. 1 (*trad. cit.*, I, p. 41). ――宮廷の作家にして画家としてのヴァザーリについては、H. T. van Veen, *Letteratura artistica e arte di corte nella Firenze granducale*, Istituto Universitario Olandese di Storia dell'Arte, Florence, 1986 を参照。

(13) G・バザンの正当な指摘にしたがえば、かくして「美術史は、フィレンツェの人々の誇りから生まれたのだ」(G.

図3. G. ヴァザーリ『列伝』の最終頁，初版（L. トッレンティーノ，フィレンツェ，1550年）．木版．

第二の正当化手続きは、一五六八年版にはっきりと現れている。初版が大成功したおかげで、芸術家の木版肖像画を丸ごと一揃い増補し、同様に「一五五〇年から一五六七年の現存芸術家または死亡した芸術家(*de' vivi et de morti dall'anno 1550 infino al 1567*)[14]」の多くの伝記を増補して、この本を全面的に改訂することができた――増補された最後の伝記は、画家兼歴史家本人の自伝にほかならない……。一五六八年に閉じられたこの円環は、この手続きの焦点をまさにわれわれに教えてくれる。つまり、ヴァザーリにとっては、社会体の創設に訴えかけることが重要であったのだ。その社会体は、この著作の歴史的操作によって、そしてそればかりでなく一五六三年における〈素描芸術(*Arti del disegno*)〉のフィレンツェ・アカデミー創立によって、すでに高貴なものとされていた。このアカデミーは、中世の同業者組合や隷属的な職人仕事から遠く離れて、芸術家の仕事を「自由学芸《アール》」として決定的に神聖化していたのである[15]。したがって一五六八年にヴァザーリは、大公への献辞を〈素描芸術家への(*Agli artefici del disegno*)〉別の献辞によって二重化した。この第二の献辞は、濃密な二頁にわたって展開され、書簡の熱烈な調子で始まっている。つまり「まさに親愛なる卓越した我が芸術家たちよ」(*eccellenti e carissimi artefici miei*)[16]と……。では、この書簡

Bazin, *Histoire de l'histoire de l'art*, *op. cit.*, p. 15)。

(14) ジュンティ版の題名(前記、註4を参照)。

(15) Cf. S. Rossi, *Dalle botteghe alle accademie. Realtà sociale e teorie artistiche a Firenze dal XIV al XVI secolo*, Feltrinelli, Milan, 1980.

(16) G. Vasari, *Le vite*, I, p. 9 (*trad. cit.*, I, p. 47)〔『ヴァザーリの芸術論』前掲書、一三頁〕.

は何を言っているのだろうか。それは情愛とさまざまな才能（*la eccellente virtù vostra*）について語っているのだ。それは、いかにひとつの美術史が、芸術家の大いなる美点（*tanta virtù*）を人々に想起させるように作られねばならなかったかを語り直している。それは『列伝』初版――「もはや書店には一冊もない」――の成功について話し、第二版のための苦労について話している。最後にそれは核心を、すなわちまぎれもない熱望の歌を漏らす――つまり「無数の作品で世界を覆うこと」、そしてその代わりに、世界によって自分が褒賞と尊敬と栄光によって包まれることである。

われらが芸術の気高さと偉大さを前にして（*vedendo la nobiltà e grandezza dell'arte nostra*）、もっとも高貴な天才たちともっとも有力な大公たちが芸術に与えた尊敬と褒賞を前にして、われわれは世界を無数の作品と稀有な卓越で覆いたいと胸を焦がすだろう。われわれの心配りによって美しく飾られた世界が、われわれをこれらの名高く素晴らしい精神たちと同じほどに尊敬せんことを。それゆえ、私が芸術の栄光と芸術家の名誉のために（*per gloria dell'arte e onor degli artefici*）愛をもってなし遂げたこの仕事を、感謝の念をもって迎え入れたまえ。(17)

そこから数行先のところでヴァザーリは、自分自身がこの芸術家の栄光（*gloria*）に与っていることを指摘せずにはいなかった――それは、自分が語る歴史のなかに自分自身を対象として挿入する方法であり、美術史の働きを円環状に閉じる方法である（目的格的属格が、最後に主格的属格の意味にふたたび重なるのだ）。したがってヴァザーリは、自著の「最後に」、枠組みのもう一方の縁に自分を位置づけていたのである。

そのような身振りが確立できた、卑下しながら尊大に振る舞う二重の意味を意識しながら。しかし同時に同じ数行において、ヴァザーリはある起源に訴えかけてもいたのである。実際のところ、再生期《ルネサンス》の歴史家が、厳密に言って「誕生期にあった」歴史の、つまり「古代のもっとも高名な芸術家たちの作品（*le opere de' più celebrati artefici antichi*）」を物語るプリニウスの歴史の名高い系譜下に、自分を位置づけずにいられただろうか。(18) したがってこれが、芸術の（再）誕生する歴史によって提起された第三の正当化であろう。つまりこの歴史は、社会体——大公によって承認される社会体、あるいは特殊階級に固有の社会体——を構成することに甘んじずに、いまや自分の時間性の枠組みを構成しようとするのだ。ヴァザーリのルネサンス（*Rinascita*）は、栄光に満ちた過去を必要としていて、まさにアペレスを称えるプリニウスこそがそれをもたらすべきなのであった。

しかしルネサンス（*Rinascita*）は、同様に未来にも、すなわち目的論という観念にも関わっている。したがって、第四の正当化手続きが枠組みを完成するだろう。それは体系を締めくくる。そのためにも、それは時間の目的〔終焉〕に訴えるのだ。さて、ヴァザーリの作品が——彼が告白した意図をまさに超えて——なし遂げた驚くべき力業は、時間の目的と美術の歴史（主格的属格の意味における）の目標が、目的格的属

（17） *Id., ibid.*, I, p. 11-12（*trad. cit.*, I, p. 48-49）〔同書、一六頁〕.

（18） *Id. ibid.* ——ヴァザーリは、一五六八年版に収められた *Lettera di Messer Giovambattista Adriani* を通じて（*ibid.*, I, p. 15-90）、また同様に第二部の序論において（*ibid.*, II, p. 94-97, *trad. cit.*, III, p. 19-20）〔同書、二〇六—二〇七頁〕、これらの「古代におけるもっとも高名な芸術家たちの生涯」を要約している。

格の意味における美術の歴史という時間でありえたと、われわれに信じ込ませたことであろう……。

だが、さらに前の段階からもう一度考察しよう。灰から、ヴァザーリがそれにまず与えた名前からふたたび出発しよう。つまりそれは *oblivione*、忘却である——まさに名の忘却と言うべきだろう。

というのは、時間が貪食であることは（*voracità del tempo*）明白だからである。つまり、多くの芸術家の作品そのものや名誉ある証言を蝕むだけでは満足せずに、時間は、文筆家による不滅の敬愛以外のもので思い出が保たれていたあらゆる人々の名前を、消去して、消滅させた（*ha... cancellato e spento i nomi*）。私は、古代人や現代人の例を熟考した末に、古代と現代の多くの建築家、彫刻家、画家の名前が、数多くの彼らの傑作とともに一種の次なる死へと定められ、イタリアのさまざまな地域において忘却にゆだねられて徐々に消えていくのを（*si vanno dimenticando e consumando a poco a poco*）確認した。私の力の及ぶかぎり彼らをこの第二の死から（*da questa seconda morte*）守り、できるだけ長く生者の記憶にとどまらせるために、私は長い時間をかけて彼らの作品を探究し、芸術家たちの出身地、出自、活動を再び見出すべくこの上ない熱意をもって努め、彼らに関する老人たちの陳述や、遺族たちが埃まみれにして虫がわくに任せた記録文書を苦労して収集した。最後には、私はそのことによって喜びを感じ、そこに意義を見出したのである（*e ricevutone finalmente et utile et piacere*）[19]。

したがって、過去の芸術家たちは、一度ではなくまさに二度死んだのである。他界が彼らの身体を滅ぼし、塵埃が彼らの作品を滅ぼした後で、あたかも彼らの名の忘却が、彼らの魂を滅ぼすかのようである。「時間はあらゆるものを破壊する」とヴァザーリは好んで語っているが、しかし事物が消滅してから、それらの題名や名前……の綴りを回想する文筆家さえもはや存在しないとしたら、時間はより一層それらを破壊することになる。なぜなら回想するのは書き言葉《エクリチュール》だからである。「その思い出を伝える物書きがいなければ、［画家たちの作品は］後世によっては知られぬままにとどまり、その創造者たちも同様であった」[20]。それゆえにこそ、ひとつの美術史を書くために、まずはペンを取らなければならなかったのだ――それは確かに高貴な理由である。そしてまたそれゆえにこそ、中世（*media età*）は、ヴァザーリを信ずるなら蒙昧主義にほかならなかったのだ。それは中世が、古典古代の名高い芸術家たちの名を忘却し、そして彼らの名とともにその実例を忘却していたからである。ボッカチオが、自然を模倣するジョットの能力を称えながらジョットを画家アペレスにたとえるとき、絵画そのものが自分の記憶を再び見出し、影から抜け出し、再び生まれ始める。要するにそれゆえにこそヴァザーリは、ミケランジェロの教え子や偉大なるヴェネチア人たちの世代まで、

(19)　*Id., ibid.*, I, p. 91-92（*trad. cit.*, I, p. 53-54）〔同書、一七―一八頁〕. このテーマは、ヴァザーリにおいて繰り返し現れる。とくに *ibid.*, I, p. 2 et 9（*trad. cit.*, I, p. 42 et 47）〔同書、一四頁〕にそれが見られる。

(20)　*Id., ibid.*, I, p. 222-223（*trad. cit.*, I, 221）〔同書、一七九頁〕. マキァヴェッリの『ディスコルシ（ティトゥス・リウィウスの最初の十巻の論考に関する注釈）』（一五一三―一五二〇年）第二巻五〔ニッコロ・マキァヴェッリ『マキァヴェッリ全集2』永井三明訳、筑摩書房、一九九九年、一八九―一九一頁〕（*Discours sur la première décade de Tite-Live*（1513-1520）, II, 5, trad. E. Barincou, *Œuvres complètes*, Gallimard, Paris, 1952, p. 528-530）における、「さまざまな時代の記憶がいかに失われるか」に関する見事な詳述が思い起こされるだろう。

自分の年代記を広げなければならなかったのである。

私はさらにもう一つの理由によって突き動かされていた。つまり人間たちの怠慢、時間の悪意、現世の物事を完全に保つ気があまりなさそうな天界の意志によって、芸術が新たに同様の混乱と崩壊をこうむるときがある日訪れるかもしれない（そうなったら一大事だ）。私は、自分が先ほど書いたあらゆること、そしてこれから述べるあらゆることが、芸術を生き残らせる手助けとなることを（私の仕事がこの幸福な役割に値するとしたら）望んでいるのだ。(21)

したがって、これが第一の素描《デッサン》（*disegno*）、歴史家ヴァザーリの第一の偉大な企図である。つまり、芸術家たちを想定される「第二の死」から救い、芸術を忘却しえぬものに変えること。あるいは別の言い方をするなら、不死なるものに変えること。述べられたその名によって不死なるものに、伝えられたその「声望」、名声（*fama*）によって永遠なるものに変えること。その意図は、さらにもう一度、本の枠組みにおいて露わになっていた。まず第一に、初版の扉そのものにおいて（図2）。そこで人像柱の形象は、どちらも寓意的な機能を帯びていた。右側の形象は、竪琴《リラ》を持って月桂冠をかぶり――アポロンのアトリビュートである――女性の形象の方を見つめているが、後者の解釈は、今日においてはより難しいようだ。この形象は松明《たいまつ》を振りかざし、その足下には球体がある。ヴァザーリにおける他の寓意的な系列、とくにローマ教皇庁尚書院館の広間「幸運なるファルネーゼ」〔百の間〕に彼が描いた絵画を検討すれば、それがまさに永遠（*eternità*）の擬人化であることがよく分かる。(22)

さてこの形象は、トッレンティーノ版の最終頁を占める版画において、より輝かしいと同時により両義的な姿で再び現れる（図3）。それはより輝かしい。なぜならそれはイメージの上部全体を占め、その松明が──しかし同様にその形象そのものが──栄光のように開花する光の束によって、中央の空間を照らしているからである。その両義性、というよりその混合的性格は、以前に劣らず興味深く、計算されている。それはまず、この人物が〈復活〉の天使を思わせる漠然と両性的な人物であり──そのラッパは死者たちを目覚めさせる──、それにもかかわらず女性的な〈名声〉を、三つの〈素描芸術〉の栄光を称えて自分のラッパを吹く名声（*fama*）を表象しているからである。その三芸術とは、〈彫刻〉〈建築〉〈絵画〉であり、中央部で三人のパルカとして形象化され、自分たちのために死んだ芸術家たちの運命を支配している──それらの哀れな芸術家は、忘却の地下においてもつれ合いながら横たわっている。こうしてわれわれは理解する。この挿画の読解は上昇的であり、そしてこの挿画が芸術家たちを「第二の死」から救い、彼らに光を当て、母なる芸術（なぜなら、周知のように芸術という単語はイタリア語において女性名詞だからである）の栄光を称えて彼らの名をわれわれに想起させるなら、それは歴史的操作そのものを寓意化しているのである。

したがって、ひとつの歴史的な企ての一般概念が、〈復活〉〈永遠〉〈栄光〉という異なる形象を圧縮していたといえるだろう。*Fama eterna*「永遠の〈名声〉」が、ヴァザーリ的な思考の紋切り型を構成していて、

(21) G. Vasari, *Le vite*, I, p. 243 (*trad. cit.*, I, p. 233)〔同書、二〇一頁〕.
(22) Cf. J. Kliemann, «Le xilografie delle "Vite" del Vasari nelle edizioni del 1550 e del 1568», *Giorgio Vasari. Principi, letterati e artisti, op. cit.*, p. 238.

それは彼の絵画作品にも見出される――アレッツォにある自宅の「名声の間（*Camera della Fama*）」や、一五四五年に素描された寓意的なある装飾計画において。[23] いずれにせよヴァザーリが発明した美術史は、本来の意味で名声を与える〔再び名を与える〕ために画家たちの名を復活させ、芸術が不死になるように彼らの名に名声を与えていたのである。そうしてこの芸術は自ら再生するものとなり、再生しながら決定的な二重の自己規定に到達する。その規定とは、自分の起源から再び見出された不死性、そして開花という社会的栄光である。すなわちそれは、書物の序文と献辞において表明された、大いなる二種類の正当化である。いまやわれわれは、ラッパを吹き鳴らして〈諸芸術〉を照らし出す半男半女の人物に、美術史家の形象そのものを認めることができるだろう。学識豊かなこの天使は、寓意的に母のように死者たちを復活させて、彼らの栄光を見守っているのである。

　以上のことすべてを、ヴァザーリは、一五六八年のジュンティ版で同時に口絵と最終頁の役割を果たす版画において、より明確に形象化している（図4）。すでにこれで、その重要さと計画的性格がすっかり示されている。その全般的な仕組みは、確かに旧版のイメージを思わせる――一五五〇年と一五六八年の間に復活という主題がひたすら高まった点を除けば。つまり、トッレンティーノ版のラッパの音で、忘却の煉獄に閉じ込められた七、八人のうち二、三人がかすかに目覚めていたが、今では一六人の人物がはっきりと復活し、つまりは全員が表面を裂き、冥府の恐るべき閾を通り抜けていくのが見える。彼らの身体は、このうえなく完璧にマニエリスム的に波打ち、大地から身を引き離していく。彼らの身振りはもはやうずくまっていず、憂鬱げでもなく、生き生きとして賑やかで、上へ向かい、手を挙げ、あるいは天空に感謝を捧げている。

　それはどのような天空であろうか。あの両義的な天使――〈名声〉婦人――が、まだ何か最後の審判の場面を思わせるとしても、それはキリスト教的な天空ではない。三つの朝顔があるラッパは、ヴァザーリによって、ミケランジェロの葬儀の時に寓意的モチーフとして提案されていた。そのラッパがここに再び見出され、人々を大地から蘇らせている。その作劇法は、聖ヨハネの『黙示録』とその輝かしい恐怖に満ちた想像世界よりも、はるかにオウィディウスの『変身物語』（とくにデウカリオーンとピュラーの挿話）を思わせる……。大地から出てくる男たちは、いずれにせよ筋骨隆々で肉付きがよく、悦びに浸っている。たとえば前景の髭をはやした人物は、牧神的で誇張的な様子をしているため、キリスト教的な不安に満ちた煉獄から戻ってきたようには見えない。〈復活〉のキリスト教的図像に対する決定的隔たりは、最後に〈素描芸術（*Arti del disegno*）〉の三婦人という集団に現れている。この集団は、異教的〈審判〉を司るようにこの場面を司っているのだ。彼女たちは、アトリビュートをはっきりと手に持っている——それらのアトリビュートは、別の場所、枠の位置に描かれた軒蛇腹《コーニス》において、肉付きのよい腿をした魅力的な小児像《プット》（*putti*）の近くにぶら下がっている。

最後に、そこにはHAC SOSPITE NUNQUAM / HOS PERIISSE VIROS, VICTOS / AUT MORTE FATEBOR.という碑銘がある。つまり「この息吹は——まさに天使が自分自身のラッパについて語ってい

---

(23) フィレンツェ、ウフィツィ、素描保管室、1618E。—Cf. J. Kliemann, «Le xilografie», *art. cit.*, p. 238-239. —*Id.*, «Su alcuni concetti umanistici del pensiero e del mondo figurativo vasariani», *Giorgio Vasari tra decorazione, op. cit.*, p. 73-77. この論文は、この寓意的モチーフの構成における、三人のパルカというテーマとアリオストのテクスト（『狂えるオルランド』XXXIII）の役割を論じている。

図 4. G. ヴァザーリ『列伝』の口絵と最終頁，第 2 版（ジュンティ，フィレンツェ，1568 年）．木版.

るようだ――宣言する、これらの人間たちはけっして滅び去ることなく、死によって打ち負かされることもなかった」。この題辞は、人文主義者のヴィンチェンツォ・ボルギーニ――ヴァザーリの文学的な思想的指導者――が『アエネーイス』の一節を想起しながら執筆したものである。[24] この題辞は、すぐにいくつかの自明な指摘を呼び起こす。つまり *hos viros*、「これらの人間たち」こそが、あなたたちの前で限られた人数だけ忘却から抜け出すのだ。それはキリスト教の教義が、全員が復活するであろうとあなたたちに語った「あらゆる人間」ではないのである。したがって彼らはひとつの階級を形成し、エリートを……けっして滅び去ることのなかった（*nunquam perisse*）エリートを形成しているのだ。ならばこのエリートは、厳密な意味では復活しない。このエリートは、中世というこの精神的煉獄で忘却されていただけである。いまやヴァザーリの『列伝』を境にして、このエリートは、永遠の名声（*eterna fama*）のラッパと天使としての歴史家の筆によって「名声を与えられて」帰ってくる。

こうして、ヴァザーリがキリスト教図像学の最重要モチーフのひとつに対置した隔たりのシステム――胸を露わにした婦人の三位一体に見つめられて、女性的で世俗的な天使の呼びかけに応えて、感覚的な人間が〈復活〉する――、それらすべての隔たりが、非‐関係よりもむしろひとつの関係を生み出していることが理解される。それらの隔たりがパロディ的なのは、それ自身の意に反してにすぎない。その深層はきわめて深刻であり、われわれはあえて次のような仮説を立てることができる。つまり、『列伝』の入口同様に出口

(24) ウェルギリウス『アエネーイス』第八歌、四七〇―四七一〔岡道男・高橋宏幸訳、京都大学学術出版会、二〇〇一年、三七五頁〕。―Cf. J. Kliemann, «Le xilografie», *art. cit.*, p. 239.

の門口に置かれたこの版画は、目的——発明されつつあるわれわれ自身の美術史の目的(25)——という問い全体に端から端まで関わっていたのである。理想の二大典型が、ヴァザーリのテクストにおける正当化手続きと呼んだものにすでに現れていたが、それらの典型が一五六八年の版画に見出されるとしても、いずれにせよ驚くことはないであろう。ついでに、実際には欲望の理由にすぎないものを正当化の理由として示していた操作全体の詭弁的性格に注目したい……。そしてまた、対象の提示（有名芸術家の名を忘却から救うこと）が、主体の位置の新たな想定（新たな人文主義者、新たで特殊なジャンルの学者としての美術史家本人）をどれほど有効に促しえたかに注目したい。

第一の欲望、つまり持ち出される第一の目的は、形而上学的目的である。その目的は、版画化された献辞において「けっして滅び去ることなく（*nunquam perisse*）」という言葉に読み取られる。*eterna fama*、つまり永遠の〈名声〉と名付けられる、翼を持つ女性の姿をしたあの歴史家の寓意的形象に、その目的は見て取られる。その目的は、ヴァザーリがひとつの最終目的と同様にひとつの起源に訴えかけるあらゆる文章に認められる。そこで構成されているのは第二の宗教、「〈芸術〉」と呼ばれる領域に位置づけられた宗教にほかならない。この宗教は、記憶——芸術家に「名声を与え」、彼らをいつまでも永遠の名声（*eterna fama*）という翼の庇護で覆うために活動し始めた記憶——を称讃に用いる方法に基づいて、その不死性という概念を醸成している。ここで不死性はメシア的な使者を持ち、この使者は魂を吟味して、選ばれた名を告知する。つまりそれは美術史家であり、彼の時代が、目的格的属格を主格的属格に時ならず重ねることで始まるのである……。

虚構的だが有効なこの時代の第二の目的が、不死性を栄光のオーラで補完する。「これらの人間たち（*Hos viros*）」と題辞は語っていた。「われらが芸術の気高さと偉大さ」と「卓越した我が芸術家（*eccellenti artefici miei*）」への献辞は語っていた。要するに、ヴァザーリが発明する宗教は一流の宗教――そしてまさに最高級の宗教なのだ。この宗教が関わるのは「エリートの精神たち」だけであり、彼らが単に死後の「不滅なる名声」（*eterna fama*）の権利を持つばかりでなく、何ものも「彼らの努力が高位に達し、生前から名誉を得ることを禁ずることはできない」（*pervenire a' sommi gradi... per vivere onorati*）[26] ことがはっきりと了解されている。身分の低い生まれであろうとも、卓越した――歴史家によって「名声を授けられた」――芸術家たちは、理想的だが具体的でもある貴族性（*nobiltà*）において、つまり大公の宮廷において市民権を得るであろう。〈名声〉が吹くラッパのまさに真上に位置する、大公の王冠とメディチ家の玉（*pale*）を忘れずにおきたい。ヴァザーリ的な歴史における第二の目的を、いまや宮廷的目的と呼ぶことができる。[27]

（25） この発明の「先史」に関しては、次の文献を参照。J. von Schlosser, *La littérature artistique, op. cit.*, p. 221-303. ―R. Krautheimer, «Die Anfänge der Kunstgeschichtsschreibung in Italien», *Repertorium für Kunstwissenschaft*, L, 1929, p. 49-63. ―G. Tanturli, «Le biografie d'artisti prima del Vasari», *Il Vasari storiografo e artista, op. cit.*, p. 275-298.

（26） G. Vasari, *Le vite*, I, p. 91（*trad. cit.*, I, p. 53）〔『ヴァザーリの芸術論』前掲書、一七頁〕.

（27） Cf. H. T. van Veen, *Letteratura artistica e arte di corte, op. cit.* ――ルネサンスにおける大公の宮廷の歴史に関する入門書としては、S. Bertelli, F. Cardini et E. Garbero Zorzi, *Le corti italiane del Rinascimento*, A. Mondadori, Milan, 1985 を参照。

したがって美術史は、新たな人種を発明しながら生まれ、あるいは「再生した」といえるだろう。つまりそれはエリート、血統による貴族ではなく美徳（*virtù*）による貴族である。美術史は、理想的人類のようなものを、復活した半神のパルナッソス山のようなものを形成したといえるだろう。そしてこの理想的人類は、社会生活における最高位（*sommi gradi*）を大公と共有し――これが美術史の宮廷的目的である[28]――、さらにはヴァザーリが素描（*disegno*）と名付けた能力を、形態を発明し創造する能力を真の神と共有しているのだ――いまここで言及しているのは、彼の企てのまさに形而上学的次元であろう。しかし、これではいくぶんか誇張にならないだろうか。*disegno*、つまり素描が、形而上学的な響きを持つ概念であると本当に主張すべきなのだろうか。こうして目的を前面に出すことによって、重要なことを言い忘れようとしているのではないか。その重要事とは、単刀直入にいってヴァザーリによる新たな歴史的知の構成であり、この構成には、彼の独創と誤謬の可能性、彼の調査方法と対象の特殊性が伴っているのではないか。

今日において美術史家は、ヴァザーリを体系的な人間と見ることにためらいを覚え、形而上学者と見ることにはなおさらためらいを感じている。ときには彼の思想の皮相な様相が強調される[29]。彼が学説を持っていたのか持っていなかったのかが、まさに問題視されている[30]。彼の作品は、数十年の流れにしたがって構想され、おおいに流動的であり、改訂のたびに方向性を変えているため、その非‐完結性が――当然のように――強調される[31]。すでにエルヴィン・パノフスキーは、ヴァザーリが構想した歴史性の内的矛盾をまさに適切に強調していた。つまりその歴史性は、一方では総合を探し求め、他方では総合の失敗にたどり着くのである。例の「進化理論」や「三段階の法則」が、大いなる生物学的隠喩――幼年期、青年期、壮年期――と調子を合わせてヴァザーリのあらゆる言葉を組織しているが、古代とキリスト教が混在する教養を継承したこの理論は、それ自身の適用対象である芸術作品と出会うとき、パノフスキーが書いたように「矛盾に満ちている」(32)。したがってこの理論は、明確化するのだが、しかし自分の対象の現実を歪めてしまうのである。この理論において、教条主義はつねに実際主義《プラグマティスム》につまずき、観察は判断につまずく。ヴァザーリが美術史の意味を説明するために再発明した一種の救済の構造（エコノミー）は、同様に不安の構造（エコノミー）で

(28) ヴァザーリは、ローマ教皇庁尚書院のフレスコ画において〈名声〉（*Fama*）と〈永遠〉（*Eternità*）の形象という形で教皇パウロ三世の庇護を称えていた――そして彼は、それを美徳の報い（*Rimunerazione della virtù*）と名付けていた……。それは〈歴史〉の永遠性が、大公による報賞を必要としている証拠である。J・クリーマン（J. Kliemann, «Su alcuni concetti», *art. cit.*, p. 80）は、ヴァザーリがそこで、美徳（*virtù*）に関する先験的《ア・プリオリ》に異質な二つの考えを、つまり人文主義的考えと宮廷的考えを混ぜ合わせていたことを適切に指摘した。

(29) 「ジョルジョ・ヴァザーリは、深遠な、あるいは独創的な思想家ではなかった」――このように、T・S・R・ボウズの本 G. *Vasari, op. cit.*, p. 3 は始まっている。

(30) A・シャステルによれば、ヴァザーリは「穏やかに秩序づけられ、偉大な学説にしたがって構想された歴史を」生み出した（『列伝』の序文 *Vies, trad. cit.*, I, p. 13）。それに対して、R・ル・モレは「彼は単に学説を持っていたのだろうか」と自問している（R. Le Mollé, G. *Vasari et le vocabulaire de la critique d'art, op. cit.*, p. 100）。

(31) Cf. Z. Wazbinski, «L'idée de l'histoire dans la première et la seconde édition des *Vies* de Vasari», *Il Vasari storiografo e artista, op. cit.*, p. 1.

(32) E. Panofsky, *La Renaissance et ses avant-courriers dans l'art d'Occident*〔『西洋美術におけるルネサンスと復興《リナスンシズ》』〕(1960), trad. L. Verron, Flammarion, Paris, 1976, p. 33〔アーウィン・パノフスキー『ルネサンスの春（新装版）』中森義宗・清水忠訳、新思索社、二〇〇六年、四一頁〕.

もあることが明らかになるだろう。パノフスキーが語っているのは、そのことにほかならない。[33]ヴァザーリにはまさに体系があるのだが、それはひび割れた体系である。この輝かしい美術史、そしてついに露わになったその規定を継承したわれわれは、亀裂もまた継承してしまったのだ。だからこそ、われわれはこの亀裂を分析しなければならないのである。

したがって問題は、ヴァザーリが完全な学説を持っていたか否か、独創的な学説を持っていたか否かを知ることではないだろう。問題は、流動的な学説における断層そのものや亀裂のなかに、もろもろの目的の移行と呼べるものを見つけ出すことにあるのだ。その移行のリズムはつねに二重である。なぜなら目的は、移行する欲望においてと同様に、移行する不安において語られるからである。われわれがヴァザーリにおいて形而上学的と形容するのは、この移行のことである。形而上学的なのだ、素描（*disegno*）の時代という夢見られた勝利は。同じく形而上学的なのだ、あらゆる素描（*disegni*）が塵芥に帰す芸術の死の不安は。ヴァザーリの方法、美術史全般の方法は、ただその結果が正確か不正確かという視点だけで判断されてはならない。この方法はまた、その理想、恐怖症、けっして実現されないその諸目的という視点で問われるべきである――それらの目的は、欲望の弁証法から生じるため、いかなる「結果」も決定しないのである。

したがって、まさにヴァザーリのなかには二人の人物がいて、人々は事態を単純化するためにその二人を切り離すことができると思いこんでいる。たとえば、観察を採用して判断を却下するのだ。しかしこの分離は、ヴァザーリの作品を裏切り、とりわけその亀裂を隠蔽してしまう。そしてその亀裂から、われわれ全員が、われわれ美術史家が生まれてきたのだ。この亀裂という概念の明確化をしばし試みよう。それは縫い直されたいた亀裂であり、この亀裂は、つねに再形成されるのでつねに縫い直されている。『列伝』における矛盾のひしめきは、ヴァザーリの作品をばらばらの石でできた広大な宮殿に似せるだろうが、このひしめきは、作品を三部に区切る重大な序文のリズムにしたがって、確かに魔術的に縫い直される。そのため総合が、貼り付けられた舞台セットのように表で勝ち誇っているが、下では亀裂が存続しているのだ。建築物は、それでも勝ち誇った威容を突きつけ続けるだろう。ここで思い浮かぶのは、マニエリスム的な形をした膨大な不思議のメモ帳（*Wunderblock*）、輝かしいモチーフを全体に描き込まれた魔術的なメモ帳である――しかしその下では、蠟があらゆる消去の、あらゆる修正とあらゆる訂正の痕跡を保ち続けているのだ。

この亀裂は、結局は知と真理を分離するものである[34]。ヴァザーリは知の宝庫を構成したが、それらの知を真実らしさの糸で織り上げたのであり、この糸は、すぐに分かるようにまさに真理とはほとんど共通点がないのだ。したがってヴァザーリは、真実らしい大きな歴史をわれわれに「素描した」――彼は欲望して、われわれに表象した――のだが、この歴史は、真の歴史におけるあらゆる亀裂や真実味のなさをあらかじめ縫合していたのである。そしてそれゆえに、われわれはこれほどの喜びを感じながら『列伝』を読んでいるのだ。つまり、美術史はそこで連続ファミリー・ロマンスとして展開し、そのなかで悪人は最後には本当に死

---

(33) *Id.*, «Le feuillet initial du *Libro* de Vasari», *art. cit.*, p. 169-185〔同「ジョルジョ・ヴァザーリの『リブロ』の第一ページ」前掲書、一九九―二一一頁〕. この論文において、ヴァザーリは最終的に「ひとつの時代の代表」とみなされている。その時代は、「外面的には自信に満ちていながらも深く不安に脅かされ、しばしば絶望と隣り合わせとなっていた」(p. 185〔二一一頁〕)。

(34) Cf. J. Lacan, «La science et la vérité» (1965), *Écrits*, Le Seuil, Paris, 1966, p. 855-877〔ジャック・ラカン「科学と真理」『エクリIII』佐々木孝次ほか訳、弘文堂、一九八一年、三八七―四二〇頁〕.

に（中世）、善人はというと、彼らは「真に」復活する（ルネサンス）……。それゆえに、出来事を修辞的定型表現（*topoï*）と区別することが困難になっている。それゆえに、具体的な観察が、その錯綜を導く総合的観念によって恒常的に覆い隠されてしまうのだ。それゆえに、ヴァザーリの用語の不安定さ、つねに同時に複数の水準で作用する用語の不安定さが生じているのだ。意味を持つお話を、つまり方向と終わりを持つお話をあらゆる形で構築しなければならなかったのだが――ここに再びヴァザーリ的進化論の形而上学的様相が見出される――、しかしそれは同様に大公にとって可読的なお話であり、あらゆる素描芸術家（*artefici del disegno*）にとって有効で自己称讃的なお話である――そして、発明されつつあるこの（われらが）美術史の本質的な修辞的内容が再び見出される。(35)

しかし、十六世紀と同様に十五世紀においても、歴史的な知の構成においては現実主義的な基準が本質的に重要である、と声高に主張する声がいくつも存在した。レオナルド・ブルーニが、つづいてヴィンチェンツォ・ボルギーニとジャンバッティスタ・アドリアーニが皆、文学的空想に対する敵意を表明していた。つまり彼らは、断固として歴史家の役割から詩人の役割を（*l'ufficio del Poeta da quel dello Istorico*）切り離していたのである。(36) さて、われわれはまさに、ヴァザーリとヴィンチェンツォ・ボルギーニの往復書簡を手にしている。この書簡は、一五四六年から一五七四年に渡っているため、このフィレンツェの学識者における「現実主義的」考えが『列伝』第二版に及ぼした影響を確かめることができる。つまりヴァザーリは、ボルギーニが伝記的要素に示した制限に心から同意することを拒むとしても、この人文主義者が示唆したカタログ化の、年代記の、作品描写（*ekphrasis*）の方法を大々的に発展させていくだろう。(37) しかし、それは一般的に言われるように、ヴァザーリが一五五〇年から一五六八年の間に、「文学的な」領域からいわゆる美術史の領域に移行していたということであろうか。そんなことは全くない。なぜなら、ここでもまた問題は別の所にあるからである。

歴史は、真実味のある小説について言われるように、現実主義的で明確でありうる。現実主義とカタログは、ひとつの言説の修辞的特徴と完全に対応しうる——だからといって、知と真理の亀裂という問題に関しては何の変化もない。確かにヴァザーリは、リストを作成し、日付を示し、委細を尽くそうとした。現在の

---

(35) 総合的で修辞的なこの二重の様相は、J・フォン・シュロッサーによって見事に分析されている（*La littérature artistique, op. cit.*, p. 319-325）。G・バザンは、その要点を再び取り上げて次のように書いている。「美術史の開祖は、自分の母国語のなかに、新しい科学ではなく新たなる文学ジャンルを創造したのである（…）。ヴァザーリは、美術史を書いたのではなく、美術史という小説を書いたのだ」（*Histoire de l'histoire de l'art, op. cit.*, p. 45-46）。——A・シャステルは、科学的学問と文学ジャンルの間にある次のような両義的公式を示すことによって、何かを救い出そうとしている。「したがってヴァザーリは、新たなる文学的学問を発明したのだ。それは美術史である」（『列伝』の序文 *Vies, trad. cit.*, I, p. 16）。ヴァザーリのスタイルについては、さらに M. Capucci, « Forme della biografia nel Vasari », *Il Vasari storiografo e artista, op. cit.*, p. 299-320 を参照。

(36) V. Borghini, cité par Z. Wazbinski, « L'idée de l'histoire », *art. cit.*, p. 8. ——同様に W. Nelson, *Fact or Fiction — The Dilemma of the Renaissance Storyteller*, Harvard University Press, Cambridge（MA）, 1973, p. 38-55 を参照。

(37) Cf. K. Frey, *Der literarische Nachlass Giorgio Vasaris*, G. Müller, Munich, 1923-1930, 2 vol. — Z. Wazbinski, « L'idée de l'histoire », *art. cit.*, p. 10-21. ——同様に S. Alpers, « *Ekphrasis* and Aesthetic Attitudes in Vasari's *Lives* », *Journal of the Warburg and Courtauld Institutes*, XXIII, 1960, p. 190-215 を参照。

歴史家のように、彼は自分の資料カードを作成したに違いない。彼が自分の美術史における基本道具のひとつ、つまり巨匠の有名な素描コレクションを、『素描の書』を作成するのに、ボルギーニの示唆を待つ必要はなかったとさえ言えるだろう。[38] しかし、だからといってヴァザーリの目的が変化したのだろうか。そんなことは全くないだろう。というのは、彼の素描コレクションは、歴史において想定される何らかの「現実」の次元を喚起するどころか、逆にある次元の発明、歴史の意味の発明をもたらす、考えうるもっとも操作的な道具となったのである。コレクションを形成すること、それは生まれつつある歴史を一連の具体的証拠によって例証することではなかった。むしろそれは、それらの証拠の現実性を予め構想して作成することであり、結局は歴史そのものを収集の修辞的戦略として発明することであった。[39] それは証拠よりも前にその次元を、事項よりも前に関係を選択することであった。したがってそれは、まさに歴史の現実性を――要するにある象徴的次元を――発明することであった。それは枠組みに収めることであり、分離すべきと思えるものを分離すること、あるいは一方で、位置、先行性、類似などの関係を生み出すことであった。要するにそれは対象に関する法を制定することであり、対象にひとつの意味を与えることであった。[40] ヴァザーリは、素描の『書』を『列伝』という書物のように構成した。つまり彼は、真珠に糸を通したのだが（彼は知の財宝を蓄積していたという意味である）、それは自分の首飾りに形を与えるためであり（理想的目的の予め構想された形態）、そして同時に威厳のある品物を生み出すためであった（貴族性（*nobiltà*）の社会的目的にしたがって）[41]。

したがって、ヴァザーリは全面的に勝利したのである。つまり現実主義的で明確な知、構築された理想、保証された威厳という面において。そのそれぞれが一致協力して知と真理の亀裂を否認し、不思議のメモ帳（*Wunderblock*）の表面にそれらの統一性を再び描き出しているのだ。ヴァザーリの「企図《デッサン》」は、したがって魔術的な操作と似ている。そこでは言葉が、開口部を縫い直すために呼び出されるのだ——それらの言葉そのものが、『列伝』を超えて美術史全体のトーテム概念のようなものとなるだろう。こうして見出されるのは、再生（*rinascita*）、つまり近世史の意味を述べるために再発明され再投入されたトーテム語である。

（38） Cf. L. Collobi Ragghianti, *Il Libro de' Disegni del Vasari*, Vallecchi, Florence, 1974, 2 vol.

（39） Cf. P. Barocchi, «Storiografia e collezionismo dal Vasari al Lanzi», *Storia dell'arte italiana, II, L'artista e il pubblico*, Einaudi, Turin, 1979, p. 3-82. ——残念ながら、K・ポミアンの素晴らしい研究には、ローマ－フィレンツェという軸が欠けている（K. Pomian, *Collectionneurs, amateurs et curieux — Paris, Venise : XVI*^{e}*–XVIII*^{e} *siècle*, Gallimard, Paris, 1987）。

（40） パノフスキーは、ヴァザーリの『書《リブロ》』第一頁の枠組みに、誕生を、「厳密に美術史的なアプローチの始まり」を見出しているが、そのときのパノフスキーによる見事な分析を思い浮かべたい。E. Panofsky, «Le feuillet initial du *Libro* de Vasari», *art. cit.*, p. 186〔パノフスキー「ジョルジョ・ヴァザーリの『リブロ』の第一ページ」前掲書、二一五頁〕.

（41） 『列伝』と『書』にはさらなる関係があり、その関係は、一五六八年版でそれぞれの伝記の扉に描かれた一連の芸術家の肖像のように、素描の枠組みに描かれた一連の芸術家像によって形成されている。周知のように、この「顔貌の美術館」は、パオロ・ジョーヴィオがコモ湖の別荘で実現した偉人肖像画コレクションと直接に関係している。Cf. W. Prinz, *Vasari Sammlung von Kunstlerbildnissen. Mit einem kritischen Verzeichnis der 144 Vitenbildnisse in der Zweiten Ausgabe der Lebensbeschreibungen von 1568*, 雑誌付録 *Mitteilungen des Kunsthistorischen Instituts in Florenz*, XII, 1966. — C. Hope, «Historical Portraits in the *Lives* and in the Frescoes of G. Vasari», *G. Vasari tra decorazione, op. cit.*, p. 321-338.

こうして見出されるのは、素描（*disegno*）、つまり模倣行為として了解された芸術活動全般の究極的な意味を、共時的な意味を述べるために再発明され再投入されたトーテム語である。まさにそのような魔術的操作のおかげで、「美術史」という表現が、ヴァザーリにおいてそのもっとも根源的な語義で口にされることが可能になったのだ。その魔術的操作とは、素描の再生（*rinascita del disegno*）である。(42)

再生（*rinascita*）は、すでに検討したように、〈美術史〉における絶対的時代と呼べる時代の創設に意味を与えるものである。ヴァザーリは、美術の歴史（主格的属格の意味における）が最高の完成段階に達した時期に自分が属していると確信して、「この再生の進歩」（*il progresso della sua rinascita*）を三段階（*età*）にわたる進化として詳細に回顧的に説明するために、美術の歴史（目的格的属格の意味における）をわれわれに発明したのである。その三段階のそれぞれが、人生における一段階に隠喩的に対応していて、おおよそ新しい世紀の開始とともに始まっていた。一二六〇年から子供が再生し、一四〇〇年から天才たちの活発な活動と真の「芸術規則」の明白な言表が形成され、一五〇〇年から大芸術家たちがこのうえなく完璧な自由自在さで規則を利用して、言表を輝かしい行為にまでいたらしめた。(43) 美術史（学問）が、進歩——ヴァザーリ本人が用いた表現によれば、進歩（*progresso*）あるいは増大（*augmento*）である——の観念とともに生まれたことを、ここでもう一度言う必要がある。それは美術史（実践）が、画家ジョットというルネサンスの原-英雄から出発して証明した進歩である。

画家たちは自然に従属している。つまり、自然は彼らにとってつねにモデル（*esempio*）の役割を果たしているのだ。彼らは自然を模写して模倣しよう（*contraffarla ed imitarla*）と努めて、自分の最良にしてもっとも美しい要素を利用するのである。この従属関係が誰から始まったかというと、それはフィレンツェの画家ジョットからである。（…）彼は写生による肖像画に着手することによって（*introducendo il ritrarre bene di naturale le persone vive*）、現代の画家が実践しているような［古代以来の］美しき絵画芸術を復活させたのだ。(44)

---

(42) もちろん他にも多くの「トーテム概念」が存在していて、その遺産がこの学問の展開全体を条件づけたといえるだろう。たとえば、構成（*composizione*）、想像（*fantasia*）、判断（*giudizio*）、優美（*grazia*）、着想（*invenzione*）、手法（*maniera*）、近世の（*moderno*）、自然（*natura*）、規則（*regola*）、等々である。これらすべての概念は、R. Le Mollé, *G. Vasari et le vocabulaire de la critique d'art*, *op. cit.* によって示されている――しかし不幸なことに、ほとんど問題とされてはいない。

(43) G. Vasari, *Le vite*, IV, p. 7-15（*trad. cit.*, V, p. 17-22）〔『ヴァザーリの芸術論』前掲書、二一六―二二五頁〕. ― Cf. E. Panofsky, *La Renaissance et ses avant-courriers*, *op. cit.*, p. 31〔パノフスキー『ルネサンスの春』前掲書、三八―三九頁〕.

(44) G. Vasari, *Le vite*, I, p. 369 et 372（*trad. cit.*, II, p. 102 et 104）〔ジョルジョ・ヴァザーリ『芸術家列伝1――ジョット、マザッチョほか』平川祐弘・小谷年司訳、白水Uブックス、二〇一一年、二二一―二二三頁〕. ――ここには古典的な命題がみられる。それによれば「諸世紀を貫くこの芸術の進歩という観念なしには、美術史は存在しえなかっただろう」。E. H. Gombrich, « The Renaissance Conception of Artistic Progress and its Consequences » (1952), *Norm and Form — Studies in the Art of the Renaissance*, I, Phaidon, Oxford, 1966, p. 10. ――同様に *id.*, « Les idées de progrès et leur répercussion dans l'art » (1971), trad. A. Lévêque, *L'écologie des images*, Flammarion,

そして、つづいてヴァザーリが挙げる例は、有名なダンテの肖像画、「彼の同時代人であり非常に親密な友人（…）絵画におけるジョットに並ぶ高名な詩人」[45]の肖像画にほかならない。したがって一挙に、すべてが提起されたといえるだろう。つまり、画家という職業がもつ自由で「詩的」で知的な魅力が提起されたのだが、しかしそればかりでなく、肖像画の範例的価値という今日まで発展する観念もまた提起されたのだ。そこで肖像画は、芸術様式全般の模範とみなされ、さらにはその「進歩」の基準そのものとみなされている。[46]こうしてわれわれは、ルネサンスがジョットによって生み出され、つづいてマザッチョによって導かれ、ミケランジェロによって「神々しく」実現されたと納得する――われわれは、このルネサンスが再び見出された類似の黄金時代に思えたかもしれない、と納得するのである。

そのことはこれまでに十分に語られてきた。つまり、ルネサンスにおいて再生したもの、それは自然の模倣であると。これが大いなるトーテム概念である。これがあらゆる母なる芸術における母なる女神であり、この第二の宗教における至上の神性である。この宗教は、もはや絶対的な〈他者〉を欲望の本質的目標とするのではなく、むしろ非常に相対的な「他者」を目標にしようと望んでいた。この「他者」は、ミメーシスという言葉が示す「同じもの」へとつねに向かっていたはずである。芸術は模倣する。誰もが、模倣という概念が原理的批判に始めから曝されていたことをあまり考慮せずに、この点については合意したようであった。[47]しかしヴァザーリにおいては、それはまさに自明であるようだ。

そうなのだ、われわれの芸術は徹底的に模倣である。それはまず自然の模倣であり、つづいて最良の芸術家たちが制作した作品の模倣である。なぜなら、われわれの芸術だけでは、これほどの高みに上り詰めることはできないからである（*l'arte nostra è tutta imitazione della natura principalmente, e poi, perché da se*

Paris, 1983, p. 221-289 を参照。――E・ガレンは、ヴァザーリ的ルネサンス（*Rinascita*）における中世的基盤……を示すことによって、この概念を相対化した。E. Garin, «Giorgio Vasari e il tema della Rinascita», *Il Vasari storiografo e artista*, *op. cit.*, p. 259-266.

（45）G. Vasari, *Le vite*, I, p. 372（*trad. cit.*, II, p. 104）〔ヴァザーリ『芸術家列伝1』前掲書、一三一―一二四頁〕.―Cf. A. Chastel, «Giotto coetaneo di Dante»（1963）, *Fables, formes, figures*, Flammarion, Paris, 1978, I, p. 377-386. ――しかしとりわけ E. H. Gombrich, «Giotto's Portrait of Dante ?», *The Burlington Magazine*, CXXI, 1979, p. 471-483.

（46）ヘーゲルの一文が、この精神状態を巧みに要約している。「絵画の進歩は（…）つねに肖像画の方へ向かってなされた」。G. W. F. Hegel, *Esthétique*, *op. cit.*, VII, p. 119〔ヘーゲル『美学講義』下、長谷川宏訳、作品社、一九九六年、七九頁〕.

（47）確かに、ミメーシスに関するプラトンの理論を、芸術活動全般に対する純然たる拒絶と判断してはあまりにも短絡的である。Cf. J.-P. Vernant, «Image et apparence dans la théorie platonicienne de la Mimêsis»（1975）, *Religions, histoires, raisons*, Maspero, Paris, 1979, p. 105-137. ――さらに、プロティノスにおける矛盾した二つの類似に関する有名な理論（『エネアデス』I、二、一―二〔『プロティノス全集』第一巻、水地宗明・田之頭安彦訳、中央公論社、一九八六年、一八四―一九〇頁〕）や、偽ディオニュシオス・アレオパギタにおける非類似的模倣に関する有名な理論のことも忘れずにおきたい。――模倣という概念に対する現代の批判に関しては、とくにJ. Derrida, «Economimêsis», *Mimesis des articulations*, Flammarion, Paris, 1975, p. 55-93〔ジャック・デリダ『エコノミメーシス』湯浅博雄・小森謙一郎訳、未来社、二〇〇六年〕.―P. Lacoue-Labarthe, «Typographie», *ibid.*, p. 165-270.―*Id.*, *L'imitation des modernes*（*Typographies 2*）, Galilée, Paris, 1986〔フィリップ・ラクー＝ラバルト『近代人の模倣』大西雅一郎訳、みすず書房、二〇〇三年〕を参照。

non può salir tanto alto, delle cose che da quelli che miglior maestri di sè giudica sono condotte(48)。

しかしこのスローガンは、口にされるやいなや、すでにその脆さのすべてを露わにしている。確かに模倣は自分の法則を強要し、自分の主題を操り、おそらく専制的に支配しさえするだろう。しかし、模倣とは何であろうか。それは見かけだけの体系《シミュラクル》に操られる女神以外の何ものであろうか。十六世紀の模倣（*imitazione*）においては、まさに哲学的な妥協が、人々が夢中で記述する芸術の運命を、芸術論（*trattati d'arte*）においてと同様に歴史において左右していたのである。十六世紀《チンクエチェント》のこの「芸術文学」における模倣ほど揺るぎないものはないが、しかしこれほど捉えがたいものもない——それは厳密に言って不整合なのではなく、捕捉しがたく、過剰であり、変幻自在である。ルネサンスにおける模倣は信条であるが、だからといってそれは統一的原理ではない。それはむしろあらゆる種類の増大、変形、妥協の途方もなく豊かな操作因であろう。それは魔術的な言葉、「浮遊するシニフィアン」である。それはあらゆる風へと開かれた大きな袋、豊饒の角《つの》であり、ヴァザーリは、自分が望むあらゆるものが出てくるように、他の多くの人々に混ざって、そこから惜しみなく取り出したのであろう(49)。

では、模倣するとは何であったのだろうか。それは従属すること、同等となることであったのか、あるいは模倣対象よりも優位に立つこと、さらにはそれを完全に凌駕することを期待して競うことであったのか。問題は古典的だが、それでも二、三の矛盾する倫理を示している。ヴァザーリは、同時代人たちと同様に、モデルに対する芸術家のミメーシス的「従属」を——そして同じく錯覚が完璧な場合の相互的「同等性」を——けっして絶えることなく表明していたが、さらには着想（*invenzione*）や手法（*maniera*）……が加わる場合の、模倣的作品の「優越性」もまた表明していた。結局のところ、十五世紀以来どちらに転んでも勝つことが、つまり*phantasia*——想像的能力——を失わずにミメーシスを推進することが、たとえ当初は二つの概念が矛盾して見えることがあろうとも重要であった(50)。同様によく知られているように、何を模倣するのかという問いに対して、ルネサンスは二つの非常に異なる答えを、それでも相互に巧みに混ざり合った答えを与えていた。第一の回答は、芸術は美しき芸術を、別の言い方をすれば古代の芸術を回想して模倣しなければ再生できなかったと告げていた。第二の回答は、芸術は巨匠たちの助けを借りずに、美しき自然を観察して模倣しなければ再生しなかったと告げていた。たとえ何人かの作家が、事態をこのような排他的様相で示したとしても、他の者が、そこに現れているのは同じ理想《イデアル》を述べる二つの方法にほかならないと示唆するのは、さほど難しいことではなかった(51)。

(48) G. Vasari, *Le vite*, I, p. 222 (*trad. cit.*, I, p. 221)〔『ヴァザーリの芸術論』前掲書、一七九頁〕.

(49) Cf. J. von Schlosser, *La littérature artistique*, *op. cit.*, p. 336-337. この本は、ヴァザーリにおける模倣の概念について次のように指摘している。「われらが作者の美学は不確かであり、妥協してしまう傾向がある」。同様に J. Rouchette, *La Renaissance que nous a léguée Vasari*, *op. cit.*, p. 73-97. — R. Le Mollé, *G. Vasari et le vocabulaire de la critique d'art*, *op. cit.*, p. 99-152 を参照。

(50) Cf. M. Kemp, «From *Mimesis* to *Fantasia* : the Quattrocento Vocabulary of Creation, Inspiration and Genius in the Visual Arts», *Viator — Medieval and Renaissance Studies*, VIII, 1977, p. 347-398.

(51) Cf. F. Ulivi, *L'imitazione nella poetica del Rinascimento*, Marzorati, Milan, 1959, p. 62-74. ——模倣に関するこの二重の意味の起源については、M. Baxandall, *Giotto and the Orators — Humanist Observers of Painting in Italy*

そして最終的に彼らはまさに正しかった。なぜなら、すべての源は理想主義にあったからである。美しき自然を模倣することは、十六世紀《チンクエチェント》の人文主義者によれば、古代芸術と古代思想の理想《イデオー》を蘇らせるもう一つの方法にほかならなかった。遠近法を実践し、それを許しを得て（*con licenza*）利用することは、キケロとクインティリアヌスの修辞学が示したものを手に入れるもう一つの方法にほかならなかった。見えるものの次元において現実主義的な基準を推奨することは、イデアの力を保証するもう一つの方法にほかならなかった。要するに、見えるものの専制とイデアの専制は、まさに同じ貨幣の両面をなしているのだ。それぞれの専制の領域には、絶対的な視と絶対知の罠があり、何性の罠がある。パノフスキーが西洋における芸術理論史に捧げた有名な試論が、『イデア』と名付けられているのは偶然ではない。そこで彼は、いかにしてルネサンスにおける「自然観照」が、損なわれることなく「イデア形成」と重なることができたのかをとくに示していた[52]。したがって、次のような逆説を提示することができるだろう、つまり現実主義（もちろん言葉の中世的意味においてではなく美学的意味における）は、視覚芸術の領域において、形而上学的理想主義《イデアリスム》の典型的な調子、スタイル、修辞学を構成しているのである。それぞれが互いに亀裂を繕う手助けをしている。それぞれが一致（*adæquatio*）の、適合と反映の大いなる自己陶酔的な熱狂において、互いを確固たるものとしているのである。

ここで「芸術的」現実が、認識哲学の言葉で表されるのを目にしても驚くことはないだろう。イデアという用語だけでもすでにその原因となるが、さらにそれ以上の理由が存在する。ヴァザーリがこの言葉を用いたとき、美術史（その実践的価値という主格的属性としての）が、それ以後は認識活動とみなされる美術史へ流れていく微妙な境界に、ヴァザーリ本人が位置していた。イデアは、このような移行を行うもっとも全般的な方法を提供していた。つまりヴァザーリは、それが精神に内在すると語っていたが、しかし同様に「現実から抽出される」（*cavata dalla realtà*）とも語っていたのだ。[53] 後にフィリッポ・バルディヌッチは、有名な『素描芸術のトスカーナ用語辞典』において、イデアを知的な「完璧な認識」と芸術的着想という二重の要因にしたがって定義していた。

《イデア》（女性名詞）英知的対象の完璧な認識（*perfetta cognizione del'obbietto intelligibile*）であり、学説や慣例によって獲得され確実にされる。——われらが芸術家たち（*i nostri artefici*）は、とくに独創的で巧みに着想された作品（*opera di bel capriccio, e d'invenzione*）について語ろうとするときに、この言葉を用いている。[54]

これらの定義を真剣に受けとる必要があり、それらの諸段階を区切るよりも、移行を、それらの定義が操作する置換を理解しようと努めなければならない。美術史は、そのようなもろもろの置換とともに生まれた

and the Discovery of Pictorial Composition, 1350-1450, Clarendon Press, Oxford, 1971, p. 34, 70-75, 97, 118を参照。

(52) E. Panofsky, *Idea — Contribution à l'histoire du concept de l'ancienne théorie de l'art* (1924), trad. H. Joly, Gallimard, Paris, 1983, p. 87〔パノフスキー『イデア』前掲書、一〇二頁〕. この頁でパノフスキーが否認しているのは、こうして定義される領域がまだ形而上学に属していることである。

(53) Cf. R. Le Mollé, G. *Vasari et le vocabulaire de la critique d'art*, *op. cit.*, p. 114-116.

(54) F. Baldinucci, *Vocabolario toscano dell'arte del disegno* (1681), SPES, Florence, 1975, p. 72.

のである。そしてほとんどの場合、美術史はそれらの置換を行い続けているのだ。したがって、その使用通貨は形而上学的通貨であろう。この通貨は、空中に投げられて燦然と光り輝くが、命令しているのがイデアなのか見えるものなのかをけっしてわれわれに語ることなく、どちらの面ももう一方の面のために語っているのだ。けっしてヴァザーリは、何によって模倣するのかという問いにはっきりと答えていない。彼が、目によってと答えるとき、目はイデアによって正当化される。彼が、精神によってと答えるとき、精神は見えるものによって正当化される。二重の正当化によるこの関係は、形而上学的関係である。この関係もまた、自分の魔術的な言葉、あらゆる転換やあらゆる移行を配備できる「技術的な」言葉を手にしているのだ。つまりそれは素描（*disegno*）という言葉である。

ヴァザーリにおける素描（*disegno*）は、まず芸術を統一的対象として構成し、さらには正真正銘の主体として構成する役割を務めている。この主体に、素描は言わば象徴的同一化の原理を与えるであろう。「それなしには何も存在しない」とヴァザーリは書いている。そして彼は、偉大な「素描三芸術への序文」の冒頭において、次のように明確に論じている。つまり素描は「われらが三芸術――建築、彫刻、絵画――の父」、すなわちそれらの統一原理、厳密に包括的な原理である。[55] 母なる女神――模倣――を形成して豊かにして、あの三女神の影響力に生命を与えるのは素描なのである。それらの三女神は、再統合された芸術の運命を紡ぐ三人のパルカのように『列伝』の版画に堂々と座っている……。確かにヴァザーリ以前にも、素描（*disegno*）の根本的な価値を力説したテクストがなかったわけではない。[56] しかし彼以前には誰も、素描が、「芸術」と呼ばれるあらゆるものの公分母となりうる、とこれほどの力強さと厳粛さで断定することはなかった。したがって、ヴァザーリ的な操作には洗礼行為が存在する。つまりこれ以後、人々はもはや諸芸術とは言わずに、素描による諸芸術と言うようになるのだ。それは、容易に分かるように重大な結果をもたらす操作である。なぜならこの操作は、ヴァザーリにおける歴史のヴィジョン全体を――したがって美術史が今でもなお美術と呼ぶものの統一性全体を――おそらく決定していたからである。[57]

---

(55) G. Vasari, *Le vite*, I, p. 168 et 213 (*trad. cit.*, I, p. 149 et 206)〔『ヴァザーリの芸術論』前掲書、一一七、一六九頁〕.

(56) L. B. Alberti, *De pictura, op. cit.*, II, 31, p. 52-54〔アルベルティ『絵画論』第二巻、前掲書、三八―四〇頁〕を参照。――L・ギベルティ（P. Barocchi, *Scritti d'arte del Cinquecento*, Ricciardi, Milan, 1971-1977, II, p. 1899 に引用されている）「素描はこの二つの芸術（絵画と彫刻）の基礎と理論である（Il disegno è il fondamento e teorica di queste due arti）」……。

(57) たとえば、E・パノフスキーは次のように書いている（« Le feuillet initial du *Libro* de Vasari », *art. cit.*, p. 177-178〔「ジョルジョ・ヴァザーリの『リブロ』の第一ページ」前掲書、二〇七―二〇八頁〕）。「とりわけ彼は、われわれには自明に思える命題を確立していた。つまりそれは、われわれが視覚芸術と、あるいはさらに簡潔に美術《ボー＝ザール》と呼ぶものにおける内的統一性である。（…）彼の信念はけっして揺らぐことはなかった。その信念によれば、あらゆる美術は同じ創造原理に基づき、つづいて似通った発展にゆだねられる」。――同様にP. O. Kristeller, « The Modern System of Arts. A Study in the History of Aesthetics », *Journal of the History of Ideas*, XII, 1951, p. 496-527 を参照。――あらゆる芸術における原理としての素描のトポスについては、P. Barocchi, *Scritti d'arte del Cinquecento, op. cit.*, II, p. 1897-2118 を参照。この書物は、A・F・ドーニ、F・ドランダ、B・チェッリーニ、A・アッローリ、R・ボルギーニ、G・P・ロマッツォ、G・B・アルメニーニ、R・アルベルティ、F・ツッカリ素描（*disegno*）という概念を、アカデミックな論争の純然たる枠組みに、例えば色彩と敵対する素描や、三「大芸術」のそれぞれが他の二つに要求する優越性に関する論争の枠組みに閉じこめると、不自然になるだろう。アカデミックなという単語は、今日では形容詞的にそして侮蔑的に使用されているが、十六世紀《チンクエチェント》の芸術アカデミーにおける深遠な社会的現実を忘れてはならない。それらのアカデミーにおいて、当の論争、つまり比較（*paragoni*）は、効果的な価値しか持っていなかったのだ（たとえ効果が生み出されるのが結果にいたるために他ならないとしても）。素描（*disegno*）は、三つの「素描芸術」における公分母として現れていたため、確かにこのような論争においてありうる差異化の基準として機能していた。しかしそれ以前に、そしてより根本的に、素描は芸術を一貫した気高い実践として構成し、知的で「自由な」――すなわち精神を物質から解放できる――実践、そしてついには特殊な「無関心な」実践として構成する役割をまさに果たしていたのだ。ベネデット・ヴァルキが主導した文学アカデミーをモデルとして、一五六三年にフィレンツェで設立された素描アカデミー《アカデーミア・デル・ディセーニョ》を、ヴァザーリ一人の作品とみなすことができる[58]。このアカデミーは、唯一の存在であるどころかその反対である。というのは、約二二〇〇のアカデミーが、十五世紀から十六世紀のイタリアで設立されたからである。しかしそれは、おそらくもっとも有名なアカデミーであった。このアカデミーは、『列伝』という大いなる企てと対をなしている。このアカデミーは美術の時代を、つまり社会的統一性において考察され、自由学芸という共通性格において考察された「主要」芸術――建築、彫刻、絵画――の時代を決定的に切り開いたのである。

しかし、芸術の歴史的不死性が、必ず何か他のものを死にいたらしめるように、芸術の統一性は必ず分裂を伴わずにはいない。ヴァザーリは、より一層ルネサンスを不死なるものとするために、中世を殺害した。

同様に彼は、三つの素描芸術（*arti del disegno*）の特権性を救うために、大芸術と小芸術の分裂を確立したといえるだろう――別の言い方をするなら、彼は芸術と職人仕事の区別を発明した、あるいは再発明したといえるだろう。まさにこのアカデミックな現象の華々しい陶酔においてこそ、ジョヴァンニ・バッティスタ・パッジのような画家が、高貴な血筋に属さないあらゆる人に画業を禁じて芸術退廃の危険を断ち切ろう、と考え出すことがありえたのである。(59)

……のテクストを引用している。同じく *id.*, *Trattati d'arte del Cinquecento*, Laterza, Bari, 1960-1962, I, pp. 44-48（B. Varchi）et p. 127-129（P. Pino）を参照。――最後に、展覧会カタログ *Firenze e la Toscana dei Medici nell' Europa del Cinquecento — Il primato del Disegno*, Edizioni medicee, Florence, 1980、そこでL・ベルティは、素描を「原型《アーキタイプ》」のように語っている（p. 38）。

（58） Cf. N. Pevsner, *Academies of Art — Past and Present*, Cambridge University Press, Cambridge, 1940, p. 42-55. — A. Chastel, *Art et humanisme à Florence au temps de Laurent le Magnifique — Études sur la Renaissance et l'humanisme platonicien*, PUF, Paris,（2e éd., 1961）, p. 514-521. この書物は、アカデミーの時代を「完成した歴史という感情」（p. 521, note）と、すなわち〈美術史〉の時代へ入ったという感情とまさに適切に結びつけている。— A. Nocentini, *Cenni storici sull'Accademia delle Arti del Disegno*, ITF, Florence, 1963. — A. Hughes, « An Academy of Doing, I : the Accademia del Disegno, the Guilds and the Principates in Sixteenth Century Florence », *Oxford Art Journal*, IX, 1, p. 3-10. — S. Rossi, *Dalle botteghe alle accademie*, *op. cit.*, 146 et 162-181. ――ヴァザーリとアカデーミア・フィオレンティーナの関係については、M. D. Davis, « Vasari e il mondo dell'Accademia fiorentina », G. *Vasari. Principi, letterati e artisti*, *op. cit.*, p. 190-194 を参照。

（59） Cf. G. Bazin, *Histoire de l'histoire de l'art*, *op. cit.*, p. 18.

このような明らかに例外的な暴論は別として、重要な問題はあくまでも次のものである。つまり、素描（*disegno*）という概念は、この言葉が手の言葉であるのと同様に精神の言葉でもあったという理由で、芸術活動をもはや職人的な活動としてではなく、「自由な」活動として確立することを可能にしたはずである。したがって素描（*disegno*）は、結局は芸術を知的認識の領域として構成する役割を果たしたのだ。このようなプログラムの重要性を理解するには、例の「素描三芸術への序文」で絵画に捧げられた章の口火を切る、厳粛で凝りに凝った文章に立ち戻らなければならない。

> 知性から生じることによって（*procedendo dall'intelletto*）、素描、つまりわれらが三芸術——建築、彫刻、絵画——の父は、多様な事物から出発して普遍的判断を引き出す（*cava di molte cose un giudizio universale*）。この判断は、自然における万物のつねに抜きん出て均整の取れた形態や観念（*una forma overo idea di tutte le cose della natura*）のようなものである。人間や動物の身体に関してであろうと、植物や建築物、彫刻や絵画に関してであろうと、全体が部分と結ぶ比率、部分が相互に結び、そして全体と結ぶ比率が知られている（*cognosce la proporzione che ha il tutto con le parti e che hanno le parti fra loro e col tutto insieme*）。そしてこの認識（*cognizione*）からある概念や判断（*concetto e giudizio*）が生まれ、それは後に手によって表現されて（*poi espressa con le mani*）素描と呼ばれるものを精神において形成する。そこから次の結論を出すことができる。この素描は、人々が精神に有する概念の明白な表現や表明（*una apparente espressione e dichiarazione del concetto che si ha nell'animo*）、あるいは他の人々が精神において想像して観念において作り上げる（*nella mente imaginato e fabricato nell'idea*）ものの明白な表現や表明にほかならない。（…）

いずれにせよ素描は、判断に基づいて事物から着想を引き出そうとするなら（*quando cava l'invenzione d'una qualche cosa dal giudizio*）次のことを必要とする。つまり手が——何年もの学習と修練のおかげで——巧みになり、ペンを用いてであろうと、尖筆、炭《シャルボン》［木炭《フュザン》］、黒石《ピエール》［鉛筆《クレイヨン》］、あるいはまったく別の方法を用いてであろうとも、自然が創造したあらゆるものを描き、見事に表現（*disegnare e esprimere bene*）できるようになることが必要である。実際、知性が判断によって純化された概念を生み出すとき（*quando l'intelletto manda fuori i concetti purgati e con giudizio*）、長年にわたって素描の修練を積んだ手は、諸芸術の完璧さと卓越を知らしめると同時に、芸術家の知（*il sapere dell'artefice*）を知らしめるのである。(60)

明らかにこのようなテクストは、文献学的で理論的な注釈を豊富に引き起こしうるだろう。ここでは、同時に循環的で矛盾したその構造を強調するにとどめておこう。その構造は循環的である。なぜならヴァザーリは、認識から認識へ、そして知性から知性へ、要するに「知性から生じる（*procedendo dall'intelletto*）」とみなされる素描から「芸術家の知（*sapere dell'artefice*）」とみなされる素描へ歩むことによって、われわれに絵画芸術を提示しているからである。この構造は矛盾している。なぜなら、あるときは素描は、自然の感性的事物から判断を普遍化して抽出すること（*cava di molte cose un giudizio universale*）として定義されるが、一方で別の場合には、この同じ判断を特異化する表現として定義されるからである。つまり、まさ

(60) G. Vasari, *Le vite*, I, p. 168–169 (*trad. cit.*, I, p. 149–150〔『ヴァザーリの芸術論』前掲書、一一七—一一八頁〕. とくにここではヴァザーリの語彙に忠実ではないため大きく改訳した).

に感性的で明白なその表現（*apparente espressione*）は、手仕事によって媒介されているのだ（*espressa con le mani*）。したがって一方で素描は、感性的世界から抜け出して悟性の「純化された概念」（*concetti purgati*）に向かう手段を、われわれに与えたといえるだろう。他方で素描は、純粋な判断から抜け出しながらも、それを「炭」や「黒石」……を用いて「表現する」手段を、われわれに与えたといえるだろう。

ヴァザーリが、不安定な自分の哲学的立場をはっきりと主張し、画家としての自分の実践をよりどころとして、絵画には感覚的なものと知性的なものの何らかの二元論は存在しない、と反駁する姿を想像しようと思えばできただろう。このような仮定にしたがえば、おそらく彼は真正な問題の核心に触れたといえるだろう。しかし、彼はそうしなかった。素描という自分の概念を、同時代の知的範疇と融和させようとあまりにも意識しすぎたのだ。彼が抹消しようとはせずに単に移動させようとした位階性を、あまりにも意識しすぎたのである。したがって彼は、妥協や「魔術的」操作を作り上げることによって、素描に関する自分の命題の循環性と矛盾を処理している。それらの「魔術的」操作において、循環性と矛盾は見事に両立するであろう。確かに素描（*disegno*）は、彼にとって魔術的な言葉であった。まずそれは、多義的で、対立的で、無限に操作可能な言葉だからである。それはほとんど浮遊するシニフィアンである——そしてヴァザーリは、頻繁にこの言葉をそのように利用している。今日、『イタリア語大辞典』におけるこの単語の分析は一八の長い段落に渡っているが、そのうち八段落が「具体的な」意味を、一〇段落が「抽象的な」意味を列挙していて、ほぼ全体が、フランス語においてかつては同一であったdessin（デッサン）とdessein（企図）という二語が示すものを対象としている。[61] 素描（*disegno*）という単語の、ヴァザーリ的意味論における驚くべき広がりを理解するための第一の要素がここにある。

それは描写的な言葉であり、そして形而上学的な言葉である。それは技術的な言葉であり、理想的な言葉である。この言葉は人間の手に適用されるが、しかし同じく人間の想像力豊かな想像（*fantasia*）に、しかし同様にその知性（*intelletto*）に、しかしさらにはその魂（*anima*）に適用され――最後には万物の創造者たる神に適用される。この言葉はアトリエの語彙から生じ、そこでは芸術家の木炭や鉛筆が支持体の上で手に入れる形態を指している。この言葉はまた、下絵、構想中の作品、計画、構成の図式、骨組みの見取り図を指している。この言葉は、次のようなあらゆる技法を支配する規則を、画家の良き規則（*buona regola*）を語っている。この規則は、正確な尺度（*retta misura*）を、線の神々しい優美さ（*grazia divina*）を――要するに完璧な素描（*disegno perfetto*）を――生み出すのである……。『列伝』の語彙は、「素描の三時代」という理想的進展に従属していて、つねに拡大し、高まっていくに違いない。芸術の規則は自然の法となるだろう。可視的な効果は知性的な原因となるだろう。そして、やはり同じ魔術的な言葉による威光の下で、支持体の上に生み出される形態が、哲学者たちの形相、つまりイデア（すなわち、あらゆる物質的支持体の否定）となるだろう。[62]

さらにこの点について、ヴァザーリは古書『絵画術の書』にある一節の意味を巧妙に――あるいはむしろ

（61）Cf. S. Battaglia, *Grande dizionario della lingua italiana*, IV, UTET, Turin, 1966, p. 653-655.

（62）Cf. J. Rouchette, *La Renaissance que nous a léguée Vasari*, *op. cit.*, p. 79-97. — G. De Angelis d'Ossat, «*Disegno e invenzione* nel pensiero e nelle architetture del Vasari», *Il Vasari storiografo e artista*, *op. cit.*, p. 773-782. — R. Le Mollé, *G. Vasari et le vocabulaire de la critique d'art*, *op. cit.*, p. 184-185, 193, etc.

ひそかに——逆転させていた。その一節でチェンニーノ・チェンニーニは、弟子に鉛尖筆（*istil di piombo*）で素描を一年間することを勧めている。そうすれば、それに続いて弟子は、明部、半濃淡、暗部を少しずつ「操って」（*conducendo le tue chiare, mezze chiare e scure, a poco a poco*）「ペンで素描を行う」（*praticare il disegno con penna*）ことができるだろう……。以上のことはすべて、弟子を実践の専門家にすること、彼の言葉によるなら「実践的専門家」（*sperto, pratico*）にすることを目的としている。この専門家は、その作業によって「多くの素描を頭の中に入れることができる」（*capace di molto disegno entro la testa tua*）だろう[63]。すでにお分かりのように、チェンニーニにおいて画家の頭脳全体を満たす物質的実践であったものが、ヴァザーリにおいては理想的概念になってしまい、この概念は知性において形成されて、明白な表現（*apparente espressione*）の下で画家の基底材をはっきりと満たすのである。ヴァザーリは、職人として素描（*disegno*）の技術的意味をけっして隠蔽しようとはしなかった——それは、彼が同業者たちの作品に捧げたページごとに読み取れる。しかし彼は、もはや基底材から主体に向かうのではなく、主体から基底材へと向かい、実践としての素描を概念としての素描に包摂することによって、推論の順序を逆転したのだ……どこで、いつ、そしてなぜ彼がそうするのかをけっして明確に述べずに。したがって素描（*disegno*）というとき、ヴァザーリが図形記号について語っているのか、観念について語っているのか、われわれにはもはや分からない。彼がシニフィアンについて語っているのか、シニフィエについて語っているのか、あるいはさらに他のことについて語っているのか、もはや分からないのである。われわれはただ、芸術に関する言説に、いにしえの魔術的観念論の両義性がやってきて住みつくのを感じるだけである。

より根本的には、ミメーシスと呼ばれる古代の魔術が問題となる。確かにヴァザーリにおける素描は、模倣の意味論的広がりと一致する。素描は、その特定的な、あるいは道具的な語のようなものになる。母なる女神が、アトリビュートや愛用の武器を持たねばならぬとしたら、それは素描できる尖筆であろう。ヴァザーリは書いている、「自然にならって、あるいは卓越した巨匠や古代の彫像を研究しながらつねに素描に励むのでなければ(64)」芸術において良きものは何も生み出されないだろう。そして色彩の使用、光の表現、あるいは統一性（*unione*）の非常に重要な基準に関する彼のあらゆる批判的議論は、いつかは素描（*disegno*）という至高の範例と関わるだろう(65)。なぜなら素描は、まさに至高の範例として、精神を長きにわたって支配するからである。つまり素描は、粉末化された顔料、荒く削られた塊、石造りの壁によるあらゆる実践に、イデアの威厳を与えるであろう。それは原理のイデアであり、目的のイデアである。そのことは、ヴァザーリが作品を執筆していた当時にすでに語られていた(66)。そのことは、『列伝』と素描アカデミーを模範として、

(63) C. Cennini, *Il libro dell'arte o trattato della pittura*, XIII, éd. F. Tempesti, Longanesi, Milan, 1984, p. 36. Trad. fr. V. Mottez, *Le livre de l'art*, De Nobele, Paris, 1982, p. 10-11〔チェンニーノ・チェンニーニ『絵画術の書』辻茂編訳、石原靖夫・望月一史訳、岩波書店、一九九一年、第一三章、八頁／『藝術の書』中村彝・藤井久栄訳、中央公論美術出版、一九七六年、四一―四二頁〕. まさにこの点について、翻訳者が、ポスト・ヴァザーリ的と呼べるような誤読を犯したことは徴候的である。つまり彼は、チェンニーニが反対のことを言っているのに、弟子のデッサンを頭から外に出させている。

(64) G. Vasari, *Le vite*, I, p. 172（*trad. cit.*, I, p. 155）〔『ヴァザーリの芸術論』前掲書、一一一頁〕.

(65) Cf. R. Le Mollé, G. *Vasari et le vocabulaire de la critique d'art*, *op. cit.*, p. 28, 43-60, 106, etc.

(66) たとえば、ベネデット・ヴァルキによる有名な「宣告」を参照。「今日においては誰もが認めている。これらの

さまざまな論文の全体においてと同様に簡潔な文句において、さらに語られていたはずである。

《素描》（男性名詞）理解可能で感覚可能なあらゆる形態から出発して表される形態であり、知性に光を与え、実践的操作に生命を与える[67]。

それでは、ヴァザーリに関するこの長い補説を終えるにあたって、われわれはどこまで達しているのだろうか。われわれがたどり着いた地点において、芸術に関する言説は、自分の対象の最重要原理を名付けるにいたったようであり、そしてそのために知性と形態という哲学概念やイデア――それらは素描という語によって魔術的に道具化された――を利用したのである。したがって、われわれがたどり着いた地点において、芸術は自らの歴史に関する言説のなかで自らの真の企図《デッサン》を認識し、そして自らの真の運命を認識哲学の用語を通じて表明したかのようであった。しかし、その間に奇妙な現象が生じていた。この現象は、アカデミーに集まった有名な芸術家たち自身が、美術史と名付けられるこの新たな領域を作り上げたという事実におそらく起因している。つまり、対象による主体の、そして主体による対象の長きにわたる覆い隠しが生じたのだ。この学問は、自分の研究対象から威光を横取りしようとしたのである。この学問は、その対象を知的に確立しながら支配しようとしたのである。この学問は、芸術に関する知の領域を切り開いたが、この知に関して言えば、それはもはや知として捉えられた芸術だけを、見えるものとイデアの一致、芸術の視覚的力に対する否認、「素描」の専制への隷属として捉えられた芸術だけを検討し始め、それだけを受け入れ始めたのである。芸術は、思考している対象――芸術とはつねにそのようなものであったのだが――として認識されるよりも、あらゆる属格が混ざり合った意味における知の対象として認識されていたのである。

この動向の目覚ましくほとんど過剰なまでの徴候が、ヴァザーリの『列伝』ジュンティ版から四〇年後に出版されたテクストに読み取れる。そのテクストは、フェデリコ・ツッカリ、つまり画家タッデオの弟によって、明らかにローマの素描アカデミーが求めた影響圏で執筆された(68)。パレオッティのような人は、イメージを定義するに際して、内面的概念（*concetto interno*）を外面的素描（*disegno esterno*）と呼ばれるその感覚的実現と対立させていたが(69)、ツッカリは、このようなパレオッティの注意深さを取り入れるどころか、素

二つの芸術［絵画と彫刻］には、ただひとつの同じ目的が、すなわち自然の巧みな模倣という目的があるのだが、さらにそれらにはただひとつの同じ原理、すなわち素描が存在するのである」。P・バロッキによって引用されている（P. Barocchi, *Scritti d'arte, op. cit.*, II, p. 1899）。——一五四九年に、ヴェネチアでA・F・ドーニの『素描（*Il Disegno*）』が出版されていたことも思い出しておきたい。

(67) «*DISEGNO, m. Forma espressa di tutte le forme intelligibili e sensibili, che dà luce all'intelletto e vita alle operazioni pratiche.*» R. Alberti, *Origini e progresso dell'Accademia del Disegno de' Pittori, scultori et architetti di Roma* (1604), cité par P. Barocchi, *Scritti d'arte, op. cit.*, II, p. 2056. ——同様にF. Baldinucci, *Vocabolario, op. cit.*, p. 51を参照。

(68) F. Zuccari, *Idea de' pittori, scultori, et architetti* (1607), éd. D. Heikamp, Olschki, Florence, 1961 (P. Barocchi, *Scritti d'arte, op. cit.*, II, p. 2062において引用されている). — Cf. S. Rossi, «Idea e accademia. Studio sulle teorie artistiche di Federico Zuccari. I, Disegno interno e disegno esterno», *Storia dell'Arte*, XX, 1974, p. 37-56.

(69) G. Paleotti, *Discorso intorno alle imagini sacre e profane* (1582), éd. P. Barocchi, *Trattati d'arte, op. cit.*, II, p. 132-149（「このイメージという言葉で何を意味するのか（Che cosa noi intendiamo per questa voce *imagine*）」）.

描という概念を「哲学的秩序によって（*con ordine filosofico*）」確立するための理論的な道具一式を駆使しながら、素描（*disegno*）そのものの至高性を急進化させていった。[70] このとき確立されたのは、まさしく認識形而上学であり——美学や現象学ではない。この認識形而上学は、アリストテレスという権威を前面に出して、素描の「名」、その定義、特性、種別、必然性を説明すると約束していた。外面的素描（*disegno esterno*）と内面的素描（*disegno interno*）を区別しながら、この認識形而上学は、明晰で判明なイデアという基準を通じて、後者の優位を正当化していた。したがって、素描（*disegno*）とイデアは完全に一致していた。「私が論理学者や哲学者のように意図という名詞を用いず、あるいは神学者のようにモデルやイデアという名詞を用いないのは、私が画家として語っているからであり、私が語りかけるのが、画家、彫刻家、そして建築家だからである。彼らが事を巧みに行うには、素描の認識と手助けが必要なのである」[71]。

しかし、こうして画家という職業が喚起されるからといって、この概念の根源性が覆い隠されてはならない。いまや素描（*disegno*）は、もはや手において表現される観念を、あるいは感覚的なものにおける知的なものを意味しない。素描（*disegno*）は、単刀直入にイデアを意味していて、描く行為と同様に画家の意図を包摂するイデアである。ツッカリは、したがってヴァザーリよりもはるかに先に進んでいるのだ。さらに彼は、ヴァザーリが素描を実践によって得られるもののように語ったことを、「深刻な誤り」として非難している……。素描がイデアであるなら、それは生得的なものなのだ。つまりこれから素描は、魂の能力や先験的《ア・プリオリ》なものとして理解されるであろう。素描は芸術家の手助けをするものではない（*non pur aiuta l'artefice*）、なぜならそれは、芸術それ自体の原因そのものだからである（*ma è causa dell'arte istessa*）[72]。そして、この形而上学的な横滑りの論理は、あらゆる両義性を明示していて、注意深く読み取られるべきものであり、この論理において素描（*disegno*）は、人間、天使、神に共通するものとして最後には認識される。つまり、一種の魂として。したがってツッカリは、「素描」という単語の綴りをDI-SEGN-Oと書き、この単語を「*segno di Dio*」として、神の徴として再構成して示すだろう。「それは、それ自体で十分に明白である」と彼は結論づける——まさに次のようにかなり大胆に付け加えながら。つまり素描は、それだけで「ほとんどもう一つの創造された神性である」（*quasi... un altro nume creato*）、そして神が、天使や人間のなかで自らをより明瞭に徴によって示すために、その神性を創造したのである。(73) 一〇個の形而上学的属性が、この体系全体を仕上げている。

> 内的で外的な〈素描〉の一〇個の属性。一．あらゆる人知の内的な共通対象。——二．あらゆる完成された人間的知識の最終段階。——三．知的で感覚的なあらゆる形態の表現形態。——四．あらゆる概念の、そして芸術が生み出すあらゆるものの内的モデル。——五．ほとんどもう一つの神性、もう一つの能産的自然であり、芸術が生み出すものはそこで生きている。——六．われわれのなかにある神性の燃えるような輝き。

（70） F. Zuccari, *Idea de' pittori, op. cit.*, p. 2063–2064.

（71） *Id., ibid.*, p. 2065. さらに後で彼は、素描すること（*disegnare*）と意図すること（*intendere*）の等価性を要求している（p. 2066）。——この一節は、E・パノフスキーによって注釈されている（*Idea, op. cit.*, p. 107–108〔『イデア』前掲書一二三—一二四頁〕）。

（72） F. Zuccari, *Idea de' pittori, op. cit.*, p. 2074, 2080–2081.

（73） *Id., ibid.*, p. 2068–2070 et 2107–2118.

——七．知性の内的で外的な光。——八．内的な第一動者、われわれの活動における原理であり目的。——九．あらゆる科学、あらゆる実践の糧であり命。——十．あらゆる美徳の増大と栄光への刺激であり、それらによって、人間の芸術と手仕事によるあらゆる恩恵が人間に最終的にもたらされる。(74)

確かに体系が完成したようであり、少なくとも構成されたようである。そこには何も欠けるものがなく、「栄光への刺激」や、具象芸術に対するへつらいに満ちた服従への回帰すら欠けていない。(75) しかしとりわけ何かが、ルネサンスの神話的な坩堝《るつぼ》において構成されたのである。それは一般的に美術という用語が示す共通の場であり、この用語は、美術史の言説が発明されたまさにその時に——その賭け金として、そしてその帰結として——形成されたのである。美術史は、第二の宗教であると同時に不死性の修辞学であり、そしてひとつの知の創設であるが、この美術史は、したがって自分自身を言説の主体として構成しながら同時に自分の対象を、芸術を構成していたのだ。それは第二の宗教であり、そこでは知的なものが感覚的なもののなかへと降りていき、素描（*disegno*）という魔術的操作によって感覚的なものを包摂していた。それは不死性の修辞学であり、そこで芸術家は、永遠の名声（*eterna fama*）の天空において半神たちと結ばれていた。最後にそれは知の創設であるが、それは芸術家の知（*sapere dell'artefice*）であり、正当化され、理解可能に、知的に、「自由」になる必要があった。こうして美術史は、芸術を自分のイメージに似せて創造したのである——自分に固有な、特定化されたイメージ、華々しい閉ざされたイメージに似せて。

(74) このテクストは、R・アルベルティによって再録される（*Origini e progresso dell'Accademia del Disegno, op. cit.*, p. 2060-2061）。

(75) S・ロッシは（S. Rossi, «Idea e accademia», *op. cit.*, p. 55）、いかにしてツッカリが、この壮大な運動全体の最後に、具象芸術を教会、国家、さらには軍隊の懐にさえも置き直しているのかを非常に的確に指摘している。

第三章　単なる理性の限界内における美術史

起源は、単に一度だけ生じて、もはやけっして生じないだけではない。それはまったく同様に――まさにより正確にいって――はるかな遠方からのように現在においてわれわれのもとに帰り、われわれの最深部に触れ、回帰の執拗な、しかし不可測な作用のように、その徴や徴候を放ちにやってくる。したがってそれは間欠的だが、しかしつねにわれわれの現在へより一層近づいてくる――記憶を強いられ、免れず、そして記憶から遠ざけられたわれわれの現在に。(1) ならば、今日われわれが美術史を研究するにあたって、発明されたこの言説に内在していた目的から自分が決定的に自由であると思いこむなら、それは誤りであろう。われわれの明白な関心とはいかにかけ離れているとはいえ、ヴァザーリはわれわれにもろもろの目的を伝えた。それらの目的を、彼は美術史という名の知に、良い理由にせよ悪い理由にせよ、あるいは不合理によってにせよ与えていたのである。彼はわれわれに、伝記的要素の魅惑、芸術家というこの「優れた《ディスタンゲ》〔上品な、著名な、区別された〕」――この言葉のあらゆる意味において――個人の種族に対する抗いがたい好奇心、彼らの行為

(1) やはりP・フェディダの見事な表現にしたがっている(P. Fédida, «Passé anachronique et présent réminiscent», *art. cit.*)。

や身振りの細部に対する過剰な愛着、あるいは逆に臨床的判断への熱中を伝えた。彼はわれわれに、規則とその違反の弁証法を、状況次第で最悪とも最善ともいわれうる規則（*regola*）とその認証（*licenza*）の微妙な戯れを、われわれに伝えたのである。

すでに検討したように、より根本的にヴァザーリは、芸術がある日（そしてこの「日」はジョットと呼ばれた）その灰から再生できたこと、したがって芸術が死ぬことがありえたこと（中世と呼ばれるその長き夜において）、そして芸術が、この上なく高らかな成功の先で、本質的条件としてつねに新たな死の危険を帯びていたことを、われわれに示唆していた。ルネサンスと第二の死のあいだに、ヴァザーリはすべてを救いすべてを正当化するために、不死性という新たな問題設定を介在させていた。つまり、〈美術史家〉と自ら名乗る新たな復活の天使によって構成され、高らかに告げられた不死性を（図3）。天使の手には松明《たいまつ》が輝いていた——そしてその松明を通じて、ヴァザーリの問題設定全体に特有な概念が輝いていた。その概念とは *eterna fama*〈永遠の《名声》〉であり、それは結合した単なる二語によって、倫理的、宮廷的、政治的な理想と、形而上学的、認識形而上学的な理想によるこの共謀関係をすでに明示していて、そしてそれらの理想が、芸術に関するこの新たな知に基盤をもたらしていたのである。

そのすべてをわれわれは受け継いでいる。直接的に、あるいは間接的に。「美術史」という現象の長い継続期間に目を向けるとき、その実践を全般的に問題化するとき、われわれはその諸目的の連続的運動と執拗な存続に驚かずにはいられない。伝記的要素の魅惑はそのままである。今日においてその魅惑は、モノグラフへの偏執、そしていまだに美術史が、おおむね芸術家の歴史として語られる事実に現れている——多くの場合、そこで作品は視線と問いの対象としてよりも例証として呼び出されている。臨床的判断への熱中は、精神病理学や精神分析の不適切な使用法に、その新たな適用領域を見出した。規則と違反の二項的な戯れもまた止むことはなかった。つまり、様式的な基準が言説から言説へと形成され、認証（*licenza*）が、悪しき画家をその下に、天才を上へと分け隔てていく。この格差の隔たりには非常に明白な価値の序列が行き渡っているため、それらの諸価値はすぐさま「評価」と交換貨幣に翻訳されうるだろう。ヴァザーリ的な歴史における宮廷的理想は、したがって消えはしなかった。つまりそれは商業的な次元における理想に――しかし同時に現実に、いわゆる「需要」に――なったのである。競売会場とアート・ギャラリー、個人の声望と公的美術館、商取引と学会の間で芸術を「生存」させる人々がいるが、彼らの全体に関する最新の社会学、さらには民族学は存在していない。(2) それらすべては、絶え間なく寄せては返す「芸術の死」とその「再生」を妨げはしない。そのような理想は、人々がそれを喜ぼうが不安に思おうが、芸術と文化全般について今日いたるところで語られる言説の一部をまさになしているのである。おそらく理想は逆転された。しかし、ひとつの形而上学を逆転することは、それを覆すことではない――ある意味では、まさにそれを延長することなのである。

しかし、この連続性のモデルは非常に曖昧なままであり、まだ大したことを説明してくれない。起源的な

（2）しかしながら、次の研究を参照されたい。R. Moulin, *Le marché de la peinture en France*, Minuit, Paris, 1967 (réed. 1989). — P. Bourdieu, « Le marché des biens symboliques », *L'Année sociologique*, XXII, 1971, p. 49-126. — H. S. Becker, *Les mondes de l'art* (1982), trad. J. Bouniort, Flammarion, Paris, 1988（この著者は、「美学者」と「批評家」に一章を捧げているが、美術史家についての章はない）.

ものはつねに再来する――しかしそれは単に再来するのではない。それは曲折と弁証法を用いるのであり、その弁証法そのものが自分の歴史と戦略を持っているのである。今日われわれが、美術史家としての自分自身の行為を自問するとしたら、そしてわれわれが生み出す美術史がいかなる犠牲を払って構成されているのかを実際に自分に問うとすれば――われわれはつねにそれを行わなければならない――、われわれは自分自身の理性とその出現条件を問わねばならない。それこそが、繰り返し言うなら、美術史の問題設定的な歴史の務めであろう。そしてわれわれはまだそこに達していないのだ。しかしわれわれは、少なくともひとつの動きを素描することはできる。少なくとも、いかにして発明者本人であるヴァザーリが、読まれ、手本とされ、批判され、おそらく打倒され、そしてその最良の後継者たちによっておそらく復活させられたのかを、選択的な徴候として見出すことができる。最初の大美術史家の批評的な毀誉褒貶を、ここで再現することが重要なのではない。そのようなことをすれば、無邪気な観念、結局はヴァザーリ的な観念を、あまりにも性急に延長することになるだろう。つまり、芸術に関わる人間、美術史家だけが、まさに自分たちの学問の歴史を生み出すだろう……という観念を。むしろ、それとは別様に困難で根本的な問題の曲折をたどることが重要である。この問題は、ある言説が、自分が描写しようとする対象に及ぼす発明の力に関わっている。知の全領域は、自分が達成されていると想像して、そして知の総体を完全に所有していると「自分で思い描く」ことによって構成されたのである――しかし、その知をまだ手にしておらず、それを目的として自分を構成するのである。したがって知の全領域は、ある理想に身を捧げることによって構成されるのだ。しかしそうすることによって、当の理想に自分の対象を捧げる危険も冒してしまうのだ。つまり対象をその理想に従属させ、対象を想像し、それを見る、あるいはむしろ予見する――要するに、それをあらかじめ形成し、発明するのである。したがって十六世紀に、美術史が「客観的」言説として自分を構成するために、芸術を自分自身のイメージに似せて創造することで始まったと言っても、おそらくまったく誇張にはならないのである。

このイメージは変化したのだろうか。われわれはそこから抜け出したのだろうか。そしてとりわけ、鏡像的な発明のこのような過程から外に出たのだろうか、出ることができるのだろうか。この問いに答えるには、美術史が――今でもわれわれを形成している美術史が――自分の対象に関して採用した調子を、注意深く聞き取らねばならないだろう。さて、歴史においてそこから浮かび上がってくる運動は、弁証法の運動であり、この弁証法によって事象が否定され逆転されるのは、まさにつづいて同じ総合のふところで――あるいはむしろ、明白な内容が何であれ総合による同じ抽象的過程のふところで――再び元に戻されるためにほかならなかった。なぜならわれわれがこれから問いただしたいのは、単なる理性（現実にはそれほど単純ではないが、自然発生的に単純化されている）による暗々裏の運動だからである。

ヴァザーリの『列伝』刊行がもたらした大成功はよく知られている。それは世俗的な、あるいは一時的な成功であるばかりではなかった。それは変形をもたらす構造的な焦点、ひとつの言説類型の持続的な始動であり、その言説類型の根本的前提は、スペインにおいてであろうが、ドイツ、あるいはオランダにおいてさえも、十八世紀まで何者によっても疑われてはならなかった。[3] パノフスキーが分析したイタリアとオランダという有名な「極性」は、芸術に、主格的属格の意味における美術の歴史におそらく存在している。しかし

（3） Cf. E. Panofsky, *Early Netherlandish Painting — Its Origins and Character*, Harvard University Press, Cambri-

それは、芸術について語られる言説という、「目的格的」意味で理解された美術の歴史には存在しない。したがってヴァザーリは、カレル・ファン・マンデルに、そして同様にフランシスコ・パチェーコとヨアヒム・フォン・ザンドラルトに着想を与えたのだ。[4] フランスの学術界が、ヴァザーリ的な歴史の説話的構成要素を十七世紀に批判した時にさえも、それは「素描芸術への序文」と芸術全般に関する人文主義的発想に直接由来する規範的思想を徹底化するためにほかならなかった。つまりその発想において、〈ミメーシス〉は〈イデア〉と手に手を取って歩み、見えるものの専制——類似による、そして適合した様相による専制——は、観念的《イデエル》真理やイデア的《イデアル》真理、〈真実〉の内面的素描（*disegno interno*）や〈美〉の理想《イデアル》……という抽象的な言葉で完璧に表現されえたのであり、そのすべては必然的に同じものに、つまり共通の形而上学的権威としての〈同一なもの〉に帰らねばならなかったのである。[5]

　このような連続性、このような常識は、たとえば一七四七年に出版されたシャルル・バトゥーの有名な小品、『同一原理に還元された美術』と題された小品にも見出される——この原理は、ヴァザーリの全序文（*proemii*）にも読み取られたように、明らかに模倣の威光下で言明されている。[6] ヴァザーリは、実際に熱狂した調子で、そして同様に広く共有された確信の調子で、「そうなのだ、われわれの芸術は完全に模倣なのだ」と表明していたが、バトゥーは、アリストテレスを引き合いに出しながら、当の原理の絶対的普遍性をさらに押し進めた。ヴァザーリは、〈何を模倣するのか？〉という問いに答えて、自然と古代という二つの要因を示していたが、バトゥーは自然の歌《リフレーン》を厳密に繰り返し、より一般的な「趣味の法則」について語りながら、古代の歌《クプレ》をいくぶん変形していた。[7] しかし、模範（*exempla*）の理論的価値は変わらなかったのだ。ヴァザーリは、「素描による三芸術」の統一性を定義していたが、バトゥーは同じ体系を音楽に、彼が

「身振りの芸術」と名付けるものに、そしてとりわけ彼の作品全体で実際に中心的範例であった詩に拡大していた。かつてヴァザーリは、〈詩〉の寓意を〈具象芸術〉の寓意とともにアレッツォの自宅に描くことによって――それら四つのすべてが*Fama*を、中心的な〈名声〉を取り巻いている――、〈詩は絵のように（*Ut Pictura Poesis*）〉というスローガンを自分のものとしたが、このスローガンはシャルル・バトゥーによって逆さまに捉え返される。彼にとっては、詩的模倣の理論を一〇章にわたって展開するだけで、絵画はまさしく同じことをしている、と短い三頁で語ることができるのである。(8) 最後に次の点に注目したい。この作

---

dge, 1953, I, p. 1-20〔アーウィン・パノフスキー『初期ネーデルラント絵画――その起源と性格』勝國興・蛯川順子訳、中央公論美術出版、二〇〇一年、三―一五頁〕.

（4） C. Van Mander, *Le Livre des peintres* (1604), trad. H. Hymans, Rouam, Paris, 1884-1885. — F. Pacheco, *L'Art de la peinture* (1649), trad. L. Fallay d'Este, Klincksieck, Paris, 1986. — J. von Sandrart, *L'Academia todesca della architectura, scultura e pittura*, Frosberger, Nuremberg, 1675-1679, 2 vol.

（5） いまや古典的な次の研究を参照。E. Panofsky, *Idea*, *op. cit.*, p. 61-135〔パノフスキー『イデア』前掲書、七一―一五七頁〕. — D. Mahon, *Studies in Seicento Art and Theory*, The Warburg Institute, Londres, 1947. — P. O. Kristeller, « The Modern System of the Arts », *op. cit.*, p. 496-527. — R. W. Lee, *Ut Pictura Poesis — The Humanistic Theory of Painting*, Norton, New York, 1967.

（6） C. Batteux, *Les Beaux-Arts réduits à un même principe*, Durand, Paris, 1747〔シャルル・バトゥー『芸術論』山縣熙訳、玉川大学出版部、一九八四年〕.

（7） *Id.*, *ibid.*, p. 78-102〔同書、六五―七六頁〕.

（8） *Id.*, *ibid.*, p. 156-199 et 256-258〔同書、一〇六―一六二、一九三―一九四頁〕:「《絵画について》。この項目は非

品において詩が至高な位置を占めるからといって、ヴァザーリにとって重要な諸芸術における素描（*disegno*）の卓越性を、バトゥーが引き継ぐ妨げにはならなかった。つまり、「それでは諸芸術の役割とは何か。それは、自然のなかに存在する線を移動させて、それらの線を本来はまったく持たない対象において提示することである」(9)。

したがってこれが、少なくともヴァザーリ以来の了解された言説、共通的で継承された言説である。いずれにせよこれが、われわれの弁証法の概要における定立の契機である。芸術は模倣するが、模倣しながら、観念的な適合と重なる可視的な適合を——自然的世界に関する「美しき」認識によって二重化された美学的「〈真実〉」を——生み出す。そのような諸原理は「芸術理論」に属している、とおそらく言う人がいるだろう——この理論が名指されるのは、ほとんどの場合、歴史そのものの特殊とされた展開の外の閉域に、ただひたすらそれを閉じこめるためである。さらに今一度、言説的切断はここでその恣意的な性格を明示している。つまりそのような諸原理は、まさしく他の言説様態へと拡張されるその並外れた能力ゆえに練り上げられて広められたのだが、そればかりでなく、美術史が存在したのはある程度までそれらの原理のおかげなのだ。なぜなら、まさにそのような原理を通じてこそ、ヴァザーリ的でアカデミックな学問は、自分に原理と目的という権威を、つまり価値と規範の権威を与えることによって、自己を構成することができたからである。

このような運動は、十八世紀の後半に、打ち砕かれるとまでは行かずとも逆転されたようである。ヴィンケルマンが有名な『古代美術史』を一七六四年に出版したとき、ヴァザーリ的な歴史の前提事項は、とりわけ『列伝』でメディチ家に関わる企ての中心であった自己称讃的な争点——全芸術の歴史におけるペディメントに刻まれた都市フィレンツェ（図2）——を思い出せば、すでに時代遅れに見えていた。ヴィンケルマン以降、美術史は自分の視点について、つまり自分の原理的限界について熟考しなければならず、ギリシア芸術をルネサンス思想やまさに〈古典主義〉思想によって理解しないように努めるべきことを、以前よりも幾分かわきまえるであろう[10]。要するに美術史は、現実的な認識批判の試練を受け始めていた――それは哲学的にもたらされた批判であり、その批判において、認識の鏡像性という恐るべき脅威がすでに検討されていた。つまり美術史家は、自分の知の対象を、認識主体である自分自身のイメージに似せて発明しないという最初の離れ業を、そうして試みなければならなかったのだ。あるいは、少なくともその発明の限界を知るという離れ業を。

調子は与えられている。つまりそれはカント的な調子である。カントは、周知のように同時代に偉大な批判理論を生み出し始め、その理論は、狭義の哲学共同体をはるかに越えてその影響力を広げていく。カントは、とりわけ同時代に「科学的」美術史の紛うかたなき揺りかごとなったドイツにおいて、知識人と学者の

常に短くなるだろう。なぜなら美しき〈自然〉の模倣原理は、とりわけそれを〈詩〉に適用した後では、ほとんど自ずと〈絵画〉に適用されるからである。これら二つの芸術は互いに非常に符合しているため、両方を同時に扱った結果、名前を取り替えて〈詩〉〈寓話〉〈詩法〉を〈絵画〉〈素描〉〈彩色法〉で入れ替えるだけでよかった」(p. 256〔一九三頁〕)。

(9) *Id.*, *ibid.*, p. 13〔同書、一二八頁〕。強調引用者。

(10) J. J. Winckelmann, *Geschichte der Kunst des Alterthums* (1764)〔ヨハン・ヨアヒム・ヴィンケルマン『古代美術史』中山典夫訳、中央公論美術出版、二〇〇一年〕。この本のイタリア語訳は、その題名を性急にヴァザーリ的規範に適合させていた(*Storia delle arti del Disegno presso gli Antichi*, S. Ambrogio Maggiore, Milan, 1779)。

数世代全体を形成した。[11] カント哲学を通じて、まさに知の建築物全体がその基盤から揺るがされ――これが、批判哲学が生んだ反定立の決定的契機であろう――つづいて堂々たる総合においてより堅固に構成され、再び根拠づけられた。いったい美術史が、この大いなる理論的運動の影響を受けずにいたなどと想像できようか。ポスト・ヴァザーリ的な美術史は――その美術史はわれわれの出自であり、今でも作動している――部分的にはカント的な、より正確には新カント主義的な発想によるものである……、たとえ自覚せずともそうである、という仮説を提示したい。これが、美術史における認識する「単なる理性」の拡張であり、限界でもあるだろう。

美学的判断に半ば捧げられた本が、その作者には『純粋理性批判』に始まる体系的行程の完成でありえたと考えることは、美術史家にとってすでに悩ましいことである。[12] カント哲学は、芸術の問題を根本的な問題提起から除外しないばかりか、人間的能力の全体的分析において、それを基本的な部品としていたのである。カント美学はまさに思考の宝庫であり、ここでその内的な進展をたどるまでもない。ヴァザーリ的な重要テーマ、これまでに言及してきた古典的テーマにもたらされたいくつかの根本的変更を、そこで指摘するにとどめたい。まず、『判断力批判』においては、趣味が判断力そのものである点に注目したい。つまりそれは認識能力、きわめて広範な主観的審級である――それはもはや、アカデミーが画家に無条件の忠誠を命じていた適合の規範的対象、古代の絶対的模範（*exemplum*）ではない。[13] 次に、カントが理念〔イデア〕という用語を使用するときの厳密さ――それは、かつてのアカデミックな人々が、自由な芸術家の知（*sapere dell'artefice*）を、あらゆる絵に対して同時に優越させようとして用いた諸操作とは正反対である[14]――に注目したい。理念《イデア》はやはりそこに存在するが、それは根源的なプラトン的要請へと集中するためである。

プラトンはイデアという言葉を用いているが、彼がこの言葉で何を言おうとしていたのかはよく分かる。それは、けっして感覚に由来しないばかりでなく、アリストテレスが論じた悟性の概念をまさにはるかに超えるものである。なぜなら、経験にはイデアという概念に対応するものがけっして何も見つからないからである。彼にとってイデアは、物そのものの原型であり、単に可能的経験の鍵であるばかりではない……（…）。徳の概念を経験から取り出そうとする者（…）、その人は徳を、時と状況によって変化し、けっして規則の役割を果たすことができない曖昧な幻（*ein Unding*）に変えてしまうだろう。（…）［しかし］プラトンは、まさに自然そのものにも、物が起源をイデアから引き出すことを明示する証拠を当然見出すのである。[15]

（11） Cf. W. Waetzoldt, *Deutsche Kunsthistoriker vom Sandrart bis Rumohr*, Seemann, Leipzig, 1921. — U. Kultermann, *Geschichte der Kunstgeschichte — Der Weg einer Wissenschaft*, Econ, Vienne/Düsseldorf, 1966.

（12） 「まさにこうして、私は批判に関する自分の仕事をすべて終わりにする」。E. Kant, *Critique de la faculté de juger*（1790）, trad. A. Philonenko, Vrin, Paris, 1979, p. 20〔イマヌエル・カント『判断力批判』上、篠田英雄訳、岩波文庫、一九六四年、一九頁〕.

（13） 「趣味は、対象や表象様式を、いかなる関心も介在させずに適意あるいは不適意によって判断する能力である」。*Id., ibid.*, p. 55〔同書上、八四頁〕.

（14） パノフスキーの本『イデア』（*Idea, op. cit.*）は、このあらゆる操作の物語に他ならない。

（15） E. Kant, *Critique de la raison pure*（1781/1787）, trad. A. Tremesaygues et B. Pacaud ; PUF, Paris, 1971（7e éd.）, p. 262-265〔イマヌエル・カント『純粋理性批判』中、篠田英雄訳、岩波文庫、一九六一年、三二一―三二六頁〕.

以上のすべてのことから、それでもカントは、いかなる「プラトン的な」結論も引き出さなかった。この形容詞が、芸術活動に対する何か全般的な非難、芸術活動に対するイデアの世界からの純然たる排除を示すという意味では。逆に彼は、イデアを美学的判断の本質的「条件」として取り入れていた。それと対応して、彼はイデアを、「芸術作品が」〈美〉を通じて「表現するもの」として主張していた(16)。しかし、美学的理念《イデア》はすべてを説明することはないし、平静に唯一の穏やかな実体とひとつになっているわけではなかった。ここでもまた、われわれが反定立の契機と呼ぶものが、観念《ノーシオン》が提起される度にもたらす境界に関して、厳密でおそらく不安な言表を生み出したのである。したがってまず美学的理念《イデア》は、カントによって概念と不適合なその価値を通じて提示されていた。

> 美学的理念という表現で言いたいのは、多くのことを考えさせる構想力の表象のことであるが、特定の思考、つまり概念がそれと適合することはできず、したがっていかなる言語もそれを完全に表現して理解可能にすることはできない。――このような理念が、理性理念の対応物（対の物）であることは、容易に理解できる。理性理念はまったく逆に概念であり、いかなる直観（構想力の表象）もそれと適合することはできない(17)。

ヴァザーリの素描（*disegno*）、さらにはツッカリの素描（*disegno*）――両者は、それぞれ自分のやり方ですべてを縫合し、知性と手の、概念と直観の統一を推進しようとしていた――、アカデミックな人々のこの素描（*disegno*）は、したがって新たに開かれた二分割、二つへの切断という試練と出会ったのだ。カントが書くものが、衒い《マニエリスム》を、まさに理念の誤った詭弁的使用と考えて決定的に批判していることは、驚くべきことではないだろう。[18] 再び解き放たれたこの切断によって、カントは、自然を知る能力と芸術を判断する能力を区別して、純粋理性の客観的普遍性と天才の作品における主観的普遍性を区別しながら、ミメーシスと美学的イデアの人文主義的結合関係をついに解体したのである。[19] そのことがとくに意味しているのは、天才、「言葉に尽くせぬものを表現して普遍的に伝達可能に」できるこの「美学的理念の能力」、芸術における天才が、「模倣的精神と完全に対立している」ことであり、カントは、この模倣的精神という言葉に「猿まね」あるいは「愚物」という表現さえも自然と結びつけることになったのである。[20]

簡略で不十分なこれらの描写は、それでも十分にいくつかの本質的な変化を感じさせてくれる。それらの変化は、カント以来、芸術に関する問題提起の領域に、とくに歴史的問題提起の領域におそらく関わってきた。理念を替えたために、いわば形而上学を替えたために、芸術的対象はもはや同じ歴史を持つことができなくなった。そしてこの歴史は、もはやアカデミーという社会的世界には対応せず、大公の宮廷という世界

(16) *Id., Critique de la faculté de juger, op. cit.*, p. 78 et 149〔同『判断力批判』上、前掲書、一三二、二七九頁〕.
(17) *Id., ibid.*, p. 143-144〔同書上、二六七―二六八頁〕. ――同様に、第五七節の注一を参照。「〈美学的理念〉を、構想力の概念的に表示できない表象と呼び、そして〈理性的理念〉を、理性の直観的に証示できない概念と呼ぶことができるだろう」(p. 166)〔三一八頁〕.
(18) *Id., ibid.*, p. 148〔同書上、二七六―二七七頁〕.
(19) *Id., ibid.*, p. 42〔同書上、五九―六二頁〕.
(20) *Id., ibid.*, p. 139, 146-147, 167〔同書上、二五八、二七四―二七七、三二〇―三二一頁〕.

にはなおさら対応せず、〈大学〉の世界に対応する正当化にしたがってそれ以後は語られてきた。こうした文脈における最初の決定的著作は、おそらくK・F・フォン・ルーモールの作品であろう。その『イタリア研究』は、原典批判、作品の系統的な比較、影響関係の傾向に対する関心を通じて、ルネサンスの概念を再検討していた[21]。大学的な言説として正当化されることによって、美術史は、実際に無関心で客観的な知という規定に到達したかのようであった。つまり、それはもはや美術の歴史という表現に含まれる属格の文法的意味で「客観的〔目的格的〕」なばかりでなく、真正なエピステモロジーの理論的意味で「客観的」なのである。しかし、エピステモロジーという言葉は場違いだ。というのは、この言葉は十九世紀ドイツにおける科学の理論的語彙にはまだ属していないからである。それでは、何と言えばよいのだろうか。認識批判哲学と言うべきである。

これらの条件で理解されるように、大学の学問は、規範的判断としてではなく、認識として自己を構成しようとしており、美学的趣味能力のカント哲学よりも、むしろはるかに純粋理性のカント哲学に訴えることができた。美術史が全般的に採用したカント的調子の起源は、『純粋理性批判』が——とくにこの本と徹底的に対峙することを務めとしない人々の目には——、あらゆる真の知を確立する言葉が鳴り響く大寺院のように現れることができた、という単純な事実のうちにおそらくある。美術史家が、自分の仕事は判断能力にではなく、もっぱら認識能力に属することを意識したとき、そして彼らが、もはや主観的規範の言説ではなく、客観的普遍性（*objektive Allgemeinheit* とカントは言っていた）の言説を生みだそうと決断したそのとき、自分の学問を再び確立しようとするすべての人々、「芸術」をアカデミックな議論の主体としてではなく、むしろ認識対象として再定義しようとするすべての人々にとって、純粋理性のカント哲学は避けて通ることのできない道となったのである。

それら「すべての人々」が、まさにドイツにおいて、まずは厳しい精神の持ち主による少数派にすぎなかったことは忘れずにおきたい。今日実践されている美術史の一部全体が、自然発生的にこの新カント主義的な調子を帯びるにいたったのは、問題の少数派が自分たちの見解を普及させ、学派をなし、いたるところへ拡がることができたからである――しかも自分たちの見解があらゆる形でゆがめられる危険を冒して、さらにはその見解をよりよく理解させるために自らゆがめる危険を冒して。この少数派が学派を形成し、あるいは支配的になることができたのは、ある非凡な人物が存在してその先駆者となり、つづいてすぐさま異論の余地なきリーダーに、そして最後には父になったからでもある。もちろんそれは、エルヴィン・パノフスキーのことである。ハンブルクからプリンストン、哲学的ドイツ語からアメリカ的教育にいたるまで、パノフスキーは、もう一人の魅惑的な精神[22]――今日ではプリンストンの先生の陰でいくぶんか忘れ去られた――アビ・ヴァールブルクに由来するこの「イコノロジー」学派の威光と権威を決定的に体現した。パノフスキー

(21) K. F. von Rumohr, *Italienische Forschungen* (1827/1831), éd. J. von Schlosser, Frankfurter Verlags-Unstalt U.G., Francfort, 1920. 第一部は一般的な性格を持ち（南北分割など）、第二部はドゥッチョの絵画から「新芸術」までを扱い、第三部は全面的にラファエロに捧げられていた。

(22) ヴァールブルクは非常に独創的な精神であったため――たとえば、彼の哲学的インスピレーションはカントではなくニーチェへと向けられていた――、同時代の美術史のメイン・ストリームに対する単なる問いの枠には収まることができないだろう。要するに孤独であったこの人物の稀少な仕事は、G・ビングによって編纂されて序文を付

は、その作品の途方もない広がり、彼が提起した諸問題の厳密さ、彼の学識の広大さ——それは周知の事実となった——、そして中世やルネサンスの芸術作品を前にして彼がわれわれに与えた数知れぬ回答の威厳によって、その読者のおのおのに強い印象を与えたのである。[23]

それでは、彼はヴァザーリの最良の末裔だったのだろうか。おそらくそうである。おそらくまた、ゼウスがクロノスの最良の子供であったという意味で、彼はそうであった——つまりその座を奪うほど最良であった。パノフスキーが、ヴァールブルク研究所の枠内で、エルンスト・カッシーラーとフリッツ・ザクスルの傍らで研究した時代のドイツ語論文で目を引くのは、彼の理論的要請の強さである。この要請は、われわれが見極めんとする反定立の（批判の）契機における真の頂点である、と断定することができる。[24] さて、この理論的要請の本質的道具は、カントの認識哲学にほかならず、パノフスキーが一九三三年——アメリカ合衆国への決定的出発の時——までに発表した論文のどのページも、その明確で断固とした頻繁な参照を示している。パノフスキーがけっして手放さなかった方法論的でほとんど倫理的な原理があるとするなら、それはまさに意識という原理であり、その意識は鏡像的（対象による捕縛という意味で）ではなく反省的（古典哲学がこの単語に与える意味において）であり、美術史家は、実践におけるもっとも尊いと同様にもっとも瑣末な操作においても、つねにそこへ帰らなければならないのだ。つまり、「美術史家は、自分が何をしてい

されている（A. Warburg, *Gesammelte Schriften*, Teubner, Leipzig/Berlin, 1932, 2 vol）。——アビ・ヴァールブルクについては、とくにE・ウィントの試論を参照されたい（E. Wind, «Warburg's Concept of *Kulturwissenschaft* and its Meaning for Aesthetics»（1930/1931）, *The Eloquence of Symbols — Studies in Humanist Art*, Clarendon

Press, Oxford, 1983, p. 21-35)。——E・ゴンブリッチによる伝記も参照（E. Gombrich, *Aby Warburg, an Intellectual Biography*, Warburg Institute, Londres, 1970〔エルンスト・H・ゴンブリッチ『アビ・ヴァールブルク伝——ある知的生涯』鈴木杜幾子訳、晶文社、一九八六年〕)。——A・ヴァールブルクが死去したとき、その追悼文を依頼されたのがE・パノフスキーであることに注意しておきたい。Cf. E. Panofsky, «A. Warburg», *Hamburger Fremdenblatt*, 28 octobre 1929. これは、*Repertorium für Kunstwissenschaft*, LI, 1930, p. 1-4に再録されている。

（23）彼の仕事のリストは、M・マイスが編纂したオマージュ集（M. Meiss, *De Artibus opuscula XL – Essays in Honor of E. Panofsky*, New York University Press, New York, 1961, p. XIII-XXI）、そして『ゴシック建築とスコラ学』フランス版の補遺（*Architecture gothique et pensée scolastique*, trad. P. Bourdieu, Minuit, Paris, 1967）に収められている。——パノフスキーに関しては、次の文献も参照されたい。S. Ferretti, *Il demone della memoria – Simbolo e tempo storico in Warburg, Cassirer, Panofsky*, Marietti, Casale Monferrato, 1984. – *Pour un temps – Erwin Panofsky*, Centre G. Pompidou/Pandora, Paris, 1983.

（24）この理論的要請の困惑させる力は、約四〇年後に『イコノロジー研究』と『ゴシック建築とスコラ学』のフランス語訳がそれぞれB・テイセードルとP・ブルデューの監修で出版されたときにも、その有効性をまったく失っていなかった。たとえばA・シャステルは（『ル・モンド』紙、一九六八年二月二十八日、六頁）、そのあまりにも「哲学的」な紹介の仕方を嘆いて、パノフスキーの軌跡を、「豊かだがときには混乱したドイツ時代の思考が、アングロサクソン的な「無邪気さ」でふるいにかけられる」過程として指摘している。——ドイツ時代のパノフスキーに対する警戒を示す別の徴が、彼の初期のテクストに接するのが難しかったことに現れている。それらのテクストは、彼の死の四年前になって初めて再刊されている。E. Panofsky, *Aufsätze zu Grundfragen der Kunstwissenschaft*, éd. H. Oberer et E. Verheyen, Hessling, Berlin, 1964〔パノフスキー『芸術学の根本問題』前掲書〕（第二版改訂版、一九七四年。われわれは、一九一五—一九三二年代の論文をドイツ語テクストで参照する場合は、ここでこの第二版を参照した）。

るのかを意識しているという点で、「無邪気な」鑑賞者とは異なる(25)。それはどういう意味であろうか。

それはまず、美術史のもっとも慣用的なカテゴリーをふるいにかけることを意味する。たとえば、「歴史的時間」とは何か、美術史における「時間の様態」(*die Modi der Zeit*)とは何か。確かにそれは、自然な、物理的な、さらには時系列的な時間とはまさに別物である(26)。ハインリヒ・ヴェルフリンとアロイス・リーグルという名高い先達が練り上げた概念には、「方法論的で哲学的な」視点から見て(*in ihrer methodisch-philosophischen Bedeutung*)、正確にはどのような価値があるのだろうか。パノフスキーは、一つずつ回答して、厳密さを要請し、「われわれにはその権利があるのか」と自問し、根拠を問いただす(27)。ヴェルフリンの有名な二元性は、その結果、酷評される。とくに「目」と「精神状態」(*Auge und Gesinnung*)の二律背反的な基盤が。つまり、いかなる「自然法則」も美術史には存在せず、視覚の人類学や心理学は、文化的図式を、「魂の形成」を必ず経由することを——したがって、自然状態に似たものなどひとつもない——パノフスキーは示すだろう。ヴェルフリンが定義した線的なものと絵画的なもの、表面と奥行き等の対立の原型的な性格は、その根拠としての価値、あるいは先験的《ア・プリオリ》なものとしての価値を同時に失っていた。この原型的性格そのものが、パノフスキーの目から見れば、精神によって形成された行為にほかならなかった。

> 答えはひとつしかありえない。つまり、ただ心だけがそれを行うのだ。それゆえに、一見したところ非常に説得的なこの反対命題——精神状態と視的観点、感情と目——は、反対命題ではなくなる。確実に、視覚的知覚は、精神の積極的な介在によって初めて、線的あるいは絵画的な形態を得ることができるのだ。したがって確実に、「視的立場」は厳密に言って視的観点に対する知性的立場であり、「世界に対する目の関係」は、

実際には目の見る世界に対する心の関係なのである(*so gewiss ist das "Verhältnis des Auges zur Welt" in Wahrheit ein Verhältnis der Seele zur Welt des Auges*)(28)。

この文章をもう一度読んでみよう。「世界に対する目の関係は、実際には目の見る世界に対する心の関係なのである」。素晴らしい文章——おそらく危険な文章である。この文は、あらゆる扉を閉ざしているのではないだろうか。美術史を、もっとも疎外された鏡像性、もっとも「心理的な」鏡像性へと閉じこめているのではないだろうか。そんなことはまったくない、とE・パノフスキーは答える。心理主義に対するパノフスキーの不信、根本的な不信は、ページごとに少しずつより明白で明確になっていく。たとえば、アロイス・リーグルが確立した有名な概念、*Kunstwollen* ——あるいは「芸術意志」——を分析するにあたって、

(25) F・ド・ソシュールが、自分は「言語学者に彼が何をしているのかを示し」たい、と数十年前に書いたことへの反響として、ピエール・ブルデューは、パノフスキーのこの言葉を引用している。E・パノフスキー『ゴシック建築とスコラ学』への後書き(E. Panofsky, *Architecture gothique et pensée scolastique, op. cit.*, p. 167)。

(26) E. Panofsky, «Le problème du temps historique» (1931), trad. G. Ballangé, *La perspective comme forme symbolique et autres essais*, Minuit, Paris, 1975, p. 223-233〔パノフスキー「歴史的時間の問題」『芸術学の根本問題』前掲書、八三―九一頁〕.

(27) *Id.*, «Le problème du style dans les arts plastiques» (1915), *ibid.*, p. 185〔同「造形芸術における様式の問題」同書、五頁〕.

(28) *Id., ibid.*, p. 188〔同書、七―八頁〕.

パノフスキーが、本人の言葉によれば自分の「方法論的検証」と「批判的哲学精神」を展開するとき、彼はこの概念が持ち得る心理的意味をひとつひとつ糾弾して初めて、この概念の根本的価値を肯定するであろう。「芸術意志」は、芸術家の心理的行為に属するのだろうか。否、断固として否である、さもないとこの概念のまさに焦点である「客観的な」(*objektiv*)内容を放棄することになる、とパノフスキーは答える。それでは、この意志は「時代の心理」に属するのだろうか。これもまた否である、なぜならそうなれば、芸術的意図を「客観的に判断する基準」を、「同時代人たちがそれらの意図」そのもの「を理解する方法」のうちに見出せると錯覚してしまうからである――これはお分かりのように、あらゆる受容理論における過剰と無邪気さを予見する反論である。それでは、今日におけるわれわれの統覚は、求められた基準をもたらすことができるのだろうか。さらに否である、とパノフスキーは二ページにわたって、自分が「現代美学」と呼ぶあらゆるものを激しく非難しながら答えるだろう。彼は「現代美学」[29]に、「心理主義的な美学と規範的な」つまりはアカデミックな「美学の結合」をまさに見出すのである。

批判的運動は実際に深化されて明確化されていき、認識主体であるわれわれが芸術的対象を前にする、さらに一般的には見える世界の出来事を前にする態度の、もっとも本質的な点が指摘されるまでになる。いかにして、「目の見る世界に対する魂の関係」は、われわれ各自にとって「世界に対する目の関係」となるものを表現するのだろうか。結局のところ、これが提起される問いである。この問いは、事象を誕生しつつある状態で捉えて、次のような角度ですでに知覚の現象学に問いかけている。つまり、知覚された見えるものは、いかにしてわれわれにとって意味を持つのか。したがって、この問いは見えるものの基礎的記号学という水準でも事象に取り組むのである。さて、このような問題検討法によって、パノフスキーはいくぶんか異なる二つのテクストをわれわれに残している。その一方は、ドイツ語で執筆されて一九三二年に哲学雑誌『ロゴス』に発表され、[30]もう一方は、英語で執筆されて一九三九年に有名な『イコノロジー研究』の巻頭に据えられて、一九五五年に、つづいて一九六二年に若干の改稿を経て再録された。[31]いかなる美術史家も、美術史における「新たな」学問が、つまりイコノロジーが創設された憲章的テクストを思いだそうとするときに記憶しているのは、明らかに第二ヴァージョンである。

このアメリカ版においては、冒頭から、日常生活における非常に簡単な例ですべてが出発していたことが――美術史そのものが「再出発して」いたようだ――こうして思い出される。つまり、「道で会った知り合いが、帽子を持ち上げて私に挨拶をすると仮定しよう[32]」。いわばこの例は、申し分なく教育的であるばかり

---

(29) *Id.*, «Le concept du *Kunstwollen*» (1920), *ibid.*, p. 199-208〔同「芸術意志の概念」『芸術学の根本問題』前掲書、二二五―四〇頁〕. この最後の批判において標的となっているのは、何よりもテオドール・リップスである。

(30) *Id.*, «Zum Problem der Beschreibung und Inhaltsdeutung von Werken der bildenden Kunst», *Logos*, XXI, 1932, p. 103-119. Trad. G. Ballangé, «Contribution au problème de la description d'œuvres appartenant aux arts plastiques et à celui de l'interprétation de leur contenu», *La perspective comme forme symbolique*, *op. cit.*, p. 235-255〔同「造形芸術作品の記述および内容解釈の問題について」『芸術学の根本問題』前掲書、九二―一〇九頁〕.

(31) *Id.*, «Introduction», *Essais d'iconologie — Thèmes humanistes dans l'art de la Renaissance* (1939/1962), trad. C. Herbette et B. Teyssèdre, Gallimard, Paris, 1967, p. 13-45〔同「序論」『イコノロジー研究――ルネサンス美術における人文主義の諸テーマ』上、前掲書、三一―八一頁〕.

(32) *Id.*, *ibid.*, p. 13〔同書上、三一頁〕.

でなく、文字通りに愛想が良く、いくぶんかあたかもパノフスキー本人が、この新しい歓迎的な英語圏の公衆を前にして、この身振りの本来的意味を意識的に再利用して、帽子を持ち上げていたかのようである――この身振りは「中世騎士道の名残である。つまり武装した人は、自分の平和的な意志を示し、他人の平和的意志を信頼していることを示すために、兜を取ることを習慣としていた」[33]……と彼は説明している。ついでに触れると、同じ方向へ大西洋を横断したフロイトの態度は、伝え聞くその有名な言葉を信じるなら大きく異なっている。つまり、「彼らは、私がペストをもたらすことを知らないのだ」。いずれにせよ、パノフスキーのテクスト全体における注意深い教育法と同様に、彼が示した例は、推奨され欲望されるコミュニケーションの水準にわれわれを単刀直入に位置づける――このコミュニケーションは、対話者をもっとも単純なもの（ある人物が通りで帽子を持ち上げるとき、私は何を見るのか）からもっとも複雑なもの（芸術作品のイコノロジー的解釈は、何によって形成されるのか）まで無理なく導くことによって説得しようとするのだ。しばしの間、もっとも単純な水準にとどまろう。パノフスキーは、それを視覚の形式的水準と名付けている。

私が形式的視点で見るのは、私の視覚世界を構成する色彩、線、量の全体的パターンの一部をなすある形状のただなかで起こる、いくつかの細部の変化にほかならない[34]。

ここから出発して、周知のようにパノフスキーは、段階的に複雑さを増しながら構築される体系全体を導き出す。「この形状を対象（紳士）として、そして細部の変化を出来事（帽子を持ち上げること）として同定する（私は思わずそうするのだ）」とき、「私はすでに、純粋に形式的な知覚の閾を越えて」、自然的あるいは第一段階的と呼ばれる「意味作用の最初の領域に入り込む」。第二の閾が乗り越えられて、第二段階的あるいは伝習的な意味作用が現れる。つまりそれは、「帽子を持ち上げることが挨拶をすることに等しい、と私が意識する」ときである。したがって、芸術作品の解釈における図像学《イコノグラフィー》的水準のモデルを示すにあたって、こうして「意識」が提示される……。内的あるいは内容のと呼ばれる第三の水準は、パノフスキーが「イコノロジー」という語で根源的な意味で言わんとすることへと、ついにわれわれを連れて行く。つまりそこで、見える対象のもっとも特殊的（この紳士は、厳密にはいかにして帽子を持ち上げるのか）であると同時にもっとも根本的（一般的、「文化的」）な要素が解明されるだろう。したがって美術史は、そこで目的に到達する。つまり、特異な作品やひとつの様式全体のうちに、その存在そのものの、ましてや意味作用の条件である「隠れた原理」を見るのである。[35]

一九三二年のドイツ語論文においても、美術史に与えられた解釈の使命や諸目的は同様に根本的で野心的であり、当時カール・マンハイムから借用された用語にしたがうなら、「本質意味」の「至上なる領域」へとやはり向けられていた。[36]しかしこの企ては、根本的な様子をしていたが、それを開始する方法のほうはすっかり異なる様子を示していた。つまり、それは不安に満ちた方法であり、まったく教育的ではないものによって、しかしまさに審問的な、ほとんど痙攣的な……そしてまさしく哲学的な力によって貫かれていたの

（33） *Id., ibid.*, p. 15〔同書上、三三頁〕.
（34） *Id., ibid.*, p. 13〔同書上、三二頁〕.

だ。冒頭で選ばれた例が、帽子を愛想良く持ち上げる男とはかけ離れている点がすでに非常に意味深長である。それは絵画そのものから、この上なく逆説的で、暴力的で、混沌とした絵画から取られた例である。「グリューネヴァルトの有名な《復活》を――任意の例を挙げるなら――「描写」しなければならないと想定してみよう」[37]……。この問題となっている例が、別の欲望や別の言わんとする意志を燃え立たせていたことが分かる。その例は、厳密に言って「愛想が良く」も平穏でもなく、同じ祭壇画において《復活》の裏と下でキリストがさらけ出す――十字架に吊され、あるいは墓に横たわる――忘れがたいまでに荊《いばら》でずたずたになった身体との対照性によって取り憑かれていたようだ。さらにパノフスキーは、この同じ光景の「目撃者たち」、グリューネヴァルト本人が自分の絵に描いた目撃者たちが、いかに「茫然自失したように地面にうずくまり、あるいは（…）恐怖した、あるいは眩惑された身振りをしてよろめき、倒れ伏す」[38]のかをわれわれに思い出させている。つづいて、「任意の」絵を見つめるときに見ているものを知ることの困難を、パノフスキーはまさにほとんど意気をそぐ言葉で際立たせようとする。さらに付け加えられたフランツ・マルクの絵の例もまた、扱いやすいモデルを求めるアカデミックな歴史家や学生による解読をまったく単純化したりはしないだろう[39]。

したがって、一九三二年におけるパノフスキーの身振りは、愛想の良いコミュニケーションの身振りではなく、問いの、困難な問いの身振りであり、その問いの展開は哲学的引用符で満ちている――それは疑いの

（35） *Id.*, *ibid.*, p. 13–31〔同書上、三二一―五六頁〕. この展開は、最後に有名な表で表されていた。この表は、美術史をその目的や方法の面で要約するようであった。ここで思い出すに値するだろう。

解釈の対象	解釈の行為	解釈の準備	解釈の調整原理
I．第一段階的あるいは自然的主題 (a)事実的 (b)表現的 芸術的モチーフの世界を構成している。	イコノグラフィー以前の描写（そして擬似的な形式分析）。	実際的経験（対象と出来事への精通）。	様式の歴史（さまざまな歴史的条件において、対象と出来事が形によって表現される方法の洞察）。
II．第二段階的あるいは伝習的主題、イメージ、物語、寓意の世界を構成している。	イコノグラフィー的分析。	文献資料による知識（特殊なテーマと概念への精通）。	類型の歴史（さまざまな歴史的条件において、特殊なテーマと概念が対象と出来事によって表現される方法の洞察）
III．内的意味作用あるいは内容、「象徴的」価値の世界を構成している。	イコノロジー的解釈。	総合的直観（人間精神の本質的傾向への精通）、個人の心理と世界観（*Weltanschauung*）によって左右される。	一般的な文化的徴候や「象徴」の歴史（さまざまな歴史的条件において、人間精神の本質的傾向が特殊なテーマと概念によって表現される方法の洞察）

（36） *Id.*, «Contribution au problème de la description», *art. cit.*, p. 251〔同「造形芸術作品の記述および内容解釈の問題について」前掲書、一〇三頁〕.

（37） *Id.*, *ibid.*, p. 236〔同書、九四頁〕.

（38） *Id.*, *ibid.*, p. 239〔同書、九六頁〕.

引用符であり、たとえば冒頭からすでに描写するという語を取り巻いている。テクストが進展するにしたがって、おそらくそこでは平穏さと教育的鷹揚さが失われていく。それは、その進展が端から端まで反定立の作用によって、絶えざる批判的停止によって穴を穿たれているからであり、その停止において、危機に曝されたそれぞれの言葉はよりいっそう崩壊するために凝固しているのである。まさにもはやもっとも単純なことから出発するのは重要ではなくなる。なぜならもっとも単純なことは、それ自身の存在において一挙に疑問視されるからである。確かにパノフスキーは、視覚の形式的水準から再出発する――しかしそれは、その水準が存在しないこと、存在しえないことをすぐさま語るためなのである。彼の論証に再び戻ろう。

グリューネヴァルトの有名な《復活》を――任意の例を挙げるなら――「描写」(*beschreiben*) しなければならないと想定してみよう。それを試み始めるや早くも、われわれは知ることになる。純粋に「形式的」な描写と「対象的」な描写のよくある弁別は、絵をより緻密に検討すると完全に厳密には保てなくなってしまうのだ。少なくともこのような弁別は、造形芸術の領域においては不可能である (…)。真に純粋な形式的描写は、「石」「人間」「岩山」といった言葉を使うべきですらないだろう。(…) 確かに、上方の暗い色斑を「夜空」、中央の異様に差異化された明るい色斑を「人体」と呼ぶだけで、そしてとりわけこの身体がこの夜空の「前に」あると語るだけで、表象するものを表象されるものに、空間的観点では多義的な形式的所与を、いかなる曖昧さもなく三次元的な概念的内容に結びつけることになるだろう。さて、厳密な意味で形式的描写が実際にはありえないことは、議論するに及ばない。いかなる描写も、ある意味ではまさに開始される前から純粋に形式的な表象要因の意味作用を逆転して、それを表象されるものの象徴に作り替えねばならなかったであろう（*jede Deskription wird... die rein formalen Darstellungsfaktoren bereits zu Symbolen von etwas Dargestelltem umgedeutet haben müssen*〔すなわち作品叙述とはいずれも、これがいわばおよそ始まるに先立って、純形式的な呈示要因をすでに何か呈示されるものの象徴へと転釈し了えていなければならないものであろう〕）。したがって、どうしても描写は、純粋に形式的な領界を離れて意味領域の水準へと高まるのである（*aus einer rein formalen Sphäre schon in ein Sinnregion hinauf*）[40]。

この無粋なページには、甚大な重要性をもついくつかの批判的要素が存在するのだが、『イコノロジー研究』のアメリカ版は、それらの要素の核心を奇妙にも消去してしまう——おそらくこの核心は、歴史的知が堂々めぐりをすることを、つまり自己満足することをいくぶん遮りすぎるため、担うにはいくぶんか重すぎたからである。まず、アメリカ版における操作的でまさに「感じの良い」推論モデルは、ここではあらかじめ厳しく制限され、さらには短絡させられていることが確認される。つまり、単純で「形式的」な起源——感覚的な純粋形態、目と世界の関係による帰結——など存在しないのだ。判明な諸水準に組織された意味作用と表象の世界が、少しずつ、あるいはまさに自然発生的に生ずる起源など存在しない。存在するのは表象だけである。起源は既‐表象の可能性にしか存在しない。したがって、パノフスキーが書いたように、「ま

（39）*Id., ibid.*, p. 240〔同書、九六—九七頁〕.

（40）*Id., ibid.*, p. 236-237〔同書、九四頁。〔 〕内の訳文は同訳書からの引用である〕. ここでまず標的となっているのは、もちろんH・ヴェルフリンの「形式的」カテゴリーである。

さに開始される前から」いかなる描写もすでに知覚を転倒させていたのであろう——それゆえ知覚は、厳密に言って「自然状態において」存在しない——、それを意味作用のシステムに転倒させていたのであろう。それはまたわれわれが、現実から象徴へ導くとされる閾を乗り越えることはないということでもある。事後性が起源に先行してそれを創作するように、象徴的なものは現実に先行してそれを創作する。他方で、「表象する何かと表象される何か」の関係化を通じて絵が自然発生的に見つめられる、その共通姿勢に注目することによって、パノフスキーは絵画的シニフィアン（しかし、この表現はおそらく適切ではないため、明確にすべきである）の問題を指摘していた。この「多義的な与件」は、一義的な「概念的内容」を、別の言い方をすれば表象のシニフィエを表明する逆説的な機会を与えるのだ。いずれにせよ明瞭となるのは——しかしアメリカ版で見失われてしまうのは——、それぞれの「上位の」水準があらかじめ「下位の」水準の規定を条件づけていることである。

> 私が先ほど展開したことから、次のことが導き出される。芸術作品の一次的な単なる描写、あるいはわれわれの用語を繰り返すなら、単なる現象意味の発見は、本当はすでに形態の歴史〔形成史〕と関係する解釈であり、あるいは少なくともこの描写は、暗黙のうちにこの解釈を含んでいるのである（*die primitive Deskription... in Wahrheit eine gestaltungsgeschichtliche Interpretation ist, oder zum mindesten implizit einschliesst*）[41]。

一九三二年には、パノフスキーが美術史に示した批判的運動はこのように進んでいく。それは執拗な、堂々たる、不安をもたらす運動である。それは方々へと伝達されて問題を導く運動である。つまり、あらゆる可視的形態は、対象や出来事の「概念的内容」をすでに担っているのだ。そして可視的なあらゆる対象、あらゆる現象は、解釈の結論をすでに担っているのだ。それでは解釈はどうだろうか。それは何によって構成されているのか。それは何を担おうとしているのか、あるいは自らとともに何をすでに担っているのだろうか。パノフスキーが、テクストの最終部でこの問いに答えるにあたって、直接にカントを援用するのではなく、三年前に出版された有名な書物『カントと形而上学の問題』からハイデガーの解釈概念を取り出して援用しなければならなかったことは、瑣末なことではない。

カントについての著書において、ハイデガーは解釈の性質について見事な数行を書いている。それは、一見したところ哲学的著作の解釈だけに関わるが、実際にはあらゆる解釈の問題をまさに特徴づけている。ハイデガーは次のように書いている。「解釈が、カントが明白に語ったことをただ再現するだけなら、それは始めからすでにもはや解釈ではない。解釈は、カントが明確な陳述の彼方で自己の根源そのものにおいて解明したものを、明白に見えるようにするのが務めなのだから。しかしそれをカントはもはや語ることはできなかったし、同様にあらゆる哲学的認識において決定的となるべきは、哲学的認識が言明された文章（*expressis verbis*）で語るものではなく、表現されないものであり、哲学的認識はそれを表現することによって目に見えるようにするのである……。もちろん、言葉が語ることからそれが言わんとすることを引き剥がすに

（41） *Id., ibid.*, p. 243〔同書、九八頁〕.

は、いかなる解釈も必然的に暴力を用いなければならない（*Um freilich dem, was die Worte sagen, dasjenige abzuringen, was sie sagen wollen, muss jede Interpretation notwendig Gewalt brauchen*）」。絵に対するわれわれのつつましい描写、その内容に関するわれわれの解釈が、単なる確認の水準にとどまらずにすでに解釈であるならば、これらの文章はわれわれの描写と解釈にも関わっている、そのことをよく認識しなければならない(42)。

ナチスによってドイツの大学から除名され、アメリカの大学によって熱烈に迎えられたパノフスキーが、さまざまな暴力のすべてを旧大陸の岸辺に置き去りにできたことを、われわれはたやすく理解できる。それらの暴力はさまざまな形で、グリューネヴァルトの例に含まれ、彼の批評の断固たる厳格さに、とりわけハイデガーの解釈概念の援用に含まれていた。しかし、パノフスキーが何と引き替えに、美術史家たちの直観主義をさらに厳しく批判するよりも帽子を持ち上げることを選んだのか、それを知る問題をここでもまたわれわれは無視することはできない。パノフスキーのアメリカ時代の作品において――さらに、一九三四年から死にいたるまで、彼がもはやドイツ語を用いないことに注意すべきである(43)――、批判的な調子が完全に和らぎ、破壊的な「否定的態度」が、プリンストンの先生が最終的にわれわれに伝えた知の無数の肯定性へと逆転したことは、いずれにせよ注目に値する。ドイツからアメリカへ移行して、いくぶんか反定立の契機が死滅し、総合――その様相のいくらかにおいて楽観的で、肯定的、さらには実証主義的な――の契機が入れ替わる。そしていくぶんか、あらゆる問いを提起する欲望が、あらゆる回答を与える欲望にその座を譲ったのである。

しかしながら、ニュアンスを加えなければならない。まず、パノフスキーが一九三二年の論文で述べた原理的批判が反響を伴わずにはいなかった事実を強調することによって。そのような原理的批判は、自分の実践の規定を意識する歴史家たちの営みに、波紋のようにところどころに見出される。たとえば、エルンスト・ゴンブリッチにおいて。彼は、典型的にカント的な方法で一連の難問《アポリア》を提起することによって、模倣の問題に取り組んでいた——それらの難問とは、客体と主体の、絵における真実と偽りの、幻影がわれわれに強いる疎外的な選択の難問である、つまり「お菓子は食べたらなくなるものである。幻影は見るときには利

(42) *Id., ibid.*, p. 248〔同書、一〇二頁〕。引用文は、M・ハイデガー『カントと形而上学の問題』(M. Heidegger, *Kant et le problème de la métaphysique* (1929), trad. A. de Waelhens et W. Biemel, Gallimard, Paris, 1953 (éd. 1981)〔門脇卓爾、ハルトムート・ブフナー訳、創文社、二〇〇三年〕)のものであり、このテクストはその仏訳では次のように表されている。「言葉が言わんとすることをそれらの言葉の彼方で捉えるには、解釈はどうしても暴力を利用しなければならない、というのは真実である」(p. 256)。

(43) 非常に稀な例外を除いて。前掲したE・パノフスキーに関する書誌の一一七頁を参照。ドイツからアメリカ合衆国への移行については、E. Panofsky, « The History of Art », *The Cultural Migration : the European Scholar in America*, éd. W. R. Crawford, University of Pennsylvania Press, Philadelphie, 1953, p. 82-111〔パノフスキー「合衆国における美術史三〇年」『視覚芸術の意味』前掲書、二九八—三二六頁〕を参照。——多くの美術史家がドイツ語に抱く考えにおいて、この言語が非常に頻繁に哲学の「不正確な」調子と関係づけられている事実は重要である。「あらゆるドイツ人移民が強いられたドイツ語から英語への移行は、彼らの大部分にとって、より簡潔明瞭に書く手助けとなった。パノフスキーは、そのとくに輝かしい例であり、もう一人がペヒトである」。C. Nordenfalk, « Otto Pächt, in memoriam », trad. C. Rabel, *Revue de l'art*, nº 82, 1988, p. 82.

用できない」等々――そして彼は、つづいてそれらの難問を弁証法的に解決しようとした。[44] ロベール・クラインは、図像学の規定について長々と論じながら、パノフスキーが『イコノロジー研究』のほぼ二〇年前に切り開いた地点へと問いを延長していった。「とりわけ美術史にとって、すべての理論的問題は唯一で根本的な次の問いに還元される。つまり、美術史に視点を提供する歴史と対象を提供する芸術を、いかにして和解させるのか」。[45] その他の人々のなかから、若きパノフスキーによる表現の力を知らず知らずに再発見したメイヤー・シャピロ、ピエール・フランカステル、より最近の例としてはマイケル・バクサンドールの名を挙げるべきだろうか、[46] あるいは最後に、ユベール・ダミッシュによるパノフスキーの「閾テクスト」への非常に思慮深い回帰を例に挙げるべきだろうか。[47]

その一方で、ドイツにおける「反定立の」パノフスキーの姿を、それに続いた「総合の」パノフスキーに対して想像すると、いささか性急に結論を下すことになるだろう。この著者の問題提起と批判的思考は、彼をアメリカへ運んだ船からあっさりと投げ捨てられたわけではない。われわれが熟考しなければならないのは、とくに別の方向においてである。なぜなら、総合が始めから批判的言説のうちに書き込まれていたことに、われわれはすぐさま気づくからである。総合は、カントのテクストにおいてそうであった。そこで深淵という言葉が頻繁に繰り返されるのは、包摂や総合という言葉へと丸く治まろうとしてである。実際、批判哲学は教義となることを目指していた。反定立による開放、アポリアの戯れは、結局はその超克、解決、超越論的な閉鎖だけを追い求めていたのだ。カント美学は、確かに「主体的なもの」について語っているが、しかしそれは全体的なものをそれ自身の普遍性へ、つまり趣味判断の普遍性へよりいっそう内包するためである。[48] この美学はある意味で矛盾《アポレティック》しているが、他方では理念の力に捧げられ、目的に、第三『批判』の運動

全体を導くあのカント的目的論に捧げられているのだ(49)。おそらくこの美学は、起源という陳腐な問題設定を

---

(44) E. H. Gombrich, *L'art et l'illusion — Psychologie de la représentation picturale* (1959), trad. G. Durand, Gallimard, Paris, 1971, p. 21, 24, 93-102, etc〔エルンスト・H・ゴンブリッチ『芸術と幻影――絵画的表現の心理学的研究』瀬戸慶久訳、岩崎美術社、一九七九年、二九、三二―三三、七五―八八頁〕.

(45) R. Klein, «Considérations sur les fondements de l'iconographie», *art. cit.*, p. 374. ――これは、E・パノフスキーの「芸術意志の概念」(E. Panofsky, «Le concept du *Kunstwollen*», *art. cit.*, p. 197-198〔前掲書、二四―二五頁〕)(本書巻頭一頁に引用した)に対する暗黙の反応である。

(46) 以下を参照。メイヤー・シャピロの *Selected Papers* の二つの巻 (Chatto & Windus, Londres, 1980)。―― P. Francastel, *La figure et le lieu — L'ordre visuel au Quattrocento*, Gallimard, Paris, 1967, p. 7-23, 55, etc. ―― M. Baxandall, *Patterns of Intention — On the Historical Explanation of Pictures*, Yale University Press, New Haven/Londres, 1985, p. 1-11. この最後の本において、あらゆる描写は「絵の視覚の表象」ではなく、「絵を見たことに関する思考の表象」であるため、「部分的には解釈的」である、と繰り返し言われている (p. 11)。

(47) H・ダミッシュ『遠近法の起源』(H. Damisch, *L'origine de la perspective*, *op. cit.*, p. 21-36) を参照。この作品全体が、芸術に関するあらゆる知をまさに生み出すのに必要な運動として、批判的――つまり反定立的、さらにはその著者が始めから書いているように「いらだった」――問いへの要請を表明している。「閾テキスト」とは、容易に分かるように、E・パノフスキーの論文「象徴形式としての遠近法」である (E. Panofsky, *La perspective comme forme symbolique*, *op. cit.*, p. 37-182〔エルヴィン・パノフスキー『〈象徴形式〉としての遠近法』木田元・川戸れい子・上村清雄訳、ちくま学芸文庫、二〇〇九年〕)。

(48) Cf. E. Kant, *Critique de la faculté de juger*, *op. cit.*, p. 121〔カント『判断力批判』上、前掲書、二二〇―二二一頁〕.

(49) *Id.*, *ibid.*, p. 29-42, 169-173, etc〔同書上、三九―三二、三二五―三三三頁等〕.

糾弾するが、しかしそれはこの美学が先験的原理を探究しているからであり、それらの原理において、哲学的知の構成と同様に人間の諸能力の働きが調整されるはずなのだ(50)。この美学が、美学的理念と概念の不適合を認めるのは、ただその不適合そのものをよりいっそう包摂せんとしてである。おそらくその食欲は、結局は感性的なものを知性的なものに消化し、見えるものを理念に消化しようとするだけである(51)。

総合へと向かうこの傾向には、定立へ回帰する奇妙な嗜好が存在するのではないだろうか。われわれには、まだそれを判断することはできない。まずは、そして今一度、パノフスキーを本人の視点にしたがって読まなければならない。その視点とはすなわち、ヴィルヘルム・ヴィンデルバントからヘルマン・コーヘンとエルンスト・カッシーラーにいたる新カント主義哲学における、要求された、そして自然発生的な、さらに最後には曖昧な視点である。カント哲学の批判的使用（自明とされたことを裂開し、穿つこと、陳腐な思考という重々しい岩々を打ち砕くこと）とまさしく教義的で形而上学的な使用――われわれの見解では、そこでカント哲学の明晰さは、はるかに威圧的でさらに動かしがたい新たな岩の中で失われ、硬直化する――の間にある、移行線となったこの分割線を割り出すべく試みなければならない。したがってこれが、美術史の領域においてカント哲学への訴えが持つ二重の顔貌であろう。つまりこの顔貌は、もっとも有益な批判的諸操作を可能にした。しかしそれは、同時に諸目的への欲望に身を捧げてもいたであろう。そして、それらの目的が根拠と教義を与え、芸術の問題をすっかり形而上学的に閉鎖して再閉鎖していたのである。

したがって、パノフスキーが歴史的時間という概念に対して――とくに芸術の歴史性に対して――あらゆる「自然な」明証性を拒否していたとき、彼は周囲の実証主義に対して決定的な攻撃を行っていただけでなく(52)、造形様式の普遍的根源に関するヴェルフリンの「心理学的」直観にも決定的な攻撃を加えていた。しかし同時に彼は、芸術現象の客観的認識を、カント的に定義された「形而上学的条件」に基づいて確立しようともしていたのである。批判哲学は、歴史と心理学に対してあらゆる「自然な」因果性を拒否していたが、しかしまさにより一層の因果性を要請していたのである――すなわち、形而上学的に基礎づけられた歴史性

---

(50)「こうして、私は今は〈趣味批判〉に専念しています。そしてこの〈批判〉を機会として、新たな種類の先験的《ア・プリオリ》原理が発見されます。というのは、精神の能力は全部で三つあるからです。つまり認識する能力、快不快の感情、そして欲望する能力です。私は『純粋（理論的）理性批判』において第一能力の先験的原理を見出しました――『実践理性批判』において、第三能力の先験的原理を見出しました。私は、第二能力に関してもその原理を探究していました。そして、それを見出すのは不可能と思いそうになったのですが、それでも精神の他の能力を先に分析して体系的構造を発見していたので（…）それが私を良い道へと導いていたはずです。そのため、私は今では哲学における三つの部門を区別していて、そのそれぞれが先験的原理を持っています（…）。つまりその部門とは、理論哲学、目的論、実践哲学です」。E・カント「C・L・ラインホルトへの一七八七年十二月の書簡」（「カール・レオンハルト・ラインホルトあて」（ケーニヒスベルク、一七八七年十二月二十八日、二十九日）『カント全集――書簡集1』第一七巻、門脇卓爾・磯江景孜訳、理想社、一九七七年、三四一―三四二頁）。この書簡は、A・フィロネンコによって、『判断力批判』の序文で引用されている（*Critique de la faculté de juger, op. cit.*, p. 7）。

(51) 例えば、*Id., ibid.*, p. 144〔同書上、二六六―二七〇頁〕を参照。別の箇所で、カントは造形芸術を「感覚的直観において理念を表現する芸術」と名付けている（*ibid.*, p. 150〔同書上、二八二頁〕）。

(52) P・ブルデューの見解を参照。「『ゴシック建築とスコラ学』は、間違いなく、かつて実証主義に投げかけられたもっとも見事な挑戦のひとつである」（E・パノフスキー『ゴシック建築とスコラ学』への序文（E. Panofsky. *Architecture gothique et pensée scolastique, op. cit.*, p 135)）。

とメタ心理学的に構築された形態心理学を。

これらの文化現象の普遍的性格から考えて、因果性の提示とならねばならぬ現実的な［自然な］説明を見出すことは、おそらくけっして可能とはならないだろう。（…）ただ、そのような理由から、科学的認識が芸術の普遍的表象形式の歴史的で心理学的な原因を見出すことができないならば、科学的認識は、さらにその表象形式の超歴史的でメタ心理学的（*metahistorischen und metapsychologischen*）な意味を研究しなければならないだろう。つまり、芸術的創造の形而上学的な根本条件という観点で考察した場合（*von den metaphysischen Grundbedingungen des Kunstschaffens*）、ある時代が、平面的あるいは深奥的な、線的あるいは絵画的な表象を経験することにはいかなる意味があるのか、それを知るべく問わねばならないだろう。[53]

調子が新たに与えられる。つまり、あらゆる批判的運動は「形而上学的な根本条件」を目指して行われる……。たとえば、芸術意志（*Kunstwollen*）という概念は、あらゆる「現象的現れ」が包摂される先験的《ア・プリオリ》原理に訴えるために、その概念そのものの創造者アロイス・リーグルに抗って――パノフスキーは、リーグルが「いまだに心理的‐経験的な」定式化を行っていると非難している――ほとんど形而上学的に主張される。[54] 調子が再び与えられ、要請が再び明瞭となる。つまり、パノフスキーはこう書くのだ。「われわれはここで、超越論的‐科学的方法のために論じている」。この方法は、芸術現象そのものから単なる抽象化によって得られる種概念の利用に基づくのではなく、基礎的で創設的な概念に基づくだろう。それは「基礎概念（*Grundbegriff*）であり、この同じ現象をその本源的存在、他のあらゆる展開を排する存在において発見することによって」、その特異性においてのみならず「客観的」普遍性において「その内在的意味を開示する（*ihren immanenten Sinn enthüllt*）」。そして、この命題を解明するにあたって、パノフスキーがカントの『あらゆる将来の形而上学のためのプロレゴーメナ』における有名な例を援用しているのは偶然ではない(55)。最後に示された哲学的慎重さに関して言えば、それは美術史のために検討された目的の眩惑的な高みや深みをまさに示しているのである(56)。

(53) E. Panofsky, «Le problème du style», *art. cit.*, p. 195–196〔E・パノフスキー「造形芸術における様式の問題」前掲書、一一三頁〕.「メタ心理学」という用語には、後ほど再び言及する。

(54)「芸術意志（*Kunstwollen*）という概念を捉えるには、先験的《ア・プリオリ》な諸範疇から出発して現象的現れを解釈しにいくしかない」（E. Panofsky, «Le concept du *Kunstwollen*», *art. cit.*, p. 218〔パノフスキー「芸術意志の概念」前掲書、三六頁〕）。同様に p. 214〔三四―三五頁〕におけるA・リーグルの定式化への批判も参照。

(55) *Id.*, *ibid.*, p. 210–212 et 218〔同書、三一―三三、三六頁〕.

(56) *Id.*, *ibid.*, p. 214–215〔同書、三四―三五頁〕：「この試みは、あえて言うなら超越論的‐科学的と私が呼ぶそのようなカテゴリーを、けっして演繹して体系化しようと主張するものではない。単にこの試みは、純粋に批判的な面にとどまって、芸術意志（*Kunstwollen*）の概念を誤った解釈から守ろうとしているのである。そしてそうすることによって、次のような探究の前提となる方法論的条件が何であるのかを、はっきりと立証しようとしているのである。その探究の目的とは（…）、もはや発生論的説明や現象的包摂を見出すことではなく、芸術現象に内在する意味を明瞭に規定することとなろう（*sondern auf die Klarstellung eines den künstlerischen Erscheinungen immanenten Sinnes*）」。「基礎概念」の問題提起は、五年後に再び取り上げられるだろう。E. Panofsky, «Über das Verhältnis der Kunstgeschichte zur Kunsttheorie : ein Beitrag zu der Erörterung über die Möglichkeit "Kunstwissenschaft-

反定立の契機は、あらゆる知がある選択から生じることをわれわれに教えていた。その選択は、多くの点で主体の分裂として、何かの喪失へといずれにせよ定められた疎外的構造として現れていた（「金か、それとも命か！」という脅迫的なそれとも(ヴェル)の論理的モデルにしたがって）。それとは逆に新カント主義は、その認識形而上学の観念論的争点において、喪失問題を解決すると主張した。それはどのようにしてであろうか。パノフスキーは、彼の作品全体で繰り返されるある表現――その表現は、彼が採用したカント的な調子を特徴としていることを明確にする必要がある――を通じて、その答えを示唆している。つまり、それは総合的直観であり、この直観は、美術史におけるあらゆる陳腐な直観主義と逆説的に交代したのである。[57] ここにはいわば魔術的操作が存在する。そこではあらゆる「悪循環」が「方法論的循環」の威厳を見出す……。綱渡り芸人の芸術からの隠喩が適切に現れて、E・ウィントの理論的論証への参照を補完する。

ウィントは、一見して悪循環（*circulus vitiosus*）に似ているものが、実は方法論的循環（*circulus methodicus*）である証拠を示している。この方法論的循環は、「道具」と「客体」を相互に肯定されるように対面させる。これは父親に質問する息子の物語と同様である。「何で綱渡り芸人は落ちないの？――だって彼はバランス棒につかまっているじゃないか！――でもさ、何でバランス棒は落ちないの？――だって、馬鹿だな、芸人がそれを持っているからじゃないか」。この古くからある楽しいお話の眼目は、この偽の悪循環が、綱渡り芸人の芸術が実際に可能であることを排除するどころか、支えている点にある。[58]

しかし、綱渡り芸人とバランス棒を「相互に対面させる」だけで、両者が墜落の危険を逃れるのに十分であろうか。綱渡り芸人の芸術を、危険の芸術として、あるいはその否定の芸術として、人間の重さのはかなさを示す芸術として、あるいは無敵の鳥人間のために生まれた理想的な芸術として考えることができる。それは場合によってである。綱渡り芸人の魔術は、まさに第二命題だけをわれわれに信じさせる点にあるだろう。同様に、パノフスキーは主体の問題設定を棚上げにする危険を冒して総合へと向かっていたが、この総合は、美術史が根拠づけられていたこと、あるいは根拠づけられうること――理性において根拠づけられ、その「超越論的‐科学的」目的にしたがって根拠づけられること――を信じさせようとしていた……。しかし、根拠設定を目的とするこの総合の特権的な操作因とは、正確に言って何であったのか。『イデア』の作者がわれわれにかくも豊かに与えてくれた豊富な分析から、それらの操作因をいかにして抽出することができるのだろうか。ある運動が、そこでまた描き出されるだろう。つまりそれは、「ご覧のとおり消えました」の運動であり、そこで「同一物」――あらゆる魔術、あらゆる総合の対象――が消えるのは、変貌して、カント的理性の威光を備えてよりいっそう回帰するためにほかならない。したがってパノフスキーは、美術史の新たなる知識人共同体に挨拶をしようと、自分の帽子（新カント主義的な帽子）を持ち上げる。つづいて

licher Grundbegriffe"», *Zeitschrift für Ästhetik und Allgemeine Kunstwissenshaft*, XVIII, 1925, p. 129-161〔パノフスキー「芸術史と芸術理論の関係について――「芸術学的基礎概念」の可能性解明のために」『芸術学の根本問題』前掲書、四八―八二頁〕.―Cf. S. Ferretti, *Il demone della memoria*, *op. cit.*, p. 206-210.

(57) 例えば、*Id.*, *Essais d'iconologie*, *op. cit.*, p. 29〔同『イコノロジー研究』前掲書、五三頁〕を参照。

(58) *Id.*, «Contribution au problème de la description», *art. cit.*, p. 250〔同「造形芸術作品の記述および内容解釈の問題について」前掲書、一〇八頁〕.

彼は、テーブル（ヴァザーリ的なテーブル）に帽子を置き、魔術師のようにそれを再び持ち上げる。そのとき、人文主義的歴史の四羽の鳩や四匹の白ウサギが、かつてないほどより美しく生き生きとなって再び現れる。誰もが、幻惑されて安堵して拍手をする。学問は救われるのだ。

仮説を明確化しよう。美術史が採用したカント的な調子は、変化をもたらす「魔術的な」操作因にほかならないだろう。この操作因は、人文主義的美術史の主要なトーテム概念を、「客観性」あるいは「超越論的客観主義」という様式で延命させようとする——それらのトーテム概念は、操作において明らかに変貌するが、しかし何らかの仕方で同一物へと回帰する。まるでこの操作が、それらの概念を批判して転覆したが、同様に新たな理由《レゾン》、カント的な単なる理性《レゾン》を与えることによってそれらを強化したかのようである。この仮説に何らかの価値があるとすれば、それは少なくとも二つの系を含んでいる。まずこの仮説は、ある言説領域における厳密で操作的な概念が、別の言説領域において浮遊するシニフィアンとして、すなわち別種の作用の、思考の「魔術的」で閉じた作用のやはり操作的な道具として活用されうると仮定している。[59] したがってこのことは、哲学的言説が、実定的言表や概念的表象の問題であるのとまったく同様に、言表行為の、実践の、「現前化」の問題であると仮定している。[60] 要するにそれは、ヴァザーリ的美術史がアカデミックな自己正当化を確立しようと提示した魔術的な言葉のようなものが、パノフスキー的美術史の方法論的語彙に再び見出されると仮定しているのである。

一九五九年——彼が『西洋美術におけるルネサンスと復興《リナスンシズ》』という書物を書いていた時期——に、パノフスキーは、『イデア』と雄弁に題された芸術理論史に関する小著を三五年ぶりに再刊する承諾をしたとき、短い序文を執筆した。この序文は、一見したところ非常に型どおりな様子をしていて、この書物が古いものであり「乗り越えられて」さえいると読者に知らせている。この使用上の注意を超えて、パノフスキーはそこで、旧著によって彼が導かれた「良心の問題」について語っている。つまり、過ぎ去った時間は彼の考え方の細部をすべて変えてしまったが（そのため、別の書物を書かなければならないだろう）、それに対して彼の意図の「核心に関しては」何も変わらなかった。(61) しかし、それらの意図、それらの目的とは何であろうか。しかし、この同じテクストを締めくくるユーモラスではあるが性急な警告は、何を対象としているのだろうか。つまり「もし書物が調剤と同じ法的規則にしたがう必要があるとすれば、それぞれの本の表紙に「取扱注意」と――あるいは昔の医薬瓶の注意書きのように**注意**（CAUTIUS）と――記載せねばならないだろう」(62)

(59) Cf. C. Lévi-Strauss, «Introduction à l'œuvre de M. Mauss», *Sociologie et anthropologie* de M. Mauss, PUF, Paris, 1950, p. XLI-LII〔クロード・レヴィ＝ストロース「マルセル・モース論文集への序文」、マルセル・モース『社会学と人類学 I』有地亨・伊藤昌司・山口俊夫訳、弘文堂、一九七三年、一―四六頁〕. ― *Id.*, «L'efficacité symbolique» (1949), *Anthropologie structurale*, Plon, Paris, 1958, p. 205-226〔同「第一〇章、象徴的効果」『構造人類学』荒川幾男ほか訳、みすず書房、一九七二年、二〇五―二二七頁〕.

(60) これは、カントに関してまさにJ－L・ナンシーが非常に巧みに検討したことである。Cf. J.-L. Nancy, *Le discours de la syncope, I. Logodaedalus*, Aubier-Flammarion, Paris, 1976. ― *Id.*, *L'Impératif catégorique*, Flammarion, Paris, 1983.

(61) E. Panofsky, *Idea*, *op. cit.*, p. 11〔パノフスキー『イデア』前掲書、九頁〕.

(62) *Id.*, *ibid.*, p. 14-15〔同著、同書、一六頁〕.

……。ならば、この最後の注意書きは何を対象としているのだろうか。『イデア』を読むにあたってどんな危険が待ち受けているのだろうか。

パノフスキーが、自分自身の本である『イデア』を、しばらく魔術的な薬〔毒〕《パルマコン》（*pharmakon*）と、芸術やイメージ全般に関する知の媚薬とみなしたという仮説——明らかに大胆で乱暴で解釈的な——を立ててみよう。つまりそれは、あらゆる不確実性から癒すことができる薬、すなわち新カント主義的総合という飲み薬である。しかしそれはまた忘却の飲み薬、われわれの眼差しに注ぎ込まれた理想的概念という毒薬でもある。パノフスキーはおそらく、かつてエルンスト・カッシーラーによる哲学的講演の延長として出版されたこの小著を、美術史の領域において再刊するときに危惧していたのだ——彼はおそらく、批判的で歴史的な研究対象である彼の『イデア』が、純粋な美学的信仰対象として、美術史家にとっての自然発生的哲学として受けとられることを危惧していたのである。おそらくパノフスキーは、今一度ルネサンスを考察していたその時に、構築されあるいは自然発生した自分自身の哲学による遠因的な効果を恐れていたのである。

結局のところ問題は、イデアという概念の問題であると同様に、美術史の重要な人文主義的時代に少しずつそして避けがたく定められた選択の問題でもある。一九二四年に、パノフスキーはカロリング朝の建築と十三世紀の彫刻を研究するのと同様に、デューラーやイタリア・ルネサンスについても研究していた。(63) しかしながら『イデア』固有の運動は、彼の分析全体の核心がルネサンスに定められることをすでに要請していた。序論は、プラトンの教義——イデアが問題であるゆえに——をメランヒトンが十六世紀に書いた数行と一挙に対立させていた。続いて本の五分の三が十五世紀《クワトロチェント》と十六世紀《チンクエチェント》に捧げられ、五〇頁が残りの全体に、つまり古代、中世、新古典主義、すなわち二二世紀の歴史に相当するものに充てられていた。そして最後の言葉が、ベッローリの後、ヴィンケルマンの後で、ミケランジェロとデューラーに捧げられるほどまさに奇妙な構成になっていた。以上のすべてが推測させるように、人文主義は、単にパノフスキー的な知の特権的対象であるばかりでなく、ひとつの要請であり、彼の認識哲学と一致する真の理論的目的であった。あたかも純粋理性のカント哲学が、その最高の歴史的正当化をルネサンス（*Rinascita*）に見出したかのようである。

この仮説は意表を突くであろう。正確に言って、ルネサンスの人文主義とカント的総合の間に何の関係があるというのか。パノフスキーのような厳密な歴史家に、このようなアナクロニズムの構造を期待してはいけないのではないか。しかし、明白な事実には従わねばならない。つまり不明瞭な目的が、彼に大胆にもヴァザーリとカントをアナクロニズム的に関係づけることを要請したのであろう。こうして起源は、その曲りくねった回帰の目的へといたるために、いわば純粋理性の狡知を利用していたのである。

したがってパノフスキーは、われわれにカント的なヴァザーリを創作したといえるだろう。それは息子にとって、美術史のかつての「父」と和解する方法であり、あるいはまさに異なる二人の「父」を、歴史の父と純粋認識の父を積極的に混ぜ合わせる方法である。それはまた、例の「カント的調子」を自分の学問全体に長きにわたり採用させる方法である。まさに『イデア』の展開の幾何学的中心に、ヴァザーリは姿を現す。パノフスキーは、その姿を一挙にアルベルティの姿と対立させている。彼によれば、アルベルティにおいて、芸術的イデアは自分の場――「自然を知る精神」――を見出していたが、まだ起源を見出してはいなかった。

---

(63) 例えば、*Id., Die deutsche Plastik des elften bis dreizehnten Jahrunderts*, Wolff, Munich, 1924、そしてカロリング朝の芸術、ロマネスク彫刻やジョットについての報告書（一九二三年と一九二四年における）を参照。

さて、何かの起源を見出すことは、その何かをそれ固有の基盤から「演繹する」ことにほかならないだろう。つまり、ヴァザーリがまず創始を行うのは、アルベルティの感覚的で「具体的」な直観を越えて、彼が——「カント的な表現で語るなら」とパノフスキーはすでに書いている——イデアをその根源的能力から演繹したからである。「素描三芸術への序文」の有名なテクストが再び現れて、長々と引用されることに驚くことはなかろう。ご記憶のように、このテクストにおいてヴァザーリは、素描を知性から「生じ」させて（*procedendo dall'intelletto*）、カントの全読者をもちろん魅惑できる「普遍的判断」（*giudizio universale*）のこの卓越した機能を前面に出していた[64]。パノフスキーはこのときから、ヴァザーリ作品のこの哲学的正当化を、もはや絶えることなく守って明確化し続けるだろう。

『列伝』の歴史家が厳格なプラトン主義に背を向けたことは、彼の身振りがもつ「カント的な」価値をさらに証明するだけであろう。というのは、彼はパノフスキーの説明によれば、イデアに「機能主義的意味」を与えていたのである（*eine Umdeutung im Sinne des Funktionalen*）。要するに、単なる表象内容を構成するどころか、ヴァザーリ的なイデアは、「表象能力」（*Vorstellungsvermögen*）の規定そのものに達していた[65]。ジョルダーノ・ブルーノは遠からぬ存在であり、パノフスキーはそのすぐ後で、ブルーノの「ほとんどカント的な主張」に言及している。表象が人間の魂の表象能力だけから演繹されるように、「その主張によれば、芸術家だけが」自分の芸術における「規則の作者である」[66]。徐々に分かるように、ヴァザーリは美術史の再生（*rinascita*）における英雄（彼は完全にそうである）としてよりも、認識哲学の再生（*rinascita*）における英雄（おそらく彼は本当はそうではない）として、われわれに提示されたのだ。なぜならパノフスキーは、『列伝』に「主体と客体の問題がいまや熟し、根本的な解明を迎えることができる」重大な契機を見ていたからである――それは、哲学において一般的にカントに関して教えられていることである。[67]

ヴァザーリを読むための二つの方法がいわば存在するのであろう。一方は、彼の作品を、芸術的観念論《イデアリスム》と自然主義の「弁証法的二律背反」（*dialektische Antinomie*）とパノフスキーが呼ぶもののなかに位置づけるだろう――この二律背反は、美術史そのものと、あるいはむしろ芸術理論史と混ざり合い、「さまざまに姿を変えて（…）二十世紀のただなかまで延長された」[68]。『イデア』を読むことでさらに示唆されるもう一つの方法は、カントが哲学で確立して、リーグルが美術史で確立した総合の先駆者を、ヴァザーリに見る方法である。つまり、自分の直観の明確な「哲学的基盤を明らかにする」ことはなかったが、ヴァザーリは「物自体」のリアリズムを疑問視した最初の芸術思想家であったと言えるだろう。イデアが、パノフスキーによれば「まず芸術家の精神に投影され、外への表象に先行して存在するあらゆる芸術的表象」を指していたとすれば、そしてこの「機能的」観念が、素描（*disegno*）と概念を、芸術と認識を密接に近づけていたとすれば、そして最後に、ヴァザーリが「演繹」（*Abzug*）する人となり、アルベルティの「経験的直観」と対立する「直観的総合」（*intuitiver Synthesis*）をする人となっていたとすれば[69]、最初の美術史家が書いた『列

(64) *Id.*, *Idea*, *op. cit.*, p. 79-80〔同『イデア』前掲書、九二―九四頁〕. 前記一三〇―一三一頁を参照。
(65) *Id.*, *ibid.*, p. 80-81〔同書、九四―九五頁〕.
(66) *Id.*, *ibid.*, p. 88〔同書、一〇三頁〕.
(67) *Id.*, *ibid.*, p. 82〔同書、九六頁〕.
(68) *Id.*, *ibid.*, p. 152〔同書、一七七―一七八頁〕.
(69) *Id.*, *ibid.*, p. 79 et 84-86〔同書、九二―九三、九八―一〇一頁〕.

伝』が、パノフスキーの書物のまさに結論をなすものを、そして彼の新カント主義的な大いなる素描（*disegno*）を、あらかじめ実現していたことが理解されるのである。

> 認識理論の領域において、「物自体」というこの仮説を揺るがしたのはカントである。芸術理論の領域において同様の視点を確立できたのは、アロイス・リーグルの有効な仕事だけである。こうしてわれわれは、次のことを示したと考えている。芸術的直観は、認識する悟性と同様に（*die künstlerische Anschauung... als der erkennende Verstand*）「物自体」には関わらない。逆に芸術的直観が悟性のように自分の成果の妥当性を確信できるのは、まさに直観そのものが自分の世界の法則を決定するからであり、つまり全般的にいって、芸術的直観は、まず自分が構成したものだけを対象とするということである。(70)

これが、あらゆる知が自分の対象を——それが芸術の対象であろうとも——確立する本質的条件であろう。これが、やはり『イデア』のテクストを信頼するなら、美術史の領域におけるヴァザーリ作品の開祖的達成であろう。ヴァザーリとともに、芸術という「自由化された」仕事が、概念的認識に匹敵する権威を自分に見出していたばかりでなく（それは、アルベルティが彼なりに要求していたことである）、認識する悟性と芸術的対象を生む直観の婚姻を祝う契機が実際に到来していたのである。素描（*disegno*）が知性から生じえたことは、芸術と科学が適合しえたことを権利上で意味していた。さらにそのことは、〈美術史〉と呼ばれる芸術学が可能となったことを意味していた。つまり、ルネサンスに生まれたあらゆるもの、人文主義という言葉で永遠に語られるあらゆるものが可能となったことを。要するに、ヴァザーリはすでにカント的であった、なぜなら彼は、パノフスキーによれば、カントなら「客観的」あるいは「無関心な」と名付けた方法によって作業して、そして同時にもっとも厳格な「美術史に」時を超えて「厳密に適う」方法によって作業していたからである。(71) しかし、比較はここで終わらない。つまりパノフスキーは、カント本人もまた人文主義者であったと示唆して、この構造の対主題を提示する。

(70) *Id., ibid.*, p. 151-152〔同書、一七七頁〕. パノフスキーが、ヴァザーリ的なイデアにはいかなる「形而上学的」一貫性もない、と意味深長に否認している点に注意しなければならない（*ibid.*, p. 87〔同書、一〇二頁〕）。しかし、それはまさにこのイデアを言外のカント哲学にさらに近づけるためである。パノフスキーは、カント哲学の「超越論的－科学的」性質をよく考察しているが、非常に深遠な形而上学的性質は考察していない――しかしハイデガーは、パノフスキーが引用した一九二九年の作品においてそれを解明していた（前記一七三―一七四頁を参照）。同様に、同時期にJ・フォン・シュロッサーが、このヴァザーリ的な歴史と「新カント主義的な」科学の関係に言及していた（それを否認するためにではあるが）点にも注目しなければならない。Cf. J. von Schlosser, *La littérature artistique, op. cit.*, p. 332.

(71) これは、ヴァザーリが描いた例の枠組みに関して語られていることである。それは、ヴァザーリがコレクションしていた、かつてはチマブーエのものとされた（現在はスピネッロ・アレティーノのものとされている）中世の素描のために描かれている。「ヴァザーリが描いた枠組みは、厳密に美術史的なアプローチの始まりを示している。このアプローチは、（…）カントの表現を借りるなら、無関心な方法で行われる……」。E. Panofsky, «Le feuillet initial du *Libro* de Vasari», *art. cit.*, p. 186〔パノフスキー「ジョルジョ・ヴァザーリの『リブロ』の第一頁」前掲書、二一五頁〕.

死の九日前に、イマヌエル・カントは医師の訪問を受けた。年老い、病み、ほとんど視力を失った彼は、肘掛け椅子から起き上がり、衰弱で震え、聞き取れない言葉をつぶやきながら立ち続けた。カントが、訪問客が座るまでは自分も座らないと言っていることに、彼の忠実なる友はようやく気づいた。彼は座った。そうしてカントは、手を借りて肘掛け椅子に座り直した。そしていくぶん元気を取り戻して、「*Das Gefühl für Humanität hat mich noch nicht verlassen* ——人間性の感覚は、まだ私を見捨ててはいない」と言った。それを聞いていた二人は、感動して涙ぐんでいた。なぜなら、人間性（*Humanität*）という言葉は、十八世紀には礼儀正しさや丁寧さとほとんど変わらない意味を持ってしまっていたが、カントにとってははるかに深遠な意義を持ち続けていたからである……。(72)

この「はるかに深遠な意義」とは、その意義において、人文主義が中世を越えて「人間性」の概念そのものを定式化し直そうとした、そのような意義にほかならない。この意義は、ある倫理、そして歴史との関係と関わっていたが、同様にある美学、そして彼岸との関係とも関わっていた。つまり、芸術、科学、歴史、形而上学、それらすべてがそこに含まれ、そこから演繹されていたのである。パノフスキーは、ルネサンスの人文主義が、古代の偉大な思想によって人間における人間性の正確な尺度を見出していた、とわれわれに考えさせようとしていた。なぜならこの尺度は、人間性《フマニタス》を彼岸（神　性《ディヴィニタス》）と対峙させると同様に、此岸（野蛮性《バルバリタス》）と対峙させたからである。つまり、悲惨と栄光が対になったのだ。人文主義は、この「二重の顔」とともに生まれた（実際これはパノフスキーの表現である）と言える——そして人文主義は、弁証法的二律背反の総合を告げていたとも言えるだろう。(73) さて、このごく一般的な出発点を、認識に関する考察の水準に置き換えると、われわれは新たに感覚的直観と知的作業の二重の顔と出会う。パノフスキーが言うように、われわれは自然と文化の二つの領域と出会うのである。つまり「前者は、後者に応じて定義された［彼は、同様に演繹されたと書くこともできただろう］。つまり自然とは、感覚で捉えうる世界全体であり、人間が残す記録はそこには含まれないのである（*except for the records left by man*）」[74]。

こうしてわれわれは、認識における二重の――感覚的、概念的な――顔が、まさにこれらの「人間が残す記録」に向けられた究極の注意という形で、人文主義において統合されたことを理解する。つまりそれは歴史であり、歴史は、芸術の領域において、自然の「感覚的」観察を過去の文化的伝統への恒常的参照と総合するのである。「根本的に、人文主義者は歴史家である」[75]。これはどういう意味であろうか。まず、歴史はルネサンスに発明された、あるいは再発明されたという意味である。つまりヴァザーリを、彼が語る最高の偉人の一人として再び考えればいいだろう。つづいて、人文主義的な学識（*eruditio*）が、歴史の領域において展開して、芸術と科学、感覚的なものと知性的なものを結びつけることができていたという意味である[76]。

（72）*Id.*, « L'histoire de l'art est une discipline humaniste », *art. cit.*, p. 29〔同「人文学としての美術史」『視覚芸術の意味』前掲書、一一頁〕.

（73）*Id.*, *ibid.*, p. 30-31〔同書、一二―一三頁〕.

（74）*Id.*, *ibid.*, p. 32〔同書、一五頁〕.

（75）*Id.*, *ibid.*, p. 33〔同書、一六頁〕.

（76）Cf. *Id.*, « Artiste, savant, génie. Note sur la *"Renaissance-Dämmerung"* » (1952), *L'œuvre d'art et ses significa-tion*, *op. cit.*, p. 103-134. 同様に、この種の他の多くの研究のうち、D. Koenigsberger, *Renaissance Man and Crea-*

最後に、この結合は――しかしそれ自体が歴史的であるが――、パノフスキーにとって一種の非時間的価値を、要するに歴史のための理想的プログラムとしての価値を持っていたという意味である。つまり、ヴァザーリがカント的であるなら、そしてカントが人文主義的であるなら、人文主義が歴史を再び発明するなら……ならば歴史は、美術史は、その構造そのものにおいて人文主義的であろう。カントに関する逸話で始まるこの論文の題名が、いまや明瞭になる。つまり「美術史は人文主義的学問である」(77)――かつて人文主義的学問であったばかりではない。なぜなら美術史は、カント的目的にしたがって、初めから人文主義的学問であったからである。

こうして、パノフスキーの展開において、「人文主義的学問としての美術史」は、歴史的契機（中世と対立するルネサンス）を示した後で、論述の弁証法的契機（自然科学と対立する「人文学《ユマニテ》」）を与えた後で、歴史的であると同様に弁証法的な説述の中心と総合になっていく。つまり暗黙のうちに、ルネサンスは他の歴史的時期に対する法となり、「人文主義的」認識そのものが、もはや読者が認識の絶対的モデルとみなせる有機的状況となるであろう。最初は確かにパノフスキーは、認識対象を主観的傾向なしに分析できる自然科学を歴史家の（あるいは人文主義者の）状況と対立させていた。歴史家は「人間の行動と創造に取り組み、総合的で主観的な性格の精神的過程に身を投じなければならない。つまり彼は、精神的にそれらの行動を再遂行し、それらの創造を再創造しなければならないのである」(78)。しかし、まさにそこから「カント的調子」が、その有効性のすべてを、その転換の魔術的な力を露わにするのである。限界（主観的）に関する論述は、自己正当化する確信の論述へと数行のうちに変成するであろう。

第一に、「限界」であったものは存在に、芸術的対象にとって唯一可能な存在になる。つまり、「「人文学」

の現実的対象が存在し始めるのは（*the real objects of the humanities come into being*）、実際のところこの「再創造の」過程によってである」[79]。精神が総合し再創造するもの、それこそが確実に存在するものである。第二に、分析能力は、まずは歴史的領域から切り離され、自然科学の領域との差異を確定する基準であったが、この能力は、パノフスキーが「理性的な考古学的分析」[80]と呼ぶもの――それを真に証明することなく――を通じて人文学へと回帰してくる。考古学は、具体的な対象（かけら、破片、荒れはてた墓）を研究するから分析をすることができるのだろうか。パノフスキー自身が、考古学の「資料」はいずれにせよ「直観的な美的再創造」であると認めている。しかし彼は、ためらわずに一種の超総合を行い、そのおかげで美術史は、「理性的分析」を「主観的総合」に釘付けして、例の *circulus methodicus* を、「方法論的循環」を生み出す。そしてこの循環は、それ自体の限界から無際限な力を、以後は客観的で理性的と形容される総合を生じさせるのである。レオナルド・ダ・ヴィンチの一文が――しかし、それを聞いたのはカントの耳である――保証をしに意味深長にやって来るだろう。

---

tive Thinking — A History of Concepts of Harmony, 1400-1700, Humanities Press, Atlantic Highlands（New Jersey), 1979 を参照。

(77) フランス語訳は、このように翻訳している。英語ならば、たやすく言葉遊びをすることができるだろう。つまり、「人文主義的学問としての（*as*）美術史……である（*is*）美術史」というように。

(78) E. Panofsky, *op. cit.*, p. 41〔パノフスキー、前掲書、二六頁〕。強調引用者。

(79) *Id., ibid.*, p. 41〔同書、二六頁〕。

(80) *Id., ibid.*, p. 42〔同書、二六頁〕。

レオナルド・ダ・ヴィンチは言った、「互いに支え合う二つの弱点は、共にひとつの力を生み出す」。アーチの両半分は、まさに単独では立っていられない。アーチ全体が、重みを支えているのだ。同様に、考古学的調査は、美的再創造なしには盲目で虚しいものとなり、美的再創造は、考古学的調査なしには非理性的でしばしば道を誤ったものとなる。しかし「互いに支え合うことによって」、両者は「意味を与える体系」を支えることができる――その体系とは歴史的概要である。[81]

われわれは、このような文章を前にして、われわれならば「カント的調子」の二重の顔と呼べるものを前にしているようだ。パノフスキーは、それを自分自身の学問を考察するために採用した。このような文章のかくも重大な実践的正当性を認めずにいられる美術史家がいるだろうか。しかし同時に、そこにうぬぼれた充足――まさに理論的不充足という意味である――のようなものを見出さずにいられる認識論学者《エピステモローグ》がいるだろうか。では、いかなる充足や不充足が問題なのか。それは何に由来しているのか。そしてそれは何に背を向けているのだろうか。パノフスキーが第二段階の総合的運動――それは客観的とされる分析と主観的とされる分析を「客観的に」総合すると主張する――を構築するとき、そしてあらゆる現象に意味を与える物自体である「意味を与える体系」でその運動を締めくくるとき、彼は最終的に何をしているのか。彼は意識に結末の言葉を与えているのである。簡潔で本質的な彼の一文を思い浮かべよう。つまり、「美術史家は、この状況を意識している（*is conscious*）点で、「無邪気な」鑑賞者とは異なる」。そして彼はすぐに「彼は知っているのである」と付け加える。[82] なぜなら、周知のように意識なしに科学は存在しないからである。したがって問題――詭弁――は、次のようになる。意識が自分の科学的対象の存在そのものを生み出すとすれば、そして美術史が「人文学の科学」でなければならぬとすれば、芸術の作品は自らのうちにまさしく意識だけを認めるだろう。芸術の作品は、のという属格のあらゆる意味において、意識の対象のようなものである。したがって、美術史が採用した「カント的調子」の自然な帰結は、唐突だが無意識がそこには存在しないということであろう。

この重要な帰結を掘り下げる前に、それを別の角度から再び問題とする前に、この意識の絶対的優位がパノフスキーのテクストそのものにおいて帯びるもっとも自明な意義を、はっきりと確認しなければならない。「意識を伴う科学」は、周知のように魂の問題であり、まさに倫理の問題である。われわれが言及したページは、亡命者によって一九四〇年に発表されている。つまり彼が人文主義に、観想的生（*vita contemplativa*）に、イタリア・ルネサンスに開花した価値観に捧げた称讃は、その事実を顕著に反響させているのだ。パノフスキーが、自分の認識形而上学の計画に、英知を再発見する計画――それはまさに人文主義的歴史を介して再発見される――を含めようとしていたことは、はっきりと理解できる。したがってその英知が、ヴァザーリから四世紀後に理想的人間の松明を再び手にしていたのだが、まさにそのときに、パノフスキーが

（81） *Id., ibid.*, p. 45-46〔同書、二九頁〕. これより前の箇所 p. 43〔二七頁〕を参照。「再創造的総合は、考古学的調査の基盤となる。その代わりに、考古学的調査も、再創造的過程の基盤となる。両者は、互いに規定し合い、修正し合うのである」。

（82） *Id., ibid.*, p. 44〔同書、二八頁〕.

悪魔支配と呼ぶものの炎、彼が「逆立ちした中世」と明言するものの炎で、ヨーロッパ全土が燃えていたのである……。しかし破壊に抗って、パノフスキーは〈歴史〉をよりどころとするだろう。まるでかつてあったことが、荒廃したいかなる現在よりも強力な堅固さを、記憶において保持するかのように。ならば「人間以下のものの独裁」に対して、死そのものに対して、人文主義《ヒューマニズム》の不死性が存在するのである。ヴァザーリ的な永遠の名声（*eterna fama*）の松明は、パノフスキーにおいて、責めさいなまれる創始者を越えて残存するプロメテウスの火という、まったく異なる悲劇的なイメージに変わる。

> ルネサンスの人間中心的な文明が、いま起こりうるように「逆立ちした中世」（中世の神権政治に対する悪魔支配）によって押しのけられるとしたら、人文学ばかりでなく、われわれが知っている自然科学さえも消滅させられて、もはや人間以下のものの独裁に仕えるものしかなくなるだろう。しかし、それすらも人文主義《ヒューマニズム》の終焉を意味することはないだろう。プロメテウスを鎖に繋ぎ責めさいなむことはできても、彼の松明がともした火を消すことはできなかったのだ。（…）科学の理想的目的を支配になぞらえ、人文学の理想的目的を英知になぞらえることができるだろう。マルシリオ・フィチーノは、ポッジョ・ブラッチョリーニの息子に宛てて次のように書いていた。「歴史は、生を快適にするばかりでなく、生に道徳的価値を与えるのにもっとも必要なものである。本来は死すべきものが歴史によって不死になり、不在であるものが現前し、古びたものが若返り、若者が老人に劣らぬ円熟にすぐさま達する。七十歳の人が、まさにその経験によって思慮深いとされるなら、その生が千年に、三千年に及ぶ人はどれほど思慮深くなることだろう。実に、歴史的知識によって数千年を把握する人は、それだけの年月を生きたといえるのである」[83]。

死の九日前におけるカントの言葉と、不死性に関するマルシリオ・フィチーノの言葉の間で張り渡されたアーチにおいて、美術史は、したがって根本的英知を自分のために発明する。美術史は、自分が科学ではなく、せいぜいが古くさい智慧（*sapience*）のようなものであることをほとんど認めるのである――しかし、それを完全に認めることはやはり渋るであろう。「人文主義的学問としての美術史」は、認識的というよりは預言的な語調で、描写的というよりは悪魔祓い的な語調で終わる。すでに検討したように、あらゆる願いを担う言葉、最後の手段として示される言葉は、意識という言葉にほかならなかった。つまりパノフスキーが、憂鬱や一般的には死の不安を（すでにヴァザーリにおいて現れている、芸術の、人間の、「人文学」の死である）、知の、希望の、不死性の価値（この価値もまたヴァザーリによってすでに提示されている）に変える手段として最終的に頼ったのは、この意識という言葉なのである。したがって、まさにここには究極の形而上学的訴えが存在していて、この訴えは、イメージを研究することがわれわれをいかなる暴力からも救い出す世界を「人文学」のために夢見ているのだ。このような計画にいったい賛同せずにいられるだろうか。まさに彼が、ヨーロッパが崩壊する時代に自分の考えを表明していたことに、いったい気づかずにいられるだろうか。しかし、そこでパノフスキーが別のずれを、別の否認を生み出していたことを考慮しなければならない。つまり彼は、イメージが暴力をなす瞬間、イメージそのものが暴力行為となる瞬間を見ることを、あるいはむしろそれに立ち向かうことを自らに禁じていた――そして美術史に対して禁じていた――の

（83） *Id., ibid.*, p. 51–52〔同書、三五―三六頁〕.

である。しかし中世芸術の一部は、そしてルネサンス芸術の一部さえも、この不吉な強制的力に応えているのだ(84)。だがパノフスキーは、自分の研究対象の一部を非具体化することになろうとも、それに背を向けていたのである。(同様に彼は、ナチズムの非常に恐ろしい意味にも背を向けていた。その意味とは、人民の肉体に刻まれた芸術作品として自分自身を示すことであった……。自分の「人類《ユマニテ》」を、自分の美しき研究対象を構成するとされるものが恐るべき力を持っていたのだが、いったい一介の美術史家がこのような恐るべき力を認めることなどできただろうか。)

したがって人文主義という言葉は、この目的の大いなる設定において、まさに魔術的な鎮静化する言葉として作用している。この言葉は、研究対象の位置から理論的プログラム――それはこの対象と適合しているが、ひそかにあらゆる他の対象にも適用される――の位置へと華々しく移行する(85)。この言葉は、綱渡り芸人のようにあらゆる二律背反、あらゆるアポリアの中心に位置している。つまりこの言葉は、それらを鎮静化し、包摂するのである。この言葉は、特異な非類似を唯一の「普遍的」類似へと総合した歪像を生み出す装置のように(86)、あらゆる「二重の顔」から唯一の可読的な表面を作り出す。美術史は、それ自体が「人文主義的学問」と自称するとき、まさにひたすら総合に頼り、ひたすら暴力の、非類似の、「非人間性」のお祓いに頼るのだ。しかしイメージは、そうして祓われるものの炎を担うことができる――ずっと以前から担ってきたのである。「人文主義的学問」としての美術史は、まさに魔術的な循環をひたすら描き出す。そのなかで美術史は自己完結して、自らを静め、自分自身の考え――つまり芸術の人文主義的イデア――のイメージに似せてイメージを再創造するのである。

ヴァザーリが用いた素描（*disegno*）という言葉には、まだ他性への準拠のようなものが存在していた。その他性とは自然であり、かの自然を前にして、あらゆる芸術は模倣をしなければならなかった。パノフスキーは、「目と世界の関係」を批判して、あらゆる自然な与件を激しく批判することによって、「目が見る世界」固有の機能的価値を発見していた。しかし、すぐさま「魂と目が見る世界の関係」を囲い込み、知性が自分を模倣して自分自身に適応する芸術の円環を描き出すことによって、パノフスキーはカントとともに芸術に関する認識形而上学的概念を確立したのである。そしてこの概念において、見る（*voir*）という動詞が最終的に透明な仕方で知る（*savoir*）という動詞と結びついたのである。模倣という用語にまだ残っていた実践的な響きは、もはやイコノロジー——第二の魔術的言葉（たとえ操作的であろうとも）、第二のトーテ

---

(84) たとえそれが、中世とルネサンスに「不名誉」とされたイメージの実践に限られるとしても。Cf. G. Ortalli, *La pittura infamante nei secoli XIII-XVI*, Jouvence, Rome, 1979. — S. Y. Edgerton, *Pictures and Punishment — Art and Criminal Prosecution during the Florentine Renaissance*, Cornell University Press, Ithaca/New York, 1985.

(85) 絵画における歴史物語〔歴史画〕（*istoria*）の「アルベルティ的」優位に関して、同様の指摘がS・アルパースによってなされている。S. Alpers, *The Art of Describing — Dutch Art in the Seventeenth Century*, The University of Chicago Press, Chicago, 1983, p. XIX-XXV〔スヴェトラーナ・アルパース『描写の芸術——十七世紀オランダの絵画』幸福輝訳、ありな書房、一九九三年、一五—二六頁〕.

(86) Cf. J. Baltrušaitis, *Anamorphoses ou magie artificielle des effets merveilleux*, Perrin, Paris, 1969, p. 157〔ユルギス・バルトルシャイティス『アナモルフォーズ——光学魔術』高山宏訳、国書刊行会、一九九二年、二三二頁〕. — *Anamorphoses*, Musée des Arts décoratifs, Paris, 1976, fig. 31.

ム概念――という語の響きによって包含され、包摂されるようになる。イコノロジーは、芸術的イメージが見えるものと同様に見えないものを模倣すると語っている。イコノロジーは、絵画の、彫刻の、建築の感覚的「形態」が生み出されるのは、理性が自分自身に「形成する」概念やイデアの見えない形態を翻訳するためである、と語っているのである。

パノフスキーは、周知のように自分の名をイコノロジーという偉大な学問に決定的に結びつけた。[87] 彼は、有名な『イコノロジー研究』において、一九三九年版では「深い意味でのイコノグラフィー」[88]がとくに問題であるとはいえ、その題目を確立した。「イコノグラフィーとイコノロジー」のプログラムが発展するのは一九五五年であり、その時になって初めて、「ロジー〔学〕」という接尾辞がそのなかで明確に正当化される。要するにパノフスキーが言うように、ロゴス（*logos*）〔接尾辞「ロジー」は、ギリシア語の「ロゴス（言葉・思考・理性）」に由来する〕によってわれわれは完璧な理性を持つのであり、それに対して「グラフィー」という接尾辞はまだ「描写的なある手順方法を示している」[89]だけである。要するにイコノロジーという用語は、ひとつの学問の全争点を担っているのだ。この学問は、もはや芸術現象の批評的一覧を提供するだけでなく、理性において正当化されたその根本的解釈を与えるであろう。もっとも、この時代にパノフスキーが、自分が「復活させようと主張する」この「良き古き言葉」[90]の由来に言及せずに、用語の借用を指摘しなかったのは奇妙である。ところが『イコノロジーア』は、まさに人文主義者の精神的風景の一部をなしているのだ。ルネサンスの終わりに、この題名で一冊の書物が出版されていた。この本は、古典的な「芸術学」にとって、古代の「夢科学」にとってのアルテミドロスの『夢判断の書』のようなものである。[91]

では、パノフスキーがチェーザレ・リーパの『イコノロジーア』へ回帰した意義とは何であろうか。その主な利点とは何であったのか。まずはおそらく、十六世紀《チンクエチェント》に始まった、見えるものと読めるものを結ぶ共通点の形成とつながりを持てるという利点である。つまり周知のように、『イコノロジーア』が見つめられる

---

(87) この用語を美術史の方法論的語彙に再導入したのがA・ヴァールブルクであるとしても。Cf. A. Warburg, «Art italien et astrologie internationale au palais Schifanoia à Ferrare» (1912), trad. S. Trottein, *Symboles de la Renaissance*, II, P.E.N.S., Paris, 1982, p. 39-51〔アビ・ヴァールブルク「フェッラーラのスキファノイア宮におけるイタリア美術と国際的占星術」『ヴァールブルク著作集五』前掲書〕. — S. Trottein, «La naissance de l'iconologie», *ibid.*, p. 53-57.

(88) E. Panofsky, «Introduction», *Essais d'iconologie*, *op. cit.*, p. 21〔パノフスキー「序論」『イコノロジー研究』上、前掲書、四〇頁〕.

(89) *Id.*, *ibid.*, p. 22, note〔同書上、四〇頁〕.「イコノロジー的解釈」が、有名な概要一覧表に初めて現れるのは、一九五五年版であることに同様に注意しなければならない（*ibid.*, p. 30, note, et p. 31〔同書上、五六頁〕）。一九三九年の初版においては（*Studies in Iconology*, Oxford University Press, New York）、本文も一覧表も「より深い意味でのイコノグラフィー」と「イコノグラフィー上の総合」について語っている（p. 8-15〔四〇―五六頁〕）。

(90) *Id.*, *ibid.*, p. 22, note〔同書上、四一―四二頁〕. チェーザレ・リーパ、つづいてアビ・ヴァールブルクからの借用は、一九六七年のフランス版序文において「認め」られている（*ibid.*, p. 8-15）。

(91) C. Ripa, *Iconologia overo Descrittione dell'Imagini universali cavate dall'Antichità e da altri luoghi* (...) *per rappresentare le virtù, vitii, affetti, e passioni humane* (1593), P. P. Tozzi, Padoue, 1611 (2e édition illustrée), rééd. Garland, New York/Londres, 1976〔チェーザレ・リーパ『イコノロジーア』伊藤博明訳、ありな書房、二〇一七年〕. 序文（*proemio*）が、H・ダミッシュによって『クリティック』誌に復刻され、翻訳されて紹介されている（*Critique*, n° 315/316, 1973, p. 804-819）。

のは、一連の説明付きイメージでできているからであるが、同様に単語辞書のようなアルファベット順に読まれて使用されるからでもある。これがその第一の操作、第一の魔術的総合――読まれるべきイメージの総合――である。第二に『イコノロジーア』は、そのプロローグから、見えるものと見えないものの共通点という主張を表明していた。なぜなら、この本の対象は、「目が見るものとは異なるものを意味するように作られたイメージ」にほかならないからである――その異なるものとは抽象的概念であり、この書物全体が、思考されるべきイメージ美術館として、抽象的概念のカタログを形成していたのである。[92] さて、思考には、言説が統御する――修辞学によって、弁論術によって――規則があるとされる。パノフスキーは、リーパに関する一九六六年の簡潔な言及において、彼の書物が「画家と彫刻家を対象とするばかりでなく、演説家、説教師、詩人をも対象としていた」とただちに指摘している。[93] つまりチェーザレ・リーパが検討した「共通点」は、「イメージを導く規則」のようなものに達していたのである――それは古代作家の模範(*exemplum*)を検討すれば見出されるような普遍的規則である。

目に見えるものとは異なるものを意味するように作られたイメージ(*le imagini fatte per significare una diversa cosa da quella che si vede con l'occhio*)にとって、もっとも確実で普遍的な規則は(*non hanno altra più certa, ne più universale regola*)モニュメントの模倣である。それらのモニュメントは、ラテン人やギリシア人、そしてこの芸術を発明したさらに古代の人々の創意工夫によって、書物に記載されメダルや大理石に刻まれた。[94]

ここには修辞学の原理が存在していて、今でも美術史は、たいていはそこにイメージの決定的原動力を見出せると考えている。そこには論理学の原理も存在していて、それは存在と名前の問題、名前と見えるものの問題と根本的に関わっている。実際、リーパは「イメージの論理」(*ragionamenti d'imagini*) について語り、形象の可視的提示にその「言明」(*dichiarazione*) の名詞的な有効性を重ね合わせている。なぜそうなのか。なぜなら「目に見えるものとは異なるものを意味するように作られた」イメージは、直接的に模倣できる感覚的様相を自由に使えないからである。したがってこのイメージは「論理」を、知的に理解できる「言明」を模倣するであろう。このイメージは、この「もの」を、この観念を定義する言説にしたがって一語一語進んでいくだろう。要するに、リーパのイコノロジーにおいて最終的に問題となるのは、可視的表象のそれぞれの細部を一連の言語的定義に対応させようとまでするほど、「定義との類似にたやすく還元されるその種のイメージ」(*questa sorte d'imagine si riduce facilmente alla similitudine della definitione*) であ

(92) *Id., ibid.* (*trad. cit.*, p. 805)〔同書、二四頁〕.

(93) E. Panofsky, «Préface à l'édition française», *Essais d'iconologie, op. cit.*, p. 3-4.

(94) C. Ripa, *Iconologia, op. cit.* (*trad. cit.*, p. 805)〔リーパ『イコノロジーア』前掲書、二四頁〕. この引用文の続きは次の通りである。「したがって、演説家が用いるイメージ、アリストテレスが『弁論術』第三巻において論じたイメージは脇に置いて、私は画家に属するイメージについてだけ語るとしよう。画家とはすなわち、色彩や他の見えるものを用いて、その見えるものとは異なるが第一のイメージと適合するものを表象できる人々である。なぜなら、第二のイメージが、しばしば目を介して納得させるのと同様に、第一のイメージは、言葉を介して意志を揺さぶるからである」。

る。[95] イコノロジーの体系全体が、二つの原理的仮説、「古典的」であると同様に無根拠な二つの仮説に基づいていたことがこうして分かってくる。その第一仮説は、名が存在を命名して描写することを要請し、第二仮説は、名がそれ自体において見られることを要請していたのである。[96]

　見えるものと読めるものの共通点、見えるものと見えないものの共通点、感性的イメージと知性的定義の可能な一致。理性に基づこうとする美術史が、リーパ由来のイコノロジーに抱くことができたそれらのあらゆる期待を、われわれは理解できる。このイコノロジーは、人文主義的芸術を人文主義者の「目」で検討することを可能にした——そしてその彼方で、新カント派知識人のよりいっそう思慮深い「目」で検討することを、矛盾することなく可能にしていた。ヴェルフリンが語った「芸術的言語活動」(*Kunstsprache*)はついに変質して、イメージと文化の「普遍言語」に、さらには理性の理念《イデー》から帰納される生成文法に全面的に捧げられる。イコノグラフィーからイコノロジーへの移行は、ここでもまた方法論的所与の変更にはとどまらなかった。つまりそれは、対象と方法をともに変更したのである。この移行は、方法に適合した対象を想定していた。その対象とは、つまり単に「イコノグラフィー的」な芸術——可視的な、描写可能な現象の模倣にとどまった芸術——であるばかりでなく、「イコノロジー的」な芸術である。すなわちその芸術は、現象そのものを包摂し正当化する物自体も、知性的概念も模倣するであろう。

　さて、芸術作品のイコノロジー的内容に関するパノフスキーの定義が目指すのは、まさにそのことである。まずこの定義は、イメージにおいて意味作用の領域に属するものを明らかにしようとする——それはよく考えればまったく自明なものではない。つまりこの領域の中心はどこにあるのか、その外皮は、個別区域は、正確な境界はどこにあるのか。[97] 他方で意味作用は、芸術作品の内容——この概念に意味があるとして——を関係づけることができる唯一の要因であろうか。芸術作品には意味作用しか含まれていないのだろうか。イメージに含まれたあらゆる非-意味の領域を対象とする美術史を想像するのは、本当に不条理なことだろうか。*subject matter*〔主題〕の、あるいはイコノグラフィー的「主題」のまさに彼方で、パノフスキーにおけるイコノロジー的意味作用（*meaning*）は確かに異なる野望を秘めていた。イコノロジー的意味作用は、ひとつの場の決定的審級を構成するはずであった。その場は、芸術作品が担う意味作用を囲い込むばかりでな

---

(95) *Id., ibid.* (*trad. cit.*, p. 811)〔同書、二六頁〕. イコノロジーにおけるこの次元は、H・ダミッシュによって注釈されている (H. Damisch, *Théorie du nuage — Pour une histoire de la peinture*, Le Seuil, Paris, 1972, p. 79-90〔ユベール・ダミッシュ『雲の理論――絵画史への試論』松岡新一郎訳、法政大学出版局、二〇〇八年、七四―八五頁〕)。

(96) それは、C・リーパが書いていたように「名を見ること（*Vedere i nomi*）」であり、これはH・ダミッシュによって引用されて注釈されている (H. Damisch, *ibid.*, p. 85〔ダミッシュ、同書、八〇頁〕)。「存在を与える名」は、M・フーコーが詳しく論じたテーマである (M. Foucault, *Les mots et les choses*, Gallimard, Paris, 1966, p. 91-136〔ミシェル・フーコー『言葉と物――人文科学の考古学』渡辺一民・佐々木明訳、新潮社、一九七四年、一〇二―一四七頁〕)。しかし、この問題設定が、ルネサンスの人文主義が象徴的イコン（*icones symbolicae*）という用語で言わんとしたことの豊かさを論じ尽くしてはいないことに注目しなければならない。この主題に関しては、E. Gombrich, «*Icones symbolicae* — L'image visuelle dans la pensée néo-platonicienne» (1948), trad. D. Arasse et G. Brunel, *Symboles de la Renaissance*, I, P.E.N.S., Paris, 1976, p. 17-29を参照。

(97) これらは、R・クラインが提起した問いである (R. Klein, «Considérations sur les fondements de l'iconographie», *art. cit.*, p. 353-374)。これに対して、B・テイセードルを対置する必要がある (B. Teyssèdre, «Iconologie. Réflexions sur un concept d'Erwin Panofsky», *Revue philosophique*, CLIV, 1964, p. 321-340)。

く、さらには産出しようとする——個々の絵、彫刻、構築された建造物において「利用された形式的配置と技術的方法に意味作用そのものを」与えるのである(98)。要するにイコノロジー的内容は、外観に対して「本質に属し」(「それは本質的である……(*it is essential...*)」)、伝習的なものに対して内的なもの(「内的意味作用(*intrinsic meaning*)」)に属している。イコノロジー的内容は、作品そのものが演繹される源である概念に応えているのである。あらゆる上部構造が、「根本的原理」(*underlying principles*)から演繹され、表現的現象とされる作品そのものの「選択と提示を支える根本的原理」から演繹されるように(99)。

いまや認識は、いかにしてそのような原理に到達することができるのだろうか。その答えは、アポロンが人文主義的美術史家に与える魔術的な弓を使うことによってである——それは総合と分析を統合し、互いに確固たらしめて超総合する弓である。したがってパノフスキーは、まさに自分の仮説のこの点においてこそ「総合的直観というむしろ誤解を招きそうな用語」を、要するに超越論的総合のようなものを指す用語を力強く再導入するのである。実際、イコノロジーが要請するのは「分析よりも総合として生じる解釈方法であり(…)、そこでイメージ、物語、寓意の正確な分析は、正確な解釈に先立つ必要事項である(100)」。別の言い方をするならば、ひとつのイメージのイコノロジー的本質は、厳密にイコノグラフィー的な水準で行われる理性的分析から演繹されると同時に、「直観的」総合からも演繹されるのだ。そしてこの総合のほうは、「文献資料が伝える(*as transmitted through literary sources*)特殊なテーマや概念に精通すること」に基づいている。そしてパノフスキーはさらに先へ進むが、それは明確化するためではなく逆に範囲を広げるためである。つまり、「なおのこと、われわれの総合的直観は、人間精神の一般的で本質的な傾向が、さまざまな歴史的条件において特殊なテーマと概念によって表現された方法を洞察することによって、制御されなければならない[101]」。

したがって、絵画作品や彫刻作品に関して知られる内的内容を決定するのは、まさに概念、精神、意味作用、「文献資料」である。このようにして、ある意味で美術史は、自分の対象に備わる（そしてまさにこの対象が要求する）知を拡大していた――しかし別の意味では対象を自分の方法に合わせて、自分自身の表現形式に合わせて形成していたのである。その表現形式は概念的であり、けっして意味作用以外のものを求めず、そのため「文献資料」を際限なく操る。こうして美術史の対象は、一種の無味乾燥化の苦難をこうむっていた。つまりそこで絵画の色彩は、「テーマ」「概念」「文献資料」に関して諾か否かを言わねばならなかった――そしてさらに長きにわたっても。要するに、そこで色彩は黒か白に変わらねばならなかったのだ[102]……。

---

(98) E. Panofsky, « Introduction », *Essais d'iconologie*, *op. cit.*, p. 28〔パノフスキー「序論」『イコノロジー研究』上、前掲書、五三頁〕.

(99) *Id.*, *ibid.*, p. 16, 20, 28, 29〔同書、三五、三八、五三頁〕.

(100) *Id.*, *ibid.*, p. 21-22 et 28〔同書、四〇、四二、五三頁〕.

(101) *Id.*, *ibid.*, p. 28 et 29〔同書、五三、五四頁〕.

(102) こうして隠喩を用いる以上に、パノフスキーがティツィアーノの《賢明の寓意》に関して示した有名な解釈（そして同じ絵に関して、彼の後で生み出された解釈の大部分）を読めば、彼が絵を――そしていかに暗い色であるとはいえ、その塊《マッス》をなす有色の出来事を――見つめずに、白黒のイメージを、何かリーパの手引き書における版画や写真複製のようなものを見つめていることが分かる。いかなる絵画固有の出来事も、そこでは考慮されていない。Cf. E. Panofsky, « L'Allégorie de la Prudence — Un symbole religieux de l'Égypte hellénistique dans un tableau

したがってイコノロジーは、イメージ全体を概念による、定義による専制に、結局は命名可能なものと読めるものによる専制にゆだねていた。この読めるものは、総合的な、イコノロジー的な操作とみなされ、この操作において、見えない「テーマ」、「人間精神の一般的で本質的な」見えない「傾向」――見えない概念や理念――は、見えるもの（パノフスキーにおける「第一段階的で第二段階的な意味作用」の明瞭判明な様相）へと「翻訳」されるであろう。

この操作は重大である――われわれはそれを「魔術的」と呼んでいた。パノフスキー本人がその予感を抱いていたと、もう一度ほのめかしてもいいだろうか。いずれにせよ、「イコノグラフィーとイコノロジー」の相次ぐ改稿が、とりわけ一九五五年における二つの異なる接尾辞に関する長い文章の加筆が、この新たな学問の目的に関する一種の揺動を明示していることはやはり明白である。震動がテクストを駆け抜け、イコノロジーがもたらした最終的帰結に対して、前進と後退の、嫌悪と魅惑の戯れが駆け抜ける。それはいくぶんか、あたかもパノフスキーが、突如として次のように自問しながら動くのをやめたかのようである。つまり「結局、私は彼らに、ペストとは言わずとも魔術的解釈の狂気を、あるいは狂人の確信を運んできているのではないだろうか」と。後退の身振りは、まず前進することに対する不決断、ためらいに現れている。つまり、イコノロジーとともにわれわれはどこまで行くのか、あなたたち――あなたたち、つまり私の読者、あなたたち、つまり私の弟子たち――はどこまで行くのか。これは、その名に値するすべての創始者が、いつかは自問しなければならなかった問いである。パノフスキーは、例の「グラフィー」と「ロジー」という接尾辞の意味を、確立したばかりにもかかわらず逆転させて、その問いを自分に提起する。

民族誌《エスノグラフィー》を「人種についての描写」と定義する同じオックスフォード辞典によって、民族学《エスノロジー》は「人種についての科学」と定義されているし、ウェブスター辞典は、これら二つの用語の混同に対してはっきりと注意を促している。つまり、「本来の意味における民族誌は、民族と人種を取り扱うためのまさしく描写的な方法に限定され、それに対して民族学はそれらの比較研究を指している」。かくして私は、イコノロジーを解釈的になったイコノグラフィーとして、したがって全体を統計調査する予備的役割にはとどまらず、芸術研究の不可欠な要素となるイコノグラフィーとして考えている。しかしイコノロジーが、民族誌に対する民族学ではなく、天文学《アストロノミー》に対する占星術《アストロロジー》のように働く何らかの危険性が明らかに存在している(103)。

重要なことに、パノフスキーは一〇年後に、『イコノロジー研究』フランス版に執筆した序文において、この最後の言葉を再び取り上げている——再び鳴り響かせるかのように。そして彼はそこで、最終的にイコノグラフィーという「より親しみやすく、議論を招く恐れの少ない」慣用的な用語に戻ることさえ提案している。そして最後に彼は、新たな**注意**（CAUTIUS）で全体を飾り、「最大限の注意をもって読まれること」を求めてほとんど懇願している(104)。しかし、それは何を示しているのだろうか。すべての問題は、「スフィン

---

de Titien» (1926/55), *L'œuvre d'art et ses significations*, *op. cit.*, p. 257-277〔パノフスキー「ティツィアーノの《賢明の寓意》」『視覚芸術の意味』前掲書、一五二―一七二頁〕.

(103) *Id.*, «Introduction», *Essais d'iconologie*, *op. cit.*, p. 22, note〔同「序論」『イコノロジー研究』上、前掲書、四二頁〕.

(104) *Id.*, *ibid.*, p. 3-5.

クスの謎」を前にして、われわれにできることとしなければならないことを知ることにある。その謎は、パノフスキー本人が語る謎であり(105)、芸術作品のほんのわずかな細部が絶えずわれわれに突きつける謎である。イコノロジーが占星術のようなものになる危険に曝されるのは、その非常に高尚な要請――カント的理性の姿をしたロゴス――が、その究極の操作性を、多面性を、あらゆる謎に別の謎によって、つまり言説的な謎によって答える能力を、魔術から借りているからではないだろうか。おそらくこれがパノフスキーの危惧であった。つまりイコノロジーという言葉は、模倣を、古典的美学におけるこの古い魔術的な言葉を、カント的に、純理的でロゴス中心的に引き継いだだけなのではないだろうか。

こうして第二の後退の身振りが姿を現す。彼は目的の問題を決定的に混乱させてしまうだろう。彼は、老人にときおり見られる疲弊した明晰さにいたったようであり、そして同時にあまりにも多くのことを断念したのであろう。それでは理論的要請の先駆者は、ロゴスをもっとも単純で一般的な理性の水準に最後には貶めてしまったのであろうか。彼は自分が出発点としたドイツ的芸術哲学（*Kunstphilosophie*）の全体に決定的に背を向け、伝説的なアングロサクソン的プラグマティズムのあまりにも単純な理性がもたらす実証性に甘んじてしまったのだろうか。そう考えることもできる(106)。また、次のように考えることもできる。問題はさらに複雑なはずであり、もっとも透明なプラグマティズムにおいてさえも、自然発生的な哲学モデルやその残存を、つまりつねに隠蔽され擬装された最初の図式や思考選択の恒常性を絶えず考慮する必要があるのだ。いずれにせよパノフスキーは、あまりにも彼方へ――理論的要請のあまりにも彼方へ、理性そのもののあまりにも彼方へ――進みすぎた者が示す当惑し困惑した身振りをしながら、自分の計画を最終的に提示したのである。このような姿勢に、パノフスキーの一九五六年から一九六六年の仕事の大部分が対応している――

実際、それらの年月には、狭義のイコノグラフィー的分析への驚くべき、期待を裏切る回帰が見られるのである[107]。

このような後方への回帰を理解するには、パノフスキーがこれらのあらゆる問いと困難に対峙したときに生じた理論的選択を、おそらく幾分かずらして——つまり視野に収めて——みなければならない。一方で、芸術作品の描写的アプローチを越えるイコノロジー的総合の要請は、美術史がいまだにほとんど従属するいかなる実証主義的（歴史学的あるいは文献学的）姿勢よりもはるか彼方へと進んでいたことは確かである。

---

(105) *Id., ibid.*, p. 22, note〔同書上、四一頁〕.

(106) 例えば A. Roger, « Le schème et le symbole dans l'œuvre de Panofsky », *Erwin Panofsky — Cahiers pour un temps, op. cit.*, p. 49-59 を参照。さらにこの論文は、「先決問題が、パノフスキーとカントの関係という問題である」ことを非常によく検討している（p. 49）。

(107) とくに以下を参照。D. et E. Panofsky, *Pandora's Box : the Changing Aspects of a Mythical Symbol*, Routledge/Kegan Paul, Londres/New York, 1956〔ドーラ・パノフスキー、アーウィン・パノフスキー『パンドラの匣——変貌する一神話的象徴をめぐって』尾崎彰宏・阿部成樹・菅野晶訳、法政大学出版局、二〇〇一年〕. *Id.*, « The Icongraphy of the Galerie François Ier at Fontainebleau », *Gazette des Beaux-Arts*, LII, 1958, p. 113-190. — E. Panofsky, *The Iconography of Correggio's Camera di San Paolo*, The Warburg Institute, 1961. — *Id.*, *Problems in Titian, mostly Iconographic*, New York University Press, New York, 1969〔同『ティツィアーノの諸問題——純粋絵画とイコノロジーへの眺望』織田春樹訳、言叢社、二〇〇五年〕.

「文献資料」の権威をかなり強調したアメリカ版のテクストを作成する前に、パノフスキーは、一九三二年の論文において、芸術作品が「テクストから独立して働き」、その意味の星座を、結合や「混合《アマルガム》」を（彼自身がグリューネヴァルトに関して言うように）醸成できる事実——本質的事実——を指摘することによって、すでにさらに彼方へと進んでいた。[108] そうすることによって美術史は、すでにチェーザレ・リーパの人文主義的イコノロジーの特徴であった読めるものによる専制の外部に、自分の道——王道だがもちろん困難な——を切り開く希望を抱くことができたのである。

しかし別の意味でも、パノフスキー的要請は実際にあまりにもはるか彼方へと進んでいた——美術史を、人文主義的なばかりか観念論的な学問として確立することを望んで、あまりにも彼方へと。彼の企ての全体を当初から導いた選択論理を罠——そして疎外——とみなすことによって、パノフスキーの最終的な躊躇の鍵をおそらく見出すことができるだろう。この罠、この論理は、まさに哲学的観念論《イデアリスム》のものであり、それについては次のような仮説を立てることができるだろう。つまり彼は、芸術的イメージに特権的対象を、思考の「理想的《イデアル》」対象を見出したと考えた後で、さらに先へと進みながらそこで身動きが取れなくなり、埋没し、踏み迷うことしかできなかったのである。それゆえに、イデアがイメージを消化できると思いこむまさにそのとき、イメージはイデアをむさぼり食べることができるのだ……。パノフスキーの**注意**（CAUTIUS）は、単に注意への呼びかけであるばかりではない。それは哲学的観念論の流砂へあまりにも彼方へ進んだ者の叫びであり、この人物は、沈み込まず、芸術的イメージの特異な真理を永遠に見失わないためには、最悪の枝——実証主義の、狭い意味でのイコノグラフィーの枝——しか見出すことができなかったのである。

要するに、この理論的前進と後退による戯れの全体自体が、アポリアの効果にほかならないであろう。このアポリアにおいて、観念論はイメージの問題を前にして身動きが取れなくなるのである。したがって、いかに強力で有用であろうとも、イコノロジー的な仮説は始めから悪い立てられ方をしていたのだ——なぜなら、この仮説が立てられたのはカントや「新カント」とともにであるからだ。それゆえ、この新学問に関するパノフスキーの言表を可能にした理論的道具を理解するには、アメリカで書かれたテクスト「イコノグラフィーとイコノロジー」の前段階へもう一度戻る必要がある。[109] 一九三九年にパノフスキーが、「人間精神の一般的で本質的な傾向」に従属した「内的意味作用」の「見えない」テーマや概念と名付けていたものが、一〇年前には、エルンスト・カッシーラーという直接的な哲学的権威の下で象徴形式と名付けられていた。したがってこれが第三の主要表現、第三の大いなる魔術である。つまりこれが体系のイデアなのである。

このイデアを、パノフスキーは一九三二年に「本質意味」(*Wesenssinn*)、そして「究極内容」(*letzter wesensmässiger Gehalt*〔究極の本質的内容〕)と形容している。[110] 最終的にすべての曖昧さを取り除き、あらゆる「混合《アマルガム》」を説明可能にするのはこのイデアである。それは「超越的審級」である。芸術の特異な現象は、

(108) *Id.*, «Contribution au problème de la description», *art. cit.*, p. 245〔同「造形芸術作品の記述および内容解釈の問題について」前掲書、一〇〇頁〕.

(109) ヴァールブルクはといえば、彼はそこで別様に理解されていたことを注意しておきたい。

(110) E. Panofsky, «Contribution au problème de la description», *art. cit.*, p. 251〔パノフスキー「造形芸術作品の記述および内容解釈の問題について」前掲書、一〇三頁〕.

先験的《ア・プリオリ》な彼岸から演繹されるようにそこから演繹される。その解釈領域は、パノフスキーがさらに言うように、まさしく「〈イデアの一般的歴史〉」、あるいはむしろ〈一般精神史〉（*Allgemeine Geistesgeschichte*）に対応している。この〈歴史〉によれば、イデアがイメージ物質を形成してその普遍的な、普遍的に受け入れられ普遍的に了解された真理を注ぎ込むように、「芸術制作の偉大さは、結局はどれだけの「世界観（*Weltanschauung*）エネルギー」が造形される物質と一体化して、この物質から鑑賞者へとほとばしり出るかにかかっている」(111)。まさにそれが、遠近法に関する有名な研究において「象徴形式」（*symbolische Form*）と名付けられるものである。この研究において、特異なものと普遍的なもの、感性的なものと知性的なものの哲学的二元論が提示されるのは、知性的包摂と呼べるもののまさに観念論的操作において、始めから乗り越えられ総合されるためなのである。

> 遠近法は、芸術的価値の要因ではないとしても、少なくとも様式の要因である。それどころかさらに、それを象徴形式のひとつと呼ぶことができる——エルンスト・カッシーラーの巧みで強力な用語法を美術史へと敷衍するなら。それらの象徴形式のおかげで、知性的次元における意味内容は、感性的次元における具体的記号と結びつき、それと深く一致するのである。そして、まさにこの意味において、ひとつの問いが、芸術のさまざまな領域といろいろな時代に対して本質的意義を持つのである……(112)。

知性的内容と感性的記号のこの「結びつき」と「一致」において、何が問題となるのだろうか。パノフスキーは、象徴という用語で厳密には何を言おうとしていたのだろうか。周知のように、この用語は今日のあらゆる人文科学の基本用語となり、他方でパノフスキー本人もそれをけっして手放すことはなかった(113)。それではいかなる点で、象徴は感性的なものと知性的なものの関係と関わっていた――あるいはそれを変化させていた――のであろうか。この問題提起の方法、それにあらゆる回答を与えるように構築された体系、それらをパノフスキーは、もちろんエルンスト・カッシーラーの主著『象徴形式の哲学』に見出していた。その第一巻は、言語活動と解釈機構全体の全般的序説に充てられ、一九二三年に、つまり『イデア』の作者が自分自身の領域で理論的考察を非常に集中的に行う時期の初めに出版されていた(114)。

エルンスト・カッシーラーが文化の全般的問題に与えた「回答」は、周知のように、カントが認識の領域で行った批判作業の本質的成果をまず新たに取り入れることにあった(115)。確かに『純粋理性批判』は、有益な

---

(111) *Id.*, *ibid.*, p. 251-252 et 255（表）〔同書、一〇三―一〇五と一〇六頁〕.

(112) *Id.*, « La perspective comme forme symbolique », *art. cit.*, p. 78-79〔同『〈象徴形式〉としての遠近法』前掲書、二七―二八頁〕. カッシーラーからの引用を強調した。

(113) Cf. *Id.*, « Introduction », *Essais d'iconologie*, *op. cit.*, p. 20〔同「序論」『イコノロジー研究』上、前掲書、三九頁〕（「象徴的価値」）, 29〔五六頁〕（「象徴」）, 31〔五四頁〕.

(114) E. Cassirer, *La philosophie des formes symboliques* (1923-1929), trad. O. Hansen-Love et J. Lacoste, Minuit, Paris, 1972, 3 vol〔エルンスト・カッシーラー『シンボル形式の哲学』（一―四）、生松敬三・木田元訳、岩波文庫、一九八九―一九九七年〕.

(115) 新カント主義全般に関しては、T. E. Willey, *Back to Kant. — The Revival of Kantianism in German Social and Historical Thought, 1860-1914*, Wayne State University Press, Detroit, 1978 を参照。

放棄を行う理論的方法を示していた。この放棄によって、いかなる科学も「実際の現実を「無媒介的な」方法で把握したり模写する期待や要求……」を捨て去る必要に迫られた。そのことがはっきりと意味していたように、認識のいかなる客観化も、まさに媒介作用、認識する精神の行為にほかならなかったし、これからもそうであろう[116]。すでに示唆したように、この知的行為の明晰な総体的考察は、総合の確立をまったく妨げることはなかった――むしろ逆に基礎づけることになった。その総合において、科学はいわば「自分自身の身体」の統一性を要求することができたのである。知の媒介作用、方法、対象の多様性は、いかに還元不可能であろうとも、カッシーラーの言葉によれば、認識が自ら担う「統一性の根本的要請」を無効化するはずはなかった[117]。なぜならこの統一性はそこに、正確にいってわれわれの眼下にではなく目の中――パノフスキーが語っていた「目が見る世界」――に、つまり媒介作用や客観化の働き全体が展開する操作そのものの中に存在していたからである。要するに能力と、あるいはカッシーラーが言うように機能とみなされた認識そのものの中にである。したがってこれが、カッシーラーの新カント主義を古典的形而上学のいかなる回答とも分かつ大きな違いである。つまり、「純粋に機能的な統一性の要請が、基体や起源における統一性――古代人は〈存在〉の概念をそれに基づかせていた――の要請といまや入れ替わるのである[118]」。

　したがって、認識の統一性が存在するのだ。つまりそれは、認識する精神の統一性にほかならない。その限界は「充足理由原理」の限界である。カッシーラーによれば、知の全活動はこの原理を目指していて、この原理は唯一の内容を複数の記号に、普遍的内容を個別的記号に、知性的内容を感性的記号にまさに「結びつけ」「一致させる」のである……[119]。こうして、いかなる点で象徴の問題設定全体が、カッシーラーにおいて、カントの認識哲学を言語活動、神話、芸術の世界へ移動――さらには適用――させることとして開花しえたのかを、われわれは理解し始めている。さらにこれは『象徴形式』の序文において主張された明白な争点である。つまりそれは、「純粋認識に対して超越論的批判が実行する作業を、精神的形式の全体性に適用することによって拡大する」(120)学問を提起することであり、それはカッシーラーの言葉によれば、哲学的観念論を完成する——夢見られた目的まで導く——ひとつの方法となろう。

理性批判はこうして文化批判となる。この批判が理解して示そうとするのは、いかなる文化的内容も単なる

(116) E. Cassirer, *La philosophie des formes symboliques*, *op. cit.*, I, p. 16〔カッシーラー『シンボル形式の哲学』1、前掲書、二四頁〕.

(117) *Id.*, *ibid.*, p. 17〔同書1、二六頁〕.

(118) *Id.*, *ibid.*, p. 17〔同書1、二六頁〕. この命題は、カッシーラーによって一九一〇年に出版された著書『実体概念と関数概念』において詳しく展開されていた。Cf. E. Cassirer, *Substance et fonction : éléments pour une théorie du concept*, trad. P. Caussat, Minuit, Paris, 1977〔エルンスト・カッシーラー『実体概念と関数概念——認識批判の基本的諸問題の研究』山本義隆訳、みすず書房、一九七九年〕.

(119) 「あらゆる認識は、その方向性と方法が何であろうとも、最終的には現象の多様性を「充足理由原理」の統一性に従属させることをまさに目指している。(…) したがってこれが、認識の本質的目的である。つまり個別的なものを、普遍性の形式を備える法則と秩序に結びつけるのである」。*Id.*, *La philosophie des formes symboliques*, *op. cit.*, I, p. 18〔同『シンボル形式の哲学』1、前掲書、二七頁〕.

(120) *Id.*, *ibid.*, p. 26〔同書1、四〇頁〕.

個別的内容以上のものであり、普遍的な形式原理に基づいているかぎり、いかに精神の根源的行為を前提としているかということである。ここにおいて初めて、観念論の根本的命題は十全に確証される。[121]

こうして文化批判は、かつてカントが純粋認識の領域でたどった方法論的歩みをひとつひとつ進むことができるだろう。まずあらゆる「自然性」の明白さは揺るがされ、即自的「世界」という概念は「文化」のために消え失せ、「文化」において、精神は自分固有の世界を自分自身に与えるのである――このことは、パノフスキーの美しい一文をもう一度われわれに思い出させる。その文によれば、「目と世界の関係」は「魂と目が見る世界の関係」のために姿を消すのである。[122] しかし、そこから総合的な問いが、決定的な問いが提起される。つまりカッシーラーは、もっとも多様な「象徴」――言語活動、神話、芸術、そして認識全般が使用する象徴――を、「単なる隣接性」とは別の視点で考察しようとする。彼が言うには、象徴は機能から、「唯一で同一な根本的精神機能」から生じ、そしてこの機能において、象徴はそれぞれが形式的理由を、「充足的」で普遍的な「理由」を見出すことができるのだ。[123] したがって、これは観念論の完成である。つまり個々の感性的記号は、それがいかに「唯一」で個別的であろうとも、人間精神の能力や機能の明瞭さや普遍性において位置づけられねばならないのだ。

この大いなる仮説における二重の様相を、新たに強調しなければならない。一方でカッシーラーは、象徴全般の機能主義的理解を、つまり過程とみなされる言語的、神話的、芸術的現象の機能主義的理解を推奨した。それは大きく前進の一歩を踏み出すことであり、認識対象の概念そのものと密着した伝統的与件、「古代人が言う意味での」形而上学的与件を巧みに避けることであった。カッシーラーは、われわれに本質的なことを教えていた。つまり象徴は、分離可能な対象――果物から取り出される種――として、原型や何らかの自律した実体……として認識されるべきではなく、まさに範例の作動として認識されるべきであり、範例が存在するのは、主体と客体の間で弁証法的に機能するからにほかならない。このように、象徴形式という概念は、芸術や文化全般における分離可能な諸形象（形象‐事物と言うことができるだろう）を越えて、それらを生み出す形象化の機能そのものを対象としていたのである[124]。したがってこの概念は、一般文法、あるいはまさに生成文法のようなものを、「象徴機能そのものの一種の文法」を対象としていた。そして「この文法は、われわれが言語活動や芸術、神話や宗教において出会う特殊な表現や特有語法の全体を把握して、一般的な方法で定義するであろう[125]」。

この認識の企てが示すもう一つの様相は、「一般文法」という表現そのものから現れる。この様相は、法則とその一般性を前提としているのだ。そして、その法則の「統一性」と普遍性「の条件」を探し求める。そして、その条件を表象の概念に、この「根本的機能」に見出す。この「根本的機能」は、カッシーラーの

---

(121) *Id., ibid.*, p. 20-21〔同書1、三一―三二頁〕.

(122) *Id., ibid.*, p. 21〔同書1、三二―三三頁〕. 前記一六二―一六三頁を参照。

(123) *Id., ibid.*, p. 17-18〔同書1、二六―二七頁〕. 強調引用者。

(124) *Id., ibid.*, p. 58〔同書1、八八―九二頁〕. 同様にp. 41〔六五頁〕を参照：「この存在の形而上学的弁証法を逃れる唯一の方法は、「内容」と「形式」、「要素」と「関係」を独立した規定としてではなく、一緒に与えられ、相互の条件づけにおいて思考された規定として始めから理解することである」。

(125) *Id., ibid.*, p. 28〔同書1、四四頁〕.

言葉によれば、「意識そのものを構成する本質的前提と、意識を形式的に統一する条件[126]」をもたらすのである。ここで別の一歩が踏み出され、その一歩は、カッシーラーが始めに望んだよりもおそらく未来志向的ではなく、おそらく古い形而上学から遠ざかってはいなかった。それは、機能から機能の統一性へと踏み出された一歩である。つまり機能するものはすべて、まさに〈同〉の、〈一なるもの〉の、欠陥のない規則の威光の下でしか機能しないということになる。それは「主体化された」主体と「物化された」事物を存在の統一性――その存在が「機能的」であろうとも――において融和させる。そしてこの統一性を、カッシーラーは「観念論の究極目的[127]」としてつねに望んでいるのだ。したがって、まさに観念論的操作こそが最初から問題であったのだ。「意識の統一性」には、人が何と言おうと目的や機能原理とみなされるイデアの威光が存在する。つまりまさにこのイデアが、内在性の法則と「精神活動の唯一の体系[128]」の法則をひそかにもたらすのである。まさにイデアこそが、「精神が自己を客観化する過程において、つまり自分への自己開示においてたどるさまざまな道[129]」を切り開くのである。

まさに伝統的形而上学における抽象的な「〈一なるもの〉」が、カッシーラーによる新カント主義的な批判に曝されていたにもかかわらず、象徴がこうして精神をそれ自身へ開示できたことは、統一性と総合がただちに前提とされていたことを意味していた。複数的なものが、いつかはそれでも〈一なるもの〉のなかで丸く治まることができるように、そして「精神の個別的エネルギーのそれぞれが、特有の方法で[130]」自我と世界の統一的な、結合的な「この確立に寄与」できるように、すべてが設えられていたのである。このことが意味していたように、芸術の象徴形式は、記号の感性的多様性をいわゆる「一般的な精神的意味作用」――要するに知性的で、認識の言説においてそのように言表可能な意味作用――のなかへとまとめる定めにあったのである。(131) 感性的なものが知性的なものを探し求めて結合したばかりでなく、知性的なものと「同一化する」方法によって――カッシーラーとパノフスキーがともに繰り返すように――、感性的なものはついに最後の転換を遂げた。つまり知性的になることを。したがって芸術は、その特異性においてと同様に一般性において知性的なものとなり、感性的なものの偶発的形態の下で表現される〈知性的なもの〉そのものとなったのである。

したがって、芸術の認識を理性において基礎づけることは、是が非でも適合とまさに包摂を見出すことを要請していた――まずカッシーラーにおいて、つづいてパノフスキーにおいて。そしてこの包摂によって、具象的現象の感性的多様性は、知性性の枠組み、鋳型、一般文法を見出し、そこに完全に収まることができるのである。それは総合を実行することであり、カント的な意味でまさに総合的統一を実行することであった。「象徴形式」という表現には、形式〔形相〕という哲学的に言って非常に重大な概念が存在している――それはすぐにイデアという概念を連想させる。カント的理念《イデア》のように、確かにカッシーラーとパノフスキー

---

(126) *Id., ibid.*, p. 41 et 49〔同書1、六七―六九、七九頁〕.
(127) *Id., ibid.*, p. 17〔同書1、二五―二六頁〕.
(128) *Id., ibid.*, p. 33-34〔同書1、五〇―五一頁〕.
(129) *Id., ibid.*, p. 19〔同書1、二九頁〕.
(130) *Id., ibid.*, p. 35, 43, 49〔同書1、五七―五八、六七―六九、七九―八二頁〕.
(131) *Id., ibid.*, p. 36〔同書1、五七頁〕.

の象徴形式は、「総合を体系化する」統制的原理という視点で理解されていただろう。そして理念のように、象徴形式はまず主観性という観点で考えられたが――単なる世界の行為ではなく、文化的世界の行為として――、つづいて規則としての権威において、そして事象の「合目的的統一」へ向かう性質において、いわば再び客観化されたのである。[132] まさに次のような仮説を立ててみることができるだろう。つまり、パノフスキーの有名な三項図式――ご記憶のように一九三二年には、この図式は「現象意味」から「指示的意味」、つづいて「本質意味」への移行を示し、アメリカ版においては、「自然的主題」の後に「伝習的主題」、そして最後に象徴的「内容」が来ると説明していた――、美術史家が利用できる範疇を示すこの図式は、要するに『純粋理性批判』で示された総合的統一性というカント的図式を、ただひたすら自然発生的にたどっていたという仮説を試みることができるだろう。

この有名なテクストにおける三つの重大な契機を思い起こしたい。そこでは、「あらゆる対象の先験的《ア・プリオリ》な認識」の条件そのものを解明することがまさしく問題となる。つまり、まず「純粋直観における多様なもの」が存在していて、そこで世界の出来事は、「われわれの精神の受容性における」もっとも基本的な「諸条件――これらの条件だけが、精神に対象の表象を受容させる――[133]」にしたがって突然われわれに到来する。ここでカントが、帽子を持ち上げる紳士の例を取り上げる姿を非常にはっきりと想像できる。つまり、この非常に単純な出来事をそのように認識することは、確かに時間と空間を、そしてさらに他の「受容性の条件」を前提としているのである。われわれは、パノフスキーの「第一段階的主題」の水準にいるが、つまり感性的な多様なものの水準にいるのだ。この多様なものは、一度「貫かれて」(*durchgegangen*) ――そして総合されて――初めて認識を生じさせるだろう。次に第二の運動であるが、それを貫き始めるのは構想力

〔想像力〕である。「盲目だが不可欠な」とカントが書いている構想力《イマジナシオン》は、直観的に受容された多様なものの与件を統合して、「そこからある内容を形成する」。つまりそれは、総合をすること、ともっとも一般的な意味において呼ばれている。[134] 第三の契機は、総合的統一性を、前に「超総合」という表現で示唆したものを与えるだろう。この統一性はいまや純粋悟性に基づき、そのため認識行為を決定的に確立するのである。[135] こうしてパノフスキーの「本質意味」が獲得される。つまりそれは概念である。

あらゆる認識と同様に、芸術の認識もそのようなものであろう。つまり直観からイメージへ、そしてとりわけイメージから概念へと進むであろう。いま「とりわけ」と言ったが、それは第二の移行にこそ決定的な契機が存在するからである。この契機は、カントにしたがうなら認識という重大用語の全威光を正当化するだろう。しかし「芸術学」、*Kunstwissenschaft*〔芸術学〕が、自分自身の形態に関わるこのただひとつの要請で満足するはずはなかった。「循環」——方法論的循環あるいは悪循環——が適切に対象と主体を環で結ぶことができるように、もう一度、芸術学は自分の対象に対称的な形態を要請していた。われわれはそこで芸術の、つまり「象徴形式」の完全に根本的な定義へと向かうのである——しかし定義ではなくむしろ目的

(132) G・ドゥルーズが注釈したカント的表現にしたがっている(G. Deleuze, *La philosophie critique de Kant*, PUF, Paris, 1963, p. 88〔ジル・ドゥルーズ『カントの批判哲学』國分功一郎訳、ちくま学芸文庫、二〇〇八年、一二五頁〕)。
(133) E. Kant, *Critique de la raison pure*, *op. cit.*, p. 92〔カント『純粋理性批判』上、前掲書、一四九頁〕.
(134) *Id.*, *ibid.*, p. 92-93〔同書上、一五〇頁〕.
(135) *Id.*, *ibid.*, p. 93〔同書上、一五一頁〕.

と言うとしよう、目的への願望、美術史の目的に関わるカッシーラーとパノフスキーに共通の願望と。芸術形式そのものに対して知の形式と適合する一種の相互性を要請することは、したがって象徴形式に対して、その本質において概念からイメージへいたる運動の実現を要請することであった。この願望が実現されたとするなら、パノフスキーが夢見た美術史全体が約束の地に到達したのである。その約束の地とは、芸術的イメージの概念を真に明言することである――そしていまや目的格的属格と主格的属格が混ざり合うことを根拠づけられ、正当化されるのである。

したがって、美術史の「単なる」――しかし、先ほど検討したようによじれた――理性が、第四の魔術的な操作によって完成される。それは体系の素描（*disegno*）である。それは発明された描線、描かれた線であり、それによってイメージは、まさに概念の輪郭の下で自分を再認することができるだろう。さて、この操作は、カントのテクストのまさに重心にはっきりと存在していて、読むことができる。つまりそれは *Schematismus der reinen Verstandesbegriffe* という、「純粋悟性概念の図式論」という神秘的で至高な操作、カント本人にとってもある意味ですでに魔術的な操作である。この魔術的操作がなければ、「象徴形式」という概念は袋小路に陥る定めにあった。そして逆にこの操作によって、すべてが可能となったのである――すなわち、もっとも異質な現実の諸次元が、概念による高尚な支配の下で共通の素描《デッサン》を、あるいは企図《デッサン》を、自分のために見出したのである……。

カントは――彼は、まさにハイデガーの言葉によれば、読者に「この直接的な確実性を」与えることができたのであり、「しかも他のいかなる思想家もこのような確実性を与えることはない。つまり彼は、人の目をくらまさないのである」[136]――、見たところ解決不可能な状況から出発していた。つまり任意の対象がある概念の下に包摂されるべきであるとすれば、それは前者の表象が後者の表象と同質（*gleichartig*）であることを要請する。ところが「純粋悟性概念は、経験的な（それどころか一般的にいえば感性的な）直観と比べると、それとは完全に異質である」[137]とカントは認めている。ならば悟性概念は、われわれの経験対象に対してただ単に適用不可能なのであろうか。おそらくその通りである。感性的なものが知性的なものと対立するならば、知性的なものが感性的なものを包摂することなどできようか。しかし、ひとつの道があるとカントは書いていて、それは彼がいま築き上げている「判断力の超越論的理説」が可能にする道である。こうして、あらゆる異質性を乗り越える役割が超越論的なものに与えられるだろう。それは、「第三項」を発明することによってなされ、その「第三項は、一方ではカテゴリーと、他方では現象と同質であり、前者の後者への適用を可能にするのである」[138]。この第三項は、カントによって「超越論的図式」（*transzendentales Schema*）と名付けられるだろう。

事は表象――問題全体のキーワード――に関わっている。表象に関してカントは、それが一方では純粋、すなわちいかなる経験的要素も取り去られており、他方では感性的、すなわち経験的要素と同質であること

(136) M. Heidegger, *Interprétation phénoménologique de la «Critique de la raison pure» de Kant* (1927-1928), éd. I. Görland, trad. E. Martineau, Gallimard, Paris, 1982, p. 373〔マルティン・ハイデッガー『カントの純粋理性批判の現象学的解釈――ハイデッガー全集第二五巻』石井誠士ほか訳、創文社、一九九七年、四三〇頁〕.

(137) E. Kant, *Critique de la raison pure*, *op. cit.*, p. 150-151〔カント『純粋理性批判』上、前掲書、二一四頁〕.

(138) *Id.*, *ibid.*, p. 151〔同書上、二一五頁〕. カントがこの第三項を「発明する」とはまったく主張していないことは、はっきり言っておこう――もし必要があるならば。彼は、「存在するはずである」と言っている……。

を要請している。したがって表象は、経験の知覚――あるいはイメージ――と悟性のカテゴリーを仲介する理想的原理を提供するだろう。ならば「図式論」は、知性的なものの下へ（あるいはそれによって）感性的なものを包摂する成功した操作を、それが媒介された操作であるとはいえ示しているのである。あるいは逆に言えば、それは概念からイメージへの感性的転換を実現する操作である。企みは上手く運び、線が描かれて、循環が再び閉じられる。つまり多様なものの、感性的なものの科学が、イメージの科学が可能となるのである。こうしてわれわれは、カント的図式というこの驚異的用語の規定を理解する。カント的図式は、「感性の純粋な形式的条件」を与え、それと同時に経験やイメージにおいて「カテゴリーを実現していた」。この図式は、「構想力〔想像力〕の産物」であったが（なぜなら、それ自体において純粋概念ではなかったから）、しかしつねに概念と適合しないイメージとは逆に、図式は、純粋悟性の必要条件と同質な「総合の規則」をまさにもたらしていた。こうして図式は、最後には完全にイメージそのものと対立していたのである(139)。要するに図式は、転換規則をもたらすのだが、この規則において、変換された諸項はまったく相互的ではなかった。図式は「恒常的」で「不変的」であり、概念に「対象の規則」となる方法を与え、そして一般的にあらゆる意味作用の条件そのものとして位置していたため(140)、明らかにイメージの役割に対して概念の役割を果たしていた。諸項を弁証法化することが重要であったのは、両項の一方を内包すると称しながら、それを食べるためにほかならなかったのである。

そこから次のことが明白に帰結する。悟性の図式論は、構想力の超越論的総合によって働くが、この図式論が向かうのは、内感における直観が含むあらゆる多様なものの統一であり、そうして間接的には、内感に

〔受容性に〕対応する機能としての統覚の統一にほかならない。したがって純粋悟性概念の図式は、それらの概念に対象との関係を与え、したがって意味作用〔意義〕を与える真正な唯一の条件である。結局のところカテゴリーは、可能的な経験的使用以外にはまったく使用されることはありえない。なぜならカテゴリーは、先験的《ア・プリオリ》な必然的統一によって（…）、現象を総合の普遍的規則にしたがわせ、現象が（…）全般的関係を形成できるようにする、そのような役割を果たすだけだからである。(141)

このような思考の道具がパノフスキー的「芸術学」の領域にもたらすことができたものを、われわれは容易に理解できる。帽子が芸術的イメージにかぶせられて、一度また持ち上げられるや、統一的で総合的な概念を見せることができたのは、図式論の魔術によってである。「象徴形式」という概念は、この操作の理論的可能性を完全に見込んでいる。おそらく最初は、この概念はカント的図式そのものの「悪質な代用物」にすぎない。(142) おそらくこの概念は、図式と象徴のカント的対立をあえて無視している。(143) おそらくこの概念は、美術

(139) *Id., ibid.*, p. 152 et 155-156〔同書上、二一五—二一六、二二一—二二三〕.
(140) *Id., ibid.*, p. 153-155〔同書上、二一六—二二二頁〕.
(141) *Id., ibid.*, p. 155〔同書上、二二一—二二二頁〕.
(142) A・ロジェの表現にしたがっている（A. Roger, «Le schème et le symbole», *art. cit.*, p. 53）。
(143) Cf. E. Kant, *Critique de la faculté de juger, op. cit.*, p. 173-174〔カント『判断力批判』上、前掲書、三三三—三三六頁〕. それに関するF・マルティの注釈も参照（F. Marty, *La naissance de la métaphysique chez Kant — Une étude sur la notion kantienne d'analogie*, Beauchesne, Paris, 1980, p. 342-345）。

史の領域において、最後には関係と機能のカント的観念を硬直化させてしまった(144)。おそらくこの概念は、悟性が規則を定めるのは現象の形式に対してだけでありそれ以上のことはしない、というカント的公準をまさに忘却してしまった――そして美術史においては、観察される現象そのものが形式として定義される（単に形容されるばかりでなく）ため、われわれはここで生じた横滑りを理解できる。おそらく最後にこの概念は、カント的真理を決定の、確実性の、適合の真理に変えようとしたのである――しかしこの真理は、それ自体を解読してみれば必然的にそのようなものではない(145)。しかしわれわれにとって重要なことは、カントの適用が正確か否かではない。重要な点は、すでに言ったように、美術史がその時から採用した調子の尊大さにあり、この調子はときには厳格だが、他方では自分自身を先験的《ア・プリオリ》な確実性として推奨する定めにある。重要な点は、一人の美術史家がある日、カント的図式論の威光を、芸術と様式に関する詳説全体の題辞として掲げることができた点にある。そこで様式は、ひとつの時代における特異な作品の多様性を全般的な行動モデルとして含み込む「ステレオタイプ」、「語彙」や「練り上げられた図」の現象として理解されているのである(146)。

> 図式論を通じて、われわれの悟性は現象世界に臨むが、図式論は（…）人間の魂のあまりにも奥深くに隠された技術であるため、われわれはここで〈自然〉が用いる秘密の方法をなかなか発見することができない(147)。

この文章には、美術史家を誘惑するすべてがあった。つまり魔術の呪文が口にされ、それはさまざまな効果を、例えば確実性の基盤となる効果をもたらすことができたのだ。この呪文は〈神秘〉を語っていたが、それは現象の神秘が、「ステレオタイプ」となった図式の非神秘に従属するようにであった。この呪文は神秘（与件の）とその解決（概念における）を断言していた。さらにこの呪文は、いくつかの単純で高名な言葉を含み、古代以来のいかなる美学思想もそれらの言葉に専念していたとされる。つまりそれらの言葉とは「芸術」（カントのテクストそのものにおいては *Kunst*）、「魂」（*Seele*）そして「自然」（*Natur*）である。最後にこの呪文は、有名な結びの文句を暗に予想し、あるいは想定していた。そしてこの文句によって、判断をめぐる超越論的理説の全体が図式の概念を規定していたのである。

われわれに言えるのはただ次のことだけである。イメージは、生産的構想力〔想像力〕の経験的能力が生み

(144) Cf. P. Schulthess, *Relation und Funktion — Eine systematische und entwicklungsgeschichtliche Untersuchung zur theoretischen Philosophie Kants*, D Gruyter, Berlin/New York, 1981.

(145) Cf. J.-L. Nancy, *Le discours de la syncope*, *op. cit.*, p. 9-15. — *Id.*, *L'impératif catégorique*, *op. cit.*, p. 87-112.

(146) E・H・ゴンブリッチの『芸術と幻影』における「現実のステレオタイプ〔真実と固定形式《ステレオタイプ》〕」に関する章のことである（E. H. Gombrich, *L'art et l'illusion*, *op. cit.*, p. 89-123〔ゴンブリッチ『芸術と幻影』前掲書、一〇二―一三八頁〕）。

(147) *Id. ibid.*, p. 89〔同書、一〇二頁〕によって引用されている。われわれが参照しているカントのフランス語版における文面は若干異なっている。「現象とその単なる形式に関するわれわれの悟性のこうした図式論は、人間の魂の奥底に隠された技術であり、その真のメカニズム（*Handgriffe*）を自然から取り出して目の前で露わに示すのは、つねに困難であろう」。E. Kant, *Critique de la raison pure*, *op. cit.*, p. 153〔カント『純粋理性批判』上、前掲書、二一八頁〕.

出すものであり――そして感性的概念の図式は、空間における図形として先験的《ア・プリオリ》な純粋構想力の産物であり、いわばその組み合わせ文字《モノグラム》であり（*gleichsam ein Monogramm der reinen Einbildungskraft a priori*）、それによって、そしてそれにしたがって初めてイメージは可能となるのである――そしてこれらのイメージが概念と結びつくのは、つねに図式を介してのみでなければならない(148)……

カントの文句は、美術史を目的とした暗黙のプログラムの用語へと置き換えられて、奇妙な仕方で反響し始める。つまり結局のところ、イメージからモノグラムへ移行することが重要であり――なぜならモノグラムは図式に属し、概念に適合し、科学の対象となりうるからである――、それならばイメージからモノグラムを生み出すことによって、イメージの広がりをモノグラムの図案に従属させることによって、イメージの歴史を作成することが重要となるだろう。モノグラムとは何か。それは署名を要約する書記記号である。それは命名する能力をそれ自体で持っている。それは一般的に色彩を必要とせず、絵画に固有な物質の効果も、彫刻に固有な塊《マッス》の効果も必要としない。それは白黒である。それは概念を示している。それは見えるものの次元に属しているが、あたかもまるでデューラーに固有な視覚芸術の「図式」を手に入れるには  を「読めば」十分であるかのようである……。視覚芸術の領域で構想力のモノグラムについて語ることには、ひとつの目的しかないだろう、つまりそれは、そこでイメージを要約して、理性理念《イデア》の単なる感性的転換だけをイメージから摘出することである。

ハイデガーは、パノフスキーが読みながらも忘却したカントについての著作において、図式論によるイメージから概念への「感性的転換」（*Versinnlichung*）の問題が、カントの企て全体における絶対的中心、核心を構成していた事実を非常に巧みに考察していた。つまり、まさに図式論の坩堝《るつぼ》においてこそ、人間の有限性――それは何らかの仕方でイメージの規定そのものと関係している――は超越性の統一性に到達していたのである(149)。したがって、観念論の企て全体がそこに集中していた。なぜなら、提起された問いは要するに次のようなものであったからだ。つまり、イメージはいかなるイデアをわれわれに手渡すのか。イメージは何を感性的なものへと置き換えるのか。「直接的に表象される存在者が示す光景と、概念においてこの存在者に関して表象されるものの間には、どのような関係があるのだろうか。いかなる意味においてこの光景は概念の「イメージ」なのであろうか」(150)。要するに、図式論という概念は、あらゆる感性的イメージに「その」超越論的「規則の表象」を与えていた。この規則において、ある意味でイメージは従属させられ《プリエ》、別の意味では明確化されていた《エクスプリシテ》――いずれにせよ包摂され、理性の恒久性へと捧げられていた(151)。イメージに固有の展開は、これ以後は総合において、カテゴリーが要請するこの遍在的総合において、始めは分離されていた要素を真に箱詰めすることによって押し殺される。つまり、「それゆえ真理的総合は、それらの要素を互いにはめ込む《アンボワッタン》〔箱詰めする〕ことによって関係づけるばかりでなく、このはめ込み《アンボワットマン》〔箱詰め〕の可能性をあらかじ

(148) E. Kant, *ibid.*, p. 153〔E・カント、同書上、二一八頁〕.
(149) M. Heidegger, *Kant et le problème de la métaphysique*, *op. cit.*, p. 147〔ハイデガー『カントと形而上学の問題』前掲書、九五頁〕(「『純粋理性批判』におけるこれらの一一頁は、著作全体の核心をなしているに違いない……」) そして 183-257〔一三〇―一九八頁〕を参照。
(150) *Id.*, *ibid.*, p. 152 et 155〔同書、九九―一〇〇と一〇二頁〕. 同様に p. 118-121〔六八―七一頁〕も参照。
(151) *Id.*, *ibid.*, p. 156-171〔同書、一〇三―一一七頁〕.

め素描するものである」[152]。

したがってある箱《ボワット》が――広々としていようと、パンドラのものであろうと――、特異なイメージの無際限な展開を総合する場としてあらかじめ素描されたのである。カントのテクストをつねに詳細にたどりながら、ハイデガーは次のように明言している。「この総合は、直観の問題でも思考の問題でもない。この総合はそれら両者の「間の」媒介であり、その両方に類似している。それゆえ、この総合は二つの要素の根本的な「共通」性格を分有していなければならない、すなわちこの総合は表象作用でなければならない」[153]。いまやわれわれはそのことを理解した。つまりこの箱は、最終的な帰結に至った表象の哲学的概念にほかならない（しかし、われわれは当然のようにその正当性を、われわれが「表象」と呼ぶものに関して、芸術的イメージを見つめるときに問いただすことができる）。この箱は、ある過程を対象としていた――その箱詰めの過程を、カントの後でハイデガーは、非常に巧みに表象する統一化と名付けている[154]。さて、この統一化において、イメージは前述した「純粋イメージ」の規定においてしかもはや存在しえなかった。つまり、それは非理性的な構造《エコノミー》をえぐり取られたイメージであるが、しかしイメージの感性的特異性は、イメージをそのような構造《エコノミー》へと運命づけているのである[155]。しかし、「超越論的主観性」は、そのような非理性を問題としない。いまやこの主観性こそがすべての働きを指揮している。なぜなら、それだけが先験的《ア・プリオリ》な総合的認識をできるようになるからであり、それだけが「根拠の創設」と「本質の全面的規定」を表明できるからである[156]。

ならば根拠は創設され、本質は全面的に規定されたのだろうか。それでその後はどうなるのだろうか。これらの結果から、いかなる結論を取り出せばいいのだろうか。おそらく次の通りである。つまり美術史は、図式を、あるいはさらに漠然とカント的学説の調子を採用することによって、ハイデガーがすでに一九二七年からカント哲学の核心に認めていた二つの強制力に直接に従属してしまったのである。一方には、その強制力の形而上学的性格がある。つまりこうして美術史は、知らず知らずのうちに（あるいはむしろそれを否認しながらも）ある運動を、形而上学の再確立を目的とした方法を、さらに正確にいえば形而上学を科学に変えることを目的とした方法を支持していたのである。(157) そうすることで美術史は、科学になるという自分自身の欲望を、形而上学として自然発生的に発想された科学という新カント主義的な公式に従属させていた。他方でハイデガーは、この体系全体の論理的限界を非常に巧みに言明していた。つまりその限界にしたがって、カントもまた自然発生的に、自分の超越論的論理学を単なる形式論理学の慣用的な方法に重ねてし

(152) *Id., ibid.*, p. 120〔同書、七〇頁〕.

(153) *Id., ibid.*, p. 121〔同書、七一頁〕. 同様に、ハイデガーが一九二七―一九二八年に行った講義における長大な詳説も参照したい（*Interprétation phénoménologique de la « Critique de la raison pure »*, *op. cit.*, p. 240–262 et 290–337〔『純粋理性批判の現象学的解釈』前掲書、二七二―二九八、三三一―三八九頁〕）。

(154) *Id., Kant et le problème de la métaphysique*, *op. cit.*, p. 122〔同『カントと形而上学の問題』前掲書、七二頁〕（そして全般的には p. 120–124〔七〇―七三頁〕）.

(155) *Id., ibid.*, p. 161〔同書、一〇八頁〕.

(156) *Id., ibid.*, p. 172–182〔同書、一一八―一二八頁〕. そして、*Id., Interprétation phénoménologique*, *op. cit.*, p. 337–350〔同『現象学的解釈』前掲書、三九〇―四〇五頁〕（「先験的《ア・プリオリ》な総合的認識の根源境域としての超越論的主観性の一般的な性格づけ」）.

(157) *Id., Interprétation phénoménologique*, *op. cit.*, p. 29–86〔同『現象学的解釈』前掲書、一一―七九頁〕.

まったのである。[158] このような体系にしたがうことによって美術史は、自分の対象を現象学的な、あるいは人類学的な視点で理解することを自らに禁じてしまった。カントは次のように主張していた、とハイデガーはさらに書いている。つまり、「精神と人間の研究様式は経験的なものではない。だがカントは、経験的な研究様式と対立するものとしては理性的な研究様式しか知らなかった。しかし理性的なものは論理的なものであるから、主観、精神、能力と根本源泉の解明は、(…)〔超越論的〕〈論理学〉のうちに置かれなくてはならないことになる」[159]——この論理は、芸術的イメージと呼ばれる人間的産物における問題を理解するには不十分である。それではわれわれは、論理を開き、単なる理性を開き、われわれがイメージに提起した問題のさらに彼方へと進むことができるのだろうか。

---

(158) *Id., ibid.*, p. 372〔同書、四二九頁〕:「カントは、論理学の外面的な区分の図式に服していて(…)」。同様に p. 165, 185, 258, 370-373〔一七九—一八〇、二〇四—二〇五、二九三—二九四、四二八—四三〇頁〕を参照。

(159) *Id., ibid.*, p. 283〔同書、三二四頁〕.

第四章　裂け目としてのイメージ　そして受肉した神の死

開くとは何か。それはつまり何かを壊すことだ。少なくともそれは切り裂くことであり、引き裂くことである。正確に言って、それはどういうことなのだろうか。それはあらゆる知識が押しつける網の目のなかで苦闘すること、そしてこの苦闘の身振りそのもの――その根底において際限なく苦痛に満ちた身振り――に、一種の時ならぬ価値を、さらには切り裂くような価値を回復させようとすることである。少なくとも単なる問いが、何らかの時にこの切り裂くようで批判的な価値を持つこと、それが第一の望みとなろう。

カントは、適切にもわれわれに境界について語っていた。彼は、内側からするように網の輪郭を描いた――それは奇妙で不透明な網で、その網の目はまさに鏡によってできているようだ。それは確かに網のように拡張可能だが、箱のように閉ざされてもいる閉鎖装置である。つまりそれは表象の箱であり、そこであらゆる主体は、自分自身の反映にぶつかるように内壁に衝突する。つまりこれが知の主体なのだ。それは思弁的であると同時に鏡像的であり、そして鏡像的なものが思弁的なものを――想像的な自己把握が知的反省を――覆うことによって、まさに箱のこの魔術的な性格が、他を解消する閉域の、自己満足的な縫合のこの性格が生まれている。では、魔術的な円環が、知る主体としてのわれわれ自身の限界を決定しているならば、いかにしてこの魔術的な円環から、鏡の箱から出て行くことができるのだろうか。

さらに苦闘しなければならない、そしてカントに抗って内壁を執拗に傷つけ、揺さぶり、そこに亀裂を見出さなければならない。そして、この反映的な領域を壊そうと試みなければならない。この領域では、鏡像的なものと思弁的なものが共同で、知の対象を、その対象を表明して判断する言説の単なるイメージとして創作しようとしているのだ。このような身振りが、場合によっては苦悩に満ち――その苦悩は、内面から生じるのと同様に外からこうむる苦悩であり、パノフスキー自身のドイツ時代のテクストを通じて読み取ることができるものである――、さらには自殺まがいのものでありうることをわれわれは理解するだろう。なぜなら、偏執狂の勝利を拒むのと同様に虜囚の悲惨を拒絶するなら、破壊者は、彼が壊すのが内壁の面にすぎないとしても、すでに知の主体にとっては死の危険を冒しているからである。つまり、彼は非‐知の危険を冒しているのだ。しかし、この危険が自殺的であるのは、まさに知がその生のすべてである人にとってだけであろう。

　再びわれわれは、疎外する選択という状況に陥る。過激なとは言わずとも極限的なその公式を示しておきたい。つまり見ずに知ること、あるいは知らずに見ることである。どのみち喪失が待ち受けている。知ることを選ぶ者だけが、もちろん総合の統一性と単なる理性の明証性を獲得するだろう。しかし、対象を自分自身のイメージに似せて、あるいはむしろ自分自身の表象のために作り直す言説の象徴的閉域において、彼は対象における現実的なものを失うだろう。それとは逆に見ようと、あるいはむしろ見つめようとする者は、閉じた世界の統一性を失い、感覚のあらゆる風向きに身を任せ、もはや浮動的となった世界の不快な開放のなかに陥る。まさにここで、総合は崩壊にいたるまで弱体化する(1)。そしてまさにここで、見ることの対象は、場合によっては現実的なものの先端によって接触されて、単なる理性を何か裂け目のようなものに委ねて知の主体を解体するのだ。したがって裂け目とは、美術史における魔術的な言葉と絶縁するための最初の言葉、最初の接近方法となろう。それはパノフスキーの公準を再検討する第一の方法となるだろう。彼の公準によれば、「美術史家は、自分がしていることを意識している点で「無邪気な」な鑑賞者とは異なる」(2)。実際、何も知らない鑑賞者の無邪気さというものが存在するが、その正面には、知を完全に真実に重ね合わせ、さらに「芸術的イメージを見るとき、私は自分がしていることをすべて意識している。なぜなら私はそのイメージを知っているからだ」といった言葉を述べることに意味があると思いこむ者の、二重の無邪気さも存在するのだ。

パノフスキーによるこの別の——かくも美しき——言葉も忘れずにおこう。「世界に対する目の関係は、実際には目が見る世界に対する魂の関係である」(3)。そのかけがえのない批判的価値——現実的なものを捉える実証主義的希望、ここで真っ二つに引き裂かれたこの希望——を忘れずにいよう、しかしわれわれとしては、カントから受け継いだ総合的統一と超越論的図式論を引き裂くのと同様に、それを引き裂くとしよう。

(1) これはテュケー(*tuché*)という、出会いという概念と関係づけられた現実的なもの〔現実界〕という用語の使用法に則っている。Cf. J. Lacan, *Le Séminaire, XI. Les quatre concepts fondamentaux de la psychanalyse*, *op. cit.*, p. 53-55〔ラカン『精神分析の四基本概念』前掲書、七一—七五頁〕.

(2) E. Panofsky, «L'histoire de l'art est une discipline humaniste» (1940), *L'œuvre d'art et ses significations*, *op. cit.*, p. 44〔パノフスキー「人文学としての美術史」『視覚芸術の意味』前掲書、二八頁〕.

(3) *Id.*, «Le problème du style dans les arts plastiques», *art. cit.*, p. 188〔同「造形芸術における様式の問題」前掲書、七—八頁〕. 前記一六二—一六三頁を参照。

なぜなら「目が見る世界に対する魂の関係」は、意識と無意識の間で引き裂かれた審級そのものの非‐総合でしかありえず、ただある地点までしか体系をなさず、その先においては論理が亀裂を、その構成的亀裂を見せつける、そんな「世界」の非‐総合でしかありえないからである。「表象の箱」を開こうとするなら、そこに二重の切れ目を生じさせる必要がある。つまりイメージという単なる概念を切り裂き、論理という単純な概念を切り裂く必要があるのだ。なぜならこれら二つの概念は、つねに協力して美術史にその単なる理性という固有の明証性を与えているからである。イメージという概念を切り裂くこと、それはまず、版画も、複製も、図版も、「具象的」様相すらも示さない、この語がもつ抑揚へと回帰することを意味するだろう。それは「形象化された形象」――つまり表象的対象へと固定された形象のことである――をいまだ前提とすることなく、ただ形象化しつつある形象だけを、つまり過程を、道程を、色彩化され量塊《ヴォリューム》化された現働的な問いを前提とするイメージの問題へ回帰することとなるだろう。つまりそれは、ある描かれた表面やある石の襞においてまさに見えるようになりうるものを知るための、いまだに開かれている問いなのだ。箱を開きながら、期待に満ちた眼差しの次元へと自分の目を開かなければならないだろう。つまり、見えるものが「形をなす」のを待望し、その期待のなかで、われわれが視覚的なものという言葉で理解しようとするものの潜在的価値を明白化しなければならないだろう。したがって、われわれがイメージの問題を再び開くことができるのは、時間をかけてであろう。そしてそれは、かつてメルロ＝ポンティが表明した貴重な命令へと回帰するひとつのあり方ではないだろうか。

イメージという用語は評判が悪い。なぜなら軽率なことにわれわれは、デッサンとは写し、コピー、二次的なものであり、心的イメージとは、われわれの個人的ながらくたの山の中にあるその種のデッサンだと考えたからだ。しかし、イメージが実はまったくそんなものではないとしたら、デッサンと絵も同様に即自的なものには属さないのだ。それらは、感じることの二重性が可能にする外部の内部であり、内部の外部であり、それらの内部と外部なしには、想像的《イマジネール》なものの問題のすべてをなす準‐現前や迫り来る可視性をわれわれはけっして理解することはできないだろう(4)。

こうしてわれわれは、いかなる点において、イメージについての思考が論理の開放のようなものを要請したのかを理解することができる。カント的な「科学」や形而上学に対してハイデガーが表明した反論は、われわれの問題をさらに明確化してくれる。なぜならイメージの世界は——それを世界と呼べるならそう呼ぶが、むしろ特異なイメージの噴出や、雨のように降り注ぐ特異なイメージの星々と言いたい——、けっしてその対象を命題——正しかろうが間違っていようが、正確であろうが不正確であろうが——で表せる論理の項目としてはわれわれに示さないからである。イメージの単なる経験的性格を主張するだけでは不十分であるように、イメージの厳密に理性的な性格を主張するのは思い上がりといえよう。実際のところ、ここで機能することなく、芸術的イメージに「適用され」損なっているのは、経験的なものと理性的なものの対立

(4) M. Merleau-Ponty, *L'œil et l'esprit* (1960), Gallimard, Paris, 1964, p. 23〔モーリス・メルロ゠ポンティ「眼と精神」木田元訳、木田元編『メルロ゠ポンティ・コレクション四——間接的言語と沈黙の声』みすず書房、二〇〇二年、一七五—一七六頁〕.

そのものである。これはどういう意味であろうか。すべてがわれわれを逃れ去るということだろうか。そんなことではまったくない。雨と降る星々すらも、その構造を持っているのだ。しかし、ここで問題となる構造は開かれているのである。それは、ウンベルト・エーコがこの開放という用語を使用した意味(5)——ひとつの作品におけるコミュニケーションと解釈の潜在的力を強調しながら——においてではなく、構造が、その展開のもっとも本質的な地点である真ん中において引き裂かれ、損なわれ、崩壊するという意味においてである。イメージの「世界」は、論理の世界を拒絶するどころか事態はまったく逆である。イメージの世界は論理の世界を利用する、つまり何よりも前者は後者の内部にもろもろの場を生み出すのであり——機械装置の部品の間に「遊び」があるという場合のように(6)——、それらの場で、イメージの世界は、否定的なものの力として与えられる自分の力を汲み取るのである。

だからこそ、イメージを前にして、イメージにおける否定的なものの力を考察する試みをしなければならないだろう。これは場所論的問いであるというよりは、おそらく力動的、あるいは経済論的《エコノミック》な問いである。広がりや水準あるいは位置決定の問題である以上に、強度の問題である。イメージのなかには否定的なものの作用が、「不吉な」効力があり、それはいわば見えるもの(表象された様相の構成)を穿ち、読めるもの(意味作用の装置の構成)を傷つける。さらにある視点から見ると、この作用や強制力は退行とみなされうる。なぜならそれらは、つねにわれわれを驚嘆させる力によってわれわれを手前へと、作品の象徴的加工がしかし巧みに覆い隠し作り替えてしまった何かの方へと再び導くからである。そこには奥底から現れる運動のようなものが、水没したものが一瞬再び現れ、すぐまた水没する前に生起する運動がある。つまりそれは形態から現れるときは不定形の物質(*materia informis*)であり、表象から現れるときは現前化であり、透明性から現れるときは不透明性であり、見えるものから現れるときは視覚的なものである。

　本当のところ、否定的なものという単語が適切かどうかは分からない。それは純然たる欠乏とは解釈されないという条件においてのみ、適切なものとなるだろう。それゆえにわれわれは、このような観点において、この否定性の強制力という要素を、見えないものではなく視覚的なものと呼ぶのだ。イメージは、その要素において捕らえられていて、そしてわれわれを捕らえるのである。さらにそれゆえにこそ、ここで否定的なものはニヒリズム的な、あるいは単に「否定主義的」ないかなる共示的意味《コノテーション》もまとわず、郷愁に向かうことも否定性についての何らかの一般的哲学に向かうこともない。表象不可能なものの怪しげな一般性を、美学において確立してはならない。非理性の、欲動的なものの詩学を求めてもならないし、無言の凝視という倫理や、さらにはイメージを前にした無知の称揚を求めてもならない。ただ逆説へと、イメージがわれわれに強制する一種の博識な無知へと眼差しを向けることが重要である。われわれのジレンマ、われわれの疎外的な選択を、われわれは先ほどいくぶんか粗雑な言葉で表現していた。ここで明確化して再び述べなければならない。この選択は、それ自体で強制するものであり、したがって断片を選び解決するのではなく――それ

（5）Cf. U. Eco, *L'œuvre ouverte* (1962), trad. C. Roux et A. Boucourechliev, Le Seuil, Paris, 1965（éd. 1979）, p. 15-40, etc.〔ウンベルト・エーコ『開かれた作品（新版）』篠原資明・和田忠彦訳、青土社、一九九七年、三三―七五頁等〕

（6）J・ヴィルトの近作（J. Wirth, *L'image médiévale – Naissance et développements*（VIe-XVe *siècle*）, Klincksieck, Paris, 1989, p. 47-107）の長所は、イメージの問題が「中世の論理的世界」に根付いていることを示した点にある。しかし、この本が後者から前者への直接的推論関係を示すとき、それはこの本の限界ともなっている。

は知ることあるいは見ることであり、疎外のあるいはではなく、単なる排除のあるいはにほかならない――、ジレンマのなかにとどまり、知ることと見ることの間に、何かを知ることといずれにせよ他のものを見ないことの間に、しかしいずれにせよ何かを見ることと他の何らかのことを知らないことの間に……とどまる術を心得なければならない。どんなことがあろうとも、定立《テーゼ》の専制を反定立《アンチテーゼ》の専制で置き換えてはならない。重要なのは、ただ弁証法化することである。つまり、定立を反定立とともに思考し、建築をその亀裂とともに、規則をその違反とともに、言説をその誤りとともに、機能をその機能障害とともに（つまりカッシーラーを超えて）、あるいは織物をその裂け目とともに……思考しなければならないのだ。

織物（表象の織物）をその裂け目とともに思考すること、機能（象徴的機能）をその中断とともに、あるいはその先天的機能障害とともに思考すること、しかしそれはパノフスキーによるイコノロジーのほぼ四〇年前に、そしてエルンスト・カッシーラーの「象徴形式」より二〇年以上前に開始されていた。それはある思想家にして実践者によって、見えるものの現象学に非常に注目しながらもそれを疑っていたある人物によって、自分が実践していた学問そのものの確実性を稀にみる素速さで断念したある学者によって、非鏡像的な知を、知における非 - 知の作用を思考しうる知を、そのような知を確立する危険な冒険を執拗に試みた人によって、勇気をもって口火を切られていた。その人とはフロイトである。彼が、一九〇〇年に出版した大著『夢解釈』を、夜のイメージを出現させる冥界の川《アケロン》への飛び込みという「奥底から現れる」運動に捧げたことを思い出したい。(7) ヒステリー徴候という過剰に可視的な謎と対峙した後で、彼が「無意識の知（*Wissenschaft*〔科学〕ではなく *Kenntnis*〔知識〕である）へ導く王道」(8) へ足を踏み入れるように、不気味で流動的な夢の道へ身を投じたことを思い出したい。問題となっている道が、彼を徴候という概念のより決定的で新しい理解へ導いたはずであることを思い出したい。それは決定的で新しい見る方法である。それゆえにこそ、イメージがわれわれを非‐知の戯れへと捕らえるときに、その方法に注目しなければならないのだ。

フロイトが表象の箱を破壊したのは、夢によって、そして徴候によってである。彼がイメージの概念を切り開いたのは、つまり引き裂き解き放ったのは、それらによってである。夢を一枚の絵や具象的デッサンと比べるどころか、彼は逆にその歪曲（*Entstellung*）の価値や論理的断絶の働きを強調していた。夢の「光景《スペクタクル》」はほとんどの場合、穴を穿つ雨に打たれるようにその歪曲や断絶をこうむっているのである。そして判じ絵という隠喩が彼の筆先へやって来て、夢の理解をあらゆる具象的な先入観から一挙に解放したのだ――ここに有名なテクストを引用したい。

（7）「天上の神々を動かしえざりせば、冥界を動かさむ（*Flectere si nequeo Superos / Acheronta movebo*）」、これはフロイトが『夢解釈』の冒頭で引用したウェルギリウスの引用である（S. Freud, *L'interprétation des rêves* (1900), trad. I. Meyerson, revue par D. Berger, PUF, Paris, 1971, p. 1〔ジークムント・フロイト『夢判断』上、高橋義孝訳、新潮文庫、一九六九年、六頁〕）。この引用文は、本文でも再び用いられている（*ibid.*, p. 516〔同書下、三八〇頁〕）。――J・スタロバンスキーによる見事な注釈を参照（J. Starobinski, « Acheronta movebo », *L'Écrit du temps*, nº 11, 1986, p. 3-14）。

（8）S. Freud, *L'interprétation des rêves*, *op. cit.*, p. 517〔フロイト『夢判断』下、前掲書、三八〇頁〕. この一文は、ウェルギリウスの二つの詩句のすぐ後に続いている。

私が判じ絵(*Bilderrätsel* つまりイメージでできた謎)を見つめていると仮定してみよう。それは一軒の家を表し、その屋根にはボートがひとつ見え、つづいて独立した一文字、走り回る頭のない人物などが見える。私は、この全体も、そのさまざまな部分も無意味である(*unsinnig*)と断言できるだろう。ボートが家の屋根にあるはずはなく、頭のない人物が走るはずはない。[9] さらに、その人物は家よりも大きく、そして全体がひとつの景色を表しているはずだと認めるなら、自然において現れるはずがない独立した文字がそこにあるのは不適当である。私が初めて判じ絵を正確に判断できるのは、そのように全体と部分を評価するのを断念して、それぞれのイメージを、何らかの理由でそのイメージによって現されうる(*durch das Bild darstellbar ist*〔イメージによって描写される〕であって、*vorstellbar ist*〔想像される〕ではない)音節や単語によって置き換えようとするときであろう。こうして集められた単語は、もはや意味を欠くことなく、何らかの美しく意味深い詩句を形成できるだろう。夢とは判じ絵(*Bilderrätsel*)であり、われわれの先達たちは、それをデッサンとして解釈しようとする誤りを犯していたのである。[10]

ここでわれわれはある運動の発端に位置していて、その運動は打撃を、表象の古典的概念にもたらされた裂け目をたえず深化させ、深刻化させていく。つまり、何かがそこで視覚的に現れるのだが、それはデッサンではなくむしろ逆説的な組織であり、それはそこに読めると予想された言説の意味を混乱させ(それは引用したテクストにおける無意味(*unsinnig*)のことである)、形象化される要素間の表象的な透明性を混乱させる(それは判じ絵(*Bilderrätsel*)であり、それを模倣的な芸術作品として見つめる者にとっては説明不可能なものである)。したがって、一挙にフロイトはひとつの視覚的モデルを提示したのだが、それは素描（*disegno*）の古典的発想がその模倣的透明性ゆえに説明しえず、モノグラム‐イメージの発想（カントの図式）がその総合的同質性ゆえに説明しえないモデルであった。さらにこのフロイトの例は、閉ざされた対象の例として、ひとつの作用の結果として現れるというよりも、作用そのものの範例として現れるのだ。実際、この例は『夢解釈』において「夢の作用〔作業〕」（*Traumarbeit*）に捧げられた章の冒頭に位置している。この例は、そのため機能様態の構造的範例を提供しているのだ――それは非常に奇妙な機能様態であり、そこで裂け目は、デッサンや図式におけるあまりにも安定的な、観念的な実体を襲い、つづいてカントの後でカッシーラーが規定しえた意味での機能の観念そのもの(11)を包囲するだろう。したがって引き裂かれた機能――つまり、それ自体のうちに否定的なものの力を含んだ機能――が、作用として、夢におけるイメージの強烈だがはかない視覚性を支配しているのだ。このような作用をどう理解すればよいのだろうか。判じ絵という範例において示される隠喩をまさに超えて、フロイトは「夢が形成されるときのわれわれの心理状態を造形的に思い描く」(12)試みについて、われわれに警戒を促している。夢の形成

（9）それはありうる、と反論することもできるだろう――しかし、まさにそれは何らかの大惨事や、洪水、無実の者の虐殺……といったものの例外的な徴候となるだろう。

（10）*Id., ibid.*, p. 242〔同書上、三五八―三五九頁〕.

（11）つまり、事物の間における「統一性の根本的要請」に応えているが、事物だけでは表明することができない、この「唯一の同じ根本的な精神的機能」としてである。Cf. E. Cassirer, *La philosophie des formes symboliques, op. cit.*, I, p. 17-18〔カッシーラー『シンボル形式の哲学』1、前掲書、二四―二九頁〕.

（12）S. Freud, *L'interprétation des rêves, op. cit.*, p. 244〔フロイト『夢判断』上、前掲書、三六二頁〕.

において——そして無意識的過程の全般において——作動している場所論があるとしたら、それはわれわれの感覚的空間性の経験論に、さらにはわれわれの「生きた空間」の経験論に重ねられるべきではなく、また何らかの超越論的美学から生まれる先験性《ア・プリオリ》や、観念的カテゴリーといったカント的観念とも重ねられるべきではない(13)。この問題は、より控えめに自ら現前化するものから出発してはじめて検討されうる——そしてフロイトが、夢の頻繁に欠落をはらむ現前化、集められた切れ端というその性格を強調しながら夢の作用（*Traumarbeit*）を問題化し始めるのは、偶然ではない。まず赤裸々に現前化するもの、現前化するが観念が拒絶するもの、それは裂け目である。それは主体の領域外のイメージであり、夢のイメージとしてのイメージである。裂け目がここで強烈に現れるのは、まさしく省略（*Auslassung*）や削除の力によってであり、裂け目は厳密に言ってその残骸なのだ。つまりそれは唯一の残滓であり、至高の残存物であると同時に消去の痕跡なのである。それは消滅の視覚的な操作因である。そのためフロイトは、夢はその「可読性」という点から翻訳であるとはいえず、その「可視性」という点から具象的デッサンともいえない、と続けて結論づけているのだ(14)。

フロイトがわれわれを夢の作用のメタ心理学的理解へと導く、つねに厳密だがつねに危険に満ちた延々と続く一連の推論を、ここで詳細に論じることはできない。夢における省略の単なる現象学が、いかにして「圧縮の作用」（*Verdichtungsarbeit*）という形で考察されるにいたるか、夢の謎についての単なる現象学が、いかにして置換作用（*Verschiebungsarbeit*）とよばれる別の「作用」という形で考察されるにいたるかを示唆するだけで十分だろう。そうすれば、言葉の厳密な意味において、夢に関して機能的総合を禁止しているものが何であるのかをよりよく理解できるだろう。つまり「夢は別の形で中心化されている」とフロイトはわれわれに語っているが、この別の形では、意味の要素や、対象、形象を襲うばかりでなく、強度や価値にも働きかけるのだ(15)。この別の形ではたえず作用し、移動し続ける。それはすべてを包囲するのだ。それは逆説的な法則——むしろ強制——を提示し、その法則は不安定性の法則、非‐規則の法則である。それは執拗な例外の法則、見えるものにおいてと同時に読めるものや命題論理において例外化するものの法則や至高性なのである。

だからこそ、夢における「現前化の方法」や「形象化の方法」(*Darstellungsmittel des Traums*)に対するフロイトの分析は、イメージの切開と同様に論理の切開の理論的作業として展開されていく。夢の形象化

(13) フロイトからの先の引用と、彼の晩年、一九三八年八月二十二日に書かれた次のメモの間にある道筋が、まさに十分に示される必要があるだろう。「空間性が、心的装置の延長による投影である可能性はある。おそらく他のいかなる派生現象もない。それがカントによる心的装置の先験的条件に取って代わる。精神《プシュケ》は広がりであり、それらの先験的条件については何も知らない」。S. Freud, « Résultat, idées, problèmes » (1938), trad. coll., *Résultats, idées, problèmes*, II, 1921-1938, PUF, Paris, 1985, p. 288. ——この「広がり」という謎を思考することが、フロイトのメタ心理学におけるもっとも困難な課題のひとつをおそらく形成している。たとえば、場所論を位相論へと乗り越える、ラカンの長きにわたる試みがそのことを示している。「場の理論」(« Théorie des lieux », *Psychanalyse à l'université*, XIV, 1989, nº 53, p. 3-14, et nº 56, p. 3-18) に要約されているP・フェディダによる最近の研究も同様に参照。

(14) S. Freud, *L'interprétation des rêves*, *op. cit.*, p. 244〔フロイト『夢判断』上、前掲書、三六二頁〕.

(15) *Id.*, *ibid.*, p. 263-264〔同書上、三九四頁〕.

が一挙に争点となるのは、確かに「論理的関係を表象できない」という観点からである。[16] しかしここでもやはり、この確認から現れる否定性は、純然たる欠如の観念とは無関係である。否定性は作用となるのだ――「現前化」の作用、*Darstellung*〔現前化〕の作用に。時間的な関係を表象できない――そのようなものとして意味することができず、見えて読めるものにできない――ため、夢の作用は、表象的言説(あるいは言説的表象)が通常は互いに区別して推論していた要素を、まとめて視覚的に現前化するにとどめるであろう。因果関係は共現前を前にして消え去るのだ。[17]「頻度」は「多様性」に変化し、そしてあらゆる時間関係は全般的に場所の関係に変化するだろう。[18] 同様に、フロイトは次のように書いている。「夢は、いかなる形でも「あるいは、またあるいは」という二者択一を表すことはできない。夢は、その要素を等価なものとして一続きに集めるのだ」――つまり、ここでもまた共現前するものとして。したがって夢は、二者択一のあらゆる可能性を、論理的にみれば「それがほとんど互いに相容れないにもかかわらず」一緒に提示するのである。[19] 要するに次のように。

夢が対立や矛盾のカテゴリーを表す方法は、とくに強い印象を与える。つまり夢はそれらを表さず、「否」を知らないようにみえる。夢は巧みに反対物を統一して、それらをたったひとつの対象において(*in einem dargestellt*)現れさせる。しばしば夢は、ある任意の要素をその反対の欲望によって現前させるので、矛盾を受け入れうる夢の要素が、夢の思考において肯定的な内容を暴露しているのか否定的な内容を暴露しているのかを、われわれは知ることができない。[20]

こうして確実さの土台が崩壊する。すべてが可能となる。つまり、共現前は一致と不一致を語ることができるし、単なる現前は事物とその反対物を語ることができる。そして単なる現前は、それ自体が共現前の効果となることができるし（同一化の手順にしたがって）、さらには正反対で自然に背く共現前の効果となることができるのだ（混合的形成の手順にしたがって）。したがって、確実さとともにミメーシスの別の面が崩壊する。「混合的イメージ（*Mischbildungen*）を形成する可能性は、夢にその幻想的な特徴を頻繁に与えるもっとも重要な事実である。実際、それらのイメージは、けっして知覚の対象ではありえなかった要素を夢に導入するのである」(21)。あらゆる対照的関係、あらゆる差異が、唯一のイメージという実体において結晶化して、同時に同じ実体が、その主体を分断しながらあらゆる哲学的何性を滅ぼすだろう。これが驚くべき夢の詩法である。つまり、そこで時間は逆転して引き裂かれ、それとともに論理もまた逆転して引き裂かれる。そこで帰結は、その原因を先取りするばかりでなく、それ自体の原因であるが、まったく同様にそれ自

(16) *Id., ibid.*, 269〔同書下、一〇頁〕（そして、より全般的には p. 267–291〔下、七―四三頁〕）.
(17) *Id., ibid.*, p. 271-272〔同書下、一二頁〕.
(18) *Id.* «Révision de la théorie du rêve» (1933), trad. R. M. Zeitlin, *Nouvelles conférences d'introduction à la psychanalyse*, Gallimard, Paris, 1984, p. 39〔同「夢理論の修正」『精神分析入門』下、高橋義孝・下坂幸三訳、新潮文庫、一九七七年、二二七頁〕.
(19) *Id., L'interprétation des rêves, op. cit.*, p. 273〔同『夢判断』下、前掲書、一五頁〕.
(20) *Id., ibid.*, p. 274〔同書下、一七頁〕.
(21) *Id., ibid.*, p. 279〔同書下、二四頁〕.

体の否定でもある。「さらに逆転、反対物への変換（*Umkehrung, Verwandlung ins Gegenteil*）は、夢の作用がもっとも頻繁にもっとも好んで用いる方法のひとつである」とフロイトは確認して、夢のイメージに結びついた情動の水準においても、同じタイプの作用を指摘するにいたる。[22] このように表象は、まるで表象そのものから引き離されたようであり、情動は表象から、情動は情動そのものから引き離されたようである。つまりあたかも夢の作用が、ある視覚性の逆説的な争点によって突き動かされていたかのようだ。その視覚性は強烈に現れ、同時にわれわれを動揺させ、執拗であり、われわれに付きまとう――その視覚性においてわれわれを動揺させているのが何であるのか、それはいかなる動揺なのか、それはまさに何を意味しうるのか……といったことをまさにわれわれが知らない限りにおいて。

フロイトの問題に対するこのような概観は、いかに簡略であろうとも、どれほどイメージの視覚的論理が――「論理」という用語にまだ意味があるとすれば――素描（*disegno*）という古典的用語や、図式やモノグラムというカント的用語で表される思考の穏やかな確実性にここで背いているのかを、すでに気づかせてくれる。もちろん、次のような点をより正確に突き止める必要があるだろう。どのようにしてフロイトは、夢の作用において、方向づけられそして方向を失った置換のこれらすべての戯れを明確化するにいたったのか。どのようにして、「まさに既成の象徴」の使用が、驚くべき象徴的価値の創作、まったく予想できなかった特異な特徴の創作とともに織り上げられているのか。言語の文法や規範《コード》がそれ自体としては消え失せるしかないにもかかわらず、どのようにして言語の構造が構成されるのか。言葉の形態と事物の形態の途方もない交換が、どのようにして連想による連鎖にしたがって生み出されるのか。どのようにして不条理が、計算や強力な推論と韻を踏むにいたるのか。どのようにしてこのすべての作用、このすべての要請、これらすべての選別が、同時にイメージを、フロイトが導入した専門的な意味――場所論的で、形式的で時間的な意味――で、引力と「退行」の操作因にすることをまさに目指すのか[23]。最後に、イメージの古典的概念に導入されたこの裂け目を完全に捉えるために、夢の作用が、一般的に類似と呼ばれるものにたいして展開する驚くべき働きを、正式に確認する必要があるだろう。

なぜなら、夢はその視覚的な能力の本質的な部分を、類似から汲み取っているからである。すべてが夢においては類似しているか、あるいは類似の謎めいた印を帯びているようだ。しかし、それはどのようにしてであろうか。どのような類似が問題なのだろうか。すべての問題はそこにある。しかし、アリストテレスは『詩学』の冒頭でまさに予告していた。つまり模倣と類似は、その方法、対象、様態が異なるのに応じて完全に意味を変えうるのだ[24]――それなのにわれわれは、あらゆる類似をルネサンスの模倣的素描というモデル

(22) *Id., ibid.*, p. 282 et 401〔同書下、二八と一九四頁〕.

(23) *Id., ibid.*, p. 291-292, 297, 300-347, 347-391, 453-467〔同書下、四三―四五、四九―五一、五七―一二五、一二五―一四九、二八九―三一〇頁〕. ― *Id.*, «Révision de la théorie du rêve» *art. cit.*, p. 30〔同「夢理論の修正」『精神分析入門』下、前掲書、二一八頁〕. ― *Id.*, «Complément métapsychologique à la théorie du rêve» (1917), trad. J. Laplanche et J. B. Pontalis, *Métapsychologie*, Gallimard, Paris, 1968, p. 125-146〔同「夢理論のメタ心理学的補遺」『フロイト著作集10――文学・思想篇I』高橋義孝・生松敬三ほか訳、人文書院、一九八三年、三一五―三二四頁〕.

(24) 実際、アリストテレスによれば、模倣的芸術は「それぞれの間で三つの形で異なっている。つまりそれは異なる方法によって模倣する、あるいは異なったものを模倣する、あるいは同じ様式ではなく異なる様式によって模倣する」。*Poétique*, I, 1447a, trad. J. Hardy, Les Belles Lettres, Paris, 1932 (6ème éd. 1975), p. 29〔『詩学』第一巻、一

に（あるいはむしろ、ヴァザーリ以降われわれが素描やルネサンスに抱いている観念というモデルに）重ねるように必ず誘われている（ヴァザーリ以降はかつてないほどに）。夢の作用は、*zeichnerische Komposition*、つまり図示的《グラフィック》な構成、ヴァザーリ的素描（*disegno*）とはほとんど無関係な類似性の作用として与えられることを、繰り返し指摘する必要がある。類似は夢において作用しているのだ——木がひび割れる前のように、まさに自分の姿をさらす前に——、フロイトがわれわれに一挙に予告した効力、つまりその諸目的に達するためには「無数の方法」（*mit mannigfachen Mitteln*）を活用する効力にしたがって[25]。そうして類似は、「夢のあらゆる構成における最初の基礎」を与えると同時に、夢の各要素が誘発できるもっとも特異な分岐を与えるのだ。なぜなら「夢の作用の大部分は、新たな［類似関係］を生み出すことにあるからだ。というのは、夢が手にしている類似関係は、抵抗による検閲が原因で夢の中に入り込むことができないからである[26]」……。

常識によれば、類似化する行為は、二つの事物、二人の人物や、物質的に分離した二つの基体の間における形態的で観念的な統一性を示すことであった。逆に夢の作用によって、フロイトは物質的で非形態的な接触（*Berührung*）というベクトルを強調する。そしてこの接触は、夢のイメージにおいて類似化のプロセスや経路を生み出すのである[27]。したがって類似することは、もはや事実の状態を示すのではなく過程を示し、それまで分離されていた（あるいは言説の秩序に則って分離されていた）二つの要素を少しずつ、あるいは一挙に接触させる現働的な形象化作用を示すだろう。いまや類似は、もはや理解可能な特徴ではなくひそかな運動であり、この運動は伝播し、伝染の、衝突の、あるいは炎の圧倒的な接触を生み出すのである。他方で常識によれば、類似化する行為は二つのものが存在することを前提としていた。つまりそれは二つの分離した主体であり、それらの間で類似は、二つの山の間で吊り橋を巧みに架橋するように、理想的な結合を構築していく。逆に、夢の作用がわれわれに示しているのは、類似がそこでは加速して、結び目や集合を生み出せることであり、類似が巧妙な二元性を破壊できること、そしてそこにただ単に現前する類似に関して何かを比較し、つまり思い描き、つまり明確に知るあらゆる可能性を類似が崩壊させうることである。それが、夢において「圧縮傾向」が突きつける帰結であろう。フロイトは、「二人の人物の統合を説明する共通要素が（…）、夢において表象されうるか、あるいは欠如しうる」という事実を説明するために、この圧縮傾向に言及している。

> 通常、同一化や複合的人格の形成は、まさにその表象を避けるのに役立つ。Aは私を好きではなく、Bもまた同様だと繰り返す代わりに、私はAとBから複合的人格を形成し、あるいは通常はBの特徴となる態度のひとつでAを思い描く。こうして形成された人物は、夢の中で何らかの新しい状況において私に現れ、この人物がAと同様Bを表象しているため、私は解釈上のこの点において、両者に共通の事実、つまり二人が私を好きではないことを当然のように挿入することができる。夢において驚くべき圧縮にしばしば至るのは

四四七a、『アリストテレス全集17――詩学、アテナイ人の国制、断片集』今道友信ほか訳、岩波書店、一九七二年、一七頁〕.

(25) S. Freud, *L'interprétation des rêves*, *op. cit.*, p. 275〔フロイト『夢判断』下、前掲書、一九頁〕.

(26) *Id.*, *ibid*〔同書下、一九頁〕.

(27) *Id.*, *ibid*〔同書下、一九頁〕.

このようにしてである。つまり私は、一人の人物をある程度は同じ状況にいる別の人物と入れ替えて、非常に複雑な状況の表象を避けることができるのだ。同一化によるこの現前化の様式が（*Darstellung durch Identifizierung*）、抵抗による検閲を、夢にかくも困難な作用条件を課す検閲を、どれほど逃れる役に立ちえているのかを理解するのは容易であろう(28)。

最後に常識によれば、類似は、二項間に何か同一物による融和のようなものを確立するために生み出されていた。夢の作用は、このような融和の平穏さを内部から引き裂くであろう。この同一物が表象されるとき、フロイトがわれわれに語るところによれば、「それは他のものを探さねばならないことを通常は示していて、その他のものは二物に共通しているが、検閲が形象化を不可能にしているために隠されたままでいる。こう言ってよければ、形象化できるように、共通要素の領域において置換（*Verschiebung*）が生じたのである」(29)。これは何を意味しているのだろうか。類似における極の二元性が圧縮の作用によってたえず蝕まれているのと同じだけ、模倣的な同一性が置換の作用によってたえず蝕まれていることを、それは意味している。したがって、類似はもはや「同一物」を示すことはなく、他者性に感染していて、その一方で類似化する諸項は、まさに項としての明確な認識を不可能にする混沌――「複合的形成」――においてぶつかり合うのである。したがって、もはや有効な項が存在するのではなく、ただ結ばれた関係、結晶化する移行過程だけが存在する。さて、この種の類似の変質した収縮は、解体における形成の永遠なる錯綜というわれわれの主題にとって、決定的な効果をもたらしてくれる。フロイトが、複合的イメージにおける非‐リアリズムを強調して、それらのイメージが、われわれの可視的知覚における日常的対象にはもはやまったく対応していない――それらに固有の視覚的強度にもかかわらず、あるいはむしろそれが原因で――事実を強調するとき、彼は「逆転、反対物への変換」(*die Umkehrung, Verwandlung ins Gegenteil*)[30] を究極の帰結として可能にする類似性の概念へと、われわれを導いているのである。

　このように、「夢における形象化の方法」は――フロイトがわれわれをこれらのあらゆる逆説へと導いたのは、まさにこの論点においてであるから――「具象的表象」が通常意味するものを類似によって決定的に裂く。夢が類似を利用するのは、まさに「初めて見たときには夢がまったく理解不可能に思えるような、ある程度の歪曲(*ein Mass von Entstellung*)を表象に与えるため[31]」にほかならない。まさにこの点が、夢の作用において作動している形象可能性――それは毎夜、孤独にわれわれをつけ回す――を、描かれ彫刻された形象化の文化的世界――それをわれわれは、毎週日曜日に家族で、何らかの美術館の展示会場で称賛しに行く――から決定的に隔てているように思える……。しかし、すべてはそう見えるほど単純ではなく、明白でもなく、フロイトはこの段階に留まることはない。素描(*disegno*)という隠喩に対して判じ絵の隠喩を示した二五ページ後で、彼は奇妙にも同じ造形芸術の範例へと戻っていく。しかしそれは、何をするためなのか。表象の相応関係を確立するためだろうか。決定的な差異を穿つためだろうか。そのようなことではま

---

(28) *Id., ibid.*, p. 276–277〔同書下、二一一頁〕.
(29) *Id., ibid.*, p. 277〔同書下、二一二頁〕.
(30) *Id., ibid.*, p. 279 et 282〔同書下、二一四―二一五、二一八頁〕.
(31) *Id., ibid.*, p. 282〔同書下、二一八―二一九頁〕.

ったくない。フロイトが絵画的範例を提示するのは、逆説的に裂け目から脱形象化へと移行するためにほかならない。ここで造形芸術が、夢の形象可能性との関係で呼び出されるのは、確かに欠落という、欠如という――論理的「表現の欠如」(*diese Ausdrucksfähigkeit abgeht*) ――観点においてである。そして、造形芸術における「表現の欠如」は「利用される素材の性質によるものであり (*in dem Material*)」、同様に「この表現の欠如は、夢が使用する心理的素材の性質と結びついている (*am psychischen Material*)[32]」、という簡潔だが非常に正確な指摘がフロイトの筆先に見られるのは、瑣末なことではない。そしてそれに続く有名な一節は、描かれた人物の口元で言葉を示す巻物《フィラクテリウム》という中世の手法に言及しているが、この一節がそこに現れるのは、まさに視覚芸術という不能な範例を強調して、画家が――フロイトは想像している――「理解させられずに絶望していた[33]」言説を、言葉 (*die Rede*) を強調するためなのである。

　このようにフロイトは、基本的な裂け目や欠如という観点で、形象可能なものという問題に取り組んでいた。しかし、そこに言述不可能性という論点や形象化不可能なものの新ロマン主義哲学に類するものを見出すどころか、彼はすぐさま、形象化の裂け目――作用している裂け目――とともに考察された形象化の作用という、このほとんど「実験的な」発想へと視点を移していった。これこそ、数年後にカッシーラーが「象徴機能」や全般的な「機能」として示すものとは根本的に異なる典型的で明確な点であろう。確かにフロイトは、夢における「表現の欠如」を、純然たる喪失とは別の形で理解することを提案している。このことが明確に示しているのは、論理的関係が、夢において論理的に表象されることはありえないが、適切な脱形象化によってそれでも形象化される……ということである。フロイトは、次のように書いている。「夢は、夢思想の論理的関係のいくつかを、それらの形象化を適切な方法で変貌させることによって、なんとか表すことができる」(34)。

こうしてわれわれは、欠如が、裂け目が、欲望と強制の間にあるもの――形象化への強制的な欲望――の原動力そのものとして、夢において機能していることを理解する。それにもかかわらず形象化すること、つまり強いること、つまり引き裂くこと。そしてこの強制的な運動において、裂け目は、開《ウーヴリール》くという動詞が帯びうるあらゆる意味において形象を開くのだ。裂け目は、形象可能性の作用において、まさに原理とエネルギー――裂け目の効果が、すなわち不在が、この原理とエネルギーを引き起こす――のようなものへと生成する。裂け目は表象を穿ち、形象とその現前化（*Darstellung*）を誘発し、形象という概念そのものを根本的に特徴づける曲折《デトゥール》の際限なき過程を始動させる(35)。*tropos*〔比喩〕や *figura*〔形象〕は、周知のように昔から言い回《トゥール》しや婉曲《デトゥール》表現という概念を示している。それらは現前化となった曲折であり、そのため、夢における

（32） *Id., ibid.*, p. 269〔同書下、一〇頁〕（このフランス語訳は、同じドイツ語の単語を、ある場合は「matériel」と、別の場合は「matière」という訳語で表す必要があると考えている。もっとも正確な翻訳――いずれにせよ「唯物論的な」――は、おそらく *matériau* であろう。

（33） *Id., ibid*〔同書〕.

（34） *Id., ibid.*, p. 270〔同書下、一一頁〕: «...so hat sich auch für den Traum die Möglichkeit ergeben, einzelnen der logischen Relationen zwischen seinem Traumgedanken durch eine zugehörige Modifikation der eigentümlichen Traumdarstellung Rücksicht zuzuwenden.»

（35） そのため、*Darstellbarkeit*（「現前可能性」）を形象可能性として翻訳することはやはり適切である。確かにこの翻訳は、ギリシア語とラテン語の「比喩的表現《トロポロジー》」という古来の伝統を、*tropos*〔比喩〕と *figura*〔形象〕という用語に保証されて含意すると同時に、「現前」の質とその効果（形象そのもの）が担う有効性の質を示している。

形象化の方法を検討し始めると、言語に属するものと見えるものに属するものを区別する努力が、なぜ明らかに無意味となるのかをわれわれはよりよく理解できる。したがって間違いなく問題は別のところにあり、以上のように理解された形象は、言説の純然たる可読性をその修辞的な豊かさにおいて狂わせ、アカデミックな意味における「具象的」表象の純然たる可視性を、その現前化の力において同様に狂わせていくのである。

おそらく、このような形象的働き――この働きによって裂け目は、曲折が視覚的に現前化するように曲折する――の帰結が汲みつくされることはけっしてないだろう。この意味で裂け目は、夢の作用の「退行的」特徴が示す執拗な不透明性に開かれているのと同様に、その作用の加工的複合性へと開かれているのだ。裂け目は、形象の色とりどりの繁殖を引き起こすが、空虚へと開かれたその虚ろな至高性をそれでも顕示する。それは開かれている、と私は言ったが、要するにそれは絶え間なき星々の輝きを、絶え間なき視覚的産物を生み出し、それらの産物は「欠如」を消し去ることなく、まさに逆にそれを埋め込み強調しているのだ。否定的なもののこの持続――あるいは執拗さと言った方がよいだろう――には、フロイトが夢と徴候を前に対峙した類似性の逆説が、ある種の仕方で対応している。その逆説は、類似することが相違することと等しくなり、形象化することが脱形象化することと等しくなることを主張していた。なぜなら「それにもかかわらず」形象化することや、説明不可能な関係をそのまま「表すこと」は、「適切な方法でそれらの形象化を変貌させること」[36]とまさに等価値であったからである……。

フロイトが、無意識の形成物を説明しようとするたびに――たとえば、あらゆる「徴候形成」（*Symptombildung*）にともなう歪曲（*Entstellung*）の特徴を彼が力説するとき――けっして放棄しないこの逆説に関しては、夢の作用に関する章の終わりに、見た目は簡潔だが深い理論的教訓は隠れるべくもない有名な表現が見出される。つまり「夢の作用は思考しないし、計算もしない」。「より一般的に言えば、それは判断しない」(*urteilt überhaupt nicht*)、そしてそのことは、この*Urteilskraft* この「判断」――そこからカント哲学の全体がまだ鳴り響いていた――の対蹠点へとわれわれをすでに導いている。したがって、ある「作用」が判断や「その機能」と入れ替わる――それは、世界のいかなる機能よりもはるかに総合的ではない、はるかに深遠な作用であり……「ただひたすら変形する《トランスフォルメ》」(37)作用である。この動詞は、ここでわれわれに形成《フォルマシオン》と歪曲《デフォルマシオン》について語っているのだ――それはいずれにせよ「形態」(イデアという意味で)の喪失であり、いずれにせよ知性的な包摂の失敗である。

しかし、こうした夢の作用の喚起は、いかなる点でまさにわれわれの問いに関わっているというのか。フロイトは、夢の範例として示した判じ絵を、夢を表象的デッサンとみなす共通観念からはっきりと区別して、夢の作用をけっして「芸術的に」理解しないように始めから警告していたのではないか。確かに彼はそう警告していたし、フロイトのテクストにおける「芸術的」例証を取り上げるだけでは、明らかにそれらの例証の深い価値はわれわれに解明されることがない。フロイト的美学という問い、フロイトが芸術について考えていたこと、あるいは彼がいかにして芸術的創造性を精神分析的に説明しようとしていたかを知るという問い――それらすべての問いは、その問題形成そのものが疑わしいままであり、いずれにせよわれわれの現在

(36) S. Freud, *L'interprétation des rêves*, *op. cit.*, p. 270〔フロイト『夢判断』下、前掲書、一一頁〕.
(37) *Id.*, *ibid.*, p. 432〔同書下、二五四―二五五頁〕.

の論点には入ってこない。ここでの問題はまさに異なっている。形象可能性というフロイトの概念《ノーシオン》が、すでに論じたように表象という古典的概念《コンセプト》を「切り開く」とすれば、この概念《ノーシオン》は芸術的イメージに向かうわれわれの眼差しといかなる点において関わり、それを襲うことができるのか、ただこのことを理解することが重要であろう——しかし、それはすでに大変な問題であるといえよう。要するに、「開かれる」表象が、通常われわれが絵画表象と呼ぶものにおいて、さらなる何かをいかなる点でわれわれに示すことができるのか、ただそれを理解することが重要となるだろう。

　われわれは、自分の夢という視覚的イメージの前に、あるいはむしろ中にいるのと同じようには、描かれ彫刻されたイメージの前にはいない。後者は、明白な対象として与えられる。それらのイメージは、操作可能で、集め、分類し、保存することができる。もう一方のイメージは、定義された対象としてはまさに素速く消え去り、少しずつ溶け合って、われわれ自身が生きた単なる諸瞬間——理解不可能な瞬間——、われわれの運命の残骸、われわれという「主体的」存在の分類不可能な切れ端に生成するのだ。芸術的イメージは人間共同体のなかで流通していて、それらは理解されるために、少なくとも他者によって発信され、共有され、受け取られるために作られていると、ある程度まで言うことができる。それに対してわれわれの夢イメージは、誰にも受け取られ理解されることを求めない[38]。しかし、最大の違いはおそらく次の点に由来している。われわれは、芸術的イメージの前で覚醒している——明晰さを、われわれの見ることの力を生み出すこの覚醒によって——のに対して、夢イメージのなかでわれわれは眠り込んでいる、あるいはむしろそこでわれわれは眠りによって取り囲まれているのだ——おそらくわれわれの眼差しの力を生むこの随伴する孤立によって。

　もちろん絵は夢ではない。われわれは両目を開いてそれらを見るが、おそらくそのことがわれわれを悩ませ、そこで何かを取り逃させるのだ。ラカンは、まさに巧みに次のように指摘していた。「覚醒と呼ばれる状態には眼差しの削除がある。それが見つめるばかりでなく、それが見せるという事実の削除があるのだ」(39)。夢においては「それが見せる」、なぜなら「それが自ら現前化するからであり」――フロイトにおいて *dars-tellen* という動詞が帯びるあらゆる力とともに――、まさに現前化したものの視覚的現前ゆえに「それは見つめる」のである……。われわれの仮説は、結局はとても平凡で簡潔なものだ。つまり、具象画の絵において「それは表象し」、「それは見られる」――しかし、それでも何かがそこで同様に姿を見せて、そこで見つめられ、そこでわれわれを見つめる。すべての問題は、もちろんこのそれでもの構造《エコノミー》を見極め、この何かの規定を思考することである。

いかにしてそれを名付ければよいのだろうか。いかにしてそれに取り組めばよいのだろうか。この何か、このそれでもは、開口と分裂の場に存在している。つまり視覚《ヴィジョン》はそこで、見ることと見つめることの間で引き裂かれ、イメージはそこで、表象することと自ら現前化することの間で引き裂かれる。したがってこの裂け目においては、私が夢を見ていないために捉えられない何かが――あるいは私を完全には、持続的には捉えられない何かが――作用していて、その何かはしかし、絵の可視性において、つかの間の部分的な眼差しの出来事としてわれわれに襲いかかるのだ。本当に夢が、夜ごとに視覚性が絶対的に展開される契機を、

---

(38) 「夢における形象化は(…)理解されるためには確かにできていないといえる」。*Id., ibid.*, p.293〔同書下、四六頁〕.

(39) J. Lacan, *Le séminaire, XI – Les quatre concepts fondamentaux de la psychanalyse, op. cit.*, p. 72〔ラカン『精神分析の四基本概念』前掲書、九九頁〕.

そして絶対的に至高な眼差しが支配する契機を与えるならば――それが真実であるならば、私が絵におけるこの何かに達することができるのは、そのものとしての夢（そのものとしての夢が実際には何なのかを誰も知らない）の範例を通じてではなく、夢の忘却（これに関しては、毎朝われわれは知っている、つまりわれわれはそれが何なのかを感じている）の範例を通じてにほかならない。別の言い方をするならば、絵における視覚的出来事はまさに裂け目から生じる。その裂け目は、回想として表象されるものと忘却として現前化するすべてのものをわれわれの前で分離しているのだ。したがって、もっとも美しい美学――それらは一般的に失敗や狂気へと定められているのだから、もっとも絶望的でもある――とは、視覚的なものの次元へと完全に開かれるように、イメージの前で目を閉じることを求める美学であろう。つまり、もはやイメージを見ずにただ見つめるように、そしてブランショが「もう一つの夜」と名付けたものを、オルフェウスの夜をもはや忘れないように、イメージの前で目を閉じることを求める美学であろう。(40) このような美学は、つねに特異であり、非 - 知のなかで剝き出しとなり、いかなる覚醒者も見ないものを視覚と名付けることをけっしてためらいはしない。(41) しかしわれわれ歴史家、あるいは美術史家は、知ろうと欲するわれわれ、つまり毎朝、至高だが忘却された夢の視覚性の印象とともに目覚めるわれわれは、まさにエクリチュールや言葉によってでなければ、われわれの知の不確定な基盤を、とりわけ知の消失点を、非 - 知への消失点を、この忘却から生み出すことはできないのである。

おそらくここでわれわれは、夢の範例が帯びる重要性をよりよく理解するだろう。とりわけなぜ夢は範例となるのだろうか。それは解釈対象――つまりわれわれが夢と「比較」しようとする芸術作品――のためというよりも、ピエール・フェディダが精神分析に固有の領域で提案した表現によれば、解釈への要請のためである。「理論が解明するものは、夢の実践としての夢解釈（*Traumdeutung*）に直接依存している。ここで理論は、まさに解釈の言葉によって獲得される規定から本源的な意味を受け取るのであり、それはその言葉が夢によって要請されるかぎりにおいてである」(42)。さて、夢の忘却は、この要請においてまさしく決定的な役割を果たしている。なぜならこの忘却は、いわば「睡眠の素材」を蓄えることによって、解釈に対してその「消失点」の不透明性そのものを示すからである。

覚醒時に夢から残るものは、断片性へと定められていて、分析はそれをそう理解している。分断されるべく定められたそれは、象徴的総合や全体化へ向かう解釈には適さない。夢の回想が知的実践とは関係しないよ

---

(40) Cf. M. Blanchot, « Le regard d'Orphée », *L'espace littéraire*, Gallimard, Paris, 1955 (éd. 1968), p. 227–234〔モーリス・ブランショ「オルフェウスの注視」『文学空間』粟津則雄・出口裕弘訳、現代思潮社、一九七六年、二四〇—二四八頁〕.

(41) その点で、おそらく歴史上の神秘主義的主体は、他者（自分の神）の名の下に、実験的で、体験され記述される美学を展開しているにちがいない。――しかしすでにはるかに控えめに、睡眠者の眼差しにおけるこの次元は、ドラがラファエロの《システィーナの聖母》を前にして過ごすことができた「瞑想的で夢見るような二時間の感嘆」において作動しているだろう……。G・ディディ゠ユベルマン「魅惑的な白さ」（« Une ravissante blancheur », *Un siècle de recherches freudiennes en France*, Erès, Toulouse, 1986, p. 71–83）〔後に同『ななふし――出現についての試論』（*Phasmes, essais sur l'apparition*, Minuit, Paris, 1998）に所収〕を参照。

(42) P. Fédida, « La sollicitation à interpréter », *L'Écrit du temps*, nº 4, 1983, p. 6.

うに、忘却のほうは記憶や判断の欠如とは関係していない。夢の回想に関わる疑念と同様に、忘却は、既視感、既述感や偽の再認などの名で知られる思考の混乱と関係している。このように夢の忘却は、それが生じる場である睡眠の素材を蓄え、そしてまたその素材の言葉の感受性となる。いわば忘却は、夢の臍が描き出される源であり目的地である——解釈の消失点であるのと同様に。(43)

はかないものとはいえ、消失点はまさに実在している。それはそこに、われわれの前に存在する——まさに忘却の印を帯びて。それはそこに、痕跡のように、残存物のように存在する。絵を前にして、夢の状況と対称的な（つまり一致しない）状況にいるように想像してみよう。つまりそこで表象の体制は、まさに夜が残したものの層に基づいて機能するのであり、それらの残存物は、それ自体としては忘却されているが眼差しの素材をなしているのだ。すなわちそれらの残存物は、残存物の空間——あるいは残存物の時間——において、われわれをイメージの本質的な視覚性と、その眼差しの力と再び結びつけるのであり、そのイメージは、見つめられると同時にわれわれを見つめ、われわれを取り巻き、われわれと関係してくるのである。われわれが検討しようとしたのは、おそらくこのそれでもという様態である。見えるものに対するわれわれの習慣的な関係が前提とする明晰な覚醒において、表象装置が提供する理想的な完全性において、何か——残存物、つまり忘却の印——がそれでもその夜の混乱を、その潜在的な力をもたらすために到来し、再来する。それは、物質が線の形態的な完璧さを変質させに来るように、表象される形態の世界を変質させる何かである。それはまさに徴候と名付けるべき何かであり、したがって徴候は——フロイト的な意味で——何らかの忘却作用がなければ存在しないのである。

ただこのような次元を考慮するだけで、われわれが芸術的イメージに眼差しを向けるときに、われわれの知の条件、知の実践と同様に理論的限界が大幅に変化することは明白である。徴候がわれわれ自身の目のなかに巻き付きにきて、われわれを裸にし、われわれを引き裂き、われわれを問いに付し、われわれ自身の忘却能力に問いかけるとしたら、視覚的徴候についての知とは何であろうか。この問題には、少なくとも二種類の方法で答えなければならない。まず、歴史のなかにこのような知の形象を探し求めることによってである。なぜなら、徴候について何らかの限定的な「近代性」を想像することは、不条理であろう――そしてわれわれはずっと以前から、われわれ自身の目や別の場において徴候にゆだねられているからである。(44) つづいて、フロイト的な加工がフロイト自身の領域において、徴候との彼自身の対決において引き起こした方法論的で批判的な帰結を、われわれの帰結として引き出そうと試みることによってである。さて、この後者に関しては、状況は明白であるのと同様に脆弱であるようにみえる。すでに引用したピエール・フェディダの表

(43) *Id., ibid.*, p. 13. ――夢の忘却については、S. Freud, *L'interprétation des rêves, op. cit.*, p. 46-50, 435-452〔フロイト『夢判断』前掲書、上、五九―六五頁、下、二六一―二八九頁〕を参照。

(44) 重要なテクストにおいて、カルロ・ギンズブルグは「推論的範例」と徴候の歴史的であると同時に理論的な理解を試みた。私は、彼の結論、とくに細部を渇望するフロイト、要するにシャーロック・ホームズに近い「警察捜査官のような」フロイトのイメージに関する結論には合意しないが、この議論の展開は他の場に譲りたい。C. Ginzburg, «Traces — Racines d'un paradigme indiciaire» (1979), trad. M. Aymard, *Mythes, emblèmes, traces — Morphologie et histoire*, Flammarion, Paris, 1989, p. 139-180〔カルロ・ギンズブルグ「徴候――推論的範例《パラダイム》の根源」『神話・寓意・徴候』竹山博英訳、せりか書房、一九八八年、一七七―二二六頁〕を参照。

現を再び取り上げるなら、徴候は、あらゆる「象徴的総合」とあらゆる「全体化へ向かう解釈」を禁じるのだ。(45) 夢の作用や残存物の作用のように、徴候は、それが生じる場に行使する部分的な裂け目や脱形象化を通して初めて現れる。同じく夢のように、「無意識の形成物」とみなされた徴候は、観念論的な、超越論的あるいは形而上学的なメタ心理学の道を、つまりその原理において、あるいはその創設原理によって統一された知の道を、フロイトに一挙に禁じていた。したがってメタ心理学（*métapsychologie*）という単語に含まれるメタという接頭辞は、われわれが形而上学（*métaphysique*）という単語を口にするときに意味していることとは逆の意味で理解されなければならない。そしてまずフロイトのメタ心理学は、総合の不安定性に対する執拗な確認――として発展したため、このメタ心理学は「総合の誘惑に対する抵抗(46)」や「自我」や「意識」という概念そのものに始まり――というエピステーメー的態度となっているのだ。

このような態度の帰結には、いかなるひとかどの実証主義的研究者も不安で青ざめさせるものがある。それは、われわれが狂気への一種の強制を前にするように徴候を前にしているからであり、そこで事実はもはや虚構と区別されえず、事実は本質的に虚構的であり、有効な虚構となるからである。他方で、しばしば分析における解釈は、ただひたすら「言葉からその意味作用を取り去り」、言葉を「脱意味化する」仕方で、まさに「それを辞書や言語活動から文字通りに引き剝がす」ためだけに言葉を語っているのだ――これは夢や徴候の作用を前にして唯一可能な態度である。(47) フロイトは、比較的一貫した夢の筋書きに取り組んでいたとき、そのような理解可能性の避難所に満足するどころか、「二次加工」（*sekundäre Bearbeitung*）が夢の作用そのものをそこで覆いに来ると予感して、すべてを粉々に砕き、残存物から再び出発していた。(48) たとえば症例シュレーバーについて、彼が、アーネスト・ジョーンズが一九〇八年に導入した「合理化」（*Ratio-*

nalisierung）という用語を提示したとき、それは理性の仮面をかぶった――そしてまさにそれゆえに狂気と接した――防衛脅迫や反動形成に言及するためにほかならなかった[49]。最後にフロイトは、歴史家の隠語においてしばしば最悪の侮辱となるものを、解釈方法としてあえて推奨した。それはすなわち「重層的解釈」（*Überdeutung*）である――しかしこれは、考察される現象の「重層決定」（*Überdeterminierung*）に対する方法論的に不可避な回答なのだ[50]。

（45） P. Fédida, «La sollicitation à interpréter», *art. cit.*, p. 13.

（46） *Id.*, «Technique psychanalytique et métapsychologie», *Métapsychologie et philosophie* (IIIe Rencontres psychanalytiques d'Aix-en-Provence, 1984), Les Belles Lettres, Paris, 1985, p. 46.

（47） N. Abraham et M. Torok, *L'écorce et le noyau* (1978), Flammarion, Paris, 1987, p. 209-211. この本では「反意味論としての精神分析」という考えが練り上げられている。

（48） Cf. S. Freud, *L'interprétation des rêves*, *op. cit.*, p. 416-431〔フロイト『夢判断』下、前掲書、二三二―二五三頁〕.

（49） *Id.*, «Remarques psychanalytiques sur l'autobiographie d'un cas de paranoïa» (1911), trad. M. Bonaparte et R. M. Loewenstein, *Cinq psychanalyses*, PUF, Paris, 1954 (éd. 1979), p. 296〔同「自伝的に記述されたパラノイア（妄想性痴呆）の一症例に関する精神分析的考察」『フロイト著作集9――技法・症例篇』小此木啓吾訳、人文書院、一九八三年、三一七頁〕.

（50） 「重層的解釈」が受け入れがたい原理として現れうるのは、確実性の基準――要するに、ひとつの対象にひとつの真実が対応する実証主義的基準――に関してにほかならない。だから、重層的解釈の危険な世界へと足を踏み入れることをためらってはならない。したがってすべての問題は、解釈の運動を導き、屈折させ、どこかで停止させることができるような検証方法を見出して、利用することにあるだろう。これは歴史家にとっての恒常的問題である。

もっとも難しいのは、夢解釈の初心者に対して、彼が完全で、道理にかない、一貫性のある解釈に、夢内容のあらゆる要素を説明できる解釈に達したとしても、彼の仕事は達成されていないと納得させることである。もう一つの解釈が、同じ夢の重層的解釈が存在しながらも、彼から逃れ去ったかもしれないのだ。人々は一方では、われわれのなかでひしめき、表現されようとする無意識的な観念連合の驚くべき豊かさを容易には想像できず、他方では、童話の小さな仕立屋のごとく、七匹のハエを同時に殺すように、多様な意味を持つ表現でいろいろなことを一挙に表現しようとする夢の巧みさを、なかなか想像することができない。読者は、この著者はあまりにも機知に富みすぎている、と始めはつねに言いたくなるであろうが、自分自身で少し経験を積むと、それを別の仕方でよりよく判断するようになるだろう。[51]

こうして分析は、思考の（連合的思考の）横溢そのものと対峙するように、非‐知と対峙する。夢や徴候で働く作用の逆説性を認識することは、この逆説が知に打撃を与えること――この知を、われわれはしかしさらにもう少し支え、さらには確立しようとしている――を認識するように要請する。この状況に関してラカンは、サントム（*sinthome*）（まさにその重層決定を模倣した綴りにしたがっている）について次のように語り、めざましいいくつかの公式を与えた。つまり彼は、「リンゴを見つけた魚が困惑するようにそれに困惑していて」、完全に「それを分析するためにはなすべきことは何もない」という謎に直面したようにそこで身動きを取れなくなっていた――そして分析家は、「自分の知に自分の無知の徴候を認めることによって初めて」、そこに、この身動きできぬ状態に入ることができるのである。こういう仕方で、精神分析家に自分の倫理に関わる逆説的命令を、「あなたが知らなければならないこと、それは知っていることに無知となることである」という命令を投げかけるのである。(52) 知の支配力が、「推測に基づく」とされる人文科学においてまで驚異的な有効性に達している今日において、まさにそれゆえに精神分析は、「人文科学」全般のなかで批判手段の役割を果たすことができるのだ――おそらく人文科学における徴候として、つまりそこにおいて抑圧されたものの回帰として。徴候について何かを知るには、さらなる知が、より繊細に整備された知が必要なのではない。なぜなら、徴候はそのようなものとして注目に値するのではなく、知る主体の位置を新たに変更することを――カントがわれわれにそれを求めた後で新たに――より根本的に要請するからである。(53)

ときには美術史家たちは、カント的あるいは新カント主義的な仕方で、自分自身の学問の広がりと限界を批判しようと努めてきた。しかし彼らは、いずれにせよ――そして依然として新カント主義的な仕方で――自らが生み出した知の支配を受ける中心に自分で身を置いてしまった。確かに彼らは、自分自身の目を研ぎ澄まし、自分たちの実践を「意識化」し、あらゆる無邪気さに、すなわちほとんどすべての無邪気さに反駁

(51) S. Freud, *L'interprétation des rêves*, *op. cit.*, p. 445〔フロイト『夢判断』下、前掲書、二七六―二七七頁〕.

(52) そして彼は、明断な自己嘲弄によってこう結論していた。「分析、そうなのです、それは謎への回答ですが、この回答は、言っておく必要があるでしょうが、まったく特別にばかげた回答なのです」。J. Lacan, «Séminaire sur le sinthome», *Ornicar?*, nº 7, 1977, p. 16-17. — *Ibid.*, nº 9, 1977, p. 38. — Cf. *Id.*, *Écrits*, *op. cit.*, p. 358〔同『エクリII』佐々木孝次ほか訳、弘文堂、一九七七年、四五頁〕.

(53) *Id.*, *Écrits*, *op. cit.*, p. 689 et 855-877〔同『エクリIII』前掲書、一五二―一五三と三八九―四二〇頁〕.

した。芸術的イメージのなかに、彼らは、記号、象徴や様式的本体《ヌーメノン》の表れを探し求めたが、めったに徴候を見つめることはなかった。なぜなら徴候を見つめれば、イメージの中心に開いた裂け目において、そのまさに怪しい効力において、自分の目を危険にさらすことになったであろうからだ。それは非‐知による強制を受け入れること、したがって中心的で優越的な位置から、知る主体が占める強力な位置から、自分自身が遠ざかることであっただろう。美術史家は、徴候を病――芸術というこの美しきものにとってはあまりにも物騒な概念である――と同一視していたためそれを警戒していた。あるいは逆に、彼らは自分たちの図式にそぐわない芸術形態を貶めようと、徴候の脅威を主張し、あらゆる異常変形、変性を、好ましくない芸術を語る言葉が含むその他の臨床的な暗示的意味《コノテーション》を前面に出していた……。しかしいずれにせよ、まさにフロイトが、精神分析入門の講演において、徴候と病気そのものを区別しようとしたにもかかわらず、彼らは徴候の概念そのものに背を向けていたのである。(54)彼らは芸術を知ることを望み、彼らの知の縫合されたイメージに似せて芸術を創作しようとしていた。彼らは、自分たちの知が、イメージにおいてイメージそのものを引き裂くもののイメージに類似して、引き裂かれることを望んでいなかったのである。

結局、なぜこの裂け目の力を徴候と名付けるのか。それは正確に言って何を意味しているのか。徴候は、すさまじい韻律的切断を、見えるものにおいて視覚的なものが、表象において現前が奥底から現れる運動をわれわれに語っている。(55)徴候は、規則的なものにおける特異なものの執拗な存続と回帰をわれわれに語り、裂ける織物、均衡の断絶と新たなる均衡、すぐさま再び断ち切られる驚くべき均衡をわれわれに語っているのだ。そして、それがわれわれに語っていることは翻訳されず、解釈され、際限なく解釈されるのである。

徴候は、われわれを形象可能性の過程そのものの出現に直面させるように、その視覚的な力の前に位置づけ

（54）「素人の目から見ると、病気の本質を構成するのは徴候で、彼にとって治癒とは徴候の消滅のことでしょう。逆に医者は、徴候と病気を区別しようと努めます……」。S. Freud, *Introduction à la psychanalyse*（1916-1917）, trad. S. Jankélévitch, Payot, Paris, 1951（éd. 1970）, p. 337〔フロイト『精神分析入門』下、前掲書、五七頁〕.

（55）『夢解釈』におけるウェルギリウスからのエピグラフ――「天上の神々を動かしえざりせば、冥界を動かさむ（*Flectere si nequeo Superos / Acheronta movebo*）」――が、当初は徴候形成についてのテクストを導入するものとして予告されていたことを指摘するのは無意味ではない。S・フロイト「一八九六年十二月十四日付のW・フリースへの書簡」（S. Freud, Lettre à W. Fliess du 14 décembre 1896（n° 51）, trad. A. Berman, *La naissance de la psychanalyse*, PUF, Paris, 1956（éd. 1973, revue）, p. 153）を参照。――夢における形象可能性というフロイトの発想そのものが、どれほどヒステリー徴候というこの別の「王道」によって決定されていたのかを、この徴をみるだけでも理解することができる。われわれ自身の歩みは、これと同じ道のり――具象的徴候から、徴候において思考される形象へ――を借りたものであったといえるだろう。G・ディディ＝ユベルマン『ヒステリーの発明――シャルコーとサルペトリエール写真図像集』（*Invention de l'hystérie — Charcot et l'Iconographie photographique de la Salpêtrière*, Macula, Paris, 1982〔谷川多佳子・和田ゆりえ訳、上下巻、みすず書房、二〇一四年〕）を参照。――ヒステリーが徴候理解にとっての「王道」を構成しうること、それはフロイトが何度もはっきりと示したことである。「ヒステリー性神経症が形成する徴候から出発することが適切に思える……」S. Freud, *Inhibition, symptôme et angoisse*（1926）, trad. M. Tort, PUF, Paris, 1978, p. 17〔フロイト「制止、症状、不安」『フロイト著作集6――自我論・不安本能論』井村恒郎・小此木啓吾ほか訳、人文書院、一九七〇年、三二九頁〕。同様に *Id.*, *Introduction à la psychanalyse*, *op. cit.*, p. 339〔同『精神分析入門』下、前掲書、五八―五九頁〕.

るのだ。[56] 徴候は、この意味で――つまり徴候のつかの間の空間において――それ自体のうちに独自な理論の力を持ち、形象化することが何であるのかをわれわれに教えてくれる。しかしそれは現働的な理論、こう言ってよければ肉をなす理論であり、形態の統一性が、その理想的な総合が分断されるとき、そしてこの分断から物質の異常さが噴出するときに、逆説的にその力が現れる理論なのである。このように徴候は、非魔術的な第二の言葉を、美術史における観念論《イデアリスム》と手を切る第二の接近方法を与えるであろう――美術史の観念論とは、ヴァザーリ的なイデアへのその嗜好であるのと同様に、パノフスキーが更新した哲学的「形式」への嗜好である。

この一番最後の点には驚くべきところがある。パノフスキーは、ハイデガーのこのような長く美しい一文を引用していなかっただろうか。その引用文において、解釈の問題は「明白に語られたもの」の――すなわちフロイトに倣うなら「明示的内容」の――繰り返しとして示されるのではなく、「潜在的内容」の解明、あるいはハイデガーが言うように、解釈者が「表現することによって目の前に示す」表現されないものの解明のようなものとして示されている……[57]。しかし、この一節が根底的に主張していた解釈の暴力性という仮説を、パノフスキーが暗黙のうちにいかに否認していたかについてはすでに検討した。しかしさらに先に進み、反論を続けるとしよう。つまり、ドイツ時代からアメリカ時代にいたるまで、パノフスキーは具象的徴候について、さらには無意識について、そしてメタ心理学についてさえも、たえずわれわれに語ることをやめなかったのだ。それに該当する文献が少ないからといって、それらを考察しないでよいことにはならない。なぜならその争点は重要だからである。つまりこの争点は、パノフスキーが象徴形式という表現で真に言わんとしたことの規定そのものに関わっているのだ。したがってそれは、パノフスキーが芸術作品の「内在的内容」――それは直接的ではない――を検討していた方法に関わっている。「象徴形式」という表現がまさにわれわれに示しているのは、いずれにせよパノフスキーが、象徴という非常に重要で現在的な問題にそこで触れていたということである。それが象徴体系――あらゆる図像学者の仕事における本質的で日常的な素材――の問題であろうと、芸術的イメージの形象可能性と意味を決定するさらに根本的な機能という語義での象徴的なものの問題であろうと。しかし、いかにしてパノフスキーが、この素材や機能を理解していたのか、いかにして彼が徴候という観念と象徴という観念をそれぞれ位置づけていたのか、それを知るという問いが残されている。

パノフスキーがこの理論的布置の全体を導入したいくつかの本質的なテクストに、ここで帰らなければならない。まず、様式の問題を対象とした若き日の著作があり、それは「形而上学的な根本条件という視点で」（*von den metaphysischen Grundbedingungen*）芸術現象に取り組むことができる「学問的認識」（*wissenschaftliche Erkenntnis*）への願望で終わっている。さて、このような根本条件への到達が想定していた超克行為をより具体的に規定するために、パノフスキーは非常に強力な――そしてある意味で天才的な――

(56)「とくにここで思い出したいのは、夢形成のときに（*bei der Traumbildung*）働いていたのと同じ無意識過程が、徴候形成に（*bei der Symptombildung*）協力していることです……」。S. Freud, *Introduction à la psychanalyse*, *op. cit.*, p. 345〔フロイト『精神分析入門』下、前掲書、六七頁〕を参照。

(57) E. Panofsky, «Contribution au problème de la description», *art. cit.*, p. 248〔パノフスキー「造形芸術作品の記述および内容解釈の問題について」前掲書、一〇二頁〕。

二つの理論的要請を導入していて、それらの要請は、研究される現象の「超歴史的でメタ心理学的な」（*methistorischen und metapsychologischen*）意味を解明せんとしていた。[58] もちろんこの野心的な二重の規定には、古典的正史と手を切り、そしてヴェルフリンの研究の概念的で「心理学的な」影響力と手を切ろうとする思想家の試みが存在していた。しかし次のような意味で、そこにはそれ以上のものが存在していたのである。つまり、一九一五年に表明されたこの二重の要請は、空虚な空間を、理論的欲望の空間を後に残したのであり、その空間は、約十年後にエルンスト・カッシーラーが明確化する「象徴形式」という概念によってようやく満たされるのである。

フロイトに関して言えば、まさに一九一五年に彼は、約十五年前に自分が発明したこの実践、つまり精神分析の最終的な理論的次元を、まさにメタ心理学という用語によって決定的に推進していたが、このことを確認するとやはり驚かずにはいられない。[59] この定式化はさらに前にさかのぼる。なぜならすでに一八九八年三月にフロイトは、そのとき確立されようとしていた解釈方法を指すのに、この定式化が適切かどうかをフリースに尋ねていたからである。[60] 難なく納得できるように、いわゆる〈大学〉から離れて、ましてや美術史という厳密な分野から離れて構成されていた理論領域の近くを、パノフスキーが一九一五年にかすめていた可能性がある。しかしこの時代に、精神分析の領域はまさに構成され、精神病理学という臨床的枠組みをすでに大きく超えていた。一九一二年に創刊されたフロイトの雑誌『イマーゴ』の題名だけでも、そのことを示すのに十分だろう——この題名は、ともかく想像するなら、ドイツ語圏の美術史家の注意を引く可能性がある。

しかし、問題の核心は別のところにある。それは一方では、パノフスキーが自分の概念領域を、新カント主義的な能力の哲学や、さらには機能という概念——カッシーラーにおいて絶対的に中心を占める——から継承していた点にある。それに対して他方で、フロイトが無意識の研究法を確立していたのは、「魂の能力」も総合的意味での「機能」も語らないものの観点、しかし作用——夢の作用、無意識の形成物あるいは歪曲——という言葉で表されるものの観点においてであった……。徹底的にパノフスキーは、象徴形式に関する彼自身の「メタ心理学」を、彼が恐れることなく形而上学的と形容した機能の解明として検討したようである。それは彼の前にカントが、まさに形而上学を「科学」として確立することを自分の課題としたからである。徹底的に彼は、精神分析を——それは、たとえばメランコリーについての本においてこれ見よがしに不

---

(58) *Id.*, «Le problème du style dans les arts plastiques», *art. cit.*, p. 196〔同「造形芸術における様式の問題」前掲書、一一三頁〕.

(59) S・フロイト『メタ心理学への準備段階（*Zur Vorbereitung einer Metapsychologie*）』を参照。これは一九一五年三月に始まり、同年八月に終わる論集である。この論集は一二本の論文を収め、そのうち五つが、最終的に『メタ心理学』という簡単な題名の下に取り上げられて一つにまとめられた。「夢理論のメタ心理学的補遺」と題されたその一つにおいて、フロイトはメタ心理学という概念を、「精神分析体系の基礎となりうる理論的前提を明確化し、深化させる」試み——根本的に「不確かで手探りの」性格を持つ試み——として示している（*Métapsychologie, op. cit.*, p. 125 et 145, note〔「夢理論のメタ心理学的補遺」『フロイト著作集10』前掲書、三一五と三二四頁の註〕）。

(60) 「それに、意識の背景に到達する私の心理学にメタ心理学という名を与えてもいいかどうか、真剣に言ってくれなければならない」。同「一八九八年三月十日付のW・フリースへの書簡」（*Id.*, lettre à W. Fliess du 10 mars 1898 (n° 84), *La naissance de la psychanalyse, op. cit.*, p. 218）。

在である⁽⁶¹⁾――十六世紀の王宮における占星術の等価物とみなしていたようである。つまり知的な流行、文化的な症候として。それとは逆にフロイトは、無意識の「魔術的」でロマン主義的なあらゆる使用法に抗って、深層に関する自分の「メタ心理学」を提示していた。より根本的に、彼はそれを形而上学（それは多かれ少なかれ魔術的操作と結びついている）に代わるものとして、そして――パノフスキー本人の言葉を言い換えるなら――占星術から天文学への転換のような、まさに形而上学の転換として提示していたのである⁽⁶²⁾。

この理論的争点の差異は、パノフスキーが無意識や徴候といった表現を用いながら期待して、狙っていたであろうすべてのことをよりよく理解させてくれる。したがって、そこに何らかの「フロイト的」一貫性や調子を見出すと、すぐさま道を誤ることになるだろう。なぜならパノフスキーにおける「無意識」と「徴候」は、ひとつの知を、それが形而上学的であろうとも（あるいは、それは決定的に形而上学的である）当然のように受容できる「基礎概念」の世界だけを対象とするからである。パノフスキーにおける「無意識」は、ドイツ語の形容詞 *ungewusste* を通して表される。つまりそれは、今は意識されていないものではあるが、より明晰な意識、歴史家の意識がかならず解明して、明白化し、知ることができるものである。それに対してフロイトの無意識は、実詞 *das Unbewusste* によって表され、この実詞は不注意をではなく抑圧や排除を示し、厳密に言って知の対象ではない、分析家の知の対象ですらないのである……。しかしここで、パノフスキーの立場をさらに明確化するとしよう。まず、一九三二年の画期的テクストを思い出そう。そこで彼は、イメージの「究極内容」の認識を提示していた――その内容とは、抑圧ではなくまさに知という形で、つまり「世界観」（*Weltanschauung*）という形で表される知の内容である。

(61) E・クレペリンは、そこで最初のページから引用されているにもかかわらず。Cf. R. Klibansky, E. Panofsky et F. Saxl, *Saturne et la mélancolie — Études historiques et philosophiques : nature, religion, médecine et art* (1964), trad. F. Durand-Bogaert et L. Évrard, Gallimard, Paris, 1989, p. 29〔レイモンド・クリバンスキー、アーウィン・パノフスキー、フリッツ・ザクスル『土星とメランコリー――自然哲学、宗教、芸術の歴史における研究』田中英道監訳、榎本武文ほか訳、晶文社、一九九一年、一九頁〕.

(62) フロイトのこの考察は、迷信（*Aberglaube*）の根源に関する一節を、意義深いかたちで結論づけることになる。「したがって、迷信における心理的根源のひとつを形成しているのは、心理的偶然の動機に関するこの意識的無知と無意識的知（*bewusste Unkenntnis und unbewusste Kenntnis*）であると私は認めよう。迷信的な人が、自分自身の偶発的行為の動機を外界に位置づけて置き換えざるをえないのは、彼がその動機について何も知らないからであり、その動機が、彼の認識に自分の存在を認めさせようとするからである。(…) 神話的世界観は、最も現代的な宗教までも突き動かしているが、それは大部分は外界へ投影された心理にほかならない。無意識における心理的な要因と関係の晦冥な認識（*die dunkle Erkenntnis*）（別の言い方をするなら、それらの要因と関係にかんする心理内的知覚）は、超感覚的現実（*übersinnlichen Realiät*）を構成して自分を映し出し（これを別の形で言うことは難しく、ここではパラノイアとの類比に頼らねばならない）、科学は、この超感覚的現実を無意識の心理学へと再変換するのである。われわれはこのような視点に立って、天国や原罪、神や、悪や善、不死性などに関する神話を解体して（*aufzulösen*）、形而上学をメタ心理学に（*die Metaphysik in Metapsychologie umzusetzen*）翻訳しようと努めることができるだろう」。S. Freud, *Psychopathologie de la vie quotidienne* (1904), trad. S. Jankélévitch, Payot, Paris, 1971, p. 276-277〔フロイト『フロイト著作集4――日常生活の精神病理学、他』懸田克躬ほか訳、人文書院、一九七〇年、二一九―二二〇頁〕.

芸術制作は、はるかに深くはるかに一般的な意味作用の水準において、そしてその現象意味と指示的意味を超えて、本質的な究極内容を基盤としているように思える。この内容とは、主体が、世界に対する原則的態度について、無意志的にそして無意識的に（*ungewollte und ungewusste*）自己開示するものであり、この態度は、個々の作家、個々の時代、個々の民族、個々の文化共同体のそれぞれに同じ程度に現れる特徴である。さて、芸術的制作の偉大さは、造形される素材と一体化してこの素材から鑑賞者へとほとばしり出る「世界観」（*Weltanschauung*）エネルギー」の量に結局はかかっているため（この意味で、セザンヌの静物は確かにラファエロの聖母と同じく「良い」ばかりでなく、同じく「内容で満ちている」）、解釈の最高の課題は、「本質意味」という究極の層を深く理解すること（*in jene letzte Schicht des "Wesenssinnes" einzudringen*）となる。(63)

いささか不明瞭なこの一節の結論は、その二重性そのものにおいて、パノフスキーの理論的方法がもつ現実的な意味を明らかにしている。一方では、事実調査――イメージにおける「現象意味」――と同様に伝統的な図像学的調査――こちらは芸術作品の文学的典拠に基づいた「指示的意味」――を乗り越えうる徴候の問題提起に、美術史を到達させることが重要であった。図像学の不十分さを力強く断定できたのは、ここではパノフスキーの天才性であった。つまり、誰よりも自分がよく知っている例を挙げながら、彼はデューラーの《メレンコリア》について、その意味作用の観点から作品を解明するあらゆるテクストが、その「記録意味」（*Dokumentsinn*）、言い換えるなら内在的内容についてはまだ何も語っていないと断言したのである。さらなる一歩がそのとき踏み出されていた。「芸術家」本人の「意識」を超えた決定的な一歩が――つまり徴候概念への決定的な一歩が。さらにその一歩は、例の帽子を持ち上げる男というテーマの予期せぬ出現によって際立っている。

そしてたとえデューラーが、後に他の芸術家がしばしば試みたように、自分の作品の最終的な意図が何かをはっきりと表明したとしても、すぐに明らかになるように、この表明は版画の本当の本質意味（*wahren Wesenssin*）をかすめて通り過ぎてしまって、われわれに決定的な解釈を与えるどころか、その表明のほうがその解釈を大いに必要とするのである。なぜならある男に挨拶する男は、帽子を取って礼儀を示すか、どの程度にするかを確かに意識して意志することができるが、しかしひとがそこから彼の奥深くに潜む本質について導き出す結論については意識しえないのと同様に、芸術家は、機知に富んだアメリカ人の言葉を引用するなら、単に *What he parades*（自分が示しているもの）を知っているだけであり、*what he betrays*（自分が漏らしてしまうもの）を知らないからである。[64]

つまり、ここでわれわれは徴候の次元にいるのだ。しかし、テクストの同じ部分で第二のテーマが交差する。まさにその機能は——ともかくその効果は——問題提起を妨害して、徴候を哲学的な知の網の目へと

(63) E. Panofsky, « Contribution au problème de la description », *art. cit.*, p. 251-252〔パノフスキー「造形芸術作品の記述および内容解釈の問題について」、前掲書、一〇四頁〕.
(64) *Id.*, *ibid.*, p. 252〔同書、一〇四—一〇五頁〕.

「罠に落とし」、こうしてそのような徴候を否認する正真正銘の過程を開始することにある……。なぜなら、パノフスキーにとって芸術家が「漏らしてしまう」ものは、「世界観（*Weltanshauung*）の同質的意味を示す記録として」そこで機能する意味要素全体にほかならないからである。これはどういう意味であろうか。つまりこの場合、徴候の知は、「芸術作品の解釈が哲学体系の解釈と同じ次元へ高まることを可能にする」「一般精神史」（*allgemeine Geistesgeschichte*）へと還元されるのである。[65] このように、パノフスキーにおける徴候の真実は、「同質的意味」「一般的歴史」「哲学体系」という三重の認識形而上学的権威に関わっていた――それに対して、フロイトが自分の領域において探究し、三〇年以上も前から理論化していた徴候は、意味に対してその存在様態の異質性を突きつけ、「一般的なもの」のあらゆる年代学に対してその出来事の特異性を、あらゆる思考体系に対してその不測性という思考不可能なものを突きつけるように、まさに生み出されていたのである。

パノフスキーにおける徴候は、外観よりも根本的だがより姿を現すことがない（おそらくイデアのように）存在様態として、さらに言い換えることができる。まさにこのような意味で、一九三二年のテクストは「表現されないもの」に関するハイデガーの引用をしていたのである。[66] おそらくこのように、徴候という用語は――口にされるとしたら――美術史の領域において今でも理解されているのだ。つまり、見えるものより見えないものの純然たる弁証法として。「単なる理性」が、徴候を仮説によって、あるいはむしろ基本的な公準によって、到達可能な現実に、知が洗練されればいずれにせよ理解される現実に、結局は作り替えてしまうのである。帽子を持ち上げる男性という「理解しやすい」例を最終的に選ぶことによって、パノフスキーは結局、一九三九年と一九四〇年の二つの重要な方法論的テクストにおいて、「内在的意味作用」とみなされた徴候という総合的観念を提示したといえるだろう。この意味作用は、たしかに「意識的意志の領域の彼方」(*above the sphere of conscious volition*) にあるが、しかしその彼方は次のように呼ばれている。つまりそれは、「ひとつの国民、時代、階級、宗教的あるいは哲学的信念の基礎的精神構造 (*basic attitude*〔根本的態度〕) であり——ひとつの人格に固有の性質によって無意識的に特徴づけられ (*unconsciously qualified*)、ただひとつの作品において凝縮されているのである」[67]。

パノフスキーの問題設定にどうしても「無意識」を探す必要があるとすれば、したがって高次の現実のようなもの、「基礎」「基盤」という用語や、「彼方」「一般性」という用語で表される階層性の帰結が見出されるだろう。それはピエール・ブルデューが「客観的意図」「思考の図式体系」「共有的無意識」と名付けたものである——要するに、かつてモースとデュルケームが定義した「分類の原初形態」に近いと言えるものであり……彼が言うように、われわれを特定の文化に対する「構造解釈の働きへ導く」ことができるものである[68]。これはフロイト的な無意識なのだろうか。もちろん違う。むしろここで問題なのは超越論的無意識であ

(65) *Id., ibid.*, p. 252-253〔同書、一〇四—一〇五頁〕.

(66) *Id., ibid*, p. 248〔同書、一〇二頁〕. 前記一七三—一七四頁を参照。

(67) *Id.* «Introduction», *Essais d'iconologie, op. cit.*, p. 17〔同『イコノロジー研究』前掲書、三四—三五頁〕.—*Id.*, «L'histoire de l'art est une discipline humaniste», *L'œuvre d'art et ses significations, op. cit.*, p. 41〔同「人文学としての美術史」『視覚芸術の意味』前掲書、二五頁〕. ここでパノフスキーは「機知に富んだアメリカ人」の引用を再びしている。このアメリカ人とはC・S・パースにほかならない。

(68) P. Bourdieu, «Postface» à E. Panofsky, *Architecture gothique et pensée scolastique, op. cit.*, p.142-148, 151-152, 162.

り、あたかも芸術意志（*Kunstwollen*）が認識哲学の言葉で表現されて変容したかのようである。したがって、パノフスキー的な「無意識」もまた、新カント主義的な言葉で表されているのだ。つまりそれが言及されるのは、「本質の認識」の、超個人的で形而上学的な認識の領域をまさに定義するためである。それがロマン主義者の晦冥な無意識と対立するのは、イコノロジー研究者の超意識を、彼の一種の歴史家的な純粋理性を要請するためにほかならない。よって意識はこの無意識と不調和なのではなく、むしろまったく逆である。なぜなら、この無意識の認識を可能にするのは、意識の絶対的な行使だからである。したがって、率直に言ってパノフスキー的な無意識は存在しないのである。(69)

パノフスキーにとって無意識は存在しない——象徴の制作者それぞれの個別的意図を超えた象徴機能だけが存在するのである。つまりそれは超個人的で「客観的」な機能である。この機能は、やはりピエール・ブルデューが書いているように、確かに直観主義を乗り越えて「社会全体に現れるさまざまな様相の統一原理へ到達しようと急ぎ」、そして実証主義がただ「現象の表面的価値」にとどまるかぎりはそれを乗り越えるのである。(70)しかしこの機能は、すでに私が示唆したように、余すところなく機能するように考えられた機能であろう。それは形式の一般的で生成的な文法を、「ひとつの文化の特徴となるあらゆる思考、知覚、行動を産出」できる文法を目指している(71)——要するにそれは、あらゆる形式を産出できる機能形式である。したがってそれは、カッシーラーが積極的に主張した機能の「形式的統一性」に多くを負っている。(72)つまりこの象徴機能は要するに理性の対象であり、イデアのあらゆる特徴を備え、特異な現象世界を自分の超越的法則に従属させるのだ。ところがまさに明白に、フロイトの理論構築は、そのようなモデルとは正反対の方向で作用と「無意識形成」のメタ心理学を構成していた。フロイト的理論構築は徴候に注目していたが、それはあらゆる言説的統一性を解体するものに注目するように、あるいは不意に侵入してイデアの秩序を打ち砕き、体系を裂開して思考不可能なものを強要するものに注目するようにであった。フロイト的な無意識の作用は、研ぎ澄まされたり先験的《ア・プリオリ》原理を求める意識を通じて検討されることはない――この作用は、意識と知に対する別の立場を要請する。このつねに不安定な立場に、精神分析の技法は面談において転移的働きという形で取り組むのである。

したがってパノフスキーは、「象徴形式」という自分の概念に機能の統一性を求めたのであろう。重要なのは、諸形式そのものに形式を与えることにほかならなかった。つまりそれは、形式の複数性を唯一の形式機能の統一性を通じて説明して、知性的な言葉で、そしてまさに知の言葉で表現される理性の唯一のイデアという統一性を通じて説明することである。重要なのは、彼より前にカッシーラーが用いた表現にしたがうなら「表象の概念を」完成させること、つまり「確立し、正当化すること」にほかならず、「現象の多様性を充足理由原理の統一性に従属させる」ための認識原理を、この概念に見出すことにほかならなかった。[73] し

(69)「芸術的意識」という中心的なパノフスキーの表現については、S. Ferretti, *Il demone della memoria*, *op. cit.*, p. 177-206 を参照。同様に前記一六〇と一九六―一九七頁を参照。

(70) P. Bourdieu, «Postface» à E. Panofsky, *Architecture gothique et pensée scolastique*, *op. cit.*, p. 136-137.

(71) *Id.*, *ibid.*, p. 152. 強調引用者。

(72) E. Cassirer, *La philosophie des formes symboliques*, *op. cit.*, I, p. 17, 33-34, 42-49, etc.〔カッシーラー『シンボル形式の哲学』1、前掲書、二四―二七、五二―五六、六五―七九頁〕

(73) *Id.*, *ibid.*, I, p. 18 et 49〔同書1、二七、七八―七九頁〕.

たがって、これが象徴の一般概念における争点であった。この概念が、項に対する関係の優位や、対象（あるいは実体）に対する機能の優位という観点から検討されたことは、カッシーラーが、そして次にパノフスキーが駆け抜けた道程の重要性全体を、そして彼らが開始した方法の利点全体を示している。今日、非常に多くの歴史家が、芸術的イメージに対するこの研究法の方法論的射程をいまだに知らずにいるため、出発時点のその正当性をもう一度強調しなければならない。しかしカッシーラーは、そしてつづいてパノフスキーは、このような原理によって、形而上学の伝統的与件を決定的に乗り越えたと考えたときに、思い違いをしたのである。

そして今日も、そこに構造主義の充足原理を見出すとしたら、われわれも思い違いをしてしまうだろう。構造主義的な仮説が項に対して関係の優位を認めるとき、関係が諸項の「総合の統一性」を意味するだけであるとしたら、構造主義は不完全か観念論的であるだろう。それに対して徴候の存在を、つまり不意の侵入を、不均衡を、局所的な破局を言い落とさずに——何らかの超越論的イデアへ消化することもなく——関係を説明しようとするなら、われわれはフロイト的な概念の批判的利点をよりよく理解することができるだろう。なぜなら「無意識形成」というモデルは、われわれを開かれた構造に直面させるからである。この構造は、漁師が、よく成長した魚（形象化された形象、表象）ばかりでなく、海そのものを知ろうとして用いる網のようなものである。われわれは、網を自分のほうへ（われわれの知の欲望のほうへ）引き寄せると、海が元の場所へ戻ってしまったと認めざるをえない。海はいたるところから流れだし、逃れ去るが、われわれはそれをまだ少し網の結び目のまわりに見出す。そこでは不定形の海藻が、われわれがいる浜辺で完全に乾いてしまう前に海の存在を表すだろう。フロイトを読めば分かるように、この精神分析家は、自分のほうへ網を引き寄せたときに、やはり本質的なものの消滅を認識せざるをえない、と表明している。魚たちはきちんとそこにいるが（それは美術史家も好んで収集する形象、細部、幻想である）、それらを生じさせる海はその神秘を守り、その神秘は、端についたわずかな海藻の湿った輝きに現れるだけである。無意識に関する思考に何らかの意味があるとするなら、この思考が覚悟しなければならない構造は、穴で、結び目で、位置づけえない拡がりで、網の目の変形と裂け目でできているのである。

したがってパノフスキーの試みは、カッシーラーの試みと同様に「フロイト以前の理性」[74]と呼べるものに属していた。彼の試みは、その対象の重層決定性を演繹の論理形式――典型的にカント的な――以外の形で考えることを嫌悪していた。[75]そのとくに顕著な例は、デューラーの《メレンコリアI》についての有名な解釈に現れている。ご記憶のように、パノフスキーはそこで二つの異質な図像学的系列に言及している――一

(74) 雑誌『シリセット』（*Scilicet*, n° 6-7, 1976, p. 295-325）に掲載された『象徴形式の哲学』についての適切な――そして匿名の――書評のタイトルに倣っている。――それをユーモラスに表すために、J・ラカンの次の言葉を引用しよう。「カント的な刷毛そのものが、アルカリ成分を必要としている」。*Écrits, op. cit.*, p. 43〔『エクリI』佐々木孝次ほか訳、弘文堂、一九七二年、四三頁〕.

(75) 「確かに、そこではあたかも時系列的な次元が、いわば論理的次元から演繹可能であるかのようにすべてが生じる。そこで歴史は、単に体系の自動補完的傾向が実現される場である」。P・ブルデュー「E・パノフスキー『ゴシック建築とスコラ学』への後書き」（P. Bourdieu, «Postface», à E. Panofsky, *Architecture gothique et pensée scolastique, op. cit.* p. 164）。

方の系列は、四体液理論に関する生理学的伝統、とくにメランコリー的擬人像（*typus melancholicus*）の伝統であり、他方は工芸と自由学芸の寓意的伝統、とくに幾何学の擬人像（*typus Geometriae*）の伝統である。彼によれば、デューラーの版画は、それらの異質な系列の厳密な総合を実現するだろう。

> このようにデューラーの版画は、それまで区別されていた二つの定型表現の総合を実現している。それは普及していた暦や複合小冊子（*Complexbüchlein*）における憂鬱症患者（*Melancholici*）の定型表現、そしてもう一つは哲学論文や百科事典の装飾における幾何学の擬人像（*typus Geometriae*）の定型表現である。その結果、一方ではメランコリーの知性化が生じ、他方では幾何学の人間化が生じる。（…）彼［デューラー］は、メランコリー的になった〈幾何学〉を、別の言い方をするなら幾何学という言葉が意味するすべてを備えた〈メランコリー〉を――要するに、*Melancholia artificialis* を、芸術家のメランコリーを――表象するのである。[76]

この総合的原理から出発して、パノフスキーの分析は印象深い模範的な方法で展開していく――この方法がすでに模範的であるのは、それが精神にとって徹底的に真の喜びとなるからである。確かに、言及されている総合は、ひとつの解釈原理を示している。その解釈原理は、版画自体における多くの図像学的細部を、必ず非常に正確に説明してくれて、それ自体において――つまりその一般性において――精神を満足させる。[77] したがってそれは強力で、正確で、まさに異論の余地のない解釈である。この解釈は、閉域、網羅、閉じた輪による心強い感情をもたらす。つまり、デューラー作品の余すところなき踏破が行われたという考えが、はっきりとわれわれに浮かんでくる。したがってそれは完全性のモデルであり、その図式において図像学的変形が演繹され、二つの異質な系列が一種の総和の対象となり、その結果が〈メランコリー〉の解明された形象においてわれわれの目の前に現れる。そして、パノフスキーが提示した総合的ヴィジョンは、きわめて厳密な歴史的決定論を明るみに出す真に方向づけられた総合を実現するだけに、ますます強力に見えるだろう。確かに〈メランコリー〉と〈幾何学〉は、デューラーの作品においてともに新たな領域を決定している。それは芸術そのものの領域、自己総合化の操作を行う自己目的論としての芸術にほかならない。この解釈全体の鍵を最終的に与えるのは、人文主義としての芸術であり、そしてメランコリー的芸術家を表す、不滅の自己指示的形象としてのデューラー本人である。

このように、デューラーのもっとも謎めいた版画は、一般哲学の客観的表明（*the objective statement*）であ

---

(76) E. Panofsky, *La vie et l'art d'Albrecht Dürer* (1943), trad. D. Le Bourg, Hazan, Paris, 1987, p. 254〔アーウィン・パノフスキー『アルブレヒト・デューラー――生涯と芸術』中森義宗・清水忠訳、日貿出版社、一九八四年、一六二―一六三頁〕(そして全般的には p. 246-254〔一五七―一六三頁〕). ――ほぼ同じ分析が、重要な作品であるR. Klibansky, F. Saxl et E. Panofsky, *Saturne et la mélancolie*, *op. cit.*, p. 447-583〔クリバンスキー、パノフスキー、ザクスル『土星とメランコリー』前掲書、二五九―三三二頁〕にも見られる。

(77) たとえば編まれた植物、本、コンパス、体を丸めた犬、コウモリ、メレンコリアの暗い顔色（*facies nigra*）、頬に添えたその拳、その財布や鍵束……。*Id., La vie et l'art d'Albrecht Dürer, op. cit.*, p. 254-258〔同『アルブレヒト・デューラー――生涯と芸術』前掲書、一六二―一六五頁〕を参照。

ると同時に一個人の主観的告白（*the subjective confession*）である。そこでは二つの偉大な表象的で文学的な伝統が混ざり合い、変質している。それは四体液のひとつとしての〈メランコリー〉の伝統、そして七つの自由学芸のひとつとしての〈幾何学〉の伝統である。そこではルネサンス芸術家の精神が具現化されている（*it typifies the artist of the Renaissance*〔それはルネサンス芸術家の典型となる〕）。ルネサンス芸術家は実践的技術を尊重しているが、数学理論をより激しく熱望している――そして、自分が天上の影響と永遠なる観念から「霊感を受けている」と感じているが、それだけにいっそう人間としての自分の脆さと知性の限界に苦しんでいる。最後にそこでは、ネッテスハイムのアグリッパが修正したサトゥルヌス的天才についての新プラトン主義な説が要約されている（*it epitomizes*）。しかし以上すべてに加えて、ある意味で《メレンコリアI》は、デューラーの精神的自画像（*a spiritual self-portrait of Albrecht Dürer*）なのである。[78]

パノフスキーによる構築はここで完結して、それとともに例の図版に捧げられた章も完結する。この構築全体の基調と意味をもたらした総合は、したがって「典型」の、さらには象徴の形成において結晶化したといえるだろう――『オックスフォード英語辞典』は、*to typify* という動詞を「典型や象徴によって表象あるいは表現すること」と定義している。そしてこの象徴において、主観的なものはついに客観的なものと結びつき、手は知性と、芸術は科学と結びつく。理論的かつ歴史的なこの解釈体系は、閉ざされているのである。これはルネサンスの「芸術家―知識人―天才」の体系なのだ。[79] それは明瞭化する体系、強力で疑う余地のない体系であるため、われわれは次のことに気づいてしまうほどである。つまり彼の「総合への意志」、何ものも取り残さないという彼の意志は、まさに結局はいくつかの物を置き去りにして……あるいは逆説的な

「私はそれについて何も知りたくない」という形で暗がりに放置してしまうのである。確かにこれは体系の専制であり、そのとき体系は、その対象の重層決定性に対して純然たる演繹形式を与えるのである。重層決定という言い方で物事を表すと、それらの物事をすべて同じ存在水準に置き、つまりはある意味で解釈を中断する困難——イデアにとっては不満の種となる——が生じることは認めなければならない。このような中断が、まさに精神分析的な聴き取りにおける黄金律のひとつとなっていることを、ついでに注意しておきたい(80)。演繹はというと、それは解釈上の利点をもたらし、そのような解釈は、アテナのようにオリンポスの——あるいは新カント主義の——生みの親の頭からすっかり兜をかぶって出てきたであろう。演繹が裂開するのは、再び閉じるためにほかならない。一方では、演繹は意味を生じさせて、結論づける運動を先取りし、すでに歴史のようなものを、いずれにせよ解釈の時間化された方向性のようなものを自然発生的に生み出し

(78) *Id., ibid.*, p. 264〔同書、一七二—一七三頁〕.

(79) *Id.*, « Artiste, savant, génie. Note sur la *Renaissance-Dämmerung* » (1953), *L'œuvre d'art et ses significations, op. cit.*, p. 103-134. このテクストにおいて、デューラーは全般的に言及されているが (p. 111, 123, etc.)、とりわけ彼の版画《メレンコリアI》を通して言及されている (p.129-130)。——パノフスキーのモノグラフが完結するのは、「理論家デューラー」に関する章によってであることを忘れないようにしたい。*Id., La vie et l'art d'Albrecht Dürer, op. cit.*, p.361-402〔同『アルブレヒト・デューラー——生涯と芸術』前掲書、二四八—二八九頁〕.

(80) 他にもいくつかあるテクストのなかでも、J. Lacan, « La direction de la cure et les principes de son pouvoir » (1958), *Écrits, op. cit.*, p. 585-645〔ラカン「治療の指導とその能力の諸原則」『エクリIII』前掲書、一—八九頁〕を参照。

ている。他方では、演繹そのものが、他の可能な接合を、他の潜在的な結合関係を拒んでいるのである。おそらくわれわれは、それらの接合や結合関係の歴史的方向性や合目的性をまだ捉えていないが、それでもそれらは流動的に徴候として執拗に現れているのだ。まさにそのような「接合」や「偶然の関係」に対して、パノフスキーの解釈は、総合をするために、ほとんどつねにその明証性を否認しようと努めていたのである。

それでは、《メレンコリアI》のかくも見事な分析がまったく知ろうとしなかったこの「残り物」、この徴候とは何か。ごく手短にそれを述べるとしよう。[81] つまり問題は、デューラーの芸術がそこで宗教的範例、キリストの模倣の範例もまた関連づけていたことであり、メランコリーはこの範例に逆説的だが至高な適用領域を見出したといえるだろう。メランコリー的な芸術家の姿をしたデューラーの自画像は、われわれの考えでは、キリストのまねび（*imitatio Christi*）の具象的な実践と連動している——結局、この事実が想定するのは、キリストがメランコリーの究極的な模範も示しえたことであり、人間のメランコリーはそのイメージに類似していたであろう……。この仮説そのものは驚くべきものではなく、斬新でさえもない。なぜならメランコリー的なキリストの図像が、とくにデューラーの時代のドイツにまさに存在しているからである——その図像は、キリストの遺棄（*derelictio Christi*）の神学をメランコリー的な身振りで表しているため、キリストは座り込み、物思いに沈み、暗い顔をして、頬に拳を添えた姿で表象されている。それらは侮辱されるキリストや〈悲しみのひと〉の、悲痛で、孤独で、厳粛なヴァリアントである。[82] むしろ驚くべきは、パノフスキーが、すべてが（彼自身の解釈にいたるまで）要請していた横断的な連結を拒んだことにある——しかしこの連結は、一度呼び出されれば、《メレンコリアI》に関わる、デューラーに関わる、そしておそらくルネサンス全般にさえ関わる彼の総合的なヴィジョンを覆し、あるいは少なくとも大幅に複雑化してしまったであろう。

驚くべき点と徴候的事実は、さらに正確にいえば次の事実に由来している。一方でパノフスキーは、卓越した緻密さでメランコリーの図像を精査し（『土星とメランコリー』という古典的大「大全」をわれわれにもたらしたように）、このような図像がデューラーにおいて持ちえた自画像的な価値を発見していた。他方で、このニュルンベルクの芸術家に関する研究は、デューラーの自画像を〈悲しみの人〉の図像、言い換えれば「遺棄されたキリスト」（ここでは広い意味での）の図像と結ぶ驚くべき関係を浮き彫りにするように彼を導いていた(83)。それではなぜ彼は、デューラー作品の解釈をさらに強化するように、メランコリーと〈悲しみのひと〉の間に補足的な繋がりを結ばなかったのだろうか。なぜ彼は、メランコリーが問題となるとき

(81) この若干の覚書は、デューラーの自画像について一九八八年から八九年に社会科学高等研究院で行ったセミナーの作業を要約していて、その執筆に先行している。

(82) たとえば、ブラウンシュヴァイクの大聖堂にある素晴らしい木像を参照。メランコリー的キリストの図像は、たとえば同時代のヤン・ホッサールト（マビューズ）、ニコラス・ホーヘンベルフやハンス・バルドゥング・グリーンにも見られる。

(83) E. Panofsky, *La vie et l'art d'Albrecht Dürer*, *op. cit.*, p. 78, 182, 359〔パノフスキー『アルブレヒト・デューラー——生涯と芸術』前掲書、四二—四三、一一七—一一八、二四七頁〕を参照。——この関連資料に、パノフスキーがまさにこの図像に捧げた別の「古典的」研究論文も付け加えなければならない。*Id.*, «*Imago Pietatis* : ein Beitrag zur Typengeschichte des Schmerzensmannes und der *Maria Mediatrix*», *Festschrift für Max J. Friedländer zum 60. Geburtstag*, Seemann, Leipzig, 1927, p. 261-308.

にキリスト論についてけっして語らないのか、そして〈悲しみのひと〉が問題となるときにメランコリーについてけっして語らないのだろうか——彼の本の図版そのものが、そのような繋がりの痕跡を帯びているにもかかわらず。[84] イコノロジーにおける新カント主義的な諸前提の解明、それらの前提が持つ「総合の統一性」への傾向は、われわれに次のような回答を可能にする。つまり、そのような横断的な繋がり——それは重層決定をもたらし、そのため多義的な、さらには正反対の意味を許容することができる——の導入は、パノフスキーが望んだ演繹モデルの明瞭性を複雑化したであろうし、おそらくある点では崩壊させたであろう。それはメランコリーについて形成される観念を複雑化したであろう。つまりある意味では悪魔的であり、別の意味では神的であり、ある意味では女性的で、別の意味では男性的、ある意味では異教的あるいは土星《サトゥルヌス》的、別の意味ではキリスト教的あるいはまさにキリスト的などといったように。したがってそれは、芸術、科学そして宗教と格闘するデューラーについて形成される観念を複雑化したであろう——この問題における複雑さの全体に、パノフスキーはまさに取り組むことはない。最後にそれは、解釈全体が展開した場である歴史的図式を複雑化したであろう。なぜならそれは、歴史——人文主義的芸術の自己目的論的な歴史——における時ならぬ要素を導入したであろうから。ルネサンス全体をもっとも象徴する作品のひとつに現れた中世的徴候のようなものを。

　したがってこれが、メランコリーに関するパノフスキーの選択であった。つまり彼は、総合を保持して徴候を拒絶したのである。それは奇妙な盲目性、奇妙な「暗点化」を意味していた。たとえばそれは、《メレンコリアI》と《聖ヒエロニムス》が同じ年に、ほとんど同じ精神的態度で版画化されたにもかかわらず、そのいかなる関係も否認することを意味していた。[85] そしてそれは、カールスルーエにある非常に明白にメランコリー的な《悲しみのキリスト》を、デューラーに関する資料体から排除することを意味していた。[86] そして、一五〇九年から一一年の『小受難伝』における《悲しみのキリスト》をまったく見つめないことを意味していた。そのキリストは、そこで彫像のように、メランコリーの結晶のようになり、遺棄の深刻さにすっかり身体を縮めている[87]（図5）。これは典型的で当惑させるイメージである。なぜならそれは、目によるいかなるやり取りの助けもなしに、鑑賞者を見つめることができるからである。確かにデューラーは、ページの白地のなかで孤立した小島のような無味乾燥でちっぽけな台座で、キリストを孤独にさせている。まるでキリスト教の神が沈黙へ内向化して、人間的な空間の外へと、人間の歴史の外へと自ら出て行くかのようで

（84） *Id., La vie et l'art d'Albrecht Dürer, op. cit.*, fig. 199〔同『アルブレヒト・デューラー――生涯と芸術』前掲書、図版一〇三〕.― *Id., Saturne et la mélancolie, op. cit.*, fig. 98-100, 123-126, 129, 132〔同『土星とメランコリー』前掲書、図版八〇、九二―九三、一〇五―一〇六、一〇八、一四五〕. 同じ本においてパノフスキーが、この繋がりを示す二つの痕跡、一方は完全に偶然的で（p. 455〔二六五頁〕）、他方は意味深長な痕跡を残していることに注目したい――なぜならパノフスキーは、彼の解釈における核心や「消失点」を、章を締めくくるほんの数行において（主題を離れる前に）しばしば漏らしているからである（p. 582-583〔三三二頁〕）。

（85） *Id., La vie et l'art d'Albrecht Dürer, op. cit.*, p. 245〔同『アルブレヒト・デューラー――生涯と芸術』前掲書、一五七頁〕.

（86） Cf. J. E. von Borries, *Albrecht Dürer — Christus als Schmerzensmann*, Bildhefte der Staatlichen Kunsthalle, Karlsruhe, 1972.

（87） Cf. W. L. Strauss, *Albrecht Dürer — Woodcuts and Wood Blocks*, ABaris, New York, 1980, p. 445-448（書誌がついている）.

Paſſio Chriſti ab Alberto Durer Nu
renbergenſi effigiata cũ varij generis carmi
nibus Fratris Benedicti Chelidonij
Muſophili.

O mihi tantorum, iuſto mihi cauſa dolorum
O crucis O mortis cauſa cruenta mihi.
O homo ſat fuerit, tibi me ſemel iſta tuliſſe.
O ceſſa culpis me cruciare nouis.
Cum priuilegio.

図 5. A. デューラー《悲しみの人》, 1509–1510 年.
1511 年刊行の木版『小受難伝』の口絵.

ある。しかし、まさにこうしてこの内向的襞の現前化は、イメージを見る者を眼差しによる紛れもない捕獲によってついに捕らえる。目の前をよぎりわれわれを捕らえるのは強度の連鎖である。まず、後光のほとんど刺すような輝きにおいて、次に、われわれの正面でやはり描線を放つこの荊冠《けいかん》において（それに対して、われわれと向き合うはずのもの、キリストの顔（*facies Christi*）のほうは、顔を背《そむ》けて打ちひしがれたままである）。そしてさらに中央の坩堝《るつぼ》において。そこでは両膝が、組み合わさった腕と頭の塊を支えながら身を寄せ合い、そしてすでに屍衣を思わせるものの襞がそこを通っている。最後に、両足にある二つの聖痕の執拗な正面性においてである――いわばそれは唯一の「両目」であり、敬虔な信者はそれと向かい合うや、版画の受難図が添えられた詩（*carmina*）に目を通す前に、身じろぎもせずに、精神的に、幻想的に跪かなければならないだろう。

これを前にして――ひそかな執拗さの、だが恐ろしい暴力性をもたらす執拗さのこの働きを前にして――総合を保持して徴候を拒絶することは、もはやまったく不可能である。キリストの身体が、見えるままでいることをいわば拒否しながらわれわれの前で内向化するのにまさに応じて、ここでわれわれは徴候の次元によって取り囲まれる。それは、握りしめられた拳へ眼差しを向けることのようだ。つまり手が痙攣しながら閉ざされるが、閉ざされるがゆえに、それはまさしく内向的襞の徴候を放ち、その秘密は手のひらのくぼみに隠されたままとなる。さて、われわれとの対面を拒むこの影で覆われた顔貌にまさに眼差しを向けると、突然われわれは、キリストの身振りのメランコリーが、呆然とした眼差しも凝固させていることを感じる。なぜなら、神の眼差しが人間たち（彼の死刑執行人、彼の愛情の僕《しもべ》）から背けられたのは、自分自身の秘密の際限なき観想に耽り、それに没頭するためにほかならないからである――その秘密はイデアではなく、彼の手のひらのくぼみ、つまり彼自身の肉体の開口部、彼の聖痕、彼の死の徴候である。それは自分自身の傷口の、自分の苦痛の不幸な自己視に耽る肉体の徴候であり、その苦痛の内奥はわれわれにとって隠されたままとなろう。なぜならキリストの苦しみは、底知れぬものでなければならなかったからである。彼の肉体は、立ち上げられ、悲しみに満ち、穴を穿たれた、徴候の身体でなければならなかった（信仰がそう要請していた）――その肉体は、見えるものの次元よりも視覚的なものの次元に呼びかける肉体であり、傷つけられた巨大な拳のような、現前化され、開かれ、そして内向化した肉体なのである。

いまや、演繹という理想的モデルと重層決定という徴候的モデルを分かつ隔たりの全体を、おそらくよりよく理解できるだろう。演繹は、意味を与えるためにイメージを要約して、総合の統一性へと集中させていた。演繹は、一般的規則と特異な出来事の一種の知性的な統一性、あるいは一種の図式を象徴に見出していた。重層決定は、象徴を否定するのではなく、徴候が自分の象徴性を「肉体という砂の上に[88]」解き放つことを単に明確化している。こうして、象徴そのものについて形成される思考のすべてが明らかに変化する。象徴は、パノフスキーによって機能とみなされ、われわれはこの機能を、最終的に *meaning*、つまり意味作用の内容という表現で、さらには *Wesenssinn*、つまり「本質意味」という表現で説明することができた。逆に徴候は、精神分析において作用とみなされた。この作用は、シニフィアンという生々しく素材的な表現で最終的には説明されねばならなかった。その多様な結果として、意味の連合による「増大する分岐」が生じ、また多義的なものの絡み合いが併置され、そして象徴の宝庫が非‐意味の印と結合される[89]。要するに「内容」は、花開きながら、いたるところに分散しながら散り散りとなり、「本質」はシニフィアンの非意味的素材にしかよりどころを持たない。そのため、イメージを要約すること、いかなる箱へであろうとも閉じこめることは禁じられる。なぜなら箱——たとえばイデアの箱——に閉じこめられたイメージは、淀んだ水のように、打ち寄せる力を奪われた水のようになってしまうからである。

他方で、演繹として展開したイコノロジー的操作が想定する時間性のモデルについて考察すると、この操作がつねに方向性を、つまり時間的進歩を必要としていることに気づかされる。理想主義的な美術史が、芸術における進歩という理想が措定された時代へ、すなわちルネサンスへまずは向かったことに驚くべきことがあろうか。美術史そのものが、その条件においてルネサンスの産物であったことに驚くことがあろうか[90]。徴候の時間的強制力はまったく別物である。あるものが消えて他のものと入れ替わり、後者が前者の後に続き、前者の上に進歩の勝利を印づける、そのようなものは徴候には存在しない。存在するのは前進と後退が一体となった混乱した戯れだけであり、ひそかな恒常性と同時に不測の事故だけである。実際に、重層決定は徴候の時間を切り開くのである。重層決定は、まさに葛藤や多義性の要素を通じて現在時とつながっている。そしてその葛藤や多義性そのものが、過ぎ去りはしたが存続する他の葛藤や多義性と、記憶要素と関係している。そしてそれらの記憶要素は、現在の徴候を形成して主体の現在を変形しにやってくるのである[91]

(88) J. Lacan, *Écrits, op. cit.*, p. 280〔ラカン『エクリI』前掲書、三八三頁〕.
(89) *Id., ibid.*, p. 269〔同書I、三六七—三六八頁〕.
(90)「この芸術における進歩という観念なしには、美術史は存在しなかっただろう」という事実を思い出しておきたい——それはまさにルネサンスにおいて称揚された観念である。E. H. Gombrich, «The Renaissance Conception of Artistic Progress and its Consequences» (1952), *Norm and Form, op. cit.*, p. 10.

……。要するに徴候は、まさに総合的な演繹が、この用語の鎮静的な意味において存在できないときに存在する――執拗に存続するのだ。なぜなら、このような演繹（このような論理的還元）を不可能にするのは、けっして完全には解消され鎮静化されない恒常的な葛藤状態であり、この葛藤状態が、徴候につねに再来することを、まさにとりわけ予期せぬ場所に再来することを要請するからである。フロイトは、徴候に一種の「堅固さ」があるのは、徴候が二つの対立する暴力の「国境管理所」にまさに位置しているからであると説明していた――そして徴候に抗う努力は、まさにそのような堅固さを増大させるばかりであるからと説明していたのである。(92)

象徴と徴候が、その最も正当な関連性を、その共通要素をどのように見出すことになるのか、それを知ろうと真に取り組むには、「徴候はどんなものを象徴化しているのか」と自問してはならない。確かに徴候は象徴化するが、しかしライオンが力を象徴するようには象徴化しない――たとえ雄牛もまた力を象徴できると知らされているとしても。(93)象徴化作用と意味作用――すなわち例の「人間精神の一般的で本質的な傾向」と結びついた「内的」と呼ばれる意味作用（*meaning*）の内容――のパノフスキーによる同一視は、当然ここで乗り越えられるべきである。徴候の傑出した象徴性は、フロイト理論において、ある項と他の項の関係としてではなく、諸項の集合が結ぶ関係による開放的集合とみなされ、それらの諸項の集合そのものにも開放性の余地があり……各項は「二重の意味が構成する最小限の重層決定」(94)をこうむっている。では、徴候は要するに何を「象徴化している」のだろうか。徴候は、生じたと同時に生じなかった出来事を象徴化しているのだ。(95)徴候は、それぞれのものを同時に反対物とともに象徴化する。フロイトが書いたように、それは「巧みに選択され、二つの正反対な意味作用を持つ多義的な産物」なのである。(96)そして徴候は、象徴化しながら表象するが、しかし変形するように表象している。徴候には三つの根本条件があり、それは内向的襞、そしてその内向的襞が現前化する回帰、そして内向的襞とその現前化の緊張した多義性である。おそらくこれが、徴候の基本的なリズムであろう。(97)

---

(91) Cf. J. Lacan, *Écrits, op. cit.*, p. 447〔ラカン『エクリII』前掲書、一七六―一七七頁〕. ― S. Freud, *Inhibition, symptôme et angoisse, op. cit.*, p. 7〔フロイト「制止、症状、不安」『フロイト著作集6――自我論・不安本能論』井村恒郎ほか訳、人文書院、一九七〇年、三二四―三二五頁〕.

(92) Cf. S. Freud, *ibid.*, p. 14-15〔フロイト、同書、三二八―三二九頁〕. ― *Id.*, *Introduction à la psychanalyse, op. cit.*, p. 337-338〔同『精神分析入門』下、前掲書、五七―五八頁〕:「分離していた二つの対立する力が徴候において再びひとつになり、まさしく徴候形成という妥協のおかげでいわば和解します。この事実が、徴候の抵抗力を説明してくれます。つまり、徴候は両側から維持されているのです」。

(93)「象徴的芸術」に関するG・W・F・ヘーゲルの『美学講義』における冒頭の詳説を参照(*Esthétique, op. cit.*, III, p. 17〔『美学講義』上、前掲書、三三四―三三六頁〕)。

(94) J. Lacan, *Écrits, op. cit.*, p. 269〔ラカン『エクリI』前掲書、三六七頁〕.

(95) Cf. S. Freud, *Introduction à la psychanalyse, op. cit.*, p. 346〔フロイト『精神分析入門』下、前掲書、六八―六九頁〕.

(96) *Id.*, *ibid.*, p. 339〔同書下、五九―六〇頁〕.

(97) Cf. J. Lacan, *Écrits, op. cit.*, p. 358〔ラカン『エクリII』前掲書、四五頁〕:「徴候は、抑圧されたものが妥協の場を見出して回帰することである」。ラカンが何度も強調した、徴候における抑圧と抑圧されたものの回帰のこの逆説的な等価性にさらに注意したい。そこから出発して、一九七五年から七六年に実施された「サントム」に関するセミネールの解読を深化させなければならないだろう。そこでラカンは、まさに芸術の問題を徴候の問題を通じパノフスキーはといえば、周知のように彼は象徴と徴候を同一視して、両者を「人間精神の一般的で本質的な傾向が、さまざまな歴史的条件において特殊なテーマと概念によって表現された方法」と同一視した――結局のところイコノロジーは、「一般的な文化的徴候――あるいはエルンスト・カッシーラーがいう意味での象徴――の歴史」という観点にしたがって、これらの「テーマ」と「概念」の理由を書き取ることになる。(98) おそらく美術史は、この同一視の記号学的基盤を批判しない限り、自分の自由を奪う方法論的重みから逃れられないだろう。さて、問題の中心は、芸術作品の美学的「情動徴候」と、その「純理的」、つまり理論化可能な「等価物」とされる象徴を突き合わせる形で、二つの概念を再弁別しようとすることではない。(99) やはり問題は、象徴の知が危機に陥り、徴候の非‐知を前にして断ち切られる瞬間を考察することとなる。徴候のほうは、イメージにおいて働く意味の全条件が急激に噴出するなかで、自分の象徴性を切り開き、投げ放つのである。

おそらくパノフスキーは、芸術的イメージに眼差しを向けることが道で帽子を持ち上げる男性とすれちがうことに等しい、と束の間われわれに信じさせることによって（しかし「イコノグラフィーとイコノロジー」における冒頭の例は文字通りに受け取られたため、この束の間は持続する）、われわれを、われわれ美術史家を手助けして、われわれに対して生を単純化しようとしたのであろう。イコノロジー学への序論冒頭の有名な四ページは、次のような記号学的寓話を展開している。つまり、そこでわれわれはある確実性から出発して――「私がこの形状をひとつの対象（一人の男性）として同定して（私は自然にそうする）、細部の変化をひとつの出来事（帽子を持ち上げること）として同定するとき……」――、結局はもう一つの確実性――帽子を持ち上げる身振りに内在する象徴の確実性、「文化的徴候」の確実性――へといたる。この第二の確実性は、最初の確実性の恒常性や安定性なしには、つまり帽子を持ち上げる男のもはやけっして疑問視されない同定なしには、得ることが不可能であっただろう(100)……。しかし、私が一枚の絵を見つめるときに（すれちがうのではなく、つまり長い間）生じるのは、まったく逆の事態である。つまり、ほとんどの場合

て考察していた。そこでもう一つの逆説的な等価性が姿を現し、それによれば、芸術と両義性——どちらも深層で徴候と関係している——に関していうと、「われわれは徴候に対する武器としてはそれしか持っていない」……。これは、芸術作品が徴候を妨げるのと同様に、徴候を活用し、それと戯れるという意味である。Cf. J. Lacan, «Séminaire sur le sinthome», *art. cit.*, n° 6, p. 6-10.

(98) «(...)Just so, or even more so, must our synthetic intuition be corrected by an insight into the manner in which, under varying historical conditions, the general and essential tendencies of the human mind were expressed by specific themes and concepts. This means what may be called a history of cultural symptoms — or "symbols" in Ernst Cassirer's sense — in general.» E. Panofsky, «Introduction», *Essais d'iconologie*, *op. cit.*, p. 29〔「(…) まったく同様に、あるいはなおのこと、われわれの総合的直観は、人間精神の一般的で本質的な傾向が、さまざまな歴史的条件において特殊なテーマと概念によって表現された方法を洞察することによって、修正されなければならない。この方法が意味するのは、一般的な文化的徴候——あるいはエルンスト・カッシーラーがいう意味での「象徴」——の歴史とでも呼べるものである」。パノフスキー「序論」『イコノロジー研究』前掲書、五四頁〕.

(99) B. Teyssèdre, «Iconologie — Réflexions sur un concept d'Erwin Panofsky», *art. cit.*, p. 328-330 が、このことを示唆している。

(100) Cf. E. Panofsky, «Introduction», *Essais d'iconologie*, *op. cit.*, p. 13-16〔パノフスキー「序論」『イコノロジー研究』前掲書、三二—三六頁〕. このテクストは、実際に同定する（*identify*）という動詞を用いている。

にイメージが私に示すのが、まさに砕け散る閾、失われる確実性、突然また疑問視される同定である限り、一般的象徴の漸進的演繹はけっして完全には可能とならないのだ。[101]

徴候の効果、その中断《シンコペーション》の時間性はそのようにあまりにも強力であるため、象徴の同定はそこで粉々になり、衝撃的な仕方で分裂する。象徴的なものを主題とするフロイトの膨大な資料体において、ある短いテクストが、まさに帽子について考察して「象徴と徴候の関係」の概要を示していたことを指摘するのもおそらく無駄ではない。[102]しかしそれは、「夢分析の経験によって」証明されて「十分に立証された」項と項の同一化で始まっていた。つまり、帽子は生殖器を――「とりわけ男性器」だが、女性器もまた――象徴しているのだ。[103]しかしながら、象徴的なものの明白さへ開かれたこの扉はすぐに閉じられていった。つまり「この象徴がわれわれが理解できる象徴に属している、と断言することはできない」とフロイトは書いている。こうして彼が示しているのは、象徴コードの明白さは、それが証明されていようとも、幻覚や徴候における「働き」そのものに、つまり実働に関わるといかに即座に無効となるかということである。このとき、フロイトのテクストにおいて移動の構造《エコノミー》全体が始動する。この移動によって、帽子は頭部となり――「それは延長された頭部、しかし切除されるのに適した頭部のようである」――ボールやクッションに、続いてクッション器官などになるだろう。それは幻覚的な構造《エコノミー》であり、そこでわれわれはある確実性から別の確実性へ移行するのではなく、ある象徴的置換から別の象徴的置換へ移行し、それが際限もなく続くのである。

街頭で彼ら［フロイトがここで言及している強迫神経症患者］は、知人が帽子をとって先に彼らに挨拶をするか、それとも彼らが挨拶するのを待っている様子であるかを見ようとたえず待ちかまえている。そして彼らは、相手がもはや挨拶をしないか、彼らの挨拶にもはやふさわしい形で応えないことを知って、多くの交際を絶ってしまう。気分次第で生じるこの挨拶の問題は、彼らにとって際限のないものである。(104)

フロイトのこの小著にみられる理論的教訓は、非常に明快である。つまり、徴候の観察が進めば進むほど、それを解明する手立てが見つからなくなるのだ。去勢コンプレックスへの準拠――ここでテクストの展開を支えている――に関していえば、それはまさに解釈に範例を与えるが、この範例は、項を相互に解消し、総合し、固定するのではない。なぜならこの範例が要請するのは、象徴されるものがその消滅とともに、その断片化、たえず延長されるその裂け目とともに思考されることだからである。このように精神分析家は、自分が目にする徴候のイコノロジー的解釈――パノフスキー的意味における――を行おうとしても失敗するだ

(101) まさにこの意味でダニエル・アラスは、図像学的同定の問題を是が非でも解決するのではなく、図像学的に考察することを提案していた。「単に明晰判明な観念ばかりでなく、観念の連合を対象とする実現可能な図像学がまた存在するのである……」。D. Arasse, « Après Panofsky : Piero di Cosimo, peintre », *Erwin Panofsky — Cahiers pour un temps, op. cit.*, p. 141-142.

(102) S. Freud, « Une relation entre un symbole et un symptôme » (1916), trad. coll., *Résultats, idées, problèmes. I, 1890-1920*, PUF, Paris, 1984, p. 237-238〔フロイト「ある象徴と症状」『フロイト著作集10――文学・思想篇I』前掲書、三一一―三一二頁〕.

(103) *Id., ibid.*, p. 237〔同書、三一一頁〕.

(104) *Id., ibid.*, p. 238〔同書、三一一頁〕。強調引用者。

ろう。帽子を持ち上げながら、フロイトの強迫神経症患者は明晰判明な証明の慇懃さをもはや示さない。彼はむしろ、不気味な徴候人形を（偽の）なじみの象徴人形に挿入するのである……。

したがって、徴候の思考とともに生じるのは疑惑の構造（エコノミー）である。確かに徴候は、私が見るもの、捉えたと思うものを、私が知っているかが不確実となることを要請する。すでにデカルトは、通り過ぎる帽子やコートを窓から見つめながら、それらが覆っているのが「亡霊やまさにゼンマイ仕掛けの偽の人間」[105]ではないかと疑っていた。それでは、フェルメールの小品《赤い帽子の女》（図18）の頭上に張り出す、肉色の絵具の常軌を逸した広がりに私が視線を向けるとしたらどうなるだろうか。フェルメールは、描かれた帽子をいかなる決定的な――あるいは定義的な――同一化からも切り離したが、だからといって描かれた女性が頭の上に帽子以外のものを載せていたとはいえない。このようにフェルメールは、この肉色の帽子を「別な物の帽子」として、奇妙な不安をかき立てる帽子として示していた。この帽子は、帽子である以前に絵具の徴候として私の視線に強烈に現れるだろう。パノフスキーの寓話はわれわれを楽観的進展に導いていたが、それとは反対に、いまやここで生起することは、そのように華々しくはない次のような強制的命令に応えている。つまり、見つめれば見つめるほど、私は知らなくなる――そして、知らなければ知らないほど私は知りたくなる（とくにフェルメールとその時代に関する事実を）。しかし、私はよく知っているのだ、つまりこの知の欲求への回答は、かくもつつましいこの帽子を美術史の驚くべき対象に、フェルメール絵画の驚くべき徴候に仕立て上げるものを、けっして完全に解明することはないだろう。

　イコノロジーの理想は、芸術家や一時代全体にとって作品において思考可能なものの条件を定義することであるが（たとえば十五世紀イタリアの絵画は、三次元空間の表象を通してしか思考しえないし、芸術の一時代にとって思考不可能なものは、その時代の芸術には存在しないというように）、それとはまったく逆に、徴候への開放は、目の前でイメージを横切りに来る何か思考不可能事のようなものへとわれわれを導く。徴候は、われわれが詳細全体をけっして知ることができない衝突の遺物、すべての名をけっして正確に述べることができない抑圧されたものの回帰、まったく同時に形成と歪曲であり、同時に記憶の、そして期待の作用であるが、この徴候は、われわれの眼差しの前で出会いの出来事を生じさせる。この出来事において、作品の構築された部分は、作品の中心である呪われた部分による衝撃と侵害を受けて揺れ動く。織物がその裂け目という出来事と出会うのはそこであろう(106)。

したがってわれわれは、道でわれわれとすれ違い、すでに同定され、われわれに向かって帽子を礼儀正しく持ち上げる古くからの知人を見つめるようには、芸術的イメージを見つめることはないだろう。しかしヴァザーリ以来、多くの歴史家がそうしてきたし、今でもそのように行い、そうするふりをしている。彼らは、誰かの安堵させる肖像を前にするように、イメージの前にいる。そして彼らは、その誰かの名をあらかじめ

(105) R. Descartes, *Méditations* (1641), II, éd. A. Bridoux, Gallimard, Paris, 1953, p. 281〔ルネ・デカルト『省察』「省察二」山田弘明訳、ちくま学芸文庫、二〇〇六年、五四頁〕.

(106) 「ずっと以前からわれわれが親しんでいる比較によれば、徴候は異質な物体（*als einem Fremdkörper*）であり、この物体は、それが根付いた組織において（*in dem Gewebe*）刺激と反応の現象を連続して維持するのである」。S. Freud, *Inhibition, symptôme, angoisse*, *op. cit.*, p. 14〔フロイト「制止、症状、不安」『フロイト著作集6』前掲書、三二八頁〕.

知りたがり、暗に「にこやかな表情」を、つまり頭にきちんと置かれた帽子が示す最小限の具象的礼節を求める。しかし、けっしてイメージの世界は、イメージに関して構成される歴史や知に良い顔をするためだけに構成されたのではない。多くのイメージが――何世紀も前からわれわれが親しんでいると思うものさえも――謎のように、フロイトが形象可能性の作用の例として導入した謎のように働いているのだ。つまりすべての帽子は吹き飛び、イメージは髪を乱して駆け回り、まさにときには無頭で駆け回る……。なぜなら、徴候の作用は非常に強力であるため、イメージについて形成されるイデアや単なる理性の首をしばしば切り落としてしまうからである。

しかし、一冊の書物を結論づけるのに、少なくとも美術史に対して提起されたわれわれの問いを結論づけるのに、それで十分であろうか。本当にそうであるとはいえない。争点と運動は批判的性質を帯びていた。重要なのは、美術史と呼ばれるこのアカデミックな学問があまりにも頻繁に取り入れた自然発生的な形而上学、そして確信に満ちた語調に対して、より拡がりのある（それ自体が歴史的な）批判の序説のようなものを、苛立ちながらであろうとも表明することであった。要するに重要なのは、すでにパノフスキーに見られる注意喚起を、**注意**（CAUTIUS）の喚起を先鋭化することであり、そうしていくつかの問いを、芸術的イメージに関するわれわれ自身の知への意志に対して表明することであった。新たな解答を述べるよりも、新たな要請を示唆することが重要であった。歴史家がもっとも自然発生的に追従する可視性という通常のモデルの代わりに、われわれはより人類学的性質の要請を、われわれが視覚的なものという用語で取り組む要請を提起しようとした。可読性という通常のモデルに対して、われわれは解釈というモデルを提示し、その解釈の強制力と開放性は、フロイトのメタ心理学から継承した成果――あるいはむしろ問題設定――を通じて考察された。図式論と歴史的演繹という統一的モデルの代わりに、われわれは形象可能性と徴候という理論的範例を提起した。われわれの考えでは、これらの範例は、つねに問い直されるべきイメージの深遠な「象徴的」有効性の問題を、より適切に表明することができる。しかしこの領域において、われわれの争点の理論的――必然的に一般化する――次元は開花して、ある程度まで明確になることができたのだが、この領域からまさに出発して、われわれの争点のまさしく歴史的な次元が、われわれの最初の問いの動機そのものとして、展開されるとまでは言わずとも、[107]いま示されることを求めているのである。

確かにこの「提起された問い」は、ある執拗な印象によって惹起されていた。その印象によれば、キリスト教的イメージの効力――長期にわたるその人類学的効力――は、「図式論」、「象徴形式」、図像主義といった単純な用語では完全には理解できなかった。それらの用語を展開したのは人文主義的な美術史であり、この美術史は、一方ではヴァザーリから（自分の対象の位置に関して）、他方では新カント主義から（自分の認識行為の位置に関して）その基礎概念――われわれはそれをトーテム概念と呼んだ――を受け継いでいた。だからといって、それ自体が長い歴史を持ち、多くの点で明白な正当性を備えたひとつの概念世界を、完全に放棄しなければならないわけではない。肝心なのはむしろ批判すること、つまり弁証法化して、遠近法を構築することであろう。まさに明白に、キリスト教美術史を編み上げる織物は、模倣的表象という権威の下で、ギリシア・ローマ世界から継承した模倣という権威の下で、全体的に検討されうる。そのような諸概念

(107) ここで提起された問いが、歴史研究にとって、ただひたすらそれ自体の具体的広がりにおいて十分に証明されて判断されるべき賭けの価値を持っていることを、私はすでに指摘しておいた（前記三八―四〇頁）。

が「魔術的」になり、全面的になるのは、まさにそれらが絶対的に規則を制定して領域全体を占拠しようとするときであり、つまりは自分自身が徴候化して、危機にさらされ、引き裂かれてしまうのを遮り、そうして自分自身の限界を無視しようとするときである。だからこそ、今すぐに表象をその不透明性[108]とともに思考しなければならず、模倣を、それを部分的あるいは全面的に崩壊させせうるものとともに思考しなければならない。われわれの根本的仮説にしたがえば、そのような裂け目の力は、受肉という複雑で開かれた言葉の下に位置づけられることになる。

すでに言及したデューラーの版画（図5）に目を向けるとき、われわれはまず何を見るのだろうか。われわれは、見事に表象されたひとつの身体を見る。それを表象した芸術家が、身体の運動や比例規則などの問題に抱いた深い関心を、われわれは現在——とりわけパノフスキーのおかげで——よく知っている。この版画は、たとえば筋肉の表象におけるこの上ない注意力をすでに示しているが、この版画を彫り刻んでから約十年後に、デューラーは有名な『人体均衡論』を出版していた。パノフスキーは、この本に「比例理論がそれまでけっして到達したことがなく、またもはやけっして到達することがないであろう頂点[109]」をまさに見ている……。以上のことはすべて、異論の余地はないが不十分である。なぜならデューラーがここで表象した身体は、その内向化ひとつをとっても、単に「自分を誇示する表象状態」にはないことを示しているからである。デューラーがわれわれに示す身体イメージは、キリストの眼差しが決定的に凝視した開口部——さらには傷口——によって、いわばその中心へと吸いこまれている。それはどういうことだろうか。つまりこの身体は、自分の中に肉を、それが傷ついた肉であろうとも示すために、われわれに対して現れているのだ。デューラーのキリストが自分の肉の開口部に打ち沈むのは、開口と死が、神の御言葉が人間界へ受肉した宿命――さらには根本的意味――であったことを、敬虔な鑑賞者に現すためである。したがってこの見事な身体は、神が「肉をまとう」意味そのものによって、その肉において損なわれているのだ。だから肉は、身体において徴候をなし、身体の適切な大きさをひそかに変化させるほどである。両足の二つの聖痕への集約化――二つの点（*puncta*）が関係を、連続を、眼差しの効果を生むようにする――が、人物の両足の可視的表象において、身体そのものの一種の歪みをどれほど要請したかを見るだけで、十分にそのことが理解できる。

要するにこの事実は、まさにフロイトが徴候に与えた根本的定義に対応している。つまり徴候は、彼によれば、不可能な「外的世界の変形」――その世界は、デューラーの版画のキリスト論的文脈においては、原罪を負った人間世界である――を「身体の変形」（*eine Körperveränderung*）――つまり聖痕という単なる一言を、考えうるもっとも範列的な意味で、つまり肉につけられた印、染み、刺し傷という意味で理解してほしい――によって入れ替えるのだ(110)。さて、御言葉の受肉は、キリスト教の伝統全体において、永遠に続く

---

(108) この文章を執筆しているとき、L・マランの論文集『絵画における不透明性――十五世紀《クワトロチェント》の表象についての試論』(L. Marin, *Opacité de la peinture – Essais sur la représentation au Quattrocento*, Usher, Florence/Paris, 1989) が出版された。そこで表象という古典的概念は――それはいずれにせよ現代の語用論によって再解釈されているが――透明性と不透明性を生み出す二重の力を持つものとして論じられている。

(109) E. Panofsky, «L'histoire de la théorie des proportions humaines conçue comme un miroir de l'histoire des styles» (1921), *L'œuvre d'art et ses significations*, *op. cit.*, p. 96〔パノフスキー「様式史の反映としての人体比例理論史」『視覚芸術の意味』前掲書、一〇〇頁〕.

(110) そしてフロイトは同じ文で、徴候における「適応」と「退行」（*Anpassung... Regression*）という二重の様相を結

破壊や業火や責め苦から他のすべての人を救うために、ただ一つの身体をこうして供犠的に変貌させることとまさしく考えられていた。いずれにせよ、こうして万人を少しずつ変貌させたのである。万人に、もはや割礼というヘブライ的試練を要請するのではなく、キリストが真っ先に身を投じた脱形象的試練の模倣というまたもや定言的な命令を要請することによって。

受肉と模倣という二つの用語をそれぞれどのように位置づけるべきかを、いまやよりよく理解できる。つまり、前者は後者の徴候化を前提としていて、それによって後者は——それ以後は変貌して——身体そのものばかりでなく身体の徴候に向けられる。アッシジの聖フランチェスコは、身体の様相によってではなく、身体がこうむり同化した徴候的脱形象化によってキリストを模倣していた。われわれの仮説は、極言すれば単に次のように想定することである。つまりキリスト教の視覚芸術は、まさにこのような聖人がなしえた表現で、キリストの身体を模倣しようともしてきたのだ。つまり身体の様相を超えて、過程を模倣して、神の御言葉の肉に決定的に穿たれた開口部の「効力」を模倣することによって。

したがって受肉——キリスト教における重大な要請としての、その中心的神秘、その信仰の核心、既定の現象学や幻想に対する回答としての——は、途方もない創作力を持つ二重の構造（エコノミー）をイメージに授け、そしてそれをイメージに要請していた。つまりまず受肉は、イメージを身体と接触させ（この点を、つねに美術史は非常にしっかりと見て分析した）、次に身体を変貌させることをイメージに求めていた（美術史は、この点をはるかに見つめることが少なかった）。御言葉の受肉、それは神的なものが身体の可視性に接触することであり、したがって古典的模倣の世界への開かれた入り口、身体を宗教芸術のイメージにおいて機能させる可能性であった。しかしそれはまさに同様に、身体にもたらされる供犠的で脅威的な構造《エコノミー》であり、つまり模倣の世界における開口部、身体の外皮や塊に穿たれた肉の開口部である。これが、受肉というモチーフのキリスト教的発明によって発動した基本的弁証法であろう。つまりそれはある意味では、イメージが自己を誇示する古典的模倣の大いなる織物を裏打ちする何かである。また別の意味では、同じ織物の中心に裂け目を生む何かである。おそらくもっとも適切な隠喩は、やはり「クッションの綴じ目《ポワン・ド・カピトン》」というラカンの隠喩であろう。それは織物を固定するが――その構造的適性は卓越している――、まさにその理由は、それを突き刺して穴をあけるからである――そうして同様に卓越した徴候的適性を示している。

したがって「受肉」という用語は、人文主義に由来する模倣（*imitazione*）とまさにイコノロジー（*iconologia*）の理論的魔術を放棄する第三の接近方法を、その意味領域の広がり全体において与えるであろう。模倣の全体的適用は、見えるものの専制を前提としていて、リーパやパノフスキーの後でイコノロジーを考えるある種の方法は、読めるものの専制を結局は前提としているが、それらの専制に抗ってキリスト教視覚芸術における受肉のモチーフを考察することは、見えるものを視覚的なものの作用へと開き、読めるものを、釈義や意味の重層決定的な増殖の作用へと開くことを可能にしたといえるだろう。ビザンチンのオリエントからトリエント公会議の西洋にいたるまで、受肉の要請は、イメージにおいて視覚的直接性と正統的な釈義形成の二重の力を開花させるにいたったのだ[111]。これが、徴候の理論的――さらには発見的――力である。こ

論づけていた。S. Freud, *Introduction à la psychanalyse*, *op. cit.*, p. 345〔フロイト『精神分析入門』下、前掲書、六七頁〕.

(111) G・ディディ＝ユベルマン「形象の力――キリスト教芸術における釈義と視覚性」(« Puissances de la figure —

れが、その開放や萌芽の能力である。徴候は、受肉の構造《エコノミー》によって求められ、欲望され、イメージにおいて出来事と潜在性のこの驚異的に豊饒で有効な関係を示す。出来事は、図像学的象徴のコード化された構成を攪乱する。そして潜在性のほうは、可視的模倣の「自然な」とされる構成をそこで攪乱する。そのすべてがひとつの力学において生じていて、その力学そのものが広大な可能性の領域を活用して、この世でもっとも密やかに、あるいはもっとも衝撃的になりうるのである。

受肉というモチーフを、西洋的ミメーシスの巨大な織物に点在する「クッションの綴じ目」のシステムと比較すると、それゆえ芸術の「反-歴史」のようなものが連想される。この歴史は、対立するのではなく弁証法化して、具象的表象という模倣的重大テーマの対主題――音楽においてそう言う意味での――を示すだろう。さて、キリスト教の「原型的」な主要イメージが、一方では大量に受肉のモチーフに捧げられ――それらのイメージは一般的にその直接的証言であろうとした――、他方ではそれらのイメージにおいて、ミメーシスが紛れもない徴候によって、脱形象化の視覚的印や痕跡によって、つねに脱形象化の試練をこうむっていたことを確認すると、驚かずにはいられない。あたかも御言葉の肉が、身体そのものに抗ってそこへ作用しにやって来るようである。

これらの稀少なイメージ、例外的イメージを、私は「原型的」と名づける。それらのイメージに対して、東方の、続いて西洋のキリスト教は、まず礼拝の関係を要求したであろう。このことは、少なくとも二つのことを前提としている。まず、それらのイメージが最大の欲望領域に、他のいかなるイメージにも不可能な領域に触れていたことであり、その領域は、イメージそのものが「奇跡的に」徳（*virtus*）となり、そして受肉の力となる領域であった……。もう一方でそれらのイメージ、それらの稀少なイメージは、限界に触れることによって他のあらゆる芸術的イメージの目的——手に負えないものであろうとも——を示していた。だからこそ、その歴史が作成されなければならないのである。この歴史においてわれわれが理解しようとするのは、いかなる作用——精神的で物質的な——によって、そのような限界イメージが鑑賞者の目に危機的〔批判的〕イメージ（この形容詞がもつあらゆる意味において）として現れえたのか、そして同様に欲望イメージ——イメージの目的〔終焉〕（やはり用語のあらゆる意味において）をもたらすイメージ——と名付けたいものとして現れえたのか、ということである。

　そのもっとも顕著な例は、当然のように、エデッサのマンディリオン——崇拝されるイメージとしての最初の明白な言及は六世紀半ばにさかのぼる——、ヴェロニカの聖顔布とトリノの聖骸布であり、非常に壮厳な顕示のときには、今日のキリスト教徒がいまもなおそれらの前に跪きにやって来る。アケイロポイエートスの、つまり「人間の手によって作られていない」といわれるこれらのイメージから、非常によく構成された構造的関係をとくに取り上げたい。この関係は、そこで伝説的要素（それは言説や儀礼においてイメージの理想的な「目的」をもたらす）を現前化や「現前可能性」の具体的方法と結合する。まず印象的なのは、ごく手短に言えば(112)、全般的に取るに足りず、極端に質素な事物、ぼろ布というその素材しか見せるものを持

Exégèse et visualité dans l'art chrétien », *Encyclopædia Universalis — Symposium*, E. U, Paris, 1990, p. 596-609〔前掲書『開かれたイメージ』所収〕を参照。

(112)　ここで参照しなければならないのは、長大な文献目録である。原典批判のために、E. von Dobschütz, *Christus-bilder — Untersuchungen zur Christlichen Legende*, Heinrichs, Leipzig, 1899, 2 vol. という必須文献、そして E. Kitzinger, « The Cult of Images in the Age before iconoclasm », *Dumbarton Oaks Papers*, VIII, 1954, p. 83-150 と

たない事物が問題になっている点である。古い亜麻のハンカチや焦げた白布、それらが示しているのは、要するに神によって接触されたと推定される――しかし途方もない――特権だけである。それらは聖像《イコン》であると同様に聖遺物である。そのため、人々はかくも長きにわたって、一般的に単なるヴェールとして現れるそれらに啓示する力を与えたのである。それゆえに、文字通りにもっとも消去された地味な外観を示すそれらに出現の力を与えたのである……。しかし、この逆説を実現することがまさに重要であった。つまり契約を、犠牲的な損害を実現することが、この本の冒頭で論じた「可視的なものの割礼」を実現することが重要であった。外観が「消去」されたこと、様相が犠牲にされたこと、まさにこれは謙譲の構造《エコノミー》に対応していた。そして御言葉そのものが、受肉することによって、すでにその構造《エコノミー》を示していたのである。したがってそのようなイメージが、中世に真のキリスト顕現とみなされたことは驚くことではないだろう。誰もがそれらに何らかの偉大な奇跡をみていた。そしてしばしばその奇跡は、イエス自身が行ったとされる奇跡のひとつを、たとえば盲人に視覚を回復させる奇跡を繰り返していたのである。

　そのようなイメージを「神の産物」「人間の手によって作られていない」と表明することによって――聖パウロが、キリスト教徒の「精神の割礼」を、神の契約と聖域をまさに定義しようと始めたアケイロポイエートス（*acheiropoiëtos*）という形容詞化にしたがって[113]――、それらのあまりにも人間的な創作者は、結局のところイメージのなかで一種の円積問題を実現しようとしていた。つまり、そのイメージは（外観として）もはや覆い隠さずに（出現として）啓示し、もはや表象する必要がなく、神の御言葉を効果的に現前化し、その奇跡の力全体を現働化するにいたる。そのようなイメージの制作法（*modus operandi*）が描写される仕方に注目すれば、事態はさらに興味深くなる。つまりそれらのイメージは、御言葉が「人間の精液なしに」受肉できたように「絵具なしに形成されている」のだ(114)。しかし、受肉の要請にしたがったこの絵画性の否認には、ただひとつの目的しかなかった。その目的とは、あらゆる図像性の、つまりは絵画というあらゆる活動の絶対的範例となることであった(115)。それは、絵画そのもののなかに、あるいはこう言ったほうがよければ美術史のなかに、宗教図像学全体の絶対的な欲望対象を位置づける方法である。その対象とは、受肉をめぐる絵画的欲望の不可能な対象である。

したがってわれわれは、イメージとなった欲望の極限形態を前にするように、これらのたぐい稀な、これらの卓越した図像や聖遺物の前にいる。この欲望は、イメージが讃え、ある意味で引き継ごうとする肉へ向かって、イメージをイメージそのものの外部へ連れ出そうとする……。このような要請の逆説的構造は、そ

いう古典的でより一般的な研究書の存在を指摘するにとどめよう。——私は、この複雑な問題を非常に短い論文において要約しようと試みた（«Images achiropoïètes», *Dictionnaire des poétiques*, Flammarion, Paris 近刊）。

(113) 「コロサイ人への手紙」第二章一一—一三、「コリント人への第二の手紙」第四章一六—第五章二、「ヘブライ人への手紙」第九章二四。

(114) この喩えは、七世紀にエデッサのマンディリオンに関して、Georges Pisidès, *Expeditio persica*, I, 140–144, éd. A. Petrusi, *Panegirici epici*, Buch-Kunstverlag, Ettal, 1959, p. 91 にみられる。

(115) ジャンバッティスタ・マリーノは、著書『聖談義』（*Dicerie sacre*, 1614）の「絵画について」と題された第二部をトリノの聖骸布に捧げて、まったく別の観点からこの歴史の要点を詳しく論じている。G. B. Marino, *Dicerie sacre*, éd. G. Pozzi, Einaudi, Turin, 1960, p. 73–201. ——この主題については、M・フュマロリの論文 «Muta Eloquentia», *Bulletin de la Société de l'histoire de l'art français* (année 1982), 1984, p. 29–48 を参照。

れらのイメージの描写に用いられる語彙の対立的様相をおおむね条件づけている。この語彙は、のちに否定神学全体と神秘家たちの統語法の特徴となる大量の交差配列法や撞着語法をすでに思わせる語彙である。たとえば、マンディリオンは最初から「描画的《グラフィック》‐非描画的」と形容されていた[116]。それは、ただ一つの対象において、異質な記号論的モデルを統合する方法である。そしてそれは、いわば記号論的奇跡を想像する方法である。さて驚くべき点は、具体的な対象の現前化が、そのような虚構という賭けに応じることができた事実にまさにある。それらの図像における相対的——そして欲望された——消滅の顕著な効果は、その指標的な性質を、接触の痕跡としての性質を、残骸としての性質を、したがって「聖遺物」としての性質を前面化することにあった。十六世紀の終わりに、アルフォンソ・パレオッティがトリノの「聖骸布解釈」の概論を執筆したとき、結局のところ彼は、血痕の描写による逆説的なシステムをまさに生み出したのである。この描写において——それは補足的にして根本的な逆説である——彼のテクストの描写的で釈義的な展開全体を導いていたのは、身体そのものではなく身体の開口であり、身体の形態ではなく引き裂かれた身体であった[117]。

したがって、キリスト教における「原型的」イメージは、純然たる徴候にほかならないだろう。つまりそれは神のさらけ出された痕跡であり、それは神秘を、魔術的な効力を、崇拝を構成するためにそのようにさらけ出されているのである。そのため、そのような接触の表明——イエスの生き生きとした顔とマンディリオンの接触、イエスの苦悩する顔とヴェロニカの聖顔布の接触、あるいはイエスの死せる身体と聖骸布の接触——は、その換位命題を、つまり人間による非‐接触を求める手続きをせずにはいられなかった。神に触れたものは、しばしばこの上なく不可触なものとなる。つまりそれは神秘の暗がりへと退くのだ(そして永遠に欲望の対象となる)。たとえばマンディリオンは、極上の緋色の布につつまれ、厳粛に行列によって運ばれていた。そして、たとえばそれはビザンチンの軍事遠征において玉座を占め、お守り《パラディオン》の、つまり厄除けのイメージという役割を果たしていた。ゲオルゲス・ピシデスは、見つめようと挑むものを誰であれ寄せつけない石化するゴルゴンの効果に、敵に対するその効果をなぞらえていた(118)。

ヴェロニカもまた、お守り《パラディオン》の役割を果たしている。つまりそれは、ローマをあらゆる災いから守っていたとされている(119)——それにもかかわらず、マンディリオンが一二〇四年のコンスタンチノープル略奪の際に盗み出されたように、一五二七年にヴェロニカはマンディリオンと同じ運命に甘んじてしまった。しかしヴェロニカは再び姿を現し、一六〇六年に壮厳に移送された。それはサン・ピエトロ大聖堂の巨大な四柱の一つのなかに据えられた。ヴェロニカは今日でもそこで、十字架の木の正面で、キリスト教という大建造物そのものを支えているようにみえる。ときにはそれは信者たちに公開されるが、あまりに高い位置にあるため、ただその額縁が、クリスタル、金、宝石でできているその額縁が輝いて見えるだけである。その額縁は、ヴェロニカを指し示すのと同じだけ隠している。このように語ることは、顕示方法における客観的アイロニーを指摘するばかりではない。なぜなら方法としての「アイロニー」は、ここで形成されんとするイメージの

---

(116) Georges Pisidès, *Expeditio persica*, I, 140, *éd. cit.*, p. 91.
(117) A. Paleotti, *Esplicatione del sacro Lenzuolo ove fu involto il Signore, et delle Piaghe in esso impresse col suo pretioso Sangue...*, G. Rossi, Bologne, 1598 et 1599.
(118) Georges Pisidès, *Expeditio persica*, I, 139-153, *éd. cit.*, p. 91.
(119) Cf. H. Pfeiffer, «L'immagine simbolica del pellegrinaggio a Roma : la Veronica e il volto di Cristo», *Roma 1300–1875 — L'arte degli anni santi*, A. Mondadori, Milan, 1984, p. 106-119.

概念に完全に属しているからである。ダンテはすでにそれに敏感であり、彼は、遠方から聖遺物を見つめに来る巡礼者を、自分の神の真正な像（*vera icona*）になりうるものを前にしながらも、けっして「自分の渇望を満たせない」――つまり可視性への渇望、様相への渇望をである――ひとに喩えている。[120] なぜなら「真の」肖像には――その接触によって真であり、その様相によって外見上という意味ではない――、おそらくベンヤミンなら「アウラ」と名付け、モーリス・ブランショなら「魅惑」と名付けたであろう弁証法にしたがった、その後退の実現が必要であったからだ。[121] ここでは、そのような「現前可能性」の弁証法への要請を強調するにとどめよう。この弁証法は、万人に対してイメージの潜在性を、つまりはそのつかの間の、偶然的な、徴候的な出現力を確立していたのである。この弁証法は、事物イメージを、分離可能で、偶発的で、触知可能で、破壊可能なこの現実を、範例イメージへと、つまり人間が自分自身を神の似姿《イメージ》とみなさんとする関係の母体へと構成することを可能としたのである。

人間がイメージに類似していたこと、[122] それは、人間がイメージに帰属していたこと、その臣下であったことを文字通りに意味していた。したがって誰であろうとも、コンスタンチノープルやローマの大聖堂《バジリカ》の対照的な光のなかに、自分の神の「真正なイメージ」を厳密な意味で見ることができてはならなかった。むしろそれを見つめながら自分をイメージの臣下《スュジェ》であると、本来の意味での *subjectus* ――「下に投げ出されている……」――であると感じなければならず、つまりは自分自身がイメージの眼差しのもとにあると感じなければならなかったのだ。イメージを見る者が、イメージに対するあらゆる支配力を奪われると同時に、ある関係にしたがってイメージによって取り憑かれなければならなかった。その関係とは、まだイメージが接触禁忌の対象でありえたにもかかわらず、刻印という用語でほぼ表される関係である。それはつまり、神の

character という用語で表されるが、このギリシア語の単語は、刻印の、刻み込みの動因と同時に結果を意味している。奇跡的な図像そのものとは、御言葉による「肉の神聖な刻印」にほかならなかった(123)。したがっ

---

(120) Dante, *Divine Comédie*, Paradis, XXXI, 103-105〔ダンテ・アリギエーリ『神曲――天国篇』第三一歌、一〇三―一〇五、平川祐弘訳、河出文庫、二〇〇九年、四二五頁〕:「ヴェロニカの御姿絵を見にクロアチアあたりから／出てきた田舎者が／久しい間の渇望であっただけになかなか飽き足らず（Qual è colui che forse di Croazia / viene a veder la Veronica nostra, / che per l'antica fame non sen sazia...）」。

(121) Cf. W. Benjamin, «Petite histoire de la photographie» (1931), trad. M. de Gandillac, *L'homme, le langage, la culture*, Denoël, Paris, 1971（éd. 1974）, p. 57-79〔ヴァルター・ベンヤミン「写真小史」『ベンヤミン・コレクション1――近代の意味』浅井健二郎編訳、久保哲司訳、ちくま学芸文庫、一九九五年〕. ― *Id.*, «L'œuvre d'art à l'ère de sa reproductibilité technique»（1935）, *ibid.*, p. 137-181〔同「複製技術時代の芸術作品」同書〕. ― M. Blanchot, «La solitude essentielle», *L'espace littéraire*, *op. cit.*, p. 22-27〔ブランショ「本質的孤独」『文学空間』前掲書、二二―二八頁〕:「魅惑は、中性的な、非人称的な現前と、不特定な「ひと」と、形姿なき広漠たる「誰か」と根本的に関係している。魅惑は、眼差しが、眼差しも輪郭もない深遠と、盲目にするがゆえにひとが見る不在と結ぶ関係であり、その関係そのものが中性的で非人称的である」（p. 27〔二八頁〕）。

(122) もちろん、「創世記」（I、二七）における聖書の記述にしたがっている。「神は、自分のイメージに似せて人間を創造した、／神のイメージに似せて、神は人間を創造した」。

(123) マンディリオンを讃える進句集《トロパリウム》――あるいは典礼聖歌集――における厳密な表現にしたがっている。カルケドンのレオは、ハドリアノポリスのニコラスに宛てた聖像破壊運動に反対する書簡において、この表現を権威あるものとして引用している。Cf. V. Grumel, «Léon de Chalcédoine et le canon de la fête du saint Mandilion», *Analecta Bollandiana*, LXIX, 1950, p. 136-137.

図6．作者不詳，イタリア，《聖顔》，1621–1623年．グレゴリウス15世がスフォルツァ公妃のために作らせたヴェロニカのカンヴァスへの模写．ローマ，ジェズ教会．

て奇跡的な図像の効力とは、それを崇拝する者にその刻印の力を伝えることであり、そうしてその図像は、何よりも典礼の秘蹟という表現が思わせるプロセスによって、受肉の作用をいわば継続していたのである[124]。

いかにこの効力が、イメージそのものの「現前可能性」の作用を、あるいは形象形成の作用を活用せずにはありえなかったかを、もう一度ここで言わなければならない。いくつかの教会が信者の信仰に向けて今でも公開している「聖顔」（図6）は、眩惑と輝きの方法を無限に多様化させていて――なぜならそのいくつかの額縁は、宝石と金箔のみならず鏡のかけらをはめ込まれているからである――、そうしてそれらは、真正な像（*vera icona*）が展示されて出現する出来事の背後へ必然的に後退する事実を反復するのみならず、神格化された顔の眩惑的な対面を、変貌の絶頂における、ヘブライ人を前にしたモーゼの対面、タボール山において弟子たちを見下ろすイエス・キリストの対面を反復しているのだ[125]。これらのキリスト教の重大な図像を前にして思い出さなければならないのは、それらによる当初の命令が、通常の視覚には耐え難い顔という伝説的要素と同じ性質を持っていたことである――図像そのものが、そのような耐え難いものの聖なる残存物とみなされているのだ[126]。さて、イメージの、とくに「肖像」のいかなる展示にも、人々は通常は可視的な把握を期待するが、しかしここでは視覚的な出来事が――それは眩惑的な対面をまさに与え、反復し、あるいは変形する出来事である――可視的な

(124) なぜなら刻印(*character*)は、キリスト教の伝統全体において、秘蹟という中心概念も示しているからである。たとえば、Thomas d'Aquin, *Summa theologiae*, IIIa, 63, 1-6〔トマス・アクィナス『神学大全』第四一冊、稲垣良典訳、第三部、第六三問題、第一―六項、創文社、二〇〇二年、六七―八八頁〕を参照。

(125)「アロンとすべてのイスラエル人がモーゼを見ると、彼の顔の肌が輝き始め、彼らは近づくのが怖くなった」(「出エジプト記」第三四章三四〔三〇〕)。――「一一人の弟子はというと、彼らは、イエスと待ち合わせをしているガリラヤの山へと赴いた。そして彼を見ると、彼らはひれ伏した」(「マタイによる福音書」第二八章、一六―一七)。

(126) マンディリオンの伝説におけるさまざまな報告において、顔の眩惑的性質は、あるときはキリスト本人、またあるときは彼の使者タダイ、あるときはイメージそのものの性質とされている。少なくとも、カエサレアのエウセビオスによる古い解釈を(Eusèbe de Césarée, *Histoire ecclésiastique*, I, 13, trad. G. Bardy, Le Cerf, Paris, 1952, I, p. 40-45)、当初の物語にはなかったイメージを「発明した」後の解釈と比較することができる(E. von Dobschütz, *Christusbilder*, op. cit., I, p. 102-196 et 158*-249* を参照。――もう一方で C. Bertelli, «Storia e vicende dell'immagine edessena», *Paragone*, XIX, 1968, n° 217/37, p. 3-33 を参照)。

把握と入れ替わることを指摘するのでなければ、この耐え難いものの実現を捉えることなどできようか。

それゆえに、ヴァザーリに由来する美術史の厳密な枠組みを乗り越えて、イメージの歴史を試みねばならないだろう。それゆえに、イメージの視覚性に取り組まねばならないだろう――現象学の運動にしたがって――、そのことでイメージの可視性の正確さ――いかなるイコノロジー的研究法もまずはそれを必要とする――をいったんは放棄することになろうとも。われわれが先ほど言及したイメージは、単にその描写や模倣対象に関する言表を通じて分析されるのではない。それらのイメージはまた、いかなる正確な描写も妨げるそれらに特有の方法を通じて分析され、ある領域に触れるためにそれらのイメージが活用する特有な手段を通じて分析されるのである。その領域とは、「芸術」――この用語の人文主義的でアカデミックな意味における――がもはや無用となり、むしろ眼差しの人類学に属するものにその座を譲る領域である。そのようなイメージは、一般的に美術史の資料体から拒絶される。なぜならそれらはまず聖遺物であり、それらを生み出した「手法」、あるいは単に手仕事――いわば必然的に極秘の、おそらく今日では再現不可能な――を是が非でも消し去ろうとしているからである。実際、聖骸布のようなものを、どうして「作者に帰属させる」ことができようか。なぜなら十四世紀にそれを実現した個人は、自分自身の手の痕跡を、そして当然のようにあらゆる人間的な「技術《アール》」の痕跡を消し去るべく最善を尽くしたからである。イメージの歴史は、当然のように芸術家の歴史――美術史はまだそれとあまりにもはっきりと一致している――とは一致しえない。イメージの歴史は、図像学的解答に甘んじることもできない。なぜならイメージの重要性と精髄――社会的、宗教的、美学的――は、形態の創作からはるかに遠ざかり、ただ解体した形態の効力と神秘――それは人間が夢見た重大な出来事の痕跡を人間の宿命の徴として示す――だけを視線に示すことができるからである。

美術史は、ほとんどの場合、進歩することができる成功した可能な対象の歴史、様相を賛美する歴史にすぎない。だから同様に不可能な対象の歴史を、宿命を担う思考しえない形態の歴史を、様相を批判する歴史を思考しなければならないだろう。

　これは芸術的イメージに背を向けることになるのだろうか。絵画や彫刻は、少なくとも西洋においては、模倣というはるかに「可視的な」命令にしたがっているのだから、受肉は、絵画や彫刻に可能に思える方法に対しては法外な要請であろうか。私はそうは思わない。受肉の圧倒的な教義が、イメージのドラマのようなものを構成して、いずれにせよ形象可能なものの組織《ティシュ》で形成される問いのようなものを構成することが始めから明らかとなるなら、「可能な」対象の歴史、通常の意味での美術史そのものが、受肉が否応なく展開するドラマと欲望のエネルギー論によって貫かれるであろう——しかも深層において——と推測することができるのだ。私が思い描いているのは、絶対的な、あるいは至高な例外の歴史であり、この歴史は、可視的なもののメロディーのなかで、視覚的なものの対主題を展開するだろう。それは徴候的強度の——「クッションの綴じ目《ポワン・ド・キャピトン》」の、強力な幻覚の豊饒な瞬間の——歴史であり、そこで大いなる模倣的組織の広がりは、部分的に引き裂かれるだろう。それは表象の限界の歴史であり、同時におそらく、有名無名を問わぬ芸術家自身による限界の表象の歴史であろう。それは徴候の歴史であり、そこで表象は剝き出しとなり、宙づりにされ、自らの亀裂を曝すのを認めるや否や、自分が何によって構成されているのかを示すのである。

　これらの徴候の地図作成法は、まだこれから構成されなければならない。この地図作成法は、われわれがヴァザーリ的な歴史によってかくも長く馴染んできた一種の巨匠リストによって、かき消されてきたのである。いささか陳腐な実例——しかしそれはわれわれのテーマに関しては興味深く、さらにはヴァザーリの資料体そのものから取り出された実例である——が、われわれが問いに取り組む手助けとなるだろう。それはとくに出来の悪い、いずれにせよ奇妙な絵であり、ウーゴ・デイ・コンティ・ダ・パニコ、より一般的にはウーゴ・ダ・カルピという名で知られるほとんど無名の芸術家によって、ローマで描かれている（図7）。この絵は、ヴァチカン美術館の学芸員が公開コレクションに入れる必要があるとは判断しなかったものだが、旧サン・ピエトロ大聖堂におけるヴェロニカの祭壇のために、一五二四年から一五二七年の間に制作されている。美術史家たちは、この作品と同じ図像学的テーマを表すウフィツィ美術館収蔵のパルミジャニーノの素晴らしいデッサン（図8）と関連づけることによって、このかなり凡庸な作品の構図上の——様式上のではないにしても——起源を解明した。[127] しかし、この二作品には芸術的着想（*invenzione*）の緊密な類縁性があるにもかかわらず、一目見るだけで、それらの間には根本

図7．ウーゴ・ダ・カルピ《聖ペテロと聖パウロのあいだのヴェロニカ》，1524–1527年頃．テンペラと木炭，カンヴァス．ヴァチカン，サン・ピエトロの尊き教会財産管理委員会．

図 8. パルミジャニーノ《聖ペテロと聖パウロのあいだのヴェロニカ》, 1524–1527 年頃. デッサン, 紙. フィレンツェ, ウフィツィ, デッサン保管室.

的に「見るべき関係」がない、ということがはっきりと感じられる。未来の作品のために *quadrettato* となった——つまり碁盤目状となった——パルミジャニーノのデッサンは、彼のスタイルの力をはっきりと明示している。聖女がそこでヴェールを広げ、そこにはキリストの顔が異常な大きさで浮かび上がるが、それは現実の頭部のようにわれわれのほうに向かってくる。いずれにせよ、それははっきりとコントラストをなす照明に照らされる立体的な肖像である。

それに対して、ウーゴ・ダ・カルピの絵に近づくと、かなり静的で不器用な制作方法が見出され、それはパルミジャニーノが素描で示したこの上ない妙技とは、はるかに異なっている。

(127) 図録 *Raffaello in Vaticano* におけるR・ハープラートによる解説文一二三番（Electa, Milan, 1984, p. 324-325）を参照。二つの作品の推定年代は執筆者によって異なるが、ここでわれわれの問題と直接は関係しない。

とくに注目したいのは、聖ヴェロニカが広げて見せているのが、厳密に言えばキリストの「肖像」ではなく顔の後退となっている点であり、それは、ビザンチンのフレームを思わせる輪郭画の恣意的な外形から背後へと、「くぼんで」遠ざかっていくのである。顔がそこにあるとしたら、それは影から外に出てくるのではなく、影へと帰って行くのだ。そしてさらに、顔はそこには存在しない。なぜなら表象されている聖女は、結局はそのヴェールにおいてキリストの「肖像」を提示しているのではなく、ヴェロニカそのものの、つまりローマのサン・ピエトロで崇拝されている聖遺物の「肖像」を提示しているだけだからである。スタイルにおける一種の素朴《プリミティヴィスム》さは、聖遺物のほとんど「生気」のない様相にとどまるこの意志によってすでにより明確に説明され、この意志は、受難せるキリストに生気に満ちた顔貌を創作しようという、より「人文主義的な」意志と対照をなしている。しかし、これですべてではない。ウーゴ・ダ・カルピ自身が、この作品のために自分に課した制作的（*poïétique*）――語の本来の意味における――規則を、その聖パウロの両足の間に書き込み、自分の絵のかなりぎこちない性質をいわば正当化しているのである。その規則とは、PER VGO / DA CARPI INTAIATORE / FATA SENZA / PENELLO… である。これは、二つのことを意味している。つまり、描かれた作品は版画家の作品である。そして、この作品はいかなる絵筆の助けも借りずに制作された。

　これはどういう意味であろうか。つまりイメージは、指も絵筆も介在する必要なしに、色彩が染みこんだ布を押し当てるだけで制作されたのであり、そして影は単に *carboncino* の、つまり木炭の粉末によってつけられたのである。中世や近世における数多くの「聖骸布」の作成は、敬虔な製造法によって行われたはずだが、このような方法は――いずれにせよ通常の絵画技術に対するその逸脱の意味は――その製造法をもちろん想起させる。(128) 模倣する行為を、過程という、接触という、アケイロポイエートスという敬虔な領域へと移行させるために、模倣的で「芸術的」な技術から逸脱することがまさに重要であった。要するに、まさしく「人間の手によって作られていないイメージ」を実現すること――「虚構として生み出す」こと、そしてある意味では偽造すること――が重要であったのだ。ウーゴ・ダ・カルピは、自分の時代における、そして仲間たちの技術における美学的イデオロギーをここで逸脱することによって――要するに「着想」としての手を、つまり素描（*disegno*）を拒むことによって――敬虔な行動という宗教的意味において良き行いをなしていると考えたのである。いずれにせよ、彼自身が絵の記述で強調した版画家の特質が、おそらく彼を奇妙な絵画的選択に導いていたことに注目したい。さらにヴァチカンの《ヴェロニカ》は、この画家が画布《トワール》に――ヴェール《ヴォワール》に、といったほうが好ましいだろう――描いた唯一知られる絵となっている。ヴァザーリ自身

（128）とくに、ベルギーのリール、ブザンソン、サント・ドミンゴ・デ・シロス（ブルゴスの近く）のスペインの修道院、カドゥアン、ポルトガルのシャブレガス等における有名な骸布を指摘しておこう。一八九八年におけるトリノの聖骸布の写真的‐奇跡的な「再発見」に対する最初の論争が、フランスのボランディストと考古学者たちの側から起こったことを忘れずにおく必要がある。Cf. U. Chevalier, *Etude critique sur l'origine du saint Suaire de Lirey-Chambéry-Turin*, Picard, Paris, 1900. そして、トリノの経帷子以外にも四二を下らない数を調査したF. de Mély, *Le saint Suaire de Turin est-il authentique?*, Poussielgue, Paris, s. d. [1902] も参照。確認された四二個の場合の大部分において、技術的な焦点は、まさに絵筆のいかなる使用も避けることにあり、したがってキリストの身体と基底材――経帷子――の接触に信憑性をもたらす指標的様態（型紙、印刻、吹きつけ、刻印）にしたがって、顔料を生み出すことにあった。

が「マルカントーニオ・ライモンディの生涯」においてわれわれに伝えているように、ウーゴ・ダ・カルピは、ひとつの同じイメージのために複数の版木を使う版画法を考案していて――たとえばある版木には影しか彫られていず、もう一枚は半濃淡だけを表し、三つめは明るい色調のみを表す――、その結果として形象は、形態の、光の、あるいは構造の要因《パラメーター》にしたがって多層化され、ある意味ではまさに「切り分け」られていた。こうして表象的で「可読的」なイメージは、最後の刷りにおいて初めて現れるのであった(129)。版画家としてのウーゴ・ダ・カルピの活動に関するヴァザーリの記述は、われわれが論じている絵そのものに関わる雄弁な報告が――なぜ雄弁かというと、発明されつつある美術史について詳細に語っているからである――そのすぐ後に続いていなければ、さして重要ではないだろう。

われわれは、ウーゴが画家でもあったと語った。隠さずに語るなら、彼は現在ローマで聖顔布の祭壇にある絵を、絵筆ではなく指で、そして自分で考案した奇妙な道具を使って(*senza adoperare pennello, ma con le dita, e parte con suoi altri instrumenti capricciosi*)油絵具で描いた。ある朝、私はミケランジェロと一緒にこの祭壇の前でミサに出席していたとき、この絵を見ていて、それが絵筆を用いずに描かれたと明言するウーゴ・ダ・カルピの記述を目にした。私は笑いながら(*ridendo*)この記述をミケランジェロに指摘した。彼はやはり笑いながら(*ridendo anch'esso*)答えた。「絵筆を使ってもっといい手法で(*di miglior maniera*)描けばもっと上手くできただろうに(130)」。

一つになったこの二つの笑い――大歴史家の笑いに応える「神々しい」芸術家の笑い――は、われわれに多くのことを教えてくれる。この場面が実話であろうとなかろうと（いずれにせよ、この場面は真実味に欠けるおそれがある。なぜならウーゴの絵の記述を読み取るには、絵に鼻がつくほど近くにいなければならないが、想像すれば分かるように、それはこの絵を聖画（*pala*）とする祭壇そのものを前にしたローマのサン・ピエトロのミサという状況とは、ほとんど相容れない体勢である）それは結局は重要ではない。これらの二つの笑いは範例的である。まずそれらは、儀式のさなかにおける二人の芸術家の嘲笑的なやり取り、技巧についての議論、最後の冗談を表している。そしてこの儀式は、神の供犠について語り、ホスチアの聖別においてキリストの身体（*corpus Christi*）を現前化し、罪と死と救済問題の循環を執拗に反復する儀式であった。したがってこれらの二つの笑いは、われわれを自然に共感させるにもかかわらず、理解することに対する拒否のようなものを一挙に表しているのだ。それが理解を拒否しているのは、彼らの前で行われる厳粛な聖体の儀式において問われていたものばかりでなく、さらにはウーゴ・ダ・カルピの作品――むしろ「非‐作品」であるが――そのものにおいて問われていたものである。ヴァザーリは、絵筆を使って描かないのは、指で作業をするしかなかったからだと思いこんでいる。したがって彼は、このマイナーな芸術家が自分の模倣行為をどこに位置づけようとしていたのかをまったく理解していない。ミケランジェロの返答に

(129) Cf. G. Vasari, *Le vite*, V, p. 420-421 (*trad. cit.*, VII, p. 75-76)〔ヴァザーリ『列伝』〕. 周知のように、版画におけるキアロスクーロの発明者は、この文章でヴァザーリが主張しているウーゴ・ダ・カルピではなく、北欧の芸術家たちであった（クラナッハ、H・バルドゥング・グリーン、他）。

(130) *Id., ibid.*, V, p. 421-422 (*trad. cit.*, VII, p. 76)〔同書〕.

関していえば、それは手法（*maniera*）を揶揄しているだけである――まさにそれを、ウーゴの絵は、ヴェロニカのヴェールにおける本源的で伝説的な「制作（*poïèse*）」を再び作用させることによって（確かに不器用にではあるが）捨て去ろうとしていたのである。

　したがって初めから、「絵筆なしで制作された（*fata senza penello*）」作品は大芸術から、少なくともそう名付けられるものから離脱していたのである。そのぎこちなさと失敗は、それが試みたことが何も最後までなし遂げられていない、という中途半端さにあきらかに起因していた。この作品は、芸術と呼ばれるものに要求される美学的「手法」、スタイル、婉曲性からあまりにもかけ離れているがゆえに、失敗した作品であった。しかしそれはあまりにも表示的で、明示的で、「図像学的」な段階にとどまっていたため、そして聖遺物と、宗教的対象と呼ばれるすべてのものに要求される接触の視覚的神秘がそこから逃れ去っていたため、それはまた失敗した非‐作品でもあった。ある意味では手法からあまりにもかけ離れ、そしてある意味では素材からあまりにもかけ離れていたのである。中世の聖骸布を作り出した匿名的な職人たちは、「聖なる」生地《きじ》の片隅に自分の署名を――それが「絵筆なしで制作された（*fata senza penello*）」という表明を伴うとしても――書き込むという愚行や自己愛的な過ちをけっして犯すことはなかった。彼らは自分たちの敬虔な作業を徹底的に行ったが、ウーゴ・ダ・カルピのほうは、二重の否認という狭隘な限界にとどまってしまったのだ。彼はやはり芸術作品を、つまり事物イメージを制作することを望んでしまった。彼の企ては、あくまでも痕跡イメージや神秘イメージの企てであったにもかかわらず。そして彼は、この企てのつつましい秘密を守ることができなかったのである。

　イメージを裸にすること、「形象から衣を剝ぎ取ること」――それはディオニュシオスの崇高な神学が、この上ない宗教的高揚感をもって要請していたことであり、[131]受肉の神秘に捧げられたあらゆる作品制作が実際には要請していたことである——、これは要するに「大芸術」から、つまり精髄を宿す芸術としてわれらが歴史家たちが取り上げる芸術から、身を背けることではないだろうか。ウーゴ・ダ・カルピの例はそのことを理解させて、受肉の要請が結局は「大衆芸術」、「大衆的信心」としか関係しないという見解を生み出すかもしれない——この種のイメージにおける暗黙の目的は、多くの場合は伝説や奇跡に向けられているのだからなおさらである（目を開き閉じるイメージ、語りかけるイメージ、血を流すイメージなど）。そして生きたイメージの範例は、古代的と好んで呼ばれる領域で、とりわけ有効に思えるだけになおさらそうである。[132]

(131) Pseudo-Denys l'Aréopagite, *Lettres*, IX, 1, 1104B, trad. M. de Gandillac, *Œuvres complètes du pseudo-Denys l'Aréopagite*, Aubier, Paris, 1943（éd. revue 1980）, p. 350〔偽ディオニュシオス・ホ・アレオパギテス『書簡』〕.

(132)「「生きた」イメージは、そのモデルに似ていない。なぜなら、それは外観ではなく物を表そうとしているからである。現実の外観を再生すること、それは生を断念し、易々とではないが、現実に関しては外観しか見ないようにすることであり、世界を亡霊へと変えることである。プラトンが言うには、古代人は、迷宮の彫像が消えてしまわないかと心配してそれらを縛り付けていた。さて、それが古代的な作品なのだ」。R. Klein, «Note sur la fin de l'image»（1962）, *La forme et l'intelligible*, *op. cit.*, p. 375. ——この主題に関して思い出しておきたいのは、いまや古典的なJ－P・ヴェルナンの研究、とくに«Figuration de l'invisible et catégorie psychologique du double : le Colossos», *Mythe et pensée chez les Grecs*, Maspero, Paris, 1965（éd. 1974）, II, p. 65-78 ; «Image et apparence dans la théorie platonicienne de la Mimêsis»（1975）, *Religions, histoires, raisons*, Maspero, Paris, 1979, p. 105-137 である。

しかしこのような判断は、実際のところあまりにも性急である。「生きたイメージ」は、たとえばニコラウス・クザーヌスの神学と同じように、学術的で複雑な体系の一部をなしている。[133] なぜそれが「偉大な絵画」にも学術的な絵画にも生じないことがあろうか――われわれが把握できるこの明瞭な様相としてよりも、われわれを見つめるこの得体の知れない脈動として。神学的要素が、少なくとも信心の要素がおそらく介在した一群の高名な芸術家について、これからまだ調査を行わなければならないのだ。ウーゴ・ダ・カルピの事例はある意味で典型的だが、別の意味では非常に凡庸である。なぜならこの芸術家は、「人の手によって作られていない《アケイロポイエートス》」への意思の視覚的徴候を生み出すことができなかったからである。その妥協も、緊張感も、形象を、そして脱形象化を見出すことはなかったが、それゆえに彼の絵は誰も、審美眼なき信心家も、不信心な耽美主義者も、けっして感動させることはなかったのである。

それに対して、はるかに有名なフラ・アンジェリコの例を再び取り上げるなら、われわれは彼の作品にまさしく感動的な一連の視覚的徴候を見出すのだ。それらの徴候は、恒常的な不安の関係において、いわば危機的であると同様に豊饒な不安、つまりとくに危機をもたらし効果に富む不安において、イメージの模倣的な構造《エコノミー》と連動しているのである。フラ・アンジェリコは、縦一メートル半、横三メートルの大壁面に、雨と降る色斑を距離を置いて振りかけるべきであると考え、そうして「聖会話」の巧みな模倣的顔貌に対して、身振りや非類似の対位法を生み出すことができた。それゆえにこそわれわれは、表象と同様に現前化への見事な二重の要請を前にするように、イメージを前にするのである[134](図9)。フラ・アンジェリコは、「聖会話」の大きな下部を、形式的で可視的な視点によってばかりでなく、神秘主義と典礼にも由来する視点によって取り扱っていた。この下部は、祭壇が祭壇画を支えるように聖母と聖人たちの「具象的な」全体を支え、産出された視覚的徴候――つまり、壁の面における色彩の純然たる散布――は、こうして重要な釈義的で瞑想的な潜在力に満ちるものとなったのである。

したがってアンジェリコは、この散布の身振りに典礼的な模倣の次元を見出し、この次元は、同時代の芸術が当然のように務めとした様相的な模倣の次元を一挙に崩壊させて、いずれにせよ「引き裂いていた」のである。しばしの間――徴候のために――アルベルティ的な構築を拒むこと、ただ支持体に投げつけられる絵具という絶対的な古代性を一挙に生み出すこと、それは同時に起源を、起源の絵画的な身振りを要求することであり、それでも彼の描く欲望のすべてをかき立てる対象――神的な、到達不可能な――に顔料の残骸が完全にしたがうことを要求することであった。ここでの立場は「大衆的」ではなく、まさに学術的である。それは否定神学の立場なのだ。この立場は、イメージを裸にするために自分自身が裸になることを要請する。したがってもっとも困難なのは、もっとも高いところへ行く欲望の切望する神秘解釈的な唯一の力を理解するために、もっとも低いところへ行くことであり、キリスト本人のように、純然たる物質的出来事の散種へと身を低めることである……。剝き出しの絵具を修道院のこの壁の正面に投げつけること、したがってそれ

---

(133)「画家が二つのイメージを生み出すとしたら、その一方は死んでいて、現実的に彼によりいっそう似ているが、それに対してもう一方は、それより類似していないが生きているであろう……」。これは、Nicolas de Cues, *Le tableau ou la vision de Dieu* (1453), trad. A. Minazzoli, Le Cerf, Paris, 1986, p. 17 の序文において、アニェス・ミナゾリによって引用されて注釈されている。

(134) G・ディディ＝ユベルマン『フラ・アンジェリコ――非類似と形象化』前掲書を参照。

図 9. フラ・アンジェリコ《影の聖母》の下部，1440–1450 年頃（部分）．フレスコ．
フィレンツェ，サン・マルコ修道院，北側〔東側〕回廊．高さ 1.50 メートル．

は、あえてカタルシスの試練という危険を冒すことであった。それは敬虔な行為を、さらには神秘的な行為を行うことであった。あらためて見つめてみよう。この色斑の投擲は、様相という視点からみればたいしたものに似ていない。それに対して、それはまさしくある過程に類似しているのだ——その過程とは塗油の身振り、さらには聖別の身振りであり、この投擲は、それを模倣するという以上に再演している（つまり再び現働化し、再び具体的に行っている）のである。

　聖油を塗油すること、それは聖化したいもの、あるいは一般的にいってその象徴的規定を変貌させたいものに、液体——油、香水、涙、あるいは絵具——を投げかけることである。それは通過儀礼である。つまり新生児に洗礼を施すために塗油したり、死者を何らかの「生きやすい」彼岸へと送り出すために塗油するのだ。祭壇を聖別するためにも塗油するし、図像を有効なものとするためにも聖水を振りかける(135)。これらすべては、やはり受肉という与件が基になってはじめて成立している。この与件は、神の言葉が受肉しうること、その抽象的な力が、肉や顔料のように触れうるものへと生成しうること——神秘や奇跡、秘蹟と呼ばれる生成によって——を前提としている。「終油の石」に垂れたキリストの血は、フラ・アンジェリコの時代に人々がまだ語っていたように、その代わりにその石を塗油して決定的に赤く染めたとされる。そしてやはり

(135)　この後者の儀式は、正教会でまだ行われている。それに伴う祝別式は、図像が、マンディリオンという原型的イメージが持つのと同じ徳（*virtus*）や力（*dynamis*）をきちんと受け取ることへの祈禱を含んでいる。Cf. C. von Schönborn, « Les icônes qui ne sont pas faites de main d'homme », *Image et signification*（Rencontres de l'École du Louvre), La Documentation française, Paris, 1983, p. 206.

図 10. 作者不詳，チェコ，《ヴィッシー・ブロトのマドンナ》，
1420 年頃（裏面）．テンペラ，木．プラハ，国立美術館．

人々が語るには、亡骸の上で聖母から流れ出した涙は、黒ずんだ石の面に白い斑点の散らばりを「跡として残した」……。このドミニコ会の芸術家による奇妙な絵画的選択には、おそらく何かあらゆるこうしたものが存在している。それは図像の表面そのものを、ある意味では聖遺物が作用し、別の意味では秘蹟が作用する、より聖なる領域へと駆り立てようとする何かである。フラ・アンジェリコがサン・マルコのフレスコ画を制作していたのとほぼ同時期に、ボヘミアでは、ある種のマリア像が、ためらいなしに絵具で「聖別されていた」。絵筆による大きな二筆で十字の徴が自由に描かれて、その徴は、裏面を覆う模造大理石の表象――それはすでに脆く、様相よりむしろ色斑へと捧げられた表象である――をいわば「線によって抹消して」いたのである[136]（図10）。

したがって、様相の探究と絶縁できる古い絵画の使用法が存在しているのだ。なぜならある時、その模倣的な身振りはむしろ過程に、内密な典礼のより直接的な与件に、受肉の神秘を再演せんとする行為の根本的な要請に向かおうとするからである。それは、東方教会の聖体の典礼において生じていたことである。そこでは司祭自身が、まさに *agia longchê*〔聖なる槍〕と呼ばれるミニチュアの「聖槍《せいそう》」を使って、聖別されたホスチアの「脇」を突き刺し、兵士ロンギヌスの身振りを再演していたのである[137]。それはあるゴシックの画

(136) H. Hlaváčková et H. Seifertová, «La Madone de Most. Imitation et symbole», *Revue de l'art*, n° 67, 1985, p. 59-65 を参照。これは、雑誌 *Umění*, XXXIII, 1985, p. 44-57 にチェコ語で掲載されたより完全な論文を再録したものである。

(137)「実際、司祭はパンに十字を刻み込み、そうして供犠が実現された方法を、つまり十字によって示す。つづいて

家が、脇腹から吹き出すキリストの血を表すのに赤い絵具の流れを塗るだけでは満足せずに、何らかの鈍器を使って金箔張りの表面を傷つけ、アルメニア粘土の肉色の下地を再び現れさせる……そのときにもまた生じていたことである——しかしもちろんまったく別の水準において。このような制作法は、こうして過程の様相を二重化して、指標的な性質の行為を通じてイコン《イコーヌ》〔類似記号〕——この語の記号論的意味におけると同様に宗教的意味において——を構成していた。この指標的な性質の行為において、基底材に対する（すなわち支持体に対する）暴力の関係は、まさに傷口の再現を超えていった。なぜならそこで問題は、まさにイメージにおける傷口の、イメージにもたらされる傷の産出であったからである。開口と穿孔は具体的となり、傷口そのものが、われわれの目の前で金箔のなかに穿たれて正面に現前化していた——たとえ、よくあるように傷口が、絵において側面の傷を表象しているとしても。

　最後の例が、ここで言及されるべきである。その力——潜在的であると同様に直接的な——は、われわれがイメージの世界で素描しようとする受肉の要請を非常に明白に示している。それはシトー会で十四世紀の前半に描かれた、ケルンのシュニュットゲン博物館にある独立した一枚である[138]（図11）。ここではまさに根本的な方法によって、表象はその流血の部分的効果によって消尽されるかのように、表象自体の危機の効果と一致することになる。この芸術家——それは修道士であったと私は想像するが、もちろん修道女の可能性もある——は、まず一つの身体を、うなだれた顔をしたキリストの身体を描いた。その顔は、あまりにも胸の位置にはまり込んでいるため、そこから浮かび上がる全体の輪郭は、ほとんど無頭の神という観念を想起させる。ひとつの鋭角が、激しい強力な切断の効果のように、奇妙にも上半身に線を刻んでいる。そしてその足下では、二つの宗教的形象、聖ベルナールと修道女が跪き、それらの形象は、この芸術家によって素早く、しかし先ほどよりは荒々しさを欠いて線描されている——間違いなくこの芸術家は、核心へ向かおうと急いているのだ。

つまり、これこそが核心である。この身体を、開かれた肉という出来事によって、すなわち赤い液体の流出によって——それは確かに絵具だが、血と同様に脱形象的である——満たすことがおそらく核心であった。もはや身体全体がひたすら傷ついた部分と関わる以上、この操作は拡がっていく。なぜならここでは、身体全体——イメージ全体——が傷口となっているからである。これはどういう意味であろうか。このことが意味しているのは、イメージの現前可能性という逆説的作用である。つまりイメージはそこ、われわれの前に、あまりにもはるか遠くに、あるいはあまりにもはるか近くに存在するのだ。このイメージは、常識的な距離を介して見られるキリストの身体の様相を示しているが（しかも非常に拙劣に）、それに対してその重大な視覚的出来事——気も狂わんばかりの赤い色彩——は、常軌を逸したつかみかからんばかりの距離を、常軌

彼はパンの右側を突き刺し、このパンの傷口によって脇腹の傷口（主の）を表す。そのため彼は、刺すために自分が用いる鉄の道具を槍と呼び、この品物は、この槍（ロンギヌスの）を連想させるように槍の形をしているのである」。Nicolas Cabasilas, *Explication de la divine liturgie* (XIVe siècle), VIII, 3, éd. et trad. S. Salaville, Le Cerf, Paris, 1967 («Sources chrétiennes», nº 4 bis), p. 89.

(138) この一枚は、アーヘンの展覧会に出品されていた（*Die Zisterzienser — Ordensleben zwischen Ideal und Wirklichkeit — Austellung*, Rheinland, Cologne/Habelt, Bonn, 1980, nº F31, p. 571）。——同様にF. O. Büttner, *Imitatio Pietatis — Motive der christlichen Ikonographie als Modelle zur Verähnlichung*, Gebr. Mann, Berlin, 1983, p. 150 を参照。

を逸するまでに接近した距離を突如として生み出すのである。この距離は、描かれた小さな紙片を、十字架の足下で聖ベルナールが行うような抱擁同然の視覚的場へと変えるのである。

おそらくこのイメージは、かくも激しい暴力の下で信心家の目を閉ざすために、そして十四世紀に多くの神秘主義者が要求したように、信心家の「心に血を流させる」ために生み出された。いずれにせよこのイメージは、キリスト教信仰がわれわれの身体という可視的世界に与えた限界の要請を、この上なく唐突に表明している。その要請とはつまり、われわれは自分自身の身体というこの世の煉獄を運命づけられているのだから、受肉した御言葉をまさに模倣して、つまりキリストがあらゆる罪を未来に贖うために自分の身体を犠牲にするのをまさに模倣して、少なくともわれわれ自身の身体を変形しようという要請である。可能な限り身体の供犠を模倣しよう。それはまさしく徴候への呼びかけにほかならなかった。それは神の御言葉とこの御言葉の肉について語る神秘の名において、そしてそれを模倣して、身体に対して傷つくことを、苦しむことを、崩壊することを、ほとんど無化されることを……要請することである。シュニュットゲン博物館のこの単なる一葉は、ある芸術家のこのとてつもない選択——それはほとんど賭けである——の前にわれわれを立たせている。彼は、自分のデッサンに純粋な色彩を「およその見当で《オ・ジュジェ》」、すなわちまさに成功やそこから生じる模倣的効果についてさえ予断《プレジュジェ》を下さずに投げつけることによって、素描を脱形象化したのである。この芸術家は、ここで思考不可能性の危険を冒したのだ。つまり、遠近法の消失点を構築するように事前に色斑のことを考えるとしたら、それについて予断を下すとしたら、どうして色斑を生み出すことなどできようか。色斑は生み出されるものだが、この色斑はひとりでに生まれるのであり、それはあまりにも素速いため、綿密な思考がイメージにおいていかなる表象的なものを構築する時間もない。色斑はここ、性急に描かれた

図 11．作者不詳，ドイツ，《聖ベルナールと修道女がいる
磔刑図》，14 世紀前半．ケルン，シュニュットゲン博物館．

単なる一葉の次元では、受肉がキリスト教徒の身体に強迫的に要請していたこの徴候への呼びかけの、形象的《フィギュラル》な等価物のようになるであろう。

要するに、それは単なる色彩の染みである。それは絵画行為であり、そこで様相は崩壊して、破滅へと向かう。それは、その産出の時間における必然的に非理性的な身振りである。したがってそれは、ヴァザーリ的な素描（*disegno*）の反対物である。それでは、このようなものすべてに関する図像学などありうるのだろうか。図像学は属性《アトリビュート》を求めるが、それに対してここで色彩は――この本の冒頭で言及した受胎告知図の視覚的な白色のように――主体としての色彩なのである。つまり、イメージの出来事全体を支えているのは色彩なのだ。色彩は名付けず、描写もしない（それは十全に存在しうるように、展開しうるように、まさに描写することを拒むのだ）。しかし色彩は呼びかける。それは欲望する。それはまさに懇願するのだ。そのため色彩は、純粋な偶然の無根拠さではなく、徴候形成の重層決定的な力を手にしているのだ。色彩は緊張の焦点であるが、同時に形象可能性の作用全体を明示する。この作用において、描写される身体の「省略」（それは一種のフロイト的省略（*Auslassung*）である）は、強烈な圧縮の力を示し、ずらされた肉の名残を色彩のなかに残存させる。それはまた驚くべき中間状態の色彩であり、そこで二者択一――身体かそれともその傷口か――は、覆い隠す（それはやはりレオナルドが顔料について語った目的のために、つまり付加することによって（*per via di porre*）使用される顔料である）と同時に裂開するもののために乗り越えられる。ここで色彩は、覆い隠すと同時に噴出するのである。

しかし、それでは色彩は何に呼びかけているのか。ここに、色彩の形象可能性の神秘がある。同時にここに、色彩がもっとも直接的な現前する明証性として現れる場がある。なぜなら十四世紀には、ただ一つの名だけで、絵画的で敬虔なこの身振りの「すべて」を語ることができたからである。それはクリストゥス（*Christus*）〔キリスト、つまり塗油された者〕という名、受肉した御言葉の固有名、信心のこの上ない対象であり、あらゆる神秘、あらゆる希望、あらゆる不安、あらゆる目的〔終焉〕を担う名であった。しかしこのイメージの精髄は、同じく次の事実のうちにある。つまり潜在性のこの広大な領域が、活動的な激しい欲望の選択的徴候としてそこで現実化するには、ただ一つの行為――羊皮紙の表面に赤い濃密な液体を投げつけること――だけが必要であった。この行為は、もう一度言うなら塗油の行為である。塗油、この名詞――普通名詞――そのものが、かつてはクリストス（*christos*）（塗油された者〔キリスト〕）といわれ、こうして見事に、画家の直接的な身振りを彼の宗教的欲望の不在対象にまた結びつけていたのである。

独特な、単純な、さらには非反省的な絵画行為が、信仰の、さらには聖書釈義の与件におけるあらゆる神秘とあらゆる潜在性をいかにして明示できるようになったのかを、われわれはこの例を検討することでよりよく理解することができる。なぜなら、正確に表象されず、色彩によって単に塗油された（したがってクリストス（*christos*）な）キリストのこの現前化には、釈義行為が存在したからである。ここには簡潔な出来事と潜在性が、手による絶対的危険と神秘の思考があり、視覚的ショックと釈義的展開が存在していた。[139]要するにそこには徴候が存在していて、したがって脱形象化が、十字架にかけられた身体の古典的図像と模倣に対する暴力が存在していたのである。どれほど徴候が、出来事と潜在的構造の焦点が、形象可能性全般についてフロイトが語った逆説にここで十全に応えているのかを、もう一度さらに語らなければならない。つ

(139)　G・ディディ＝ユベルマン「形象の力――キリスト教芸術における釈義と視覚性」前掲論文を参照。

まり形象化することは、形象を生み出し創作することではなく、形象を変貌させること、要するに見えるものにおいて脱形象化の執拗な作業を行うことなのである[140]。しかしここで歴史が、理論的な、あるいはメタ心理学的な言表と接触することにも言及しなければならない。なぜならシュニュットゲン博物館にあるイメージが制作されたのと同時期に、北イタリアのあるドミニコ会修道士が、十六世紀までヨーロッパのいたるところで読まれた名高い辞書を編纂していて、そこで形象化するという動詞の定義が、ほとんど一語一語フロイト的な言表を展開していたからである。すなわち「形象化すること」は――まさに釈義的な意味において――、「形象化される」意味の与件そのものを「別の形象の中へと変貌させる」(*in aliam figuram mutare*) まさにそれゆえに、実際は「脱形象化する」という動詞と等しかったのである[141]。このような事実が、もう一度われわれを形象の前へと、重層決定されつねに異郷化する不気味な力を前にするように位置づけるのである。

したがって、ここでわれわれは、絶えず「異郷化する」ものを前にするようにイメージを前にしている。これはどういう意味であろうか。われわれはいますべてを失いつつあるのだろうか、つまりかつての芸術作品を前にして、「具象的」という単語をありふれた逆説的ではない意味で用いさせる最小限の様相を失いつつあるのだろうか。そんなことはまったくない。シュニュットゲン博物館にある色斑としてのキリストは、色斑であるばかりかキリストでもあるのだ――それはまさにキリストであるがゆえに、ここで色斑となっている。したがって、そこには「抽象的」なものは何もない。ここにはただ、類似の成功――すなわち、そのイメージの産出を通じて達成され安定化される〈同じもの〉という観念――においてではなく、その危機や徴候において思考された類似が存在するのである。この十四世紀ドイツの芸術家は、キリスト的な類似の様相がもつ恒常性を振動させ、さらには痙攣させるように、その類似を脱形象化という中心的試練へといわば投げ込んだのである。さて、痙攣する人間が人間であることを完全にやめはしないように——たとえその場合は、パノフスキーが有名な例において語ったような、紳士（*gentleman*）による挨拶や帽子の合図という文明的な関係を彼ともはや結ぶことができないとしても——、同様に色斑としてのキリストはこの神、この西洋の不動の岩でありつづけるが、ここでイメージにおいて、信心深い鑑賞者と「文明的な」礼儀正しいものをもはや何も交わすことはない。したがってこのイメージは、もはや図像学的コードの既定要素においてわれわれに「語り」かけることはなく、徴候を、つまり語ると想定されたイメージにおける叫びや無言を生み出しているのである。(142)

さて、この徴候化において問題となるのは——やはりフロイトの思考にしたがうなら——、特異な湧出としての真理の突然の出現以外の何物でもなく……、そのため一瞬、いかなる表象的な真実味も崩壊する危険が生じる。(143) 何が起こったかというと、キリスト教の根底的な真理の輝きが、磔刑にされた身体について「通

(140) S. Freud, *L'interprétation des rêves*, *op. cit.*, p. 270〔フロイト『夢判断』下、前掲書、一〇—一一頁〕（この文は、前記二六〇頁に引用されている）.

(141) Giovanni di Genova (Giovanni Balbi), *Catholicon* (XIVe siècle), Liechtestein, Venise, 1497, folio 142 v°. この定義については、前掲書『フラ・アンジェリコ——非類似と形象化』において解説した。

(142) 精神分析における徴候が、「語ると想定された主体における」叫びや「無言」として定義されるのと同様に。J. Lacan, *Le Séminaire, XI — Les quatre concepts fondamentaux de la psychanalyse*, *op. cit.*, p. 16〔ラカン『精神分析の四基本概念』前掲書、一五頁〕.

常」なされる模倣を襲い、引き裂いたのである。受肉の真理が模倣の真実味を引き裂き、肉の出来事が身体の理想的な様相を引き裂いたのだ。しかし、この出来事とは何であろうか。それは死であり、受肉そのものが要請するキリスト教の神の死である。まさにこれが、シュニュットゲン博物館の小さな一葉が色彩的に前面に出し、現前化しているものである。神の御言葉――聖ヨハネによれば、それは永遠なる御言葉、万物の造物主たる御言葉である――が受肉を決断したこと、その意味は、それが要請していたのは、あるとき御言葉が解体して死を迎えること、血を流し、「足の裏から頭のてっぺんまで」もはや識別可能でも「正常でも」なくなってしまうことである[144]。受肉という仮説は、始めから〈同一者〉を、超越神の同一性を変質させていた。これは重大な操作である。これこそが、キリスト教的イメージに、つねに〈同一者〉を変質させる定言的――むしろ幻覚的――命令を与えていたはずである。

伝説においてロンギヌスがキリストの美しき身体を切り開いたように、受肉がいかなる点で模倣を「切り開くこと」を要請していたのかを、いまやよりよく把握することができる。模倣を切り開くことは類似を排除することではなく、類似をドラマとして――模倣技術の単なる成功した効果としてではなく――思考して作用させることであった。聖書の人類学における大いなる伝統は、そのもっとも豊潤な証言をもたらしてくれる。この伝統が、起源の名高いモデルを、名高い「救済の経綸《エコノミー》」を構築するのは、神と同じく人間のイメージと類似のドラマを通じてにほかならない。誰もが少なくともその全般的な図式を知っている。つまり歴史の始まりに（*in principio*）神は自分のイメージに似せて、自分に類似したものとして人間を創造する。『創世記』の幾節かを読むだけで、悪魔が人間を誘惑して人間が罪に堕ち、「神の面前から拒絶される」――まさに長きにわたって、ほとんど永遠に――ことがわかるだろう。そして歴史のさなかに神の子が、神の「完全なイメージ」が、人類の罪を贖うために受肉して自らを犠牲にする。次に、三日にわたる彼の死は救済の保証を与え、イメージに類似しているという原初の失われた身分を取り戻す最初の機会を人間に与えるだろう。そして歴史の終焉において最後の審判が、父なる神と類似できずにいる魂と類似の完璧性を回復する魂を決定的に峻別するのである。「救済された」人間は、こうして造物主である神の最初にして真の息子に再びなる。そしてそのときすべての目が、もはや模倣する必要なしに見ることを心得て、すべてが完璧となる。

したがって、多くの教父や中世の神学者たちが、この広大な伝説をまさに類似のドラマという表現で語ったことは、不思議なことではない。たとえば次のように語られるだろう。アダムは最初、「恭順による類似」の関係において神のイメージと似ていて、サタンが「同等性による類似」――神の子だけの特性――という恐ろしい誘惑を仕掛け、それは実際には「対立」や敵対「による類似」という途方もない野望を隠し持ち、父はもちろん当然のようにそれにひどく憤慨する。(145) あるいは磔刑のエピソードは、「同等性による類似」そ

---

(143) *Id., Écrits, op. cit.*, p. 255-256〔同『エクリI』前掲書、三四八―三四九頁〕を参照、ヒステリーの「発現」における「真理の誕生」に関して。

(144)「足の裏から頭のてっぺんまで、もはや彼には正常なところがまったくなかった……」。Jacques de Voragine, *La légende dorée*, trad. J. B. M. Roze, Garnier-Flammarion, Paris, 1967, I, p. 260. G・ディディ＝ユベルマン「イメージの血」(«Un sang d'images», *Nouvelle Revue de psychanalyse*, XXXII, 1985, p. 129-131)〔前掲書『開かれたイメージ』所収〕を参照。

(145) Hugues de Saint-Victor, *Miscellanea*, CV, *P.L.*, CLXXVII, col. 804（「三重の類似（De triplici similitudine)」）を参照。――そして全般的に、R. Javelet, *Image et ressemblance au XIIe siècle de saint Anselme à Alain de Lille*,

のものが、屈辱的な脱形象化の試練にあって犠牲になるという中心的出来事を示している、と語られるだろう。さらには神への類似は、人間にとって時の終焉まで満たされない欲望の対象であり続けると語られるだろう。地上初めての息子が犯した過ちがこの類似をかつて損なったが、その終焉のときまで人間は、この類似の破片、残骸（*vestigia*）を自分たちのなかにただひたすら探し求めるだろう。そのときまで人間は「非類似の領域」（*regio dissimilitudinis*）を、怒り狂った父がまだ顔を向けることを拒む領域――われわれの領域――をひたすら彷徨うだろう。(146)

宗教画家たちが、このような人類学から離れることなどできただろうか。この人類学は、類似をとりわけ不可能な対象として、捉え得ぬ対象として――少なくとも生者にとっては――位置づけ、そして感性的な世界を、模倣すべき身体の世界を非類似の市場（*emporium*）として、せいぜいが残骸の、「魂の痕跡」――これらの痕跡を前にして理解できるようになるには、自分自身を浄化して、裸とならなければならなかった――の印を帯びた世界として位置づけていたのだ。したがって、キリスト教的人類学と一連の偉大な神学的伝統によって、われわれは自問を迫られる。つまりいかにして宗教画家たちは、他の人々と同様に彼らも、自分の魂を救うために類似（神への）を探し求めたのだろうか、そしてそのためにいかにして彼らは、類似を変貌させるまでに――類似を変貌させようと望むまでに――自分の絵において類似（感性的、様相的）を「切り開」こうとしていたのだろうか。この問題は、中世における形象（*figura*）という用語の根本的な意味と新たに関わるが、この問題に手をつける前に、いかにして芸術的な実践の争点が、この「類似のドラマ」という不安に満ちた枠組みにおいて考察されえたのかを、ヴァザーリ以前の偉大な絵画論に見出すことができる。このドラマは、イメージとしての神の死をめぐって、単なる死と「われわれはそれから救済されるのだろうか」という問いをめぐって、たゆまず進行していたのである。

中世は、画家たちの概論をいくつかの素晴らしい金字塔として残しているが、ここでさらにその一つ二つをまさに開いてみよう(147)。たとえば、おそらく十二世紀に書かれたテオフィルスの手引きを、あるいはチェンニーノ・チェンニーニの『絵画術の書』を開いてみよう(148)。そこにはまず何が見出されるのだろうか。ヴァザ

Letouzey et Ané, Paris, 1967, 2 vol. を参照。

(146) Cf. A. E. Taylor, «Regio dissimilitudinis», *Archives d'histoire doctrinale et littéraire du Moyen Age*, IX, 1934, p. 305–306. — P. Courcelle, «Tradition néoplatonicienne et traditions chrétiennes de la région de dissemblance», *ibid.*, XXXII, 1957, p. 5–23, suivi d'un «Répertoire des textes relatifs à la région de dissemblance jusqu'au XIVe siècle», p. 24–34.

(147) この時代全体における芸術関連文献(*Kunstliteratur*)については、もちろん J. von Schlosser, *La littérature artistique*, *op. cit.*, p. 41–132 を参照。

(148) Théophile, *De diversis artibus schedula*, trad. J. J. Bourassé, *Essai sur divers arts*, Picard, Paris, 1980〔テオフィルス『さまざまの技能について』森洋訳、中央公論美術出版、一九九六年〕. これは、非常に厳密さに欠ける古い翻訳である(まず、一八六三年にミーニュの『考古学事典(*Dictionnaire d'archéologie*)』に掲載された)。この概論のもっとも古い手書きの写しが、十三世紀初めのものであることを指摘しておこう。かつてはオリジナルが九世紀に執筆されたと考えられていた。現在ではそれは十二世紀のものとされている。残された写本のひとつにおける注記(「ロゲルスであるテオフィルス……」)に基づいて、次のような推測もなされている。「テオフィルス」という偽名の下には、パーダーボルン大聖堂宝物庫の携帯式祭壇にサインのある、ヘルマルスハウゼンのロゲルスという名の、十二世紀初めの熟練金銀細工師という身元が隠されているのだ。C・チェンニーニ『絵画術の書、あるい

ーリの場合と同様に、そこには正当化するいくつかの手続きの実行――「枠」付け――がみられる。その図式はすっかり似ているとまさに言うことができるだろうが……、意味がまったく逆である点を除けばの話である。その主要な様相を要約してみよう。ヴァザーリが、まさに頭をさらに上げるために下げるというわざとらしい身振りをしながら、大公（さらには教皇）にうやうやしくお辞儀をしていたのに対して、ここでうなじは、神と聖人たちに対する服従を直ちに引き受け、この服従関係による決定的恭順を示してかがんだままである。たとえばテオフィルスは、最初から「卑しい司祭、修道士の名と職に値しない神の僕《しもべ》の中の僕」として自分を紹介する。そして彼は、ためらわずに自分自身を形容して言う、自分は「取るに足りない、ほとんど名もない人間であり（…）」、神の目に映る誰からであろうとも福音書の悪しき僕という「恐るべき宣告を受けることを危惧している」[149]と。したがって、服従関係が最終的に表明されるのは、聖なるテクスト〔聖書〕に対してである。チェンニーニはといえば、彼はテオフィルス同様、大公の眼差しの下ではなく、別の意味で不安を引き起こす、神の玉座と聖人たちの集合の眼差しの下で執筆している。

> ここに、チェンニーノ・ダ・コッレによって作成され構成された絵画術の書が始まる。神、聖処女、聖エウスタキウス、聖フランチェスコ、洗礼者聖ヨハネ、パドヴァの聖アントニオ、そしてあまねく神のあらゆる聖者と聖女に崇敬を表して（*a riverenza*）[150]……。

この最初にして本質的な正当化の次に、具象芸術の社会体構成のより具体的な正当化が続いていた。しかしヴァザーリが、自信に満ちてすでに自己正当化されたエリートの栄光（*fama*）に言及していたのに対して、テオフィルスは、絵描き見習いが習熟へ向かうゆるやかな前進について述べていた――この習熟は、その人間主体からはすぐさま切り離されて、神の唯一の良き意思へと向けられていく。つまり「[絵画術を]手に入れる者たちは、あたかもそれが自分自身の財産であり、まったく他から受け取ったものではないかのようにそれを誇りに思ってはならない。彼らが、主の懐においてそれをつつましく喜び享受せんことを。主から、

は絵画論』(C. Cennini, *Il libro dell'arte o trattato della pittura, op. cit*) の最古の写本――自筆ではない――は一四三七年のものである。この作品は、一三九〇年頃に書かれたとされている。Cf. J. von Schlosser, *La littérature artistique, op. cit.*, p. 126-132. ヴァザーリに関する書誌と比べると、チェンニーニに関係する書誌は驚くほど少数である点に注目したい。チェンニーニが描いた作品に関して言えば、それはほとんど知られていない。何人かの美術史家があちらこちらで、ほとんどの場合には壊れてしまっている匿名のフレスコ画を前にして、彼のことを考えている。最近の例として、E・コッツィによる、展覧会の解説六二番 *Da Giotto al tardogotico — Dipinti dei Musei civici di Padova del Trecento e della prima metà del Quattrocento*, De Luca, Rome, 1989, p. 84-85を参照。

(149) Théophile, *Essai sur divers arts*, prologue, *éd. cit.*, p. 15-16〔テオフィルス『さまざまの技能について』「第一巻の序言」前掲書、三九―四〇頁〕.

(150) C. Cennini, *Le livre de l'art, op. cit.*, p. 3〔チェンニーニ『絵画術の書』前掲書、一頁/『芸術の書』前掲書、三一頁〕(そして、p. 5〔三頁/三三頁〕においても、同じ調子でつづけている). しかし、この著作におけるこれらの最初の数行に、最後の、あるいはほぼ最後の数行もまた対応している。「天高くにおわす神、聖母、聖ヨハネ、福音史家にして画家である聖ルカ、聖エウスタキウス、聖フランチェスコ、パドヴァの聖アントニオにお祈りを捧げよう、この世の重荷と労苦に耐え忍ぶため、われわれにお恵みと勇気を与え給わんことを……」(*ibid.*, p. 148)〔同書、一二九頁/一九九頁〕。

そして主によってすべてのものは到来し、主なしには何も存在しないのである」[151]。チェンニーニの場合、彼はまさに崇敬（*riverenza*）によって表される系譜と伝統の関係によって、自分自身の習熟を正当化していた。この崇敬とはつまり、師（この場合はアーニョロ・ガッディ）への、つづいて師の師（アーニョロの父であるタッデーオ・ガッディ）への、つづいて師の師の師（ジョット本人）……への崇敬である[152]。これらすべては退行的な動きのうちにある。この退行的な動きは起源の問題を、具象芸術に与えられる正当化のもっとも根本的な次元に結びつけていたようである。

まさにそれが問題なのだ、確かに。しかし古代のもっとも高名な芸術家たち（*più celebrati artefici antichi*）に訴えることが重要なのではない——プリニウスは彼らの偉業を称え、ヴァザーリは自分が創設するルネサンスのために、彼らを「誕生《ネサンス》」の範例として再び取り上げねばならなかったが。ここで問題となるのはアペレスではなく、まさにアダムである。アダム、神のイメージ（*imago dei*）としてのその性質、そしてイメージ（*imago*）が砕け散る罪のドラマ。「イメージに似せて創造された」アダム、しかしイメージの喪失と、永遠に追い求められてけっして獲得されない類似というドラマだけをわれわれに伝えたアダム。こうしてテオフィルスは、自分の無価値の、痛悔の恭順の表明を〈創世〉と〈堕罪〉の物語に結びつける[153]。こうしてチェンニーニは同じ物語を展開するが、彼の視点において、この節の結論となる描くという動詞は、自己承認だけを求める芸術の自信過剰な活動をけっして指すことはない。争点は別のところ、神による罰と人間の魂が求める救済の探究の間にあるのだ。

始めに（*nel principio*）全能なる神は、天、地、そしてそこで生きて呼吸するあらゆるものを創造して、自分自身のイメージに似せて（*alla sua propria immagine*）男性と女性を作り、彼らにあらゆる徳を授けた。不幸にもアダムはリュシフェールの嫉妬を買い、リュシフェールは、悪意、慧眼、欺瞞によって、イブを神の掟に反して罪にいたらしめ、そしてイブはアダムを引きずり込んだ。アダムに腹を立てた神は、彼を、彼とその伴侶を天使によって追い出させ、天使は彼らに言った「汝らは神が定めた掟に逆らったのだから、苦悩と労苦（*fatiche ed esercizii*）の生をこれから送るのです」。神がわれわれ万人の父として選び、かくも高貴な天分を授けたアダムは、自分の過ちを認め、知恵の念を捨て、生きるための手仕事へ戻った（*rinvenne di sua scienza di bisogno era trovare modo da vivere manualmente*〔手仕事で生きる術を見つける必要を、自分の知恵によって悟った〕）。彼は鋤を手に取り、イヴは糸を紡ぎはじめた。必要に応じていくつもの技術が（*molte arti bisognevoli*）それに続いて生まれ、それらはどれも互いに異なっていた。ある技術は他の技術よりも多くの知恵を（*di maggiore science*）もたらすため、それらの技術はすべて同等ではありえなかった。なぜなら知恵がもっとも高貴なものだからである。知恵の後に、それに由来してすぐ後に続く技術が現れ、この技術は知恵から生じて手の働きによって形成される。それが描くという用語で示される技術である……。(154)

(151) Théophile, *Essai sur divers arts*, *op. cit.*, p. 16〔テオフィルス『さまざまの技能について』前掲書、四〇頁〕.
(152) C. Cennini, *Le livre de l'art*, *op. cit.*, p. 3 et 5〔チェンニーニ『絵画術の書』前掲書、一―三頁／『芸術の書』前掲書、三一と三三頁〕.
(153) Théophile, *Essai sur divers arts*, *op. cit.*, p. 15〔テオフィルス『さまざまの技能について』前掲書、三九頁〕.
(154) C. Cennini, *Le livre de l'art*, *op. cit.*, p. 3-4〔チェンニーニ『絵画術の書』前掲書、一―二頁／『芸術の書』前掲書、三一―三二頁〕.

絵画概論を開始するこの方法が、伝統的、さらには「月並み」な性格であるからといって、それを無視してよいことにはならない(155)。この本において、作者が「光の法則」（*ragione della luce*）を、「素描の方法と手順」（*el modo e l'ordine del disegnare*）を、あるいは「素晴らしい人物像の主要部分を写し取る方法」（*in che modo ritrarre la sustanza di una buona figura*）を示そうとしていたことをはっきりと確認しなければならず(156)、そのすべてがアダムの過失と失われたイメージという泥の上に確立されていたことを、はっきりと確認しなければならないのだ。チェンニーニはそのことを明確化して言っていた。イメージの喪失には「必要」（*bisogno*）の誕生が対応していたはずであり、知恵――この生来の知恵は、アダムを自分の神を知る存在にしていた――の喪失には手仕事（*operazione di mano*）が対応していたはずであると。したがってさまざまな「技術」（*molte arti*）の存在は、最初から必要の結果と、つまりは過失と「知恵」の欠如の結果と考えられていた。こうして明らかになるように、知恵（*scienza*）という用語が現れるこの起源的な聖書の物語の文脈において、この用語は「自由学芸」と「工芸」の基本的区別に関わるばかりではない。この用語は、神学者たちがそれについて語っていたであろうすべてのことを――そして信者たちが教会の説教においてそれについて聞いていたであろうすべてのことを――、すなわち超感性的な類似の回復を、それが部分的な回復であろうとも示唆してもいるのである(157)。

---

(155) A・シャステルはそうしており（A. Chastel, « Le *dictum Horatii quidlibet audendi potestas* et les artistes（XIIIe–XVIe siècle）» (1977), *Fables, formes, figures*, Flammarion, Paris, 1978, I, p. 363）、この一節全体を、「これほど月並みなものはない」という短い文句で注釈している。しかし「そこから特別に敬虔な態度という結論にいたるべき

ではない」と彼に続けさせる論拠は、チェンニーニのテクストには――十四世紀の絵画にも――見当たらない。実際、そこで問われている問題は、チェンニーニ本人における絵画芸術自律化の運動（そしてA・シャステルが正当にも強調している思うがままに（si come gli piace）という彼の有名な文句）と、彼の思想全体における宗教的文脈の連接という問題である。努めて行わねばならないのは、二つの要素を弁証法化することであるにもかかわらず、ここに見られるようにネオ・ヴァザーリ的な美術史家は、第一の要素を守るために第二の要素を捨て去るのである。しかし *Essays in Honor of Erwin Panofsky*（A・シャステルは意味深長にも、自分の論述で言及していない）に掲載された古典的論文において、エルンスト・カントロヴィッチはそのような弁証法の方向性を示していた。Cf. E. Kantorowicz, «La souveraineté de l'artiste. Note sur quelques maximes juridiques et les théories de l'art à la Renaissance» (1961), trad. L. Mayali, *Mourir pour la patrie et autres textes*, PUF, Paris, 1984, p. 31-57〔エルンスト・カントロヴィッチ「芸術家の主権――法の格言とルネサンス期の芸術理論についての覚え書」『祖国のために死ぬこと』甚野尚志訳、みすず書房、一九九三年、一一三―一三三頁〕.

(156) C. Cennini, *Le livre de l'art*, *op. cit.*, chapitres IX, X, XXIII〔チェンニーニ『絵画術の書』前掲書、第九、一〇、二三章、六―七、一三頁／『芸術の書』前掲書、三九―四〇、四八―四九頁〕.

(157) たとえば聖トマス・アクィナスは、知恵を「理解されるものと似た可知的形象による、知性とものの類同化」と定義していた。*Summa theologiae*, Ia, 14, 2〔トマス・アクィナス『神学大全』第二冊、第一部、第一四問題、第二項、高田三郎訳、創文社、一九六三年、六―一一頁〕. ――ほかの箇所で「知恵」は、神から直接に発出した聖霊による、七つの贈与のひとつと考えられていた（*ibid.*, Ia-IIae, 68, 4〔同書第一一冊、第二―一部、第六八問題、第四項、稲垣良典訳、創文社、一九八〇年、三七一―三七五頁〕）。そして結局のところ、そのすべては当然のように信仰の与件に帰されていた。「知性と知恵の贈与は、信仰に対応している」（*ibid.*, IIa-IIae, 1,2〔8〕〔同書第一五冊、第二―二部、第一問題、第二項、稲垣良典訳、創文社、一九八二年、九―一一頁（該当箇所はおそらく「第八問題、一六一頁」である）〕）。

まさにこの点から主発して、絵画芸術の正当化、さらには「自由学芸」としてのその権利要求は、原初の堕罪と遺棄の不安な処理から――なぜなら形象を描くことは、あらゆる罪人が捕らわれる「非類似の領域」から抜け出すことではけっしてないだろうから――上昇運動の希望、救済の機会への希望に移行するのである。描くことは手を、罰の徴を求めるが、必要の掟をこうむりはしない。したがって描くことは手の価値を高め、知恵を要求し、欲望するのである。つまりここには、結局のところディオニュシオス的な観念にしたがった、絵画に関する神秘解釈的な理論の概要が存在するといえるだろう。このディオニュシオス的観念は、東ではヴェネチア―ビザンチンの伝統によって受け継がれ、西ではシュジェール神父とゴシック的美学全体によって受け継がれたが、それは物質の導き手（*materialis manuductio*）の観念、つまり物質のなかでの屈辱や物質の卑小さが、いくぶんか神の御言葉そのものの受肉のように現れる運動の観念である。つまり、まさに最も低いところから出発すると、再上昇はもっとも強力となるのだ。(158) したがって『絵画術の書』の主要な三つの手稿のひとつが、「神と永遠の処女なる至福のマリアへの称賛」、「神」「欲望」「苦悩」、そして最後にキリストの塗油――この範例は確かに多くの豊かさを秘めているようだ――という言葉に韻を踏ませる称賛で終わるからといって、どうして意外なことがあろうか。

汝の意思を神の意思にあわせよ、
そうすれば汝の欲望が一つ一つ満たされるのを汝は知るだろう。
貧しさが汝を締めつけるか、汝が苦悩を感じるなら、
それなら十字架にキリストの塗油を求めに行きなさい。

(Concorda il tuo voler con quel di Dio,
E verratti compiuto ogni disio :
Se povertà ti stringe o doglia senti,
Va' in su la croce a Cristo per unguenti.)(159)

ここでわれわれは、『絵画論』〔『絵画術の書』の別名〕の企てが完了する第四にして最後の正当化に達している。十字架への回帰、塗油、神の意思とともに、われわれはすでに終焉への期待のうちにいる（ここで終焉は、混ざり合うその期待、不安、欲望と無縁ではないことを強調したい）。ヴァザーリの黄金時代はすでに成立したものであり、彼によって非常に異教的な復活を遂げる芸術家たちは、アペレスからミケランジェロにいたるまで始めから不滅であった（それは『列伝』の口絵における「けっして滅び去ることはなかった（*nunquam perisse*）」である）。彼らの記憶が称えられた最後の天空は、たしかに「栄光に満ちている」といわれていたが、それは名声（*fama*）という意味においてであり、歴史家の〈審判〉とはいわずとも歴史

(158) シュジェール以前の物質の導き手（*materialis manuductio*）については、J. Pépin, «Aspects théoriques du symbolisme dans la tradition dionysienne. Antécédents et nouveautés», *Simboli e simbologia nell'alto medioevo*, Centro italiano di studi sull'alto medioevo, Spolète, 1976, I, p. 33-66を参照。——シュジェール神父については、E. Panofsky, «L'abbé Suger de Saint-Denis» (1946), *Architecture gothique et pensée scolastique*, *op. cit.*, p. 9-65〔パノフスキー「サン・ドニ修道院長シュジェール」『視覚芸術の意味』前掲書〕を参照。

(159) 『リッカルディアーノ』写本二一九〇におけるこの四行の詩句は、仏訳においては省略されている。

の〈審判〉の最後に獲得されていた。テオフィルスとチェンニーニにおいて、逆に〈審判〉は、神の眼差しの下における人間に共通の〈審判〉にほかならない。この〈審判〉は時の終焉——つまり歴史の否定——と同一であり、社会的な名声（*fama*）を軽視して、こうして別の意味で決定的で別の意味で不安な価値をもたらすのだ。このようなことが、チェンニーニの概論における最後の文に現れている。そこで読者は、「別世界での世々にいたる栄光へ——アーメン」（*e finalmente nell'altro [mondo] per gloria, per infinita secula seculorum — Amen*〔そして最後に、栄光に満ちた世々にいたる別世界へ——アーメン〕）に言及する半ば典礼的な文句が表す不安な希望において、作者自身と結び付けられる。[160] このようなことが、すでにテオフィルスの序文で最後の文に現れていた。そこで彼は、自分の芸術に対する「現世の褒賞」もあらかじめ拒絶して栄光について語っていたが、それは名声（*fama*）でも、自分自身の名の栄光でもなく、神の栄光（*gloria*）、ただ神の名だけの栄光であった。

あなたたちがこれらのことを読み、またしばしば読み返し、そしてそれらを記憶に刻み終えるなら、あなたたちが私の著書から汲み取る教えの返報として、私の仕事があなたたちに役立つたびに、私のために慈悲深く全能なる神に祈りたまえ。神は、私が人の賞賛への愛によっても、現世の褒賞への欲望によっても、けっしてこの書物を執筆しなかったことをご存じであり、私が貴重なものや希少なものを嫉妬心から隠したり、それを自分だけの秘密にしようと隠し持ったりは少しもしなかったこと、しかし神の名の名誉と栄光が増すように、私が多くの人々に必要なものを援助して彼らの進歩を手助けしようとしたこと、そのことをご存じなのである。[161]

これらの文章とそれに対するヴァザーリ的な対位モチーフを前にして、簡便に事態を要約することができるだろう。つまり一方には宗教的な中世が存在していて、他方には人文主義的なルネサンスが存在するだろう。片方には「ヴィジョンの暗黒の泥沼」が存在していて(162)、もう片方には遠近法主義的で構築され「自然で」アルベルティ的な絵の明瞭な可視性が存在するだろう。そして一方には聖なる、不動にして位階化された時間が、他方には人間の動的で自由な進歩……。しかし、これではヴァザーリ的なあらゆる分割線をまさに延長することになるだろう。ヴァザーリは、その分割線に基づいて、自分の歴史の意味と芸術的進歩の理想を打ち立てたのである。そして、とくにこれではチェンニーノ・チェンニーニの手稿が十五世紀にずっと写本化されていたこと、そして先ほど引用した『リッカルディアーノ』写本の敬虔な四行詩句が、こちらは十六世紀のただ中に書き写されていたことを忘却することになるだろう。これでは、一五一一年にもなお徹底的に中世的なデューラーのキリスト像に付きまとっていた「ヴィジョンの暗黒の泥沼」を忘却することになるだろう。さらに、中世が「暗黒」でもなく自己の喪の悲しみに沈んでもいないように、ルネサンスは「明瞭」でも自己充足的でもない。ヴァザーリはわれわれにそう信じさせようと——そしてまず、彼の庇護

---

(160) C. Cennini, *Le livre de l'art, op. cit.*, p. 148〔チェンニーニ『絵画術の書』前掲書、一三〇頁／『芸術の書』前掲書、一九九頁〕.

(161) Théophile, *Essai sur divers arts, op. cit.*, p. 18〔テオフィルス『さまざまの技能について』前掲書、四二頁〕.

(162) J・ホイジンガの表現による（J. Huizinga, *L'automne du Moyen Age* (1919), trad. J. Bastin, Payot, Paris, 1932 (éd. 1980), p. 210）〔ヨハン・ホイジンガ『中世の秋』下、堀越孝一訳、中公文庫、一九七六年、六三頁〕。

者であったコジモ・デ・メディチに信じさせようと――していたが、そのために彼は、言葉のあらゆる意味において自分の美術史を発明しなければならなかった。つまり進歩と目的論の寓話を創作し、「自然に従属した」ジョットを創作して、キリスト教的神秘と中世的寓意のジョットを忘却し、十四世紀に浸ったフラ・アンジェリコを創作して、サン・マルコのフレスコ画における偉大なスコラ的記憶術（*ars memorandi*）が、マザッチョの死から約二〇年後に描かれたことを忘却しようとしたのである……。

つねに異郷化することが本当にイメージに固有の作用であるとすれば、イメージの歴史が、絵を描く理性の単なる進歩というネオ・ヴァザーリ的、さらにはネオ・ヘーゲル的モデルに基づいて展開することはありえない。ここで歴史は、錯綜した意味を生み出して初めて意味をなすのだ。つまりそれは、アナクロニズムと口を開けた衝突の解《ほぐ》しえぬ編み物であり、創作され「進展する」ものと永続し「退行する」ものの総合なき弁証法である。そのすべてが、徴候の執拗な働きによって貫かれている。フラ・アンジェリコは確かに見事なアルベルティ的透視図を描いていたが、しかし彼は簡潔な理由で歴史家（まずはヴァザーリ）を困惑させる。つまり彼は、十五世紀《クワトロチェント》の様式的「近世性」を、アルベルティが同じ「近世性」に与えた目的（とくに歴史物語（*istoria*）の優位）とは逆の目的で使用するのである。要するに、彼は別の範疇を通して近世性を思考して利用していた――したがってすでにそれを変形していた――のであり、その範疇はアルベルトゥス・マグヌスやダンテやチェンニーノ・チェンニーニから直接に継承したものであった。かの名高いルネサンスが「異教の神秘」だけの再生《ルネサンス》ではないように、「古代神の残存」はイタリアの人文主義だけの残存ではないだろう[163]。結局のところ美術史は、まさに文字通りに倒錯的な効果の歴史として、すなわちまさに他のものの方へ消え去るために或るものの方へ導かれる――したがって、つねに「異郷化する」様態で――効果の歴史として、おそらく語られるべきなのである。

しかしこの歴史を、倒錯的でも、異郷的でも、したがって不気味なものでもないものにするために、ヴァザーリとともにある種の分割線を、実際には排除線、さらには殺害線にほかならない分割線を信じ込まねばならなかったのであろう。そのように、美術史の優先的な、あるいは準拠的な範疇であるルネサンスの概念ばかりでなく、「人文主義的」学問であるこの美術史の存在そのものまでも保証するために、中世を死滅させなければならなかったのであろう。[164] そのように、〈芸術〉という自己準拠的な概念を保証するために、イメージを殺害しなければならなかっただろう。イ、メ、ー、ジ、を、殺、害、す、る、こ、と、は、つまりそれを縫合し、あるいは

(163) 当然のように、これらの問題を提起した二つの古典的作品を示唆している。J. Seznec, *La survivance des dieux antiques — Essai sur le rôle de la tradition mythologique dans l'humanisme et dans l'art de la Renaissance*, Flammarion, Paris, 1980〔ジャン・セズネック『神々は死なず——ルネサンス芸術における異教神』高田勇訳、美術出版社、一九七七年〕、この作品は、十五世紀における異教的古代の「再生《ルネサンス》」という観念と手を切っている。——E. Wind, *Pagan Mysteries in the Renaissance* (1958), Oxford University Press, Londres/New York, 1980、この作品と、たとえばT・ヴェルドンの現在進行形の研究（T. Verdon, *Christian Mysteries in the Renaissance*、近刊）を対比することができるだろう。

(164) ヴァザーリからパノフスキーにいたるまで、中世を美術史における「弱点」とみなす解釈の歴史をまるごと描き出さなければならないだろう。ヴァザーリについては、A. Thiery, « Il Medioevo nell'Introduzione e nel Proemio delle *Vite* », *Giorgio Vasari storiografo e artista, op. cit.*, p. 351-382 ; I. Danilova, « La peinture du Moyen Age vue par Vasari », *ibid.*, p. 637-642 を参照。——パノフスキーについては、J.-C. Bonne, « Fond, surfaces, support (Panofsky et l'art roman) », *Erwin Panofsky — Cahiers pour un temps, op. cit.*, p. 117-134 を参照。

再び閉ざし、その暴力、本質的非類似、さらには非人間性を――パノフスキーが最終的に無視することにした例を再び取り上げて再評価するなら、とくにグリューネヴァルトが見事に実現していたことのすべてを――イメージにおいて否定することである。美術史は、その対象が、芸術が、極度の散種から逃れられるようにイメージを殺害しなければならなかった。イメージはわれわれにそのような散種を強いているのだ――われわれの夢に取り憑くイメージや雲を通過するイメージから、五千もの信心家がためらいもなく一団となって跪く「大衆的」で非常に醜いか過剰なイメージにいたるまで。イメージを殺害することは、つねに引き裂かれ、矛盾し、無意識的な、ある意味で「愚かな」主体から、調和に満ち、知的で、意識的で、不滅な人間の人間性を抽出しようとすることであった。しかし、人文主義における人間というこの理想と人間主体の間には、天地ほどの隔たりが存在するのだ。つまり前者はただ統一性だけを目的としていて、後者は自分が分裂し、引き裂かれ、死へ定められたものであると必ずみなしている。[165] イメージを――そしてその引き裂く効力を――理解することは、ヴァザーリ的な、続いてパノフスキー的な美術史が確かに口実としたこの「人文主義」を問題化せずにはいないだろう。

さて、イメージを殺害することは、ヴァザーリにとって死を殺害する新たな方法――より根本的で、おそらくより理想的な――にほかならなかった。「けっして滅びることのなかった」選ばれし一群の芸術家とともに、そこで美術史は半神たちのパルナッソス山を自分のために創作していて、その主要な特性は、彼ら全員が英雄であり類似の擁護者である点にあった。逆にテオフィルスとチェンニーニの不安な序文がわれわれに告げるのは、いかなる芸術的イメージも結局は類似の喪の徴でしかありえず、アダムの過失に始まる神的イメージの喪失が残した残骸でしかありえないだろうということである。そしてキリスト教的な観点で、類似がまさに壮大なドラマと見なされるとすれば、それは何よりもアダムが、自分の過失と「イメージに類似していること」の喪失を通じて行ったのが、われわれに死を創作することにほかならなかったからである。類似しないこと（神と）は、われわれ全員が死にゆくことを語る別の方法である。したがってイメージ（神の）を再び見出す欲望が、生まれながらの不死性――神はわれわれすべてをそのように創造したとされる――を再び見出す欲望といかなる点でまさに重なるのかをわれわれは理解する。おそらく受肉的イメージの根源的弁証法は、次の矛盾する二重の運動（神の御言葉がすでに甘んじて陥った矛盾そのものによってそれは矛盾している）をイメージにもたらすことにあるだろう。つまりそれはイメージに死をもたらすことであ

（165）その差異にもかかわらず、この大問題にかんしては通じ合う二つのテクストだけに言及するとしたら、次のテクストを参照。M. Foucault, *Les mots et les choses — Une archéologie des sciences humaines*, Gallimard, Paris, 1966, p. 314-398〔ミシェル・フーコー『言葉と物』渡辺一民・佐々木明訳、新潮社、一九七四年、三二二―四〇九頁〕、そしてJ. Lacan, « La science et la vérité », *Écrits*, *op. cit.*, p. 857-859〔ラカン「科学と真理」『エクリⅢ』前掲書、三九一―三九五頁〕:「ひとつ確かなことがある。まさに主体がそこに、差異の焦点にいるとするなら、あらゆる人文主義的準拠はそこでは不要なものとなる、なぜなら主体が突如として断ち切るのはその準拠だからである。(…)人間についての科学は存在しないのだが、このことは小経済学が存在しないのと同じ調子で理解されなければならない。人間についての科学は存在しない、なぜなら科学的な人間が存在するのではなく、科学の主体が存在するだけだからである」。――さらに、精神分析の領域においては、P. Fédida, « La psychanalyse n'est pas un humanisme », *L'Écrit du temps*, nº 19, 1988, p. 37-42を参照。

り、死の死への共有的欲望を宗教的に統御するために、何か永続的な「殺害」――つまりは供犠――に類することを実行することである……。外国人が、キリスト教的イメージ、とくに教会や修道院の壁を覆うイメージで満ちた西洋世界を突然に見出すとすれば、おそらく彼の第一の驚きはまさに次の点に向かうだろう。キリスト教徒たちは、十字架上の死を永遠のイメージとして表す神から、死に対するいかなる慰撫をまさに引き出すことができたのだろうか。

再生（*rinascita*）という華々しい用語を提示することによって、ヴァザーリはイメージが持つこの不明瞭な効力、この強迫観念と不安の構造《エコノミー》に当然のように背を向けていた。「ルネサンス」という語はまさに生を語り、語ろうとしているのであり、かつて書かれた初めての偉大な美術史が〈生〉〔『列伝』〕という語で始まっていたことを思うといささか感動を覚える。まるでその根底的な目的が、まさしく歴史的な「審判」そのものの試練とともにそれを、その生を拡張し、増大させ、永遠に延長することであったかのようだ……。「再生する」芸術家は、芸術そのものに再び生を授けるばかりでなく、彼が模倣的に表象する事物や生者や死者に再び生を授ける芸術家と結局は見なされるほかない。「生き生きとした」というヴァザーリの語彙―― *vivo, vivace, vivezza, vivacità* ――は、ご存じのようにほとんど無際限な広がりを持っている。それは彼の書物のページごとに満ち溢れ、芸術家から芸術家へとエスカレートして、ここでは「もうこれ以上に生き生きとさせることはできない（*più vivo far non si può*）」と、あちらでは「ここに欠けているのは声だけである」と主張するのである[166]……。

それが始まるのはもちろんジョットとともにであり、ヴァザーリが書き表したその生涯は、それからつづく「再生」の全過程にとって起動装置の役割を果たす。すでに第一行目から、ご記憶のようにジョットは、ヴァザーリによって「自然への従属の下に」（*obbligo... alla natura*）位置づけられ、さらにいっそう厄介な、あるいはより非時間的な「超自然」にはほんのわずかな場所も残さぬかのように、ヴァザーリはこの同じ自然に対する従属を真正な永遠性の次元へと高める（*la quale serve continuamente... sempre*）[167]。いくらかの言葉があれば、諸芸術の再生という概念を導入するには十分であろう。それらの芸術の「良き規則」――彼はそう言っている――は、長きにわたって（つまり中世の間）忘れ去られていたのだ。したがってヴァザーリの否認する語彙、すなわち宗教的語彙をもはや絶えずパロディー化し続ける用語法にしたがうなら、ジョットは、良き、真の絵画を「蘇らせる」のである（*i modi delle buone pitture... risuscitò*）。素描（*disegno*）、ヴァザーリ的素描という例の概念の王が、選ばれし大芸術家の仲立ち――媒介、とりなしと言うべきだろう――で「完全に生へ回帰するもの」（*mediante lui ritornasse del tutto in vita*）とここで描写されていたというまさにその意味で、自然への回帰はしたがって「神の賜物」（*per dono di Dio*）や「奇跡的」（*e veramente fu miracolo grandissimo*）と形容されるだろう[168]。数行先で、蘇った美しき芸術の隠喩としての「生」が、自然な類似に捧げられたこの芸術の対象そのものである「生」と重なるとき、事態はさらに明確化される。

彼はかくも巧みに自然を模倣することができたため（*divenne così buono imitatore della natura*）、滑稽なギ

---

(166) Cf. R. Le Mollé, *G. Vasari et le vocabulaire de la critique d'art*, *op. cit.*, p. 102–131, etc.
(167) G. Vasari, *Le vite*, I, p. 369（*trad. cit.*, II, p. 102）〔ヴァザーリ『芸術家列伝1』前掲書、二二頁〕.
(168) *Id.*, *ibid.*

リシア的方法を完全に追い払ってしまった。彼は、現代の画家が実物のままに描いた肖像を導入することによって（*introducendo il ritrarre bene di naturale le persone vive*）実践している美しき絵画の技法を蘇らせたのである……。[169]

そしてまさにここで、ダンテの肖像という有名な例が時宜を得て現れる。ヴァザーリは、実物のままに描くこと（*ritrarre di naturale*）という自分の概念を正当化するために、ダンテとジョットの「非常に親密な友愛」（*coetaneo ed amico suo grandissimo*）を創作せざるをえなかった。[170] しかし、この数行において何が生じたのだろうか。次のことが生じたのだ、つまりわれわれ全員の精神に、肖像という西洋の大芸術をまず「人文主義者」として見つめるわれわれに、ある紋切り型が、創作されたとは言わずとも少なくともまさに長きにわたって定着したのである。この紋切り型とは、類似している、自然な、そして生き生きとしたという用語を同一化する紋切り型である。それは、ルネサンスがわれわれに伝えた描かれ彫刻された模倣的奇跡について、ヴァザーリ以降にわれわれが抱くことができるヴィジョンを重々しく条件づけている。このような紋切り型は、明確で詳細な表現をいたるところに見出しているのだから、確かに適切さを欠いてはいない。しかし、それは肯定するのと同様に否認して、さらには抑圧しているのだ。単刀直入にこう言おう、この紋切り型は生を肯定しようとするのと同様に死を否認しているのである。したがって新たにそれは死を殺害しているのだ——そしてそのためにこの紋切り型は、受肉的な、中世的なイメージの部分を自分のなかで殺害し、抑圧している。しかし（十六世紀の終わりまでは）そうしたイメージの部分が、この紋切り型を深層において条件づけているのである。[171]

われわれの考えをいくぶんか明確化して、少なくとも例示しよう。十五世紀《クワトロチェント》の傑作を鑑賞しにフィレンツェへ行くと、偉大なドナテッロによってテラコッタで制作された（しかも彩色された）ニッコロ・ダ・ウッツァーノのものとされる胸像のような諸作品を前にして、われわれはだいたい驚愕してまさに呆然と口を開けてしまう。そして、われわれの口がもはや呆然と開かれなくなると、その時おのずとやって来るのは、「これこそ写実主義の極みだ」のような言葉である(172)……。なぜなら、いわばそこにはすべてが備わっているからである。つまり肌のきめ、皺、左頬のイボ、老いがやせ細らせ始めた男の隠れた骨格、等々である。しかしまさにそのため、われわれはそこで「生」を目にして、十四世紀から実現されてこの作品で完成の域に達した類似性における進歩を思い起こすのだ——正統的にヴァザーリ流の仕方で。そのため人々は、この作品を迷わずに「人文主義的」と形容するであろう。したがってこれこそが模範的対象であり、そこでは「類似している」「自然な」「生き生きとした」「再生する」「人文主義的な」という用語の美学的な等価性が十全に機能することができるだろう。

ところが事態は、ヴァザーリ的な歴史がわれわれに示そうとするようには、厳密には生じなかった。「写

---

(169) *Id., ibid.*, I, p. 372（*trad. cit.*, II, p. 104）〔同書、一二三頁〕.

(170) *Id., ibid.* ——これは、E・ゴンブリッチが「ジョットによるダンテの肖像画?」で誤りを明らかにした神話である（« Giotto's Portrait of Dante? », *art. cit.*）。

(171) J・ル・ゴフが論じたような（J. Le Goff, *L'imaginaire médiéval*, *op. cit.*, p. VIII–XIII et 7–13）長き中世という歴史的仮説から、ここでわれわれは遠からぬところにいる。

(172) C. Avery, *L'invenzione dell'uomo — Introduzione a Donatello*, Usher, Florence, 1986, p. 39.

実主義の極み」は、ドナテッロがいずれにせよ彫刻の傑作となるものを制作するはるか以前に、視覚的に存在していたのである。「写実主義の極み」は、とりわけフィレンツェのサンティッシマ・アヌンツィアータ教会を満たしていた数百の、いや数千の物体に存在していた。しかしそれは美術品ではなかった。それは単なる奉納像、フィレンツェで *bòti*〔奉納像〕と呼ばれていたもの、つまりは中世の宗教的信心に関わる物体であった。この宗教的信心は徐々に消え去り、これらの「ハイパーリアリスト的」な肖像はすべてこのうえなく完璧に破壊されることになった。[173] これらの物体は非凡であったにもかかわらず、いかなる美術館もその痕跡を保とうとはしなかった。いかなる美術史も、それらを具象様式の大変遷のなかに含めなかった。しかし古文書が、*fallimagini* と、「イメージ制作者」と呼ばれる職人の盛んな活動の記憶を保存していた。人々は、自分の顔や手の型を取ってもらいにヴィア・デイ・セルヴィ——すなわちサンティッシマ・アヌンツィアータの下僕〔聖母マリア下僕会会員〕(*serviti*) の通り——にある彼らの露店へ来ていた。そうして蠟《ろう》製のポジがいくつか制作され、つづいて彩色され、場合によっては鬘《かつら》で飾られていた。それらすべてが木や石膏でできた実物大の人体模型の上で組み合わされ、寄進者——肖像の主体であると同時に、敬虔な誓願の、神との契約の実行者——はそこに自分の衣服を着せていた。[174] つづいてこの物体は、聖母の無言の賛美者たちによる無数の著名な一群（イザベラ・デステ、アラゴンのフリードリヒ三世、レオ十世、クレメンス七世、枢機卿や他の多くの著名人 (*uomini famosi*) がそこに自分の蠟像を持っていた）に加わっていった。[175]

なぜこのような物体は、けっして「偉大なる」美術史の中には入らなかったのだろうか。なぜその存在を最初に指摘した人物、アビ・ヴァールブルク、美術史家のなかでもっとも人類学者的な人物は、[176] その天才的直観の後継者を持てなかったのだろうか。なぜならこれらの中世の物体は、中世美術の様式を持っていなかったからである。それらは、十四世紀のさなかにおける「ルネサンス」作品の様相を帯びていたのみならず、さらには、そしてより悪いことにはそれら自体が「芸術作品」ではなく、そうあろうとも望んでいなかったのである。その操作モデルはおもに指標的な性格であり――それは刻印に、character〔刻印〕に基づいていた――、着想（*invenzione*）や手法（*maniera*）という人文主義的な概念がまったく重視されない技術を職人芸を求めていた。いずれにせよ注目したいのは次の点である。この操作モデルは非常に明確に描写されていて、チェンニーニが後半の数章を、とくに「実物を型取りすることの有益さ」（*come sia cosa utile l'im-prontare di naturale*）を告げる章を執筆するきっかけとなっていたのだ[177]。しかしまだチェンニーニは、イメージ制作

(173) 一二六〇―一二八〇年から教会を満たしていた奉納像（*bòti*）は、まず一六六五年に内庭回廊へと移され、つづいて一七八五年に完全に破壊された。Cf. O. Andreucci, *Il fiorentino istruito nella Chiesa della Nunziata di Firenze — Memoria storica*, Cellini, Florence, 1857, p. 86–88.

(174) ロレンツォ・デ・メディチ自身が、パッツィ家による陰謀を逃れた後（一四七八年）、血痕がついた自分の服をそれに着せていた。

(175) この歴史は当然これから掘り下げられるべきであるが、その全体については、G. Mazzoni, *I bòti della SS. Annunziata in Firenze — Curiosità storica*, Le Monnier, Florence, 1923 を参照。

(176) A. Warburg, «Bildniskunst und Florentinisches Bürgertum»（1902）〔アビ・ヴァールブルク「肖像芸術とフィレンツェの市民階級――サンタ・トリニタ聖堂のドメニコ・ギルランダイオ、ロレンツォ・デ・メディチとその一族の肖像」『ヴァールブルク著作集2』前掲書〕そして «Francesco Sassettis Letzwillige Verfügung»（1907）〔「フランチェスコ・サッセッティの終意処分」同書〕, *Gesammelte Schriften, op. cit.*, I, p. 89–126 et 127–158 を参照。

者（*fallimagini*）による職人仕事を、秘められた歴史の影に投げ捨てることまではしなかったのである。

それを行ったのはまたしてもヴァザーリである。ヴァザーリ、つまりサンティッシマ・アヌンツィアータの奉納像を当然のように知っていたヴァザーリである（それらの奉納像は、彼がフィレンツェに長期滞在した頃にまだ教会を満たし続けていた）。ヴァザーリ、つまり『列伝』において、このような物体を考察すべき推論順序をまさに逆転させるほどに否認を行ったヴァザーリである。つまり彼は、確かにあのヴェロッキオの伝説をわれわれに創作するのだ。ヴェロッキオは、この型取りと蠟の技法を利用した「最初の者の一人」（つまり十五世紀の後半において）であり、彼は有名な職人オルシーノ――イメージ制作者（*fallimagini*）の中心的一家であるベニンテンディ家の偉大な代表者――がイメージの写実性において「秀でる」ための（*incominciò a mostrare come potesse in quella farsi eccellente*）[178]手助けをしたと。しかし、実際に起こったのはあきらかに逆の事態であった。すなわち十五世紀の「大芸術家たち」のほうが――おそらくヴェロッキオが、しかし彼以前に当然ドナテッロが――、これらの名もない奉納像制作者たちの職人芸を、自分自身の美学的焦点に取り入れたのであろう。ヴァザーリが、類似性の歴史において重大なこの出来事の意味をかくも念入りに消去したことは、そこで重要な部分が争点となっていたことをわれわれに示している。つまり、キリスト教が相変わらず類似を考察していたドラマから、類似を解き放つことが確かに重要であったのだ。類似を芸術的な目標へと変え、成功と人間性（*humanitas*）のベクトルへと変えることが重要であったのだ。そのためにもイメージを殺害しなければならず、イメージとともにこの活動を、つまりいわゆる職人仕事のより慎ましい目的にしたがってイメージを生み出すこの活動を、殺害しなければならなかったのである。

したがってヴァザーリは、絵画と彫刻と建築を「主要な」あるいは「自由な」芸術として構成するためだけに、イメージ制作者（*fallimagini*）の職人仕事を、自分の美術史の理想的図式から排除したのではなかった――確かにそれはもっとも自明な目的ではあったが。同様に、そして同じ流れにおいて、類似を救い出すことが重要であったのだ。つまり類似を芸術家の企てへと変え、「自然なもの」の、生の獲得へと変え、正統的に「人文主義的」な範疇へと構成することが重要であったのだ。したがって、奉納像（*bòti*）における類似性が即自的な目的ではなく、欲望と約束、祈禱《きとう》と感謝の祈りを巡って、神と交わした大いなる契約の部分的条項であったことを忘れ去る必要があったのだ(179)。奉納像（*bòti*）における類似性が、適切な様相の探究として独自に考えられていたのではなく、別の展開を可能にする象徴体系の一部であったことを忘却しなければならなかったのである。たとえばこれらの奉納像（*bòti*）は、まさに蠟の不定形な塊によってできていたが、しかし寄進者の体重とまさに同じ重さ――したがってこの場合は、それが類似性の要因《パラメーター》であった――をもっていたのだ……。

最後にヴァザーリは、「忠実な」類似を実現するこれらの指標的技法が、何よりも死に関わる技法であっ

---

(177) C. Cennini, *Le livre de l'art, op. cit.*, chap. CLXXXI-CLXXXVI, p. 140-145〔チェンニーニ『絵画術の書』前掲書、第一八一―一八六章、一二三―一二八頁／『芸術の書』一九二―一九七頁〕.

(178) G. Vasari, *Le vite*, III, p. 373（*trad. cit.*, IV, p. 291）〔ヴァザーリ『列伝』〕.

(179)「誓願は神に対する約束である（Votum est promissio Deo facta）」等々。Thomas d'Aquin, *Summa theologiae*, IIa-IIae, 88, 1-2〔トマス・アクィナス『神学大全』第一九冊、第二―二部、第八八問題、第一―二項、稲垣良典訳、創文社、一九九一年、一八一―一八九頁〕.「誓願（*votum*）」という概念の外延については、P. Séjourné, « Vœu », *Dictionnaire de théologie catholique*, XV-2, Letouzey et Ané, Paris, 1950, col. 3182-3234を参照。

図 12. 作者不詳，フィレンツェ《女性の胸像》，15 世紀．
ブロンズ．フィレンツェ，バルジェッロ国立美術館．

たことを忘れ去ろうとしていた。チェンニーニが、これらの実物の（*di naturale*）型取りについて語るときに、ただの一度も生きている（*vivo*）という形容詞を使用していないのは偶然ではない（それに対してヴァザーリは、最終的に二つの概念を完全に重ねている）。まさに生きている顔を型取りすることは――そのためには密着が、人物が呼吸しつづける方法の発明が必要とされた――、それはイマーゴ（*imago*）〔ローマ時代のデスマスク〕という、死者の肖像という太古の技法を利用することであり、この技法は、フィレンツェのブルジョワを来るべき死の偉大な〈支配者〉と結ぶ「祈り」の魔術のために象徴的に変形されていた[180]。ニッコロ・ダ・ウッツァーノの見事な塑像は、完璧な均衡状態にあるのではなく、このような関係性の下にあるといえるだろう。つまり、この塑像はわれわれに生を語っているが、それは頭部が欲望によって、あるいはこの描かれた眼差し、ドナテッロがかくも巧みに頭部に与えた眼差しによって、突き動かされたように高みを向いているからである。しかしその性質は――その操作様態をはじめとして――イマーゴの致死的な本質に依然として従属しているのである。バルジェッロ美術館の同じ部屋ですぐ近くにある別の鋳像を見つめると、そのことがはっきりと分かる。それは女性の胸像であり――しかも長い間ドナテッロのものとされていた――、これもまた、そのあまりにも正確な類似性を死に負っているのである（図12）。型取り用石膏の重みによる外皮のかすかなたわみ、死体のような硬直、閉ざされた両目、それらすべてによって、この感動的な顔貌は、もはやそのもっとも正確で非人称的で劇的な類似性――その死したものであるという類似性――だけに類似させられるのである。(181)

---

(180) A・ヴァールブルクの「肖像芸術とフィレンツェの市民階級」（前掲論文）は、この点に関して、フィレンツェの肖像画における宗教的で異教的で魔術的な三重の構成要素を指摘していた。そこで切り開かれているのは途方もない歴史的問いであり、この問いは、ローマのイマーゴ（*imagines*）とエトルリアの墳墓に始まり、エルンスト・H・カントロヴィッチ（*Les deux corps du Roi — Essai sur la théologie politique au Moyen Age* [1957], trad. J. P. et N. Genet, Gallimard, Paris, 1989, p. 303-315〔『王の二つの身体――中世政治神学研究』下、小林公訳、ちくま学芸文庫、二〇〇三年、一八三―二〇三頁〕）とR・E・ギージー（*Le Roi ne meurt jamais — Les obsèques royales dans la France de la Renaissance* [1960], trad. D. Ebnöther, Flammarion, Paris, 1987）が研究した王家の肖像にまで及んでいる。

(181) 「そして死体が非常に類似しているとしたら、それはある瞬間に死体がこの上ない類似、完全なる類似であり、それ以上のものではないからだ。死体は似たものであり、絶対的で衝撃的で驚異的なまでに似たものである。しかジの獲得物と、芸術と、生と見なされる類似を夢見たヴァザーリに対して、十五世紀フィレンツェのイメージは、したがって神への贈与、超自然的契約の証し、そして間近に迫った死の徴と見なされる類似を断固として突きつけている。サンティッシマ・アヌンツィアータ教会へ奉納品を納めること、自分の肖像を彫刻させてサンタ・クローチェ教会のピエタ像（*imago pietatis*）の前に置くこと、それはおそらくフィレンツェの市民に対して何かを——象徴的な力を——表明することであったが、しかしそれはまた何かを捨て去ること、自分の自然な類似性を別の類似性のために、天国における「別の生」——それはまさに死であるが——の超自然的な類似性のために供犠的に贈与することであった。それゆえに、十五世紀《クワトロチェント》における「類似した」イメージ、「正確な」あるいは写実主義的なイメージは、ヴァザーリがそれを楽天主義に、自己確信に完全に重ねようとしたにもかかわらず、つねに楽天的なわけでも自己確信的なわけでもない。このイメージもまた、いかに類似的であろうとも不気味な異郷性を、その現前化の様態における秘められた脱形象化をわれわれに突きつけることができる。死との接触を示す微かだが執拗な痕跡によって、服喪のヴェールのように黒ずむ青銅に浸った顔貌に蔓延する視覚的指標によって、バルジェッロの彫像もまた異郷化しているのだ。あのあまりにも正確な奉納像（*bòti*）のすべてがあまりにも不動であり、サンティッシマ・アヌンツィアータの奇跡的なイメージとすべてが敬虔に対面して静止していたため、まさに異郷的に——さらに、一部の人には恐るべきものに——見えていたはずであるように……。おそらくこれが、それらの具象的な徴候がわれわれを意に反して対面させる真実の一端であろう。つまりこれらのイメージの不動性（それは、それらすべての主要な徴候である、といくぶんアイロニカルに断定できるだろう）は、何か死の運用のようなものをそこで感じるようにわれわれに迫るのである。

それは、それらのイメージのいわば支えとしての死である。それらの重大な範例である。なぜであろうか。それはキリスト教が、イメージに関するあらゆる操作の中心に死を据えたからである。これこそキリスト教の重大な危険、あるいはその中心的な狡知――あるいはむしろ同時にその両方――であった。つまりそれは死を裂け目として主題化することであり、そしてすべての裂け目を縫い合わせて、すべての喪失を埋め合わせる方法として死を投影することである。それは死を通過儀礼に変え、あらゆる死の不在へ向かう媒介作用に変えることによって、自分自身の否定を弁証法的に包含する方法である（これが狡知である）。それはまた、つねに回帰する否定性の不吉な執拗さに身を開く方法でもある（これが危険である）。しかし危険と狡知の頂点は、この執拗な死という試練そのものを、まさに始めから神の位格に委ねた点にあったといえるだろう。受肉の神秘と同様に救済のキリスト教的構造《エコノミー》は、二つの途方もない逆説を相互に挿入することにあらかじめ成功していたのだ。つまりその第一の逆説は、定義上は不死であるものを死にいたらしめ、第二の逆説は、死そのものを死にいたらしめていた。こうして人間は、自分たちのために死を（つまり自分たちを死から救うために死にゆくことを）受け入れる神という中心的イメージを生み出すことによって、自分自身の死を殺害することをイメージ化したといえるだろう。

しかしそのためには、イメージにおいて死を存続させなければならなかった。イメージを死の徴候へと切り開かなければならなかったのである。なぜなら、「私は君を愛していない」と語る人がそれでも愛という

し、それは何に似ているというのだろうか」。M. Blanchot, «Les deux versions de l'imaginaire», *L'espace littéraire, op. cit.* p. 351〔ブランショ「想像上《イマジネール》のものの二つの解釈」『文学空間』前掲書、三六七―三六八頁〕.

言葉を口にしてしまうように、同じく復活を語る人は、自分のなかに死の作用を存続させてしまうのだ。キリスト教徒――十字架像の下にいる聖ベルナルドゥス、神のメランコリーの版画を凝視する信心家や、自分自身を型取りするために静止していた老いたフィレンツェの女性――は誰もが、死を殺害すると同時に死を模倣する二重の欲望のなかで生きてきた。それはつまりキリストのまねび（*imitatio Christi*）をしながら自分の神の死と一体となる欲望であり、それによって彼らは、復活する神のイメージにやはり類似しながら、自分自身の死を殺害できると信じるのである。アダムはイメージに類似して誕生していたが、彼の罪の巨大な重みが他のすべての人間を死にゆく定めへと、イメージに類似して死ぬ定めへと強いたのである。つまり、自分たちの復活を保証する受肉した御言葉のこの供犠的な死を、自分たちの出生行為にいたるまで絶えず演じなおす定めへと強いたのである。聖パウロがキリスト教の洗礼を導入する恐ろしい言葉を思い出すだけで、どれほど死が、そこであらゆる宗教的欲望の、あらゆる儀式的カタルシスの、あらゆる変形の、したがってあらゆる形象可能性の動因として働いていたのかを理解することができる[182]。類似できるようになるには、死ぬ必要があったのだ。

さて、この重々しい強制は、イメージの世界、つまりキリスト教芸術のイメージと呼ばれるもの、美術史という学問がまず関心を抱く事物イメージにも襲いかかる。この強制は、それらのイメージを貫いて構造的に――たとえば、その強制の単なる図像学的実現をはるかに超えて――襲いかかるのである。したがって、死という「テーマ」や「概念」を超えて、恒常的な揺動の作用――往復運動――が西洋のイメージを揺り動かしていたのだ。狡知と危険の間、弁証法的操作と裂け目の徴候の間、つねに定置される形象化とつねに間隙に生じる脱形象化の間で。それは模倣と受肉の複雑な戯れである。模倣を前にしてわれわれはさまざまな世界を捉え、われわれは見る。イメージはわれわれの前に位置づけられ、安定し、イメージからつねにより深い知を引き出すことを可能にする。イメージはその表象装置、細部、イコノロジー的な豊かさによって絶えずわれわれの好奇心を刺激する。イメージは、何か謎の鍵がまだ隠されていないかを見るために、ほとんど「イメージの裏側へ」[183]行くようにわれわれに求めるだろう。

受肉を前にすると足場が崩壊し始める。なぜなら、イメージそのものがいわば自己崩壊しようとする場が、イメージのリズムが存在するからである。ならばわれわれは、大きく口を開けた限界、解体する場を前にするようにイメージを前にしているのだ。[184]魅惑がそこで激しさを増し、反転する。それは代わる代わる潜在的

(182) 「あなたたちは知らないのか。われわれはキリスト・イエスにあずかる洗礼を受けたが、われわれ全員が洗礼を受けたのは彼の死においてである（*in mortem ipsius baptizati sumus*）。したがって、われわれは死にあずかる洗礼によって彼とともに葬られたのである。それは、キリストが父の栄光によって死者の中から復活したように、われわれもまた新たな生において生きるためである」。『ローマ人への手紙』第六章、三―四。

(183) たとえば、フェデリコ・ゼーリのような人はそれを切望するだろう。Cf. F. Zeri, *Derrière l'image — Conversations sur l'art de lire l'art* (1987), trad. J. Rony, Rivages, Paris, 1988〔フェデリコ・ゼーリ『イメージの裏側――絵画の修復・鑑定・解釈』大橋喜之訳、八坂書房、二〇〇〇年〕.

(184) 大きく開いた口《ベアンス》や、想像界の解体する限界という根本的概念については、再びJ. Lacan, *Écrits*, *op. cit.*, p. 552〔ラカン『エクリⅡ』前掲書、三一六―三一七頁〕を参照。そしてとりわけ、*id.*, *Le Séminaire, II — Le moi dans la théorie de Freud et dans la technique de la psychanalyse* (1954-1955), Le Seuil, Paris, 1978, p. 177-210〔同『フロイト理論と精神分析技法における自我』ジャック＝アラン・ミレール編、小出浩之ほか訳、岩波書店、一九九八年、上巻二四五―二八四頁、下巻一―二七頁〕を参照。

になり現働的になる、いずれにせよ強力な、終わりなき運動のようなものだ。われわれと対面していたイメージの正面性は突如として引き裂かれるが、今度はその裂け目が正面性へと変わる。この正面性はわれわれを宙づりにし、不動化し、われわれはつかの間のあいだ、もはやそのイメージの眼差しのもとで何を見るべきなのかが分からなくなる。ならばわれわれは、視覚的な出来事の理解不可能な横溢を前にするように、イメージを前にしているのだ。われわれは、障害とその終わりなき穿孔を前にするように、イメージを前にしている。われわれは、限りなき簡潔さ、たとえばひとつの色彩を前にするように、イメージの前にたたずみ、そして逃れ去るものと向き合うように——アンリ・ミショーの美しい表現にしたがうなら(185)——その前にたたずむ。

唯一の困難は、知ることにも、知らずにいることにも、恐れを抱かないことである。

(185) H. Michaux, *Face à ce qui se dérobe*, Gallimard, Paris, 1975〔アンリ・ミショー「逃れゆくものに向きあって」『アンリ・ミショー全集2』小海永二訳、青土社、一九八六年〕.

補遺

細部という問題、面という問題

細部という難問《アポリア》

それはたえず繰り返し経験され、尽きせぬ、疼《うず》き続ける経験的事実だ。絵画というものには舞台裏がなく、それは同じ表面上で、すべてをまさに同時に示している――しかしその絵画には、奇妙で途方もない隠蔽の力が備わっている。絵画は、絶えることなくそこに、われわれの前に、彼方のように、潜勢力のように、けっして完全に現働態となることなくあり続けるだろう。その原因はどこにあるのだろうか。おそらくその物質的なあり方――絵画物質という――と同じく、時間的な、存在論的な状態が原因なのだ。そして、われわれの眼差しにおけるつねに欠如をはらんだ様態も、不可分な原因となっている。絵画においてわれわれが識

このテクストは、一九八五年七月にウルビーノの記号論言語学国際センターで、ルイ・マランが主催したシンポジウム「断片／断片的」の枠内で行った発表を活字化したものである。すでに「描写しない芸術、フェルメールにおける細部というアポリア」(«L'art de ne pas décrire. Une aporie du détail chez Vermeer»)という題で、雑誌『眼の部分』(*La Part de l'Œil*, n° 2, 1986, p. 102–119)に掲載されている。

別していないものは、驚くほどの数にのぼるのだ。

したがってわれわれは、発見をうながす言い方をするなら、けっして絵を見つめることを知りえないだろう。それは、知と眼差しが同じ存在様態を持つことが絶対にないからだ。こうして、芸術を認識するあらゆる学問が崩壊する危機に面して、歴史家や記号論者は暗に問題を回避するようになるだろう。つまりこの絵画について、その意味形成性《シニフィアンス》の全体において絶えず彼を逃れるこの絵画について、彼は言うだろう。「私はそれを十分には見なかった。それについて何かをもう少し知るには、今度はそれを細部にいたるまで見なければならない……」。それを見るのであって、見つめるのではない。というのは、見ることのほうは、より良く近づき、知という——至高とされる——行為を予見し、あるいは模倣することができるからである。細部にいたるまで見るということは、だから芸術をめぐるどんな学問にとっても、ちょっとした基礎的な方法論《オルガノン》となるだろう。それは自明のことではないだろうか。それでも、われわれは一つの問いを示唆したい。絵画についての細密な知識とは、権利上ではいったい何を意味しうるのだろうか。

哲学的な常識において、細部《デタイユ》というものは、多かれ少なかれ明白な三つの操作に及んでいるようだ。まず、近づくという操作である。エピステーメーの奥底という選ばれた領域に入り込んで深く理解する場合のように、われわれは「細部に立ち入る」。しかしそこでその奥底は、ある暴力、間違いなく倒錯的な暴力をはらんでいる。つまりわれわれは、まさに切り取り、分割し、断片化するために近づくのだ。ここで問題となっているのは基本的な意味、単語の語源的な内容——切断すること《タイユ》——であり、『リトレ・フランス語辞典』における最初の定義、つまり「あるものをいくつもの部分へ、断片へ分割すること」、意味の星座全体を交換と利潤、細部の取引へと開いていくものである。次に、それに劣らぬ倒錯的な拡張をして解釈すれば、細部はまさに対称的な、さらには逆の操作を、つまりすべての断片を再び継ぎ合わせる、あるいは少なくともそれらをすべて数え上げる操作を指している。つまり「細部化する《デタイユ》」ことは、あたかも「切断すること《タイユ》」が余すところなき全面計算——総計——の可能条件を与える役にしか立たなかったかのように、ひとつの全体におけるすべての部分を列挙することなのだ。したがってここでは、より巧みに切断するために近づき、より巧みに全体化するために切断する、という三重に逆説的な操作が作用している。あたかも「全体」というものが、その細かい区画が総計可能であるという条件において、区画化された形でしか存在しないかのように。

このような逆説は、しかし理想のようなものを定義している。細部は——近接、分割、総和というその三つの操作によって——知と全体性の理想を備えたものとしての破片となるだろう。この知の理想は、網羅的な描写である。それとは逆に、全体を疑問視して、それを不在や謎、あるいは失われた記憶として想定するためにまさに全体と関わる破片があるが、いま話題にしている細部は全体を押しつけ、その正当化された現前、回答と目安としての、さらには覇権としてのその価値を押しつけるのだ。

今日、芸術作品を解釈する領域において細部が高く評価されていることは、単に「哲学的な常識」、つまりあるものを熟知するためにはその「細部」を知らなければならない、とする常識によるものではない。その前提は、たしかにより複雑でより戦略的である。ここでそれを分析するつもりはないが——それは美術史の真の歴史に属する問題だろう——、おそらくこの方法論的な評価は、穏やかな共謀関係によっていると示唆しておこう。それは「了解された」実証主義といわば「誤解された」フロイト主義と呼べるものの共謀関係である。「了解された」実証主義は昔から存在していて、すべての見えるものは描写され、諸要素（文における単語、単語における文字のような）へと切断され、全体とみなされうると仮定する。そして、描写することがよく見ることを意味して、よく見ることは真に見ることを、すなわちよく知ることを意味していると仮定するのだ。なぜならすべては見られ、余すところなく描写されうるし、そのためすべてが知られ、確かめられ、正当化されるからだ。この実証主義は、ここでは意図的な、さらには狂信的な楽観主義を表明する仕方である。見えるものに適用される実験的方法が、このような楽観主義をもたらすだろう。

「誤解された」フロイト主義はというと、それはたしかに『夢解釈』が切り開いた王道に基づいている。つまりフロイトは、分析が「塊においてて」ではなく「細部において」なされなければならないと書いていた。[1] そして分析上の取り決めにおける古典的な二大原則は、周知のようにすべてを語る——とくにとりわけ細部を——という原則、そしてすべてを解釈する——とくにとりわけ細部から出発して——という原則である。[2] しかし、ここには誤解がある。なぜならフロイトは細部を連鎖において、連続において、あるいは意味する《シニフィ》もの《アン》による網状の流れにおいて解釈していたのに対して、図像学の方法は、逆に芸術作品の真相を、意味さ《シニ》れる《フィエ》ものを探求しようとするからである。図像学的方法は、たとえば「主題」のすべてを語るアトリビュートを探し求めるだろう。こうして一本の鍵は、そのまわりに描かれるすべてのものの意味を解明し尽くす鍵となる。つまりそれが意味するのは、鍵に促されてわれわれが「聖ペテロ」と名づけるこの身体である。あるいは極端な場合には、画家の自画像と推定されるものがドアの両開き扉の間に探し求められる。そのドアは、絵のもっとも暗い片隅にある場違いな水差しに映し出されていて、われわれはこの自画像が画家の人生におけるどの時期を表しているのか、絵の外にいる別の人物に対してどんな言葉を発しているとみなされるのかと自問する。その人物は絵の外にいるが、その存在は確実であり、おそらくこの絵が描かれたときに彼がこの芸術家のアトリエにいたこと、そして彼の「人文主義」を（したがって、絵の「プログラマー」としての彼の資格を）同時代の古文書が証明している……と続いていく。「真相」を求めるこのつねに入れ子構造の探索は、ここで絵画を正真正銘のモデル小説に――フロイトが症例ドラの分析を始めた頃にはっきりと警戒していたジャンルに(3)――変えてしまう。いずれにせよこの探索は、絵を暗号化されたテクストとみなし、そしてその暗号は、財宝やクローゼットの死体のようにそこで、それが見出されるいわば絵画の後ろで――その厚みにおいてではなく――待ち受けている。それは絵の「回答」、「動機」そして「告白」となるだろう。それはほとんどは表徴《エンブレム》、あるいは肖像、あるいは出来事を語る歴史における特徴の表示であるだろう。要するにそれは象徴、あるいは指示対象であり、歴史家は絵画作品にそれを「告白させる」ことを務めとしているのだ(4)。それは、あたかも絵画作品がある犯罪を、しかも唯一の犯罪を犯したかのように扱うことだ（と

（1） S. Freud, *L'interprétation des rêves* (1900), trad. I. Meyerson, revue par D. Berger, PUF, Paris, 1967, p. 97〔フロイト『夢判断』上、前掲書、一三六頁〕.

（2） Cf. N. Schor, «Le détail chez Freud», *Littérature*, nº 37, 1980, p. 3-14.

（3） S. Freud, «Fragment d'une analyse d'hystérie» (1901/5), trad. M. Bonaparte, R. M. Lœwenstein et A. Berman, *Cinq psychanalyses*, PUF, Paris, 1954 (éd. 1979), p. 3〔フロイト「あるヒステリー患者の分析の断片」『フロイト著作集5――性欲論、症例研究』懸田克躬・高橋義孝ほか訳、人文書院、一九六九年、二七七―二七八頁〕.

（4） 周知のように財宝の範例が、ティツィアーノの《賢明の寓意》にかんするパノフスキーの解釈における基盤となっている（cf. E. Panofsky, *L'œuvre d'art et ses significations* [1955], trad. M. et B. Teyssèdre, Gallimard, Paris, 1969, p. 257-277〔パノフスキー「ティツィアーノの《賢明の寓意》」『視覚芸術の意味』前掲書、一五二―一七二頁〕）。さらに最近、C・ギンズブルグは図像学的「モデル小説」を新たに重視している。そのような小説において、

ころが絵画作品は、じっとおとなしくしていかなる犯罪も起こさないか、あるいは座相《アスペクト》を操るあらゆる黒魔術のように狡猾で、いくつもの犯罪を犯すことができるのだ)。

一方でフロイトが、細部を観察における屑と考えていたのに対して、理想的な描写家のほうは、細部を観察における単なる精緻さの帰結とみなしている。その精緻さは、財宝の、意味作用の財宝の発見そのものを、まるで帰納的に可能にすると想定されている。しかし「観察における精緻さ」とは、結局のところ何を意味しているのだろうか。そのような精緻さのモデルを提供してくれる概念領域を参照するなら、問題が見かけによらずはるかに単純ではないことに気づくだろう。

その概念領域は、まさに観察科学といわれる科学の領域である。バシュラールは、一九二七年に出版された有名な博士論文で、その領域における細部の規定を検討している(5)。彼は、細部の認識論的な規定——そこには自然科学、測定科学における規定も含まれる——が分割であり、科学における主体の分裂、「認識がけっして完全には鎮めることのできない内奥の葛藤(6)」であることを示していた。それは——大ざっぱに言えば——描写における細部の細かさと解釈装置の明晰さの間の葛藤である。

第一の理由は、知の対象における現象学的な規定そのものを再び問題としている。バシュラールはこう書いている。「異なる二つの大きさの次元《オーダー》で認識できる現象ほど、分析するのが難しいものはない(7)」。たとえば、知の対象が突然に接近するとき、暴力的に閾が乗り越えられる。そのため、あらゆる思考がこうして引き裂かれたり崩壊するのを望まないならば、まさに別の次元の思考を行使しなければならないのだ。ここで再び絵画について考えるなら、それが把握されるのは二つの大きさの次元においてではなく、多様な次元においてである。芸術関連文献（*Kunstliteratur*）における常套表現は、絵画が近くと遠くとでは同じものを見せないという謎、あるいは「驚異」を称えながら、この基本的な現象学の与件を引き継いだ。たとえば、ティツィアーノに対する批評のあらゆる変遷は、遠くからのヴィジョン――肉体や布の「模倣しがたい完成度」――と近くからのヴィジョン――欠陥、さらには彼が画布を覆った「この粗い筆さばき」「斑紋」「色の染み」といった、これまた模倣しがたい逸脱――の間にある分裂した効果をめぐっている。ヴァザーリが有名な一節で書いているように、「そのため、近くからはそれらを［彼が描いた形象を］見ることができず、遠くから見るとそれらは完璧に現れる」。そして、それに劣らず知られているのは、シャルダンの絵を前にしたディドロがこの同じ問題に捧げるページであろう。(8) 要するに、細部は何よりも、どこから見つめるのかと

絵画の仕事は「注文」の「秘密を告白する」ことであるとみなされている。C. Ginzburg, *Enquête sur Piero della Francesca* (1981), trad. M. Aymard, Flammarion, Paris, 1983〔カルロ・ギンズブルグ『ピエロ・デッラ・フランチェスカの謎』森尾総夫訳、みすず書房、二〇〇六年〕を参照。

（5）G. Bachelard, *Essai sur la connaissance approchée*, Vrin, Paris, 1927〔ガストン・バシュラール『近似的認識試論』前掲書〕. ――同じく『科学的精神の形成』の第一一章も参照されたい（*La formation de l'esprit scientifique*, Vrin, Paris, 1980（11e éd.）p. 211-237〔『科学的精神の形成――客観的認識の精神分析のために』及川馥・小井戸光彦訳、国文社、一九七五年、二七九―三一四頁〕）。

（6）G. Bachelard, *Essai sur la connaissance approchée*, p. 9〔バシュラール『近似的認識試論』前掲書、一三頁〕.

（7）*Id., ibid.*, p. 95〔同書、一一五頁〕.

（8）G. Vasari, *Le vite de' piu eccellenti pittori, scultori ed architettori*, éd. G. Milanesi, Sansoni, Florence, 1906 (rééd.

いう問いを投げかけるのだ。そしてここで問題なのは知覚ではなく、まさに主体の領域（あるいは場）であり、そこから絵画は思考されるのである。

バシュラールは、この問題をおそらく「荒削りな」言葉で表している。つまり彼が言うには、詳細な認識の進展は、一般的に体系的な認識とはまさに逆方向へと進んでいく。なぜなら一方は「〈客観的なもの〉から〈個人的なもの〉へと」向かい、他方は「〈個人的なもの〉から〈客観的なもの〉へと」向かうからである[9]。それでも彼は本質的なことを、すなわち近接認識における主体の分割を示していた。それはあたかも描写主体が、全体の中で部分を切り取ることによって、彼が探査しているつもりの同じ「全体」の中にけっして同じ「部分」を見ることなく、自分の認識行為そのものを、自分の観察を引き裂いてしまうかのようである。さらに深刻なことには、まるで描写主体が、細部の操作が構成する「分解」の運動そのものにおいて、全体化へと向かう穏やかな相互運動を行う代わりに、自分の意に反して、そして自分自身に対して、解体という最初の暴力的な行為を延長していくかのようである。認識主体は、よりいっそう全体化するために見えるものを切断するが、自分自身がその分離の効果をこうむってしまうのだ。世界全体をパズルとして捉えている人間を想像してみればいい。彼はまさに最後には、自分自身の四肢のもろさを――潜在的な流動性、つまりは崩壊を――実感するだろう。

結局のところ、細部について話すバシュラールがわれわれに語っているのは、引き裂かれた意識についてである。この意識は、バルザックが『知られざる傑作』について絵画創造の次元で語っていたことを、エピステーメーの次元で喚起している。つまり、物そのものがその表象のなかに到来することを待望している者のもとに、形象なきものが訪れるのだ。また、この意識は、ラカンが主体構成の次元において疎外と名づけたものも喚起する。それは論理的な選択、二者択一であり、そこでいずれにせよわれわれは、何かを失わざるをえないのだ。それは「金か、それとも命か！」というタイプの脅迫で例示できる操作であり、そこで脅迫された者の金は、どのような決断がなされようとも失われる。(10) ここでわれわれが示唆したいのは、あらゆる絵が、おそらく「絵画か、それとも細部か！」とわれわれを脅していることである――いずれにせよ絵画は失われるのだ。失われたが、それでもそこに、まさにわれわれの目の前にある――そしてドラマのすべてはそこにあるのだ。

　バシュラールの定式化において、この細部のドラマは、より古典的な分割線にしたがって表されている。つまり現実対思考、描写対カテゴリー、物質対形態というように。「カテゴリーから逃れる細部を描写するには、形態の下にある物質の混乱を評価しなければならない。とたんにもろもろの規定が揺らぐ。［近似的

1981), tome VII, p. 452〔ヴァザーリ『芸術家列伝2――ボッティチェルリ、ラファエルロほか』平川祐弘・小谷年司訳、白水Uブックス、二〇一一年、二一八頁〕. ――次のように、ディドロはシャルダンについてこのモチーフを再び取り上げている。「近づいてみたまえ、すべてはもつれ合い、平たくなり、消え去る。遠ざかりたまえ、すべては再び創造され、再生する」、等々。*Œuvres esthétiques*, Garnier, Paris, 1968, p. 484. ――絵画のこの「奇跡」が、何よりも肉体の、肉色の表象に関わりえたことは、すでに問題の核心を示している。その核心は、身体（その想定される深さ）と色彩（その偽の表面）の間にあるのだ。G・ディディ＝ユベルマン『受肉した絵画』（*La peinture incarnée*, Minuit, Paris, 1985, p. 20-62）を参照。

（9） G. Bachelard, *op. cit.*, p. 255〔バシュラール、前掲書、三一〇頁〕.

（10） J. Lacan, *Le Séminaire XI — Les quatre concepts fondamentaux de la psychanalyse* (1964), Le Seuil, Paris, 1973, p. 192-193〔ラカン『精神分析の四基本概念』前掲書、二八二―二八五頁〕.

ではない」最初の描写は明瞭であった。それは質的であり、列挙される述語の不連続性において展開していた。量は豊かさをもたらすが、不確かさも引き起こす。規定が詳細になると、根本的に非理性的な混乱が生じるのだ。(…)細部という観点では、〈思考〉と〈現実〉は関係を失うように見え、〈現実〉は、われわれが思考している大きさの次元《オーダー》から遠ざかることによって、いわばその堅固さを、恒常性を、実体を失うといえるだろう。要するに、〈現実〉と〈思考〉はともに同じ〈虚無〉のなかへと、〈混沌《カオス》〉と〈夜《ニュクス》〉の息子である同じ形而上学的な〈暗黒《エレボス》〉のなかへと落ち込んでいくのである」(11)。

さて、「精密」(12)と呼ばれる科学の領域においてバシュラールが語っていることは、ましてや歴史や記号学の領域においても語られうるだろう。なぜなら歴史には、まだ観察科学にはかなり劣るが「現実を前にした思考の修正」というこの能力――それは途絶えることがあってはならないだろう――があるからだ。その能力のおかげで、もっとも「微妙な」(13)混乱という窪みそのものにおいて、ひとつの知が構築される何らかの機会がおとずれるのである。そして、実験可能な(規則的な基準にしたがって可変的で、法則が帰納される何らかの機会をもたらす)物理現象について言われることは、ましてや一枚の絵についても言われうるだろう。絵は、まさにほとんど操作される余地がなく、たとえばまさに明度の変移において、あるいは絵が現れる抽象的な系列の内部でそれが差異化するのにしたがって「多様に変化するのだ」。

いずれにせよ、バシュラールによる混沌と夜への呼びかけは、近くから見られた絵画が、われわれのなかで思考と現実の、形態と物質の結びつきを解消するときに、絵画を体験する者にとって意義深いものとなろう。なぜなら、絵画的全体に対する解釈学を(そしてその描写の可能性さえも)問いに付すのは、細部の細やかさであるというよりも、まずはその本質的な混沌へと向かう傾向だからである。それをアリストテレス的な用語で言うこともできるだろう。つまり絵画の近接認識は、その形相因と質料因の関係を解消するのだ。絶対的な言い方をすれば——たとえそれが逆説のように聞こえようとも——、絵画は自分の形相因について見るべきものを与えない。絵画の形相因とは、その何性、いわばアルゴリズムであり、形相（*eidos*）、つまりは絵が表象しているものの厳密な意味での定義、絵が代理をしている本来のもののことである。絵画は自分の形相因を見せないが、われわれにそれを解釈させるのだ。その証拠に、この形相的定義にかんしては誰もけっして合意することはない。そしてついでに言えば、目的因、つまりそれへと向かって絵があれをあれとして表象するよりはこれをこれとして表象する原因にかんしては、さらに合意することがない。絵画が見せるものは、第一義的にはこれのようにの次元に属しているのだ。つまり、それはその作用因の痕跡、指標である（アリストテレスは作用因という言葉を、意志的であれ無意識的であれ決定の次元に属するすべてのものという意味で用いている。その意味で「父親は子供の原因である」と言われる、と彼は書いている[14]）。しかしとりわけ絵画が見せるもの、それはその質料因、つまりは絵具である。アリストテレスが質料因とし

（11）G. Bachelard, *op. cit.*, p. 253, 257〔バシュラール、前掲書、三〇八、三一三頁〕.

（12）まったく異なった前提から出発してはいるが、その最近の反響が、ルネ・トムのテクストに見出されるだろう。そこでは、描写的で実験的な理性に対する一種の批判が表明されている。R. Thom, « La méthode expérimentale : un mythe des épistémologues (et des savants?) », *Le Débat*, n° 34, mars 1985, p. 11-20.

（13）G. Bachelard, *op. cit.*, p. 16〔バシュラール、前掲書、二一頁〕.

（14）Aristote, *Physique*, II, 3, 194b〔アリストテレス『アリストテレス全集3——自然学』出隆ほか訳、岩波書店、一九六八年、第二巻、第三章、一九四b、五二—五五頁〕.

て挙げる二つの特権的例が次のものであることは、たんなる偶然ではない。まずは「製作された事物にたいする素材」であり、その意味で「青銅は彫像の原因である」。そしてもう一つは「全体に対する部分」であり、つまり断片の素材性である……(15)。

したがって、絵画がわれわれに見つめさせるものにおいては、質料因の優位があるだろう。重大な帰結がそのような優位と結びついている。つまりアリストテレスが言うように、われわれは物質を母親のように見つめなければならないのだ。なぜなら、それは何よりも欲望に属しているからである――アリストテレスは、ここでエピエミ（*éphiémi*）という動詞を用いているが、この動詞がこの文脈で意味しているのは、感じられないほど少しずつ、それでもやはり否応なしに、何かのほうへと導かれていくことである。言いかえるなら、物質は、反対物の論理という形相の論理には属していないのだ。「実際、ある存在するもの（*ōn*）があるとしよう。（…）一方には、いわばそれとは〔形相的に〕反対のもの〔欠如態〕があり、他方には、それ自身の本性によってこの存在へと向かい、それを欲望する（*éphiesthai*）ようにできているものがある。（…）形相は、自分自身を欲望することはできない。なぜなら、形相には欠如がないからである。反対物が形相を欲望することもない。なぜなら、反対物は互いを破壊するものであるからだ。しかし、女性が男性を欲望するように、欲望の主体とは質料なのである(16)」……。

これが、この意味で細部のアポリア、絵画についてのあらゆる近接認識というアポリアなのだ。接近した視線は、より明確な形態を目指していたにもかかわらず、その視線は結局は物質と形態を切り離すほかなく、こうして自分の意に反して、物質のまさに専制的な力に支配されてしまう。その専制的な力は、こうして細部の共通概念と関係した描写の理想を滅ぼしにやってくる。つまり近接的な視線は、そこでもはや混乱、障害、「汚染された空間」[17]しか生み出すことがない。したがって分割の操作は、不可能か不自然なものとなる。そして、部分の網羅的な総和という操作は、純粋な理論的狂気と紙一重となる。見えるものにおいて表意単位が切り取られるかわりに、接近した視線においてわれわれの手に落ちるのは——やはりアリストテレスの用語にしたがうなら——質料であり、すなわち不明確なもの、未決定なもの、単なる未来志向であり、欲望である。反対物の論理は退場し、定義も退場、表象の明瞭判明な対象も退場する。絵画をその形態、定義において、観察したり識別しようとするあらゆる解釈学に対して、絵画は、具象的で模倣的な傾向とまさに同時に、たえずその不明確な物質を突きつけるのだ。

---

(15) *Id. ibid.*, 194b-195a〔同書、一九四b—一九五a、五二—五七頁〕. ——リトレが絵画における細部に与えている定義が、何よりもわれわれが「物質の効果」と名付けるものに関わっているのは、おそらく偶然ではない。それらの効果が、すべて表面と組成の問題と関係していることに注目したい。「それは絵画において、毛羽、肌のちょっとした不調、衣紋、刺繍、木々の葉のことをいう」。

(16) Aristote, *Physique*, I, 9, 192a〔アリストテレス『アリストテレス全集3——自然学』前掲書、第一巻、第九章、一九二a、四〇—四三頁〕.

(17) エルンスト・ブロッホが「近接的視線」に捧げた非常に美しい数ページをたどっていくと、この表現に出会う。*Experimentum mundi — Question, catégories de l'élaboration*, praxis, trad. G. Raulet, Payot, Paris, 1981, p. 14-15, 67, etc.〔『世界という実験——問い、取り出しの諸カテゴリー、実践』小田智敏訳、法政大学出版局、一九九九年〕を参照。

描くこと、あるいは描写すること

すべての問題は、もちろん「対位法」の問題である。ここまで私は、明白なことを、結局は月並みなことを述べただけである。「絵画《パンチュール》が見せるのはその質料因、つまり絵具《パンチュール》である」と言うことで、私はまだ一種の同語反復しか生み出していない。それをこれから加工して、乗り越え、それに形を与えなければならないのだ。私がこの点を強調するのは、まさに次の事実に応じている。つまり美術史は、ほとんどつねにその効果を無視している。それは、「明晰判明な」科学になろうとする知、あるいはなるふりをする知が行う、非常に戦略的な無視である。つまりこの知は、まさにその対象が、絵画が、同じく明晰判明であり、文章における単語、単語における文字と同じくらい判明（分割可能）であることを望んでいるのだ。一枚の絵を見ながら、一般的に美術史家は、絵画の効果によって不安になることを嫌う。あるいは、彼は「腕前」「絵具の厚塗り」「手法」「様式」……に言及しながら、それについて専門家として語る。芸術についてのあらゆる文献が、主題〔主体《スュジェ》〕という単語をその反対物のために、つまりミメーシスの対象、「モチーフ」、表象されるもののために用い続けていることは、哲学的な偶然ではない。そのことで、まさに言表行為の（つまり幻想の、主体的《スュブジェクティフ》な立場の）効果を無視することが、そして投擲《ジェ》の、基底材性（*subjectilité*）の（つまり物質の）効果を無視することができるのだ。絵画は、それらの効果によってこそ何よりも作用し――問題を引き起こすにもかかわらず。[18]

パノフスキーは、『イコノロジー研究』への例の方法論的序論において、ひそかに問題を解決済みのものとみなしている。彼の三段階にわたる図式において、描写という言葉は、単なる前‐図像学的な認識、前述したもっとも不確実ではない「一次的」あるいは「自然的主題」を指すためにまさに現れるのだ。あたかも、あらゆる場合においてこの認識が、これは～であるとこれは～ではないの間で生じる同一性の二項的論理に属しうるかのようであり、あたかも、たとえば半ばという問題が問われてはならないか、あるいはあらかじめその解決を、解消を求めているかのようである。パノフスキーは、次のように書いている。「厳密な意味で正確な図像学的分析が、モチーフの正確な同定を前提としているということは明白だ。われわれに聖バルトロマイを同定させてくれる小刀が、小刀ではなくコルク抜きであれば、その人物は聖バルトロマイではない」[19]。私が今しているのは、絵画が純粋な物質的混沌であり、イコノロジーが明らかにした具象的な意味作用を無意味なものとみなす必要がある、と示唆することではない。あきらかに、「適切な」距離というものが存在していて、それを介すれば細部は崩れ去らず、純粋な色彩の泡へとこなごなに崩れ去ることもない。あきらかに、非常に多くの具象画において明瞭に同定できる、まさに多くの適切なナイフやコルク抜きが存在するのだ[20]。しかし、リーパが言ったような、描かれた形象の言明（*dichiarazione*）をつねに問題化する必要も

---

(18) 投擲（jet）、主体（sujet）、基底材（subjectile）については、『受肉した絵画』（*La peinture incarnée, op. cit.*, p. 37-39）を参照。

(19) E. Panofsky, *Essais d'iconologie* (1939), trad. C. Herbette et B. Teyssèdre, Gallimard, Paris, 1967, p. 19〔パノフスキー『イコノロジー研究』上、前掲書、三八頁〕. 強調引用者。

(20) たとえば、ダニエル・アラスが非常に巧みに分析した「コルク抜き」の適切さがそうである。それはここでは、シエナで収蔵されているロレンツォ・ロットの《キリスト降誕図》における、ひとを当惑させる細部である。つまり「生まれたばかりの子供がまだ臍帯をもち、その臍帯はいまでも腹部と繋がり、はっきりと結ばれている」。ダ

図13. P. ブリューゲル《イカロスの墜落のある風景》(部分),
1555年頃. 油絵, カンヴァス. ブリュッセル, 王立美術館.

あるだろう。それぞれの宣言的言表（これは〜である／これは〜ではない）にたいして、半ばという問いが立てられなければならないだろう。

なぜなら、絵画のあらゆる細部は重層決定されているからである。ブリューゲルの有名な《イカロスの墜落》（図13）を例にとろう。このうえない細部、それはここでは小さな羽根であり、われわれはそれらが散らばり、まだ空中を漂い、海面に呑み込まれた身体のちょうどまわりに落ちていくのを目にする――しかし、この身体は完全には呑み込まれていない、なぜなら、彼が呑み込まれてしまっていたら、それを見るなどできるだろうか。意味される行為を見えるようにするために、そこにはまさに半ばがなければならない。いずれにせよこれらの羽根は、まずもっとも洗練された描写への配慮に属しているようにみえる。つまりイカロスの墜落を、そしてまさに太陽の熱によって剝がれた例の羽根を描くこと。それらの羽根は、ここでは身体よりもゆっくりと、離散的で絹を思わせる雨のように降り注ぎ、眼差しにたいして墜落位置を指し示している。身体が完全に消え去っていたとしても、それでも羽根のおかげで、この描写における補足のおかげで、墜落は「描写」されたであろう。しかし同時に、ブリューゲルの絵における小さな羽根は、物語（*storia*）の、説話性のひとつの指示、まさに唯一の指示なのだ。つまり、絵において「イカロス」という意味作用を

ニエル・アラスは、図像学的に唯一のもの（*unicum*）が、ここでは三つの系列に関する意味を持つことを示している。その系列は、出来事的（ローマの略奪）、文化的（イエスの聖なる〈臍帯〉）、そして神学的（純血という概念）である。Cf. «Lorenzo Lotto dans ses bizarreries : le peintre et l'iconographie», *Lorenzo Lotto, Atti del convegno internazionale di studi per il V centenario della nascita*, Asolo, 1981, p. 365-382.

解き放つのは、海に沈みゆく身体（任意の「海にいる人間」）とこれらのつつましい羽根の併存だけである。それゆえに羽根は、神話的な場面の絵画的表象において、必要な図像学的アトリビュートなのである。

ところが、このあたかも、半ばを見つめていると、物質にいくらか注意を向けてみると、「羽根」と名づけられた細部には、海面における身体の墜落が生み出す泡と羽根を完全に「区別させる」いかなる決定的な弁別的特徴もないことが確認される。それらは白っぽい絵具のアクセントであり、「地《じ》」（水）の上に存在して「形象」（水没する人体の二つの先端）を取り巻いている表面の韻律的切断である。それはまるで泡のようであるが、しかし完全にはそうではない。さらに、そこでは何も「完全に」ではない。すべてが半ばにである。それは描写的でも説話的でもない。それは「羽根」というシニフィエと「泡」というシニフィエの、純粋に絵画的な、淡い二つの間である。別の言い方をすれば、それは安定した記号論的実体ではないのだ。しかしそれでは、なぜわれわれはそれでも羽根を見てしまうのだろうか。それは、これは泡だとはもはや断言できない場所、海とは別の地《じ》から、同じアクセントが繰り返され、星座のように輝き、浮き上がるからである。こうしてわれわれは、船の「前で」それが特異性を帯びるのを目にする。したがって、「差異を生み出し」、意味を、形象を決定するのは、地の差異（海／船）なのだ。確かに、これらの絵具の白いアクセントは、「泡の出現」よりも「羽根の落下」を読ませるだろう。

しかしだからといって、描写の明証性、具象的な安定性が回復されるのだろうか。もちろんそんなことはない。なぜなら、ここで「羽根」と決定させてくれるもの——すなわち地と絵具のアクセントによる差異の働き——は、一種の狂乱、一種の形象的な眩暈を通じて生み出されるからであるが、この眩暈は絵を平面化するものであるだろう。索具装置にしがみついた船員の近くに描かれた——置かれた——この羽根を見てみよう。それは、人間のサイズに対して完全に規模を変えて巨大となった、突如として常軌を逸した羽根である。われわれは深さの錯覚を喚起しようとするが、あまり上手くいかない――切り離された羽根を空気遠近法において「正当化する」のは確かに難しい。さらにブリューゲルの絵全体が、まさにその厳密さにおいて、空間の常軌を逸した曲折として機能しているのだ。要するに、細部の弁別的特徴は、ここではひたすら機能の多様性に応えていた。それはあらゆる一義的な言明（*dichiarazione*）を解任するのだ。

したがって、パノフスキーによるナイフとコルク抜きの例は、まさにその限界を示す。この例は、絵画的シニフィアンが、単語における文字、文における単語のように、離散的で、切り取られ、分離されることを（絵画における物質的な構成要素の未決定性にあらがって）想定しているだけではない。それだけでなくさらに、主題《スュジェ》と意味形成性という概念にともなう重層決定性にあらがって、この例は、まるであらゆる絵がテクストとして機能するかのように、そしてあらゆるテクストが可読的であり、完全に解読可能であるかのように、あらゆる絵画的シニフィアンがひとつの「主題」――モチーフ、シニフィエ――を自分のために表象することを想定するのだ。要するに、絵画における細部という概念は、この種の図像学に基づいた美術史にとって、類似記号の模倣的透明性を想定する場合にしか意味を持たないのである。

ところがこの透明性は、たえず不透明な絵画物質と出会っている。絵の中には、具象画においてさえ、フランドルやオランダの絵においてさえ、類似記号的《イコニック》な細部とは異なるものが存在する。挑発的書物（*provoking book*）として、美術史についての方法論的な最新の叫びとしてと同時に、しかし古くからの教えの実現――そこでは優れた知力やエルンスト・ゴンブリッチとの血縁関係が言及される――として受け入れられた本において、[21] スヴェトラーナ・アルパースは、あらゆる図像学的方法の領域を、それがパノフスキーの遺産とイタリア美術史に固有の領域に関するものであれば、相対化した。アルパースが検討したのは、絵画が普遍的に支持体となる意味的で説話的な反映という観念である。つまり、何も語らない絵画が存在する、と彼女は断言する——それは正当なことだ。そしてこの作品が持つあらゆる確信の力は、すでにただこの命題にこそあるといえるだろう。

　何も語らないそれらの絵画は、十七世紀オランダ絵画である。たとえばフェルメールの《デルフトの眺望》であるが、それはいかなるものの図解でも表徴でもなく、いかなる説話的プログラム、いかなる先在的なテクスト——イメージは、その歴史的、逸話的、神話学的、隠喩的……価値と想定されるものを視覚的に構成することを務めとするだろう——も指示しない。そのようなものはすべてまったく無関係である。《デルフトの眺望》は眺望であり、ただ単にそうである。アルパースの論証における適切さは、ここで非常に確固とした形で「詩はまた絵のごとく（*ut pictura poesis*）」の限界を指摘したことにある。つまり、「アルベルティ的」な理想性、そして説話性の、物語（*storia*）の罹患率は、西洋具象絵画のすべてを語っているわけではないのだ。[22] 絵画は、エクリチュールとは別の方法で書くために——お話を、物語を書くために——作られているのではない。確かにそうである。

　それでは、それは何のために作られているのだろうか。アルパースは言う、それは描写するために作られているのだと。絵画——オランダの——は、「世界は、その色彩と光とともに自ずと表面へ沈殿して、自ずとそこへ刻まれた」という明証性を伝えるために作られているのだ。「《デルフトの眺望》は、その完璧な例である。そこでデルフトは完全に捉えられ、収められる——デルフトはそこにある、まさに率直に眺望のために」とさらにアルパースは言っている。[23] したがってそれは、絵画の目的として理解された眺望であろう。つまり知覚された世界は、そのまま――知覚されたままの姿で――顔料となって絵の上に沈殿するのである。

さて、このことは、眺望（目と眼差しの現象学的関係のことである）についてと同時に「沈殿」（先のものに劣らず複雑な、投擲《ジェ》、投企《プロジェ》と主体《スュジェ》の関係、視覚と絵筆の、顔料と支持体の関係などのことである）についての奇妙に限定的な考えを示している。アルパースの論証は、純粋な意味論的反映という神話の代わりに、純粋な視覚的、知覚的反映という神話を提示することになるとわれわれは気づくのだ。オランダ絵画は、「技術的な巧みさ」もあって、その視覚的反映の場、道具化、社会化となるだろう。まさにそれが、この本の中心的用語、「絵のような、そのような視覚〔視覚はまた絵のごとく〕（*ut pictura, ita visio*）」が意味していることである。「のような‐そのような（*ut-ita*）」は、半ばとは異なり、同一性のための新しい論理を再構築しようとしている。十七世紀のオランダ絵画に描かれているもの、それはその時代における当該の「視覚文化」（バクサンドールから借用した用語）[24] において見られていたものである。それは知覚可能な世界に対

---

(21) S. Alpers, *The Art of Describing — Dutch Art in the Seventeenth Century*, The University of Chicago Press, 1983, p. XVI〔アルパース『描写の芸術――十七世紀オランダの絵画』前掲書、九頁〕.

(22) *Id.*, *ibid.*, p. XIX-XX〔同書、一五―一七頁〕.

(23) *Id.*, *ibid.*, p. 27〔同書、六九頁。この引用文のフランス語訳は、アルパースの原文と若干異なっている。幸福輝訳では以下の通りである。「ここに描かれるデルフトの町は、決して把握されたり、理解されたりすることではなく、ただ単にみられるためにそこにある」〕.

(24) *Id.*, *ibid.*, p. XXV〔同書、二六頁〕.

する学術的な描写と記録の技術を通じて見られていた、まさしく見られていたものである。このような同一性の論理は、もちろん不明確なものの、不透明性のあらゆる作用を削減することを前提として初めて可能となる。しかしそのような作用を、知覚における大きさのあらゆる次元的な変化は、権利上において前提としているのだ――たとえば、見られる世界から記録される世界へと、そして記録される世界から描かれる世界へと移行するときに。この削減のための道具は、正確さをめぐる議論のうちにある。つまり、オランダ絵画における周知の「技術的な巧みさ」、彼らの「誠実な手と忠実な目（*sincere hand and faithful eye*）」がそれだ[25]。こうして「世界」が、見える世界が、ここでついに絶対的なモデルとして、そして起源として機能することになる。シニフィエの優位は、以後は指示対象の優位にその座を譲るのだ。

エピステーメーをめぐる射程が十七世紀オランダ絵画にあること、知の構造への絵画の参与があること、そこには確かに異論の余地がない。そしてさらに、アルパースの本が存在する以上、そこにはもはや異論の余地がないのだ。この本はその意味で、芸術的な時代の「最終原因」と呼べるものの重要な部分をわれわれに明らかにしている。しかし射程というものは、「ヴィジョン」の、あるいは眺望のすべてを語るわけではないし、絵画について語ることはなお少ない。方法論的欠点は、一方ではすぐに最終原因という観念を形相因に重ねたことにあり（十七世紀オランダ絵画の形相（*eidos*）は、十七世紀のエピステーメーであり、そして絵画的切断とは、見える世界の科学的切断であり、描写的徹底性であるといったように）、そして他方では質料因に重ねてしまったことにある。まるで絵画が、この不透明な物質が、よく研磨されたレンズと同じような透明性をもって、見えるものを「復元する」かのようである。まるで絵画が、正確な技術であるかのようだ――絵画は、用語の認識論的意味において、けっしてそのようなものであったことはない。絵画は、厳密であるか的確であるが、けっして正確ではないのだ。

結局のところアルパースの論証は、作品のタイトルにいたるまで、描くことは描写することに等しいという言い方で、絵画についての予断を下してしまっている。そのため、アルパースが「描写的な表面」[26]と呼ぶものが極端な価値を帯びている。まるで見える世界がひとつの表面であるかのように。まるで絵画が厚みを持たないかのように。まるで顔料の投擲が地形の投影という正当性を帯びているかのように――これが、技術的な巧みさという概念が対象とする理想であるだろう、つまり手そのものが「忠実な目」に、すなわち主体なき器官に変わりうるという理想であるだろう。まるで考えうる唯一の厚みが、完全に澄みきった望遠鏡のレンズの厚み、あるいは理想的な網膜の厚みであるかのように。

しかしとりわけアルパースの論証においては、可視性のための二つの道具が前面に出されていて、それらの歴史的な役割――十七世紀における使用法――は範例的価値によって裏付けられている。そしてその価値において、オランダ絵画の全体的な解釈が、意味が表明されるのだ。これら二つの道具のうちの一方は暗箱《カメラ・オブスキュラ》であり、もう一方は地図である。一方は、写真の現代的威光によって理論的に意義づけられ、正確さを、さらには絵に投影された指示対象の真正さを保証しているようだ。[27]もう一方は、「世界の表面」と

(25) *Id., ibid.*, p. 72-118〔同書、一三三―二〇一頁〕.
(26) *Id., ibid.*, p. XXIV〔同書、二四頁〕.
(27) *Id., ibid.*, p. 11-13, 27-33, 50-61, 73-74, 239-241〔同書、四六―五〇、六八―七八、一〇四―一二〇、一三五―一三七、三六三―三六八頁〕.

絵画的「表象の表面」の間にあるすべての隔たりが、規則正しい、したがって認識論的に正当な変化の成果であることを、われわれに保証しているようだ。その変化はしたがって正確であり、したがって真正である。(28)

この意味でアルパースは、フェルメールの《デルフトの眺望》は「地図のようなもの」であると言い、絵は、都市の地形的眺望という非絵画的ジャンルに基づいて範列化されると言う。そして結局、絵には十七世紀の地理学者の頭（*mind*）にあったのとまさに同じものが存在している、と言うのだ。(29) もちろん詩人や美術愛好家は、「絵画そのもの」やフェルメールの絵に固有な例の「色彩の振動」を論拠として、この認識論中心のヴィジョンに反対するだろう。しかしアルパースは一挙に、それに対して二つの論拠を、異質な二つの論拠を対置するのだ。色彩に関していえば、色彩はまだ認識論的な論拠を与えている。つまり、十七世紀において地図は彩色されていて、まさに一般的に――仕事柄ゆえに――画家がその仕事のために雇われていたのである。そしてさらに、フェルメールの絵において表象される地図そのものが――地図ゆえにであろうか、それとも絵画ゆえにであろうか――「有色」である、とアルパースはわれわれに語っている。(30) 十七世紀における地図に対する明白に絵画的な発想は、したがって絵画に対する「地理的《ジェオグラフィック》」な概念――したがっていずれにせよ、彩色されていようがなかろうが図示的《グラフィック》な概念――とは正反対のものを考えさせるだろう。次に振動に関しては、つまりフェルメールを純然たる地図製作者としてではなく、比類なき絵画の天才と考えさせる素晴らしい補完要素に関しては、奇妙にもアルパースは、今度は普通の、さらには通俗的な形而上学と呼べるものに属する論拠を持ち出す。《デルフトの眺望》において「共同的な」すべてのもの、すなわち絵と地図製作のジャンルが繋がりあう場である共同体や社会的な平凡さ、それらすべては「並々ならぬヴィジョンと現前の感情」（*an uncommonly seen and felt presence*〔非常に視覚的で触覚的な現前〕）を備えている。なぜなら、それらすべては「親密さを思わせ」、「人間の経験」一般を思わせるからであり、そのため《デルフトの眺望》においては「地図製作法そのものが称賛の方法となっている」（「神を称えるため（*to praise God*）」と言う場合のような称賛方法（*a mode of praise*））ほどである、とアルパースは最後には書いている。それはつまり世界の称賛である。(31)

したがって、描くことと描写することの等価性は、ここで対照的なものの結合を生み出している。まずは認識論中心の論拠があり、《デルフトの眺望》がデルフトの町の地図として、観察として、細部として理解されているという意味で、この論拠は絵画を世界の図示的な描写として仮定している。そして一方には形而上学的な論拠があり、絵画を世界の称賛として仮定している——この世界は同じ世界ではあるが、ここでは称揚のために、「人間の経験」と情動的基調という曖昧な補完要素を与えられている。最初の論拠——技術的正確さ——は、絵画の主題を失効したものと考えるにいたる。第二の論拠——形而上学的真正さ——は、絵画の主題を超越論的なものと考えるにいたる。しかし、この対照性は見かけだけのものである。というのは、実際には二つの論拠は、指示対象の明白な優位が現れる極端な形だからである。そしてその指示対象は、ここで一貫して絶対的なモデルとして、起源として機能しているのだ。パノフスキーのイコノロジー（意味

(28) *Id.*, *ibid.*, p. 119–168〔同書、二〇三—二六八頁〕.
(29) *Id.*, *ibid.*, p. 152–159, 222–223〔同書、二四七—二五七、三二七—三二八頁〕.
(30) *Id.*, *ibid.*, p. 156〔同書、二五四頁〕.
(31) *Id.*, *ibid.*, p. 156–158〔同書、二五一—二五六頁〕.

論的先入観）に対する批判は、ここでその反対物ではなく裏面のようなものへと反転する。それは類似記号的なものの全能性に対する肯定、その知覚における透明性（それを指示作用に関する先入観と呼びたい）であり、そしてこの肯定が絵画の優れて物質的な要素に対して、つまり色彩の顔料に対して想定する暗黙の拒絶である。

事故——物質の輝き

《デルフトの眺望》について語り、フェルメールによるカメラ・オブスキュラの使用について考察していたスヴェトラーナ・アルパースが、執筆を進める自分の筆先に、ポール・クローデルの有名な引用文を当然のように見出すことになったのは、偶然ではない。この引用文において、指示作用に関わる先入観の究極的な二形態——技術的正確さと形而上学的真正さ——が、はっきりと言及されて関係づけられ、さらにはその両形態が、絵画を色彩と基底材の働きにしたがって問題化することを拒絶しているのだ。

> しかし、さまざまな色彩の質にもかかわらず、そしてあまりにも正確で冷ややかであるため、絵筆によって得られたというよりもむしろ知性によって実現されたかのような色彩の間の戯れにもかかわらず、ここであなたがたに語りたいのは、色彩についてではまったくない。私を魅惑するもの、それはこの純粋な、すべてを投げ去り、消毒され、あらゆる物質を洗い流された眼差し、いわば数学的あるいは天使のような、あるいはいわば単に写真のような無垢を帯びた眼差しである。しかし、それはなんという写真であろうか。そこで

この画家は、自分のレンズの中に閉じこもり、外界をとらえるのだ。この成果を比べられるとしたら、暗《カメラ》・箱《オブスキュラ》で生じる繊細な驚異や、ホルバインの鉛筆よりも確実で鋭い鉛筆《クレイヨン》、つまり太陽の光線《レイヨン》によって描かれた形象が、ダゲレオタイプの銀板にはじめて現れる光景をおいて他にない。画布は、太陽の描線に一種の知的な銀板を、妖精のような網膜をさし出す。この純化、ガラスと裏箔の業であるこの時間の停止によって、われわれの外界の有り様は必然性の楽園まで導かれる。(32)

このようにクローデルは、この絵に関して鉛筆と鋭い描線について（つまりは書き込むことについて）われわれに論じ、繊細さについて（つまりは細部について）われわれに論じる。それは「あらゆる物質を洗い流された」、そしてあらゆる時間性からも解き放たれた繊細さである。つまり、フェルメールの絵画は「時間の停止」として、映画におけるストップ・モーションに似た形で目に映るということだろう。そして最後には「必然性の楽園」が問われ、いわばそれは見える世界の形相（*eidos*）に対する形而上学的要請を高らかに想起させる。ある意味でアルパースは、絶対的で非人間的なフェルメール的眼差しの「主体」を想定した時点で、この理想性の文脈を引き継いでしまったのだ。したがって、やはり《デルフトの眺望》について

---

(32) P. Claudel, *L'œil écoute*, Gallimard, Paris, 1964, p. 32〔ポール・クローデル『眼は聴く』山崎庸一郎訳、みすず書房、一九九五年、二七―二八頁〕. この引用文は、実際には《士官と微笑む娘》（一六五七年頃）（フリック・コレクション、ニュー・ヨーク）について語っている。S・アルパースもこの文を引用している（S. Alpers, *op. cit.*, p. 30〔アルパース、前掲書、七四頁〕）。

彼女が繰り返すように、ここで問題となるのは「目であり、人間的な観察者ではない」(33)。あたかも目が「純粋」——欲動なき器官——であるかのように。そして眼差しの「純粋さ」が、すべてを観察して、すべてを捉え、すべてを描き写す行為を意味するかのように。別の言い方をするなら、それは見えるものを細部へと分解して、描き、描写し、その様相の余すところなき全体を作り上げるのだ。

さて、アルパースがけっして言及しない作家——しかしフェルメールの批評的な評価においては、とりわけ《デルフトの眺望》に関しては誰よりも有名な——が、ここではマルセル・プルーストである事実もおそらく偶然ではない。なぜならプルーストは、見えるものにおける擬似的な「時間の写真的停止」のようなものは、まったく追究していなかったからだ。彼は逆に、そこで振動する持続を、ブランショが恍惚——「時間の恍惚」——と名付けたものを追究していた(34)。それに関連して言えば、プルーストは、見えるもののなかに描写に関する論拠を求めていたのではなく、そこに関係の閃光を探し求めていた。つまり彼はこう語っていた。「われわれは、描き出される場所に現れていた対象を、ひとつの描写において次々に際限もなく書きつらねることができるが、真実が初めて現れるのは、作家が二つの異なる対象をとらえ、それらの関係を示すときである」(35)……。この発言は、プルーストの実践と同様に、書くことがいかに描写することと正反対であるかをここでわれわれに教えてくれる。さて、『囚われの女』におけるフェルメールの絵についての有名な一節には、どれほど描くことが描写することとは正反対であるかが、それに劣らずはっきりと表れている。そこで《デルフトの眺望》は、十七世紀に存在した世界の描写——アルパースが言うような、その地形的あるいは写真的な把握、その「描写的な表面」——としても、目に見える「必然性の楽園」の形而上学的な称揚としても表されていない。逆に、まずは物質と塗りが問われる。そこで、われわれは色彩の層へと導かれる。絵画によるあらゆる表象は、その層から自分の源泉を、あるいは基盤を引き出すのだ。次に、衝撃と死にいたる動揺が問題となる――それはトラウマと、ショックと、色彩の一撃と呼べるようなものだ。そこを読み返してみよう。

> とうとう彼はフェルメールの絵の前に来た（…）、最後に、ほんの小さな黄色い壁の面という、このかけがえのない物質に気づいた。彼の目眩は激しくなっていった。黄色い蝶を捕まえようとする子供のように、彼はかけがえのない小さな壁の面に眼差しを注いだ。彼は言った、「こういうふうに書かなければならなかったのだ。私の最近の本はあまりにも無味乾燥だ、色の層を何度も塗り、この小さな黄色い壁の面のように、私のフレーズをそれだけで得難いものにするべきだったのだ」。しかし、彼の目眩の激しさは治まることがなかった。（…）彼は繰り返した、「庇《ひさし》のある小さな黄色い壁の面、小さな黄色い壁の面」。しかし、彼は円いソファにくずおれた。（…）彼は死んでいた。[36]

（33）S. Alpers, *op. cit.*, p. 35〔アルパース、前掲書、八二頁〕.

（34）M. Blanchot, *Le Livre à venir*, Gallimard, Paris, 1959, p. 23〔モーリス・ブランショ『来るべき書物』粟津則雄訳、ちくま学芸文庫、二〇一三年、三四頁〕.

（35）M. Proust, *A la recherche du temps perdu* (1913–1922), Gallimard, Paris, 1954, tome III, p. 889〔マルセル・プルースト『失われた時を求めて10――第7篇　見出された時』井上究一郎訳、ちくま文庫、一九九三年、三五五頁〕.

（36）*Id.*, *ibid.*, p. 187〔同『失われた時を求めて8――第五篇　囚われの女』ちくま文庫、一九九三年、三二一―三二三頁〕.

図 14. J. フェルメール《デルフトの眺望》(部分), 1658–1660〔1660–61〕年頃. 油絵, カンヴァス. デン・ハーグ, マウリッツハイス.

「小さな黄色い壁の面」(図14)。正確に言ってどの単語にこの形容詞〔「黄色い」〕がかかっているのか、疑問に思われるだろう——その点についてためらいを感じる翻訳者の姿が思い浮かぶ。しかし、このような関係の曖昧さは、まさにわれわれを真の概念的区別へと導き、テクスト全体が、まさにその作劇法においてこの区別を開花させているのだ。そしてこの区別は、われわれの問題の最深部に——私が絵画の「近接認識」と名付けたものに——触れている。フェルメールの絵を見る人にとって、つまり表象されるものを認識と同定の現象学によって把握する人にとって、あるいは「それが同じであるかどうか」を見るためにデルフトへ行った人や、スヴェトラーナ・アルパースのように、一六五八年から一六六〇年のデルフトにおける地形学的なあらゆる眺望を探しに行き、運河の土手で正確な視点を比較して特定しようとしたり、その指示対象を見出そうとした人、このような人にとって、黄色いは壁と関係している。画家フェルメールの眼下で、おそらく一六五八年から一六六〇年の間のその日に、土手の上で黄色い色をしていたのは世界であり、壁である。そして今、絵において黄色は、「停止した」時間のなかにある壁を指示しつづけ、十七世紀におけるデルフトについてわれわれに語り、したがってある意味で画布を超えて「あらゆる絵画的な物質を洗い流され」、クローデルが言うように「繊細」であり正確である。したがって、このような人にとって黄色いのは壁であり、壁であるなら黄色は細部であり、より広大なデルフトという場所の総体における限定された断片である。[37]

逆に絵を見つめる人、たとえばベルゴットのように、そこで茫然自失するほどに――プルーストが想像したようにそこで死にいたるほどに――そこへ目を「注ぐ」人、このような人にとって、黄色いのは「面」である。つまりそれはただ単に絵の部分（*particolare*）であるが、効力を、特権的で謎めいた効力を帯びている。それは「あらゆる物質を洗い流され」ているのではなく、逆に「かけがえのない物質」と、「塗り」とみなされる。そして過ぎ去った時間の「写真的停止」によって引き起こされるのではなく、現在時の震動を、とつぜん作用し、見つめる人の、ベルゴットの身体を「倒れ込ませる」ものを引き起こすのだ。このような人にとって、フェルメールの絵における黄色は、色彩としてひとつの面であり、衝撃的な絵具の領域で

(37) 私の知るかぎり、画家であるマルタン・バレを除くと、誰も、例の黄色い「壁」がまったく壁ではなく、屋根であることを指摘していない。つまりそれは、またもや細部のアポリアのひとつに数えるべき例である。しかし、屋根の傾いた平面がある場所に「壁」を見たとしたら、それはおそらく、まさに黄色い色彩が――面として――絵の中でこちらと向かい合おうとするから、つまり表象的な傾いた「平面」の類似記号的な透明性を曇らせるからである。

あり、「かけがえのない」トラウマ的な質料因としての絵具なのである。

いかに文学におけることとはいえ、『失われた時を求めて』のこのテクストによって示される区別は、思考の非常に深い厳密さをそのうちに宿している。それは確かに、絵画の効力にまつわる虚構である。つまり一枚の絵が、それを見つめる人が死んでいくのを見つめることは稀である……。しかし、この虚構における、この遭遇における関係の位置は、それ自体が真実の異論の余地なき効果を宿している。なぜならこのような効力――このドラマ、ネガ状態にあるこの種の奇跡――は、絵画の非常に現実的な作用が存在することを示しているからである。それは眩暈の作用であり、いわば同時に明白で、光り輝き、知覚可能、そして暗く、謎めいて、とりわけ意味論的あるいは類似記号的な用語によっては分析困難な作用である。なぜならそれは描写的記号としてではなく、色彩を帯びた物質としての絵画の作用、効果だからである。したがって、『失われた時を求めて』から面というこの卓越した簡潔な単語を借りて、その内容を「磨き」（鏡について、それをきれいにする場合に言うように）、とくに細部という範疇との区別にしたがって、その概念的な厳密さを明確化したい[38]。とりあえずはフェルメールの作品、とくに非常によく知られた、過剰なまでに簡潔で、さらには彼の作品において「共通する点を持つ」一枚の絵について検討するにとどめよう。その共通性とは、「主題」の平凡さ、家庭的《アンティミスト》な場面という「ジャンル」であり、光が多くの場合に右側から射しているといった光の明白さであり、この女性、ただひたすら他の絵では手紙を読み、ここではレースを編んでいるこの女性の同一性、あるいは準-同一性である。

それはルーヴルにある《レースを編む女》（図15）であり、この作品は、いま問われている問題を完全に

図15. J. フェルメール《レースを編む女》, 1665〔1669–70〕年頃. 油絵, カンヴァス. パリ, ルーヴル.

示しているといえる。その理由が、作品の大きさ（二一×二四センチ）がその近接認識を可能にするばかりでなく、要請するからにすぎないとしても。それはまず、ここには絵の「明白さ」がある。ここにはモチーフが明らかで、そこには「物語がない」からである。まさにこの絵は、どんな図像学的問題の錯綜を解決することも求めない（そう見える）。また、まさに目が視界を走り回る必要がなく、それほど絵の範囲が狭いことからいっても、この絵は「明白」である。そしてモチーフの認識——先ほど話題になった前‐図像学的認識——には、いかなる問題も生じないように見える。つまりここには女性

（38） それは、『受肉した絵画』（*La peinture incarnée, op. cit.*）においてすでに検討された区別である。とくに p. 43–61, 92–93 を参照。

がいて、糸、織物、レースがある、したがってこの女性はレースを編む女である。これほど明瞭判明な、そのうえ小さな絵を前にして、われわれは予想することができるだろう、この絵は、それに劣らず明瞭判明な細部しかその「描写的な表面」において与えることがないのだと。しかし、そんなことはまったくないのだ。クローデルは、たしかに注意深く見ているが、何を見ているのだろうか。彼は細部を見ていて、彼の指呼詞――「ご覧なさい！」――は、それらの細部の正確さ、正当性への信頼をひたすら呼びかけている。

レース枠に専念するこのレースを編む女（ルーブルにある）をご覧なさい。ここでは両肩、頭、指という二つの作業班を持つ両手、すべてがこの針の先端を目指して向かっていく。あるいは、青い瞳の中心にあるこの瞳孔をご覧なさい。それは顔の全体を、存在全体を集約するものであり、一種の精神的座標、魂が放つ閃光である。(39)

さらに近づいて見つめると――つまりテクストがわれわれに語っているものを絵の中に探してみると――、クローデルの描写（*ekphrasis*）が、私が細部のアポリアと名付けたものを極限へと導いていることが分かる（図16）。実際、描写のなかに指示関係を求める場合に何が見出されるだろうか。レース枠、そうだとしよう。両肩、頭、「指という二つの作業班を持つ」両手、おそらくそうだろう。しかし、クローデルによれば「すべてが目指して向かっていく」ものが、私には見えないのだ。私には、どんな青い瞳の中心にあるどんな瞳孔も見えない。レースを編む女の両目についていえば、私には瞼《まぶた》しか見えず、そのため厳密にいって、それが開いているとか閉じているとか断言することはできない……。私には、クローデルが言及しているそ

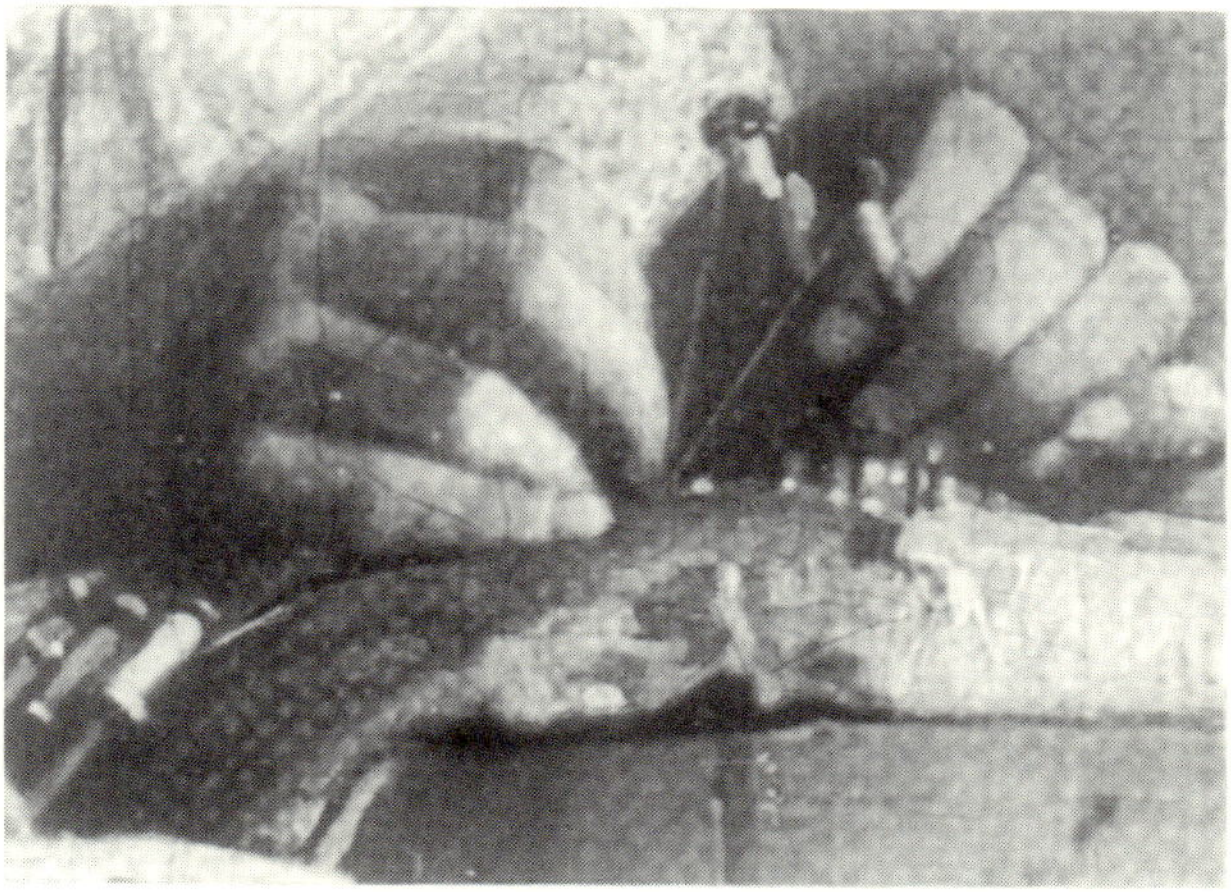

図16. J. フェルメール《レースを編む女》(部分).

の針の先端も見えない。いかに近くから見ることができようとも、レースを編む女の指の間には、私には白い二本の描線——〇・五ミリメートルに満たない太さの——しか見えない。そしてあらゆる点から考えて、それらの白い描線を二つの類似記号と、二本の糸とみなさざるをえない。それは、折り曲げられた人差し指の両側で、二つの小さな糸巻きが繰り出している糸なのだ。したがってクローデルは、私が糸を見ているところに針を、私がほとんど閉ざされた二つの瞼を見ているところに「青い瞳の瞳孔」を見ていたのだろうか。「繊細」で可視的なあらゆる認識の脆さを、これ以上に分かりやすく表すことはできないだろう。クローデルのテクストをまったく別の観点から読むべきではないとしたら、つまりあらゆる写真的な繊細さの外部で、あらゆる正確さの外部で、そして彼がそれでもフェルメールの絵画における美点としているこの可視的な「必然性の楽園」から遠く離れて読むべきではないとしたら、彼の「ご

(39) P. Claudel, *op. cit.*, p. 34〔クローデル、前掲書、二九—三〇頁〕.

覧なさい！」という言葉のなかに、レースを編む女の閉ざされた四本の指の後ろに針を想像せよ、[40]という命令を聞き取らなければならず、その同じ手が置かれている織物という揺れ動く彩られた表面のなかで目を、その瞳孔と青さを隠喩化せよ、という命令を聞き取らなければならないだろう。どちらの読み方においても、いずれにせよそのような細部は、その描写的な使命とともにアポリアと化しているのだ。つまり、この細部はあきらかに疑わしいか、あるいは見えないものとして呈示されているかである。

しかし、このことを認めるのは、単なるアポリアのたぐいに留まらないためである。絵という積みわらのなかに「針を探す」にせよ、形態による迷宮のなかに「糸を見出す」にせよ、どちらにせよ、われわれが探し求めて見つけるのはまさに細部である。それは、問題となっている見える要素が、そこではか細く繊細であるからばかりでなく、このような繊細さが、見えるものにおけるひとつの意味を明確化し、決定するためにそこに存在しているからである。その点において、あらゆる細部は、多かれ少なかれ描線という行為と関係している。それは安定した差異を構成する行為であり、図示的《グラフィック》な決定という、区別という、つまりは模倣的な認識という、つまりは意味作用という行為である。一般的に言って、イメージが記号となり記号が類似的となるのは、描線の操作——糸、針、さらにはナイフや栓抜き——によってなのだ。

フェルメールの小さな絵には、レースを編む女の指の間に見出される、あるいは見出されるべきこれらのあらゆる細部よりもより近くにあり、より出現状態にある領域が存在する（図17）。この領域をクローデルは見つめないし、指摘しない。しかしこの領域は、作品の前景で色彩の輝きを放ち、かくも目覚ましく、かくも広がりのある区域を占めているため、われわれはそこに何か奇妙な眩暈の力、盲目化する力があると想定し始める。さらに、この領域について語るのは、細部について語るよりも難しい。というのは、細部のほうは言説へと導くからである。それはある物語を語ることを、ある対象を描写することを助けるのだ。そして細部がその繊細さにおいて、その輪郭において把握されるのに対して、このような領域は逆にとつぜん拡散し、絵において爆音のようなものを生み出す。細部が「あらゆる物質を洗い流されている」と考えられるのに対して、このような領域は、その表象機能を介して逆に実体の閃光を、巧みに調整された際限なき色彩を呈示する。そしてこの領域は、「ガラスの業」と考えられるあらゆるミメーシスに対して、その物質的な――しかし目もくらむような――不透明性を突きつける。要するに、それは事故のようなものだ。けっしてそれは、クローデルが語る「必然性の楽園」へとわれわれを導くことはできないだろう。それはある意味で怪しく恐ろしい事故だ――しかしそれは至高な事故である。

正確に言って、それは何でできているのだろうか。それは赤い絵具の流出である。それは、それほど渦を巻いてはいないものの、同様に驚きをもたらす白いもう一つの流出とここで組み合わさっている。それはレースを編む女の左側で、レース枠用のクッションから現れている。それはわれわれの前で、絵という垂直的で正面的な存在のあらかじめ計算できない唐突な顕現のように、常軌を逸するまでに解《ほつ》れていく。輪郭は、

(40) この光景は、ボビンレースといわれる有名な技術に準拠している。そこでは、小さなボビンに巻き付けられた糸が、レース枠（*carreau* と呼ばれる）の上で繰り広げられ、レースを編む女が糸に与える旋回運動にしたがって、互いに重なり合いながら交差し、もつれ合う。レースを編む女は、作業が進むにつれてピンの位置を変えながら、ピンでそれぞれの編み目を刺して留める。

そこで彷徨っているようにみえる。その図式そのものが、斑《まだら》をなしているのだ。

巧みであるとはいえ厚い絵具の塗り、色価《ヴァルール》の転調といったすべてが、偶然の結果として与えられたかのようだ。つまり、それはまさに液状の絵具であり、いわば流れるがままにされたようである。それは、ときおり表面を離れる絵筆の漂うような戯れであり、絵筆はその正確さの、形態統御の能力（ちょうど「正面にある」細部、レースを編む女の指の間にある二本の糸におけるような）を失ったかのようである。したがってこの絵画的「瞬間」は、その色彩の侵入という特徴によって、模倣的形態やパース的な意味での類似記号《イコニック》よりも、むしろ色斑と指標をわれわれに見せているのだ。形相因と目的因よりもむしろ質料因と偶発因を。それはほとんど盲目的に、ほとんど投げつけられたように置かれた朱色《バーミリオン》の輝きであり、絵においてわれわれと向き合い、そのまま対峙しつづける。つまりそれは絵具の面である。

確かに、フェルメールの作品のような作品の全体的構造《エコノミー》は、模倣的構造《エコノミー》である。絵におけるこの領域が見える限り、そこには絵具の流れ、とてつもない絵具の解《ほっ》れ——絵画物質——しか見るべきものがないことをわれわれはよく見て理解するのだが、しかしそれでもその物質が現れる模倣的な脈絡のおかげで、われわれ

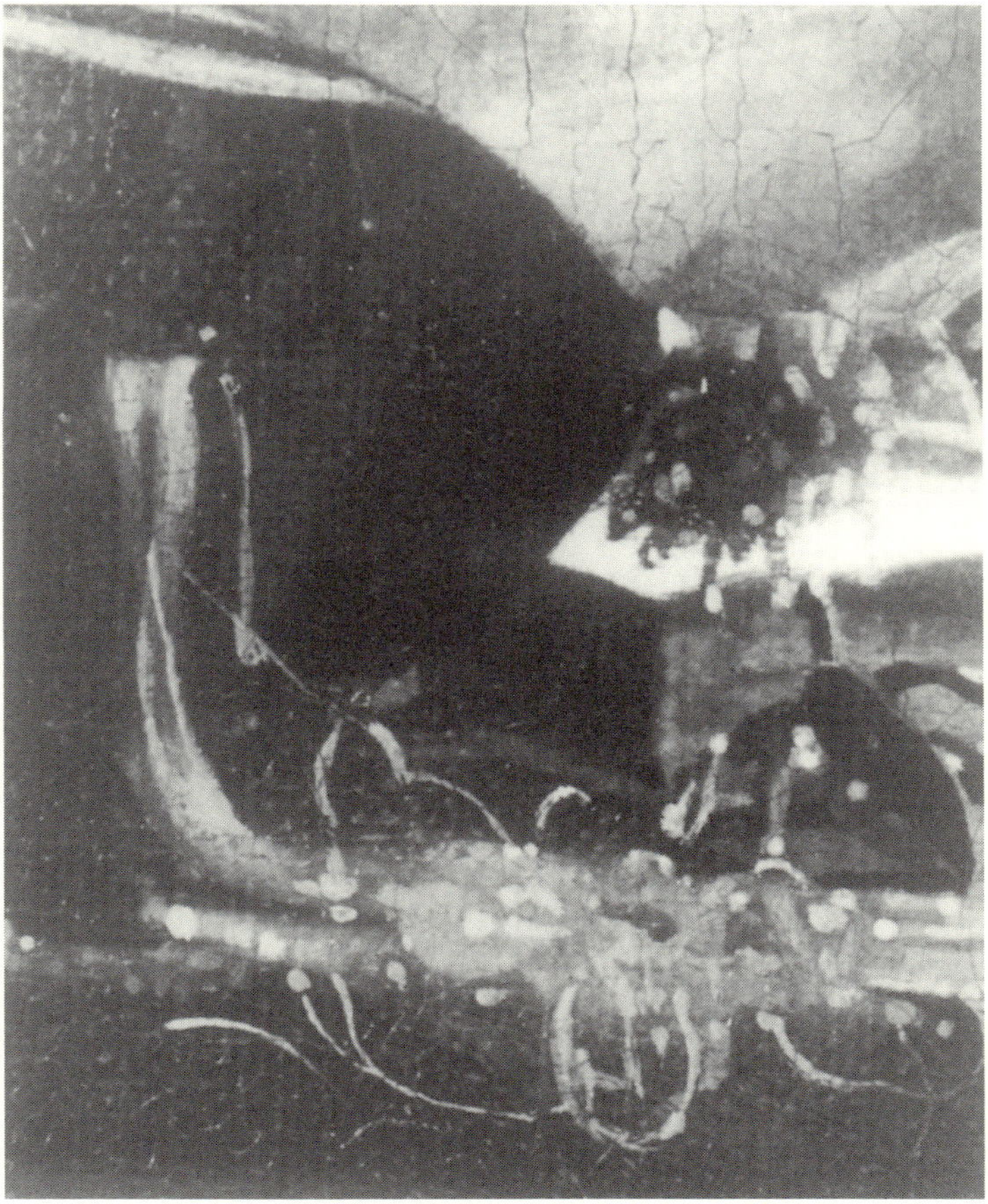

図 17. J. フェルメール《レースを編む女》(面).

われわれは何かを目にして、この物質に形を与えてしまうだろう。[41] いずれにせよこうして、われわれははっきりとそこで見ていると信じ込む。ほとんどよく考えずに糸を、裁縫箱から外に拡散する赤い糸を認識するのだ。視覚的認識、模倣的意味の付与、すべてがフェルメール自身によって、アポリア状態とはいわずとも危機状態や対照《アンティテーズ》状態に置かれている。なぜなら彼は、《レースを編む女》というほんの小さな同じ絵において、対照的な二つの糸をまさにわれわれに示しているからだ。まず、模倣的に「正当化された」糸があり、目に見える現実において糸が細くなければならないように、絵においても細く――〇・五ミリメートルに満たない――描かれている。それは、もっとも細い絵筆の「流れ《フィル》」によってさっと描かれた糸《フィル》である。したがって、レースを編む女の指の間でぴんと張った正確な糸であり、一般的に細部の描写力と呼ばれる画家の能力をわれわれに見せてくれる糸である。つまりそれは「見事な」糸なのだ。そして次に、それの正面には別の糸があり、それは事故を模倣しているのではないとしたら、何も模倣していない。まるでフェルメールが、様相にではなく、ただ過程――ほつれ、流出――にだけ興味を抱いたかのようだ。様相や描写という観点から言えば、ここで問われているのは不正確な糸であり、それはまさに絵画に朱色《バーミリオン》の面を出現させる機会を与える。第一の糸、正確で細かい糸の存在が、われわれが第二の糸、不正確で色彩を帯びた糸に「同じもの」を認めようとするときにわれわれを脅かすならば、そこには危機が、さらにはアポリアが――しかし失敗ではなく――生じているのだ。そこで朱色の流れは、厳密に言って、現働態にある絵具とでも言わなければ同定不可能となる。その形態は物質によって支配され、その表象的な規定は、その点で不安定な判明でも明晰でもない半ばという次元によって支配されている。それはおそらく「糸」を模倣しているが、「糸として」は描写されていない。つまりそれは描かれている、絵具として描かれているのだ。

スヴェトラーナ・アルパースは、絵のこの領域に何を見ているのだろうか。もちろん彼女は糸を見ているが、しかしそれは、上手く描写されていない、彼女が「不鮮明な」と呼ぶ糸である。彼女は、「絵具の小さな粒（*small globules of paint*）」について語り、それまでにローレンス・ゴーイングが表明していた単なる弁証法（「生は視覚的な抽象の面でわれわれを驚かせる（*life surprises us with the face of optical abstractions*）」）を超えて、より道具的なその存在理由を探し求める。[42] 色斑の、あるいはむしろ彼女によるなら不鮮明さの効果は、「カメラ・オブスキュラが生むイメージにおいて、焦点が合っていない反射する明部のまわりに形成される不鮮明な光暈、拡散した光暈の等価物」[43]のように彼女には見える。ピント調整における事故、それはもはや物質の業ではなく「ガラスの業」であり、したがって《レースを編む女》における朱色の流れは、絵に現れるあらゆる「光の」斑紋のように、そこでまだ光学的で道具的な純然たる方法と関係している。たとえアルパースが、結局はフェルメールによるカメラ・オブスキュラの使用は非常に疑わしいという結論にいたるとしても、[44] 彼女の解釈における光学的で指示作用的な性格は、はっきりと残りつづける。つ

（41） 見えるものが、現実否認（フロイト的〈否認（*Verleugnung*）〉）の過程における選択区域であることを、クローデルに限らず、絵画史が生み出すこの横溢したつねに矛盾するテクストの読解が教えてくれる。〈否認（*Verleugnung*）〉の「視覚的」論理については、O. Mannoni, «Je sais bien, mais quand même», *Clefs pour l'imaginaire, ou l'Autre Scène*, Le Seuil, Paris, 1969, p. 9-33 を参照。

（42） Cf. L. Gowing, *Vermeer*, Faver and Faber, Londres, 1952, p. 56. — S. Alpers, *op. cit.*, p. 31〔アルパース、前掲書、七六頁〕.

（43） S. Alpers, *op. cit.*, p. 31-32〔アルパース、前掲書、七六頁〕.

まりこの朱色の流れは、少なくともある芸術――描写の芸術（*art of describing*）――の衰退を、すなわち欠陥や破綻を、描写における事故を意味しているのだ。(45)

それでも、繰り返し言うならこれは至高な事故である。これは二重の理由で理解されなければならない。まずこの事故は、絵そのものの水準において連辞《サンタグム》的に至高であり、そこで赤い絵具の面は表象を損ない、さらには専制的に支配している。なぜならそれには、この面には、奇妙な拡散力、伝播力が備わっているからだ。つまりそれは絵全体を感染させる、あるいはいわば触発するのだ――幻覚的に、現働態にある不気味なもの（*Unheimliche*）の効果によって。そして模倣的な明白さは、こうしてひとつひとつよろめき始める。滴《しずく》をちりばめた緑色のテーブルクロスが液状化する。左側の飾り房は透き通りはじめる。明るい色の小さな箱に載った灰色の「ブーケ」――もう一つの飾り房――が、その不確かさでわれわれを脅かす。最後に――極端な推測になるが――、仮にフェルメールが何らかの黒い鳥を、その翼でレースを編む女の首を絞めている姿で描く必要があったとしても、彼は別の描き方をしなかったであろう。彼は、謎めいた大きな暗灰色の領域によって、あえて自分の「主題」を呑み込ませようとしている……。

この事故は、範列《パラディグム》的にフェルメールの作品全体に現れる点でも至高である。確かにこれは、そのような輝き、色彩が侵入する瞬間をたえず備えている作品である。それは部分的な強さであり、そこで部分と全体の通常の関係は覆される。細部の場合とは異なり、部分は、もはやそこでは全体から「差し引かれ」ることはありえない。逆にそれは全体を包囲し、感染させるのだ。フェルメールの作品における赤い色彩の範列を取り上げるだけでも、一挙に多くの例を見つけることができる。

まず、最小限の要素として、形象の縁にしばしば見られる強調された、コンマのような形をした、控えめだが執拗に現れる襤褸《ぼろ》のような領域にそのような例が見られる。ロンドンのナショナル・ギャラリーにある《ヴァージナルの前に立つ女》においては、赤色の環、絡み合い、網の目によるシステムが、そのすべてが、腕のすぐ近くで形象に密着して、ついには筋のついた物質のように巻き髪の塊と完全に混ざり合い、だんだんと形象に浸透していくようだ。フリック・コレクションの《士官と微笑む娘》においては、男がかぶる暗色の帽子にある赤い付け足しの色彩の強度が、リボンとしてのいかなる「必要性」も超えていくゆえに、目を捕らえ、無力化する。それは、あまりにも強烈なため別のものになり、事物を表す虚構、創作された物質、血色の花びらでできた異様で白熱した純然たる空白地帯となる。(46)《画家のアトリエ（絵画芸術）》に描かれた有名な地図までも、深紅の断続的な群がりを示しているため——まさに描写（*descriptio*）という言葉の下で——、われわれはその正確な模倣機能を保証することができないだろう。(47)

しばしばフェルメールにおいては、襞の、皺の、表面の反りかえりの領域が、表象におけるこの強烈な空

（44）同書。——フェルメールによるカメラ・オブスキュラの使用という仮説は、D・フィンクによって主張された。«Vermeer's Use of the Camera Obscura : a Comparative Study», *The Art Bulletin*, LIII, 1971, p. 495-505. この仮説は、A・K・ウィーロック・Jr.によって疑問視された。A. K. Weelock Jr., *Perspective, Optics and Delft Artists around 1650*, Garland, Londres-New York, 1977, p. 283-301（そして《レースを編む女》に関してはp. 291-292）.

（45）S. Alpers, *op. cit.*, p. 118〔アルパース、前掲書、二〇〇—二〇一頁〕.

（46）Cf. P. Bianconi et G. Ungaretti, *L'opera completa di Vermeer*, Rizzoli, Milan, 1967, cat. nº 40 (pl. LX), 9 (pl. VII-IX).

（47）*Id., ibid.*, nº 30 (pl. L.).

無を引き起こしている。そこで織物の細部はぼかされ、変貌させられ——半ばの状態へと——、「脱遠近法化」するほどであり、こうしてその純然たる色彩機能である単色平塗り《アプラ》においてしか存在しないほどである。たとえば、ウィーンの《画家のアトリエ》における、作業している芸術家のほとんど抑揚のない赤い長靴下がそうだ。あるいは、《マルトとマリアの家のキリスト》における服の襞がそうだ。他の絵において、オコジョの毛皮で縁取られたいくつかのコートが、懐妊した女性の腹部でそれとなく開いている（たとえば、ワシントンにある《真珠を秤る女》がそうだ）。そしてちょうどその皺の部分に、まさしく赤い色彩の細い流れが拡散していて、それはまさに流動的に描かれ、けっして乾くことがないかのようだ。その効果は、フリック・コレクションの若い娘においてはとくに魅惑的である。その効果は、《信仰の寓意》における、石目模様の入った大理石の上を蛇行する血の屈曲に劣らず、その流出そのものにおいて強烈である[48]。最後に、襞と流動性が同じく結合する次元において、フェルメールにおける唇を考えずにはいられない。その唇はすべて、それぞれ赤らむオーラであり、その開口部の輪郭を溶かし、文字通りに湿らせていく。たとえば、どちらもワシントンにある《赤い帽子の女》と《フルートをもつ女》、そしてとりわけマウリッツホイスの《ターバンの少女（真珠の耳飾りの少女）》である[49]。

さらに全般的に、イタリア人が *panni* と呼んでいたもの、つまり布地をフェルメールが処理する方法は、絵具そのものの衝撃的な自動的‐現前化を引き起こす（フェルメールの全作品がただ一点を例外としてカンヴァスに描かれていることをわれわれは知っている）[*1]。赤い色彩の例を挙げるだけでも、たとえば《ワイングラスを持つ女》、《ワインを飲む女》や、バッキンガム宮殿の《ヴァージナルに向かう若い女（音楽のレッスン）》、それらすべてのドレスが思い出される。そして、フリック・コレクションの《音楽のレッスン（中断されたレッスン)》における、ワイン・グラスの正面にある赤い大きな塊が思い出されるだろう。(50) そしてドレスデンの絵における、またとりわけニューヨークの驚くべき《眠る女》におけるすべてのテーブル・クロス、絨毯、カーテンが思い出されるだろう。それらの絵で、赤色の不透明性と量塊性は、そこでもやはり前へとせり出し、表象されるものの空間を専制的に支配しようとするのだ。(51)

部分が全体へと拡散する力がそのもっとも顕著な効果を示しているのは、おそらく《赤い帽子の女》(図18)においてである。もちろん、若い娘の顔の上で張り出している朱色の塊が、帽子であることを疑う人はいないだろう。(52) そのようなものとして、この帽子は細部として理解されうるだろう。しかし、その輪郭線は――なぜならすべての細部は、総体から分離され、細部《データイエ》へと切断されうる必要があるからだ――、その境界線はきわめて不確定である。内側へ向かうと、それは毛髪の塊と混ざり始めて、とりわけ影となる。外へ向かうと、それは物質性の効果を生み出すほどの震えによって描き出され、その効果は綿でできたものや、火花や、液体の噴出を同時に思わせる。左側では、奇妙なまでに肉づけされて求心的であり、右側では奇妙

---

(48) *Id., ibid.*, n° 24 (pl. XXXIX), 33 (pl. LV) et 42 (pl. LXI).
(49) *Id., ibid.*, n° 21 (pl. XXXV), 31 (pl. XLI) et 32 (pl. XL).
＊1 訳者の知るかぎりでは、フェルメールの作とされる「二点」の絵が、カンヴァスではなく板に描かれている(《赤い帽子の女》と《フルートをもつ女》)。
(50) *Id., ibid.*, n° 14 (pl. XIX–XXI), 15 (pl. XXII), 18 (pl. XI–XII) et 20 (pl. XXIII).
(51) *Id., ibid.*, n° 5 (pl. V–VI), 7 (pl. XIII) et 8 (pl. X).
(52) *Id., ibid.*, n° 32 (pl. XL).

なまでに正面的で遠心的である。それは極端に調子を転調させて、その輝く量塊へ、乳白色のいくつかの瞬間を包み込んでいくほどだ。こうしてその絵画的強度は、その模倣的な一貫性を解体しようとする。したがって、それは正確に言ってもはや帽子には「類似して」いないが、何か巨大な唇や翼のようなものに類似し、あるいはもっと単純に、われわれの前で垂直に架けられたカンヴァスの数平方センチメートルを占める色彩の洪水に類似しているのだ。

影、綿、炎や乳、唇や液体の噴出、翼や洪水、それらすべてのイメージは、バラバラに把握されてしまうとそれ自体としては何の価値もない。それらは、この「帽子」に対していかなる描写的な妥当性も持たないし、解釈的な妥当性などなおさら持たない。それらは、それぞれ「浮遊する《フロッタント》」可視性とでも呼べるものに属している（分析的状況において、浮遊する注意力が問題となる場合のように）。そしてこの意味で、それらのどれが選択されるかは、まさに見る人次第なのだ。それでも、それらの共現前によって生み出されるアポリアこそが、絵画的対象を問題化していって、こうして問いの、対照的関係《アンティテーズ》の要素そのものにおいて、絵から何かをつかむことを可能にするのである。絵画が比較を連想させるとき（それは……のようだ）、まれに絵画は、それとは矛盾する別の比較をその後で連想させる（……しかし、それはまた……のようでもある）。つまり、比較や「類似」そのものの体系ではなく、それらの差異、それらの対立や対照の体系こそが、幸いにも絵画について語り、いかにして細部が面となり、絵における表象の事故——絵画物質という危険に委ねられた表象——として姿を現すのかを、幸いにも感じさせることができるだろう。まさにこの意味で、絵具の面は表象（*Vorstellung*）の事故として、そして現前化（*Darstellung*）の至高性として、絵において強烈に出現するのである。

図18. J. フェルメール《赤い帽子の女》, 1665年頃. 油絵,
カンヴァス〔板〕. ワシントン, ナショナル・ギャラリー.

徴候――意味の鉱脈

至高の事故、それは厳密に言って徴候と呼ばれる。この単語は、フロイトが与えたあらゆる記号学的広がりと厳密さにしたがって理解されなければならない。徴候――われわれの関心を引く領域、可視性の領域に一貫して関わりうる典型的な例を選ぶとしよう――、それはたとえば瞬間であり、発作において、ヒステリーの痙攣において、あらゆる運動の、あらゆる姿勢の逸脱において、身体が錯乱へと向かう予測不可能で即時的な移行であろう。つまり突如として身振りが、その「表象性」を、コードを失ってしまったのだ。四肢は引きつりもつれ合う。顔は鳥肌がたって歪んでしまう。弛緩と収縮が完全に混ざり合う。いかなる「メッセージ」、いかなる「コミュニケーション」も、もはや身体から浮かび上がりえない。つまり、この身体はいはや自分に類似していない、あるいはもはや何かに類似していない、もはやこの身体は、わめき立てながら発作の絶頂にある仮面、バタイユが言おうとしていた意味での仮面――「肉と化した混沌」――にほかならない。(53) ヒステリー疾病分類学の領域では、シャルコーまでを含む古典的精神科医は、それを身体の「シニシズム」、「道化性」、「非論理的運動」や「悪魔的発作」とさえ呼ぶこともあった。彼らはこれらの言葉を用いることによって、このような身体の事故が目に対して――臨床的観察と描写に対して――示していた性質、醜く歪み、醜悪な、そしてとりわけ意味を欠いた性質を強調しようとしていたのだ。(54)

逆にフロイトは、ヒステリーの発作におけるこの絶頂の瞬間を前にして、この事故――常軌を逸した、不定形の、理解不可能で、「類似記号的ではない」身振り――はまさに至高であると想定した。それはいわば連辞的至高性、つまりその瞬間に事故がすべてを占拠し、身体全体を専制的に支配する場合のような至高性であるばかりではない。それは「範列的」至高性でもあり、その瞬間は意味形成性を解き放ち、ある運命を、原初的幻覚を作動させ、したがってひとつの構造を作用させるのだ。しかしそれは隠蔽された構造である。これが、フロイトが見事に解明した具象的逆説であり、彼は、ヒステリーの女性が理解不能で矛盾した動きをしながら興奮するのを前にして、この対照的《アンティテティック》イメージの構成そのものを、そして同時に意味形成性を解き明かしたのだ。

私が観察した症例において、患者は、一方の手で握りしめた自分の服を身体へと引きつけながらも（女性として）、もう一方の手ではそれを引きはがそうとしていた（男として）。この矛盾する同時性は、発作の状況が、非常に造形的に形象化されていても理解不能であることをあらかた条件づけていて、そのためそこで作動している無意識的幻覚の隠蔽を完璧に実現している。(55)

---

(53) G・バタイユ「仮面」（«Masque», *Œuvres complètes*, Gallimard, Paris, 1970/79, tome II, p. 403-404）。――ヒステリーの極期と発作については、G・ディディ＝ユベルマン『ヒステリーの発明――シャルコーとサルペトリエール写真図像集』（*Invention de l'hystérie — Charcot et l'Iconographie photographique de la Salpêtrière*, Macula, Paris, 1982, p. 150-168 et 253-259〔前掲書、上、二二四―二五六頁、下、一三四―一四五頁〕）を参照。

(54) J＝M・シャルコー、P・リシェ『芸術における悪魔憑き』（J. M. Charcot et P. Richer, *Les démoniaques dans l'art* (1887), Macula, Paris, 1984, p. 91-106（そして解説 p. 149-156））を参照。

(55) S. Freud, «Les fantasmes hystériques et leur relation à la bisexualité» (1908), trad. J. Laplanche et J. B. Pontalis, *Névrose, psychose et perversion*, PUF, Paris, 1973, 3e éd. 1978, p. 155〔フロイト「ヒステリー症者の空想と両

たったこれだけの文章が、徴候という概念のあらゆる記号論的特殊性をはっきりと理解させて、すでにわれわれを問題の核心へと導いている。つまり徴候とは、危機的出来事、特異性、侵入のことであるが、しかし同時に意味に満ちた構造の、体系の発動である。出来事はこの体系を出現させる役割をするが、しかしその意味が、意味作用の安定した総体としてではなくまさに謎として、あるいは指標現象として現れるように、この体系を部分的に、矛盾状態で出現させるのである。それゆえ徴候は、その視覚的強度や輝きとしての価値、そしてフロイトが「作動している無意識的幻覚の隠蔽」とここで名付けるものによって、同時に特徴づけられている。したがって徴候は二重の面を、輝きと隠蔽、事故と至高性、出来事と構造という二重の面を持つ記号論的実体なのだ。そのため、それはやはりフロイトが言うように、「非常に造形的に形象化され」ていて、その視覚的存在がこれほどの輝き、明証性、さらには暴力を伴って顕現するにもかかわらず、何よりも「理解不能な記号」として現れるのである。これこそが至高の事故である。[56]

そして面という概念は、ここで最初の公式を見出す。つまり、面、それは絵における絵具による徴候であり、ここで絵具《パンチュール》という言葉は質料因という意味で用いられ、質料はアリストテレスが定義した意味において用いられている――つまり反対物の論理には属さないが、欲望と未来志向の論理に属しているものである（それは『自然学』のテクストにおけるエピエスタイ（*ephiesthai*）のことだ）。細部においては絵具がフェティッシュ化するのに対して、面においてはヒステリー化すると最後には言うことができるだろう。しかし、精神分析の概念世界からの借用が――今でも美術史は、精神分析をある時は近視眼的に否認して却下し、またある時はそのもっともゆがんだ形、つまり心理的伝記という形で盲目的に「活用している」のだから、そのような美術史に対してはこのことを明確化しておかなければならない――、このような概念的借用が意味を持つのは、まさに形象可能性の理論に関してにほかならない。フロイトはこの理論を、夢のイメージやヒステリー転換から無意識的幻覚というメタ心理学的モデルにいたるまで、たえず構築しつづけていたのである。

このように、絵画史の領域において徴候について語ることは、病や、多かれ少なかれ意識的なモチーフや、絵の後ろのどこかに抑圧された欲望を探し求めることではなく、かつて夢の鍵〔夢判断〕として話題になったような「イメージの鍵」と想定されるものを探し求めることではない。それはもっと簡潔に、形象可能性

性具有に対するその関係」『フロイト著作集10――文学・思想篇I』前掲書、一三三頁〕.

(56)「その意味は、現れてくる身体的出来事であるが、その現れにおいて、そしてその現れによって、それ自体としては現れないものを「示す」身体的出来事である。このような出来事の出現、その現れは、それ自体としては現れない障害の存在と対になって進行している。何かの指標現象としての現象は、したがってそれ自体で現れるものを単に意味しているのではなく、現れるものによっては現れないものの兆しを意味している。指標現象によって示されるということ、それは現れないことである。しかしながらこのような否定は、外観の構造を決定する欠如的否定とはけっして混同されてはならない」。M. Heidegger, *L'être et le temps* (1927), trad. R. Bœhm et A. de Waelhens, Gallimard, Paris, 1964, p. 46〔マルティン・ハイデガー『存在と時間』上、桑木務訳、岩波文庫、一九六〇年、六三―六四頁：同書上、細谷貞雄訳、ちくま学芸文庫、一九九四年、八一―八二頁。われわれが「指標現象」と訳した用語は、桑木訳においてはおもに「現われ」、細谷訳では「現象」となっている。また、「指標現象によって示されるということ」と訳した用語は、桑木訳においては「現われること《エヤシャイネン》」、細谷訳においては「現象」となっている〕.

がもつ作用の真価を計ろうとすることである。あらゆる詩的言表が言表行為を前提とするのと同様に、あらゆる絵画的形象は「形象化」を前提とするからである。ところが、形象と形象そのものの「形象化」の関係がけっして単純ではないことは明白である。この関係、この作用は、逆説の錯綜にほかならない。さらにそこでは、「質料因」というアリストテレス的な基論理が、「無意識因」としての幻覚というフロイト的な基論理とある程度は一致する。[57] 私が基論理について語るのは、どちらの場合にも、矛盾の、つまりは同一性の関係が決定的に覆されているからである。つまり、確かにイメージは、ひとつの事物とその反対物を表象することが可能であり、矛盾には無関心であるのだから、そこからこそつねに再び出発しなければならないのだ。[58] 同様に、出来事と構造、輝きと隠蔽、事故と意味形成性の体系を結びつけているものが、どれほど可視性の逆説――そのような「非常に造形的に形象化された矛盾する同時性」が想定する逆説――においてまさしく構成されているのか、そのことをヒステリー徴候の例はわれわれに示してくれるのだ……。

イメージがもっとも真正な形で徴候的となるのは、おそらくそれがもっとも強烈に矛盾するときである。たとえば、フェルメールにおける赤い流れや帽子である。なぜなら、すでにそれらにおいて、模倣的なものと非模倣的なものの作用が逆説的に――しかし緊密に――結びあわされているからだ。面という用語はというと、それは、前と内部、織物と壁、そしてとりわけ部分と全体（あるいはむしろ包み込むもの）を同じように表すゆえに、「対照的《アンティテティック》」と呼ばれる用語の選択的範疇にそれ自体が属していることに注目したい。なぜなら、それは切れ端を意味するとともに網の目〔流れ〕を意味する用語であり、つまりは構造を意味すると同時にその裂け目や部分的崩壊を意味する用語だからである。[59]

面というこの絵画的な概念《ノーシオン》を徴候という用語で表す方法論的な利点は、何よりも徴候という概念《コンセプト》が、二つの面を持つこの概念そのものが、二つの理論領域のまさに限界に位置している点にある。その理論領域とは、現象学的次元と記号学的次元の領域である。さて、芸術理論におけるあらゆる問題は、これら二つの領域の、あるいはこれら二つの視点の連接にある。一方の領域にとどまると、美しいものを前にした感動によって、決定的に黙り込んでしまうおそれがある。そうなると、もはや「情動的な調子」や「世界の称賛」によってしか語らなくなってしまうだろう。したがって、内在性――感情移入的な特異性――の中へ迷い込み、霊感を受けた者や唖に、あるいは愚者になる危険がある。もう一方の領域だけを機能させてしまうと、過度に語り、この装置に厳密には属さないすべてのものを沈黙させてしまうおそれがある。こうして、絵画より

---

(57) 原因は、「モチーフ」とも「抑圧された欲望」とも混ざり合わないことを簡単に指摘しておこう。原因とは、ラカンによれば「うまくいかないもの」であり、対象 *a* は、欲望の原因‐対象として、そのプレグナンツを現しているのだ。

(58) とくに、S. Freud, *L'interprétation des rêves*, *op. cit.*, p. 269-270, 291-294〔フロイト『夢判断』前掲書下、一〇一―一二、四四―五〇頁〕を参照。

(59) 「*Pan*《パン》〔面〕（男性名詞）1. 服、ドレス、コート、礼服の大きな一部分。「彼女のドレスのすそ《パン》、その一部で、彼は顔を覆い／盲目的に不幸な運命に身を任せる」。（…）2. 狩猟用語。木のまわりに張り巡らす一種の網。「大きな獣を捕まえるための網の面《パン》」。（…）7. ア・パン、トゥー・タ・パン、いくつかの地方で常用される表現であり、「真正面でじかに」を意味する」（『リトレ・フランス語辞典』）。語源は、フュルティエールが考えていたような *pagina* ではなく、*pannus* であり、それは面の切れ端を、ぼろ切れを意味している。

も高みに立って思考することになる。したがって、指示作用的モデルの観念性に劣らず強制的な形相的モデル——意味という普遍的抽象——の超越性に、迷い込む危険を冒してしまう。絵画が提起するもっとも明白な理論的問題のひとつは、シニフィアンの宝庫が、言語やエクリチュールにおける場合とは異なり、本当の意味では普遍的でもなく、言表行為に先行して存在するものでもないということである。最小単位は、ここでは与えられずに作り出されるのである。そしてさらにそれらの単位は、たとえば単語における文字のように実際に離散的ではないため、厳密な意味ではひとつの統辞法にもひとつの語彙にも属さない。しかしそこには宝庫が、構造が、意味形成性があるのだ。ならば、ひとつの現象学を提示しなければならないのだが、それが対象とするのは、感情移入的な環境としての可視的世界に対する関係だけではなく、特殊な構造と作用としての意味形成性（記号学を想定するもの）に対する関係である。そして、こうして記号学の提示が可能になる必要があるが、それは象徴装置だけを対象とするのではなく、絵画イメージにおける出来事や、事故や、特異性（現象学を想定するもの）を対象とするのだ。このような地点へと、徴候の美学は、つまり絵画における至高な事故の美学は向かっているのである。

これらすべての分割線をより明確化するために、面という概念を別の二つの概念に結びつけることができるだろう。面という概念は、これらの概念とかなり近いものだが——さらには、それらのおかげで存在しているとさえいえるが——、この概念は、フロイト的な意味での徴候が、その理論的な妥当性と有効性を見出す二つの場面において、いわば二つの局面において作用する危険をまさに冒しているため、それらの概念とは区別される。面と近い概念は、まずはプンクトゥム（*punctum*）、バルトが見えるものへと向けた素晴らしい理論的切っ先であろう。ここで指摘したいのは、彼が自分の試みをサルトルの『想像的なもの（想像力の問題」』に捧げながら、それを行ったことである。この事実は、現象学的な要請をこれ以上にないほど明確に表しているため、見えるものに対するあらゆる分析は、この要請をはっきりと確認しなければならない。そしてそれゆえにこそ、バルトは現象学という視点を、それが「曖昧で」「無造作」であろうとも——なぜならこの現象学は、彼によるなら「情動《アフェクト》によって損なわれ」[60]、いずれにせよ構造ではなく、まさに存在という用語によって表されるから——ためらわずに採用したのだ。

面とプンクトゥムの理論的差異は、これら二つの概念の一方が絵画を、他方が写真を本来の領域としている点には根本的にはない。しかしまた、その一方は領域や正面的な拡散へと向かい、もう一方はむしろ点や「先端的な」集束へと向かっているが、理論的差異は、二つの用語がもたらす意味論的な布置の差異にもない。確かにバルトは、プンクトゥムの「拡張力」について忘れずに語っていたのだから[61]。問題は、プンクトゥムという概念が、現象学的妥当性において得たものを、記号学的妥当性においては失っていることにある。そこではまさに可視的な事故の至高性が、その出来事としての次元が捉えられる——しかしそれは「情動的な調子」や「世界の称賛」と引き替えにである。またもや世界が、その細部——それはバルトが使用している用語そのものである——と世界の時間性を媒介として、自分自身でイメージの上に沈殿しにやってくるの

---

(60) R. Barthes, *La chambre claire — Note sur la photographie*, Cahiers du Cinéma-Gallimard, Paris, 1980, p. 7, 40-41, 44〔ロラン・バルト『明るい部屋——写真についての覚書』花輪光訳、みすず書房、一九八五年、三一—三三、三四—三五頁〕.

(61) *Id., ibid.*, p. 74〔同書、五九頁〕.

だ。「それを探しに行くのは私ではない、（…）矢のようにその場面から放たれて私を突き刺しにやってくるのは、それなのだ」[62]。したがって、もはや問うべきイメージの実体は存在せず、ただ世界の光景における細部とそれを「矢のように」受け取る情動の関係が存在するだけである。この意味でプンクトゥムは、イメージの徴候としてではなく、世界そのものの徴候として、つまり時間と指示対象の現前の徴候として検討されるべきであろう。つまり、「それはあった」――「事物はそこにあった」――「絶対に、疑うべくもないほどに現前していた」[63]……。

おそらく『明るい部屋』は、記号学者の引き裂かれた意識が生み出した書物であると言えるだろう。つまり、その対象として写真を選択したこと自体によって、この本においては、理論的には手に負えないもの[64]が、要するに見えるものに関する思考の対象が、完全に指示対象や情動の方へと向けられているのだ。それに対して、イメージは――写真イメージであっても――出来事を生み出し、あらゆるそれはあったの外部でわれわれに現れることができる。たとえば、意図的であるなしにかかわらず、写真の現像における「事故」が生み出す被《かぶ》りやオーラの効果がそうだ。あるいは、たとえばヴィクトル・ルニョーのいくつかのカロタイプにおける虚構の輝き――紙ネガを黒鉛筆で「引っ掻いて」生み出した――がそうだ。そして、『明るい部屋』が引き裂かれた意識のテクストとして読まれるとしたら、それはおそらく結局はバルトが、コード化されたものとコード化されていないものという記号学的二者択一を乗り越える勇気をもたなかったか、乗り越えようとしなかったからである（「コードなきメッセージ」としての写真イメージという彼の定義が思い出される）。ところが、この二者択一はある意味で陳腐なものである。とりわけ徴候が身体において、イメージのなかで意味や非‐意味を生み出すのは、コードや非‐コードという点においてではない。イメージの、その質料因や至高な事故の記号学は、感情移入に支配されたコードなき「世界」と、コードという狭い概念によって支配された「意味作用」の間に滑り込んでいかなければ存在しえないだろう。

おそらく面が対置されなければならないもう一つの概念は、メイヤー・シャピロによって有名で重要な論文において展開された概念、類似記号〔イメージ記号〕における非模倣的要素という概念である。[65] 場という概念が、要因《パラメーター》としての、最終的には幾何学的な要因としての非常に一般的な価値をそこで帯びていて、そしてその要因の内部で、イメージの組織そのものを思考することが可能になっている点にだけ、ここでは注目したい。場、フレーム、「滑らかな、あるいは下塗りされた」下地、方向づけ、サイズ、それらすべては、実際にイメージの構造的な規則性を、基本的構成をわれわれに把握させてくれる。しかし、類似記号《イメージ・サイン》におけるそれらの模倣的要素は、まさに規則性として、こう言ってよければより事故性のないものの側から検討されている。そして、メイヤー・シャピロが物質的な伝達媒体や「イメージの実体」――つまり「線、あるいはインクや絵具の色斑[66]」――について語るとき、彼が示唆するのは、事故や、作品そのものが露出させる特

---

(62) *Id., ibid.*, p. 48-49〔同書、三八―三九頁〕.
(63) *Id., ibid.*, p. 120-121〔同書、九三―九五頁〕.
(64) *Id., ibid.*, p. 120〔同書、九四頁〕.
(65) M. Schapiro, «Sur quelques problèmes de sémiotique de l'art visuel : champ et véhicule dans les signes iconiques», trad. J. C. Lebensztejn, *Style, artiste et société*, Gallimard, Paris, 1982, p. 7-34.
(66) *Id., ibid.*, p. 28.

異な物質性よりも、むしろ作品を前にした認識形而上学的次元での変化なのだ[67]。要するに、そこで彼が執着しているのは、知覚視点の変更や「観察の精緻さ」の増減において変化する、要因の普遍性にほかならない。

　ところが絵画の面は、たとえば別のアングルから見られた絵や、より近くから見られた絵を指してはいない。それはまさに徴候として、絵の表象体系における絵画の異なる状態を指しているのだ。それは不安定で部分的な状態、事故的な状態であり、それゆえにこそ移行が再び問題となる。面は、包括的な要因《パラメーター》ではなくひとつの特異性であるが、しかし範列《パラディグム》としての、さらにはパラグラム*2としての価値を持つ特異性なのである。それは事故なのだ。それは、その本質的な侵入力によってわれわれの不意を突き、絵のなかで執拗に現れつづける。しかしそれは同様に、繰り返される事故であり、絵から絵へ移行し、故障として、徴候として範列化するがゆえに、執拗に現れつづける。その執拗な現れ——至高性——は、それだけで意味を担い、あるいはむしろ偶然のように輝きを現れさせ、それらの輝きは、ところどころで鉱層が、鉱脈が露出する——つまり断層の——領域のようである（これは、ほとんど絵画の物質的厚みが、深さが要請する比喩である）。

　したがって面は、絵の表象体系における連続性を、ところどころで危機や徴候のようにはっきりと断ち切る、絵画のこのような部分として定義されねばならないだろう。それは色彩の鉱脈の、鉱層の、事故的で至高な露出である。それは、白い肌に刻まれた傷が、その下で脈打つ血液に意味を与える——出現する機会を与える——ように、暴力と曖昧さとともに意味を生み出すのだ。それはその質料因と事故原因を、すなわち身振りそのもの、筆触、絵具の侵入を自動的に現前させるのである。絵画的な面は、意味作用の安定性を提供するにはあまりにも特異な出来事であり、徴候として意味を生み出している。そして徴候は、けっして透明な下部構造などは持たず、それゆえに徴候は、身体上で常軌を逸した働きをして、ここから消えてあそこへ、予期しなかった場所に再び現れ、そのようなものとして、意味作用の謎と同じく場所と移動の謎を構成する。現前する（*in præsentia*）事故や特異性である面は、したがって隠蔽された不在である（*in absentia*）範列の指標現象であるばかりでなく、不安定な移ろいやすい範列の指標現象なのである。それゆえに、理性の次元はいわばそれから二重に取り去られているのだ。

ついでに指摘しておこう、プルーストは、ヴァントゥイユの音楽について語りながら、これらの「目立たなかった楽節、晦冥でそれゆえ不明確な幼生」が、突如として「まばゆい建築物」に生成する出来事に言及するとき、彼なりの仕方で、同じ「不安定な至高性」を表明していた。それは円柱を数えられるような建築物ではなく、彼が言うには「光の感覚、澄み渡り」変貌する「ざわめき」である[68]。プルーストは、同時にとくにそれらの特異性の執拗な現れと、きらめく輝きとしてのそれらの純粋な価値について語っていた。それ

（67）最近の本のなかで、ジャン＝クロード・ボンヌは、コンクのタンパンという例について、「類似記号における非模倣的要素」がいかに機能し――そして形象の総体におけるもっとも微少な単位を「要因化」しているかを示すことによって、それらの要素に最大限の外延と、同時に最大限の分析的精度を与えた。Cf. J.-C. Bonne, *L'art roman de face et de profil – Le tympan de Conques*, Le Sycomore, Paris, 1984.

＊2 「パラグラム」は、ジュリア・クリステヴァが詩的言語の分析のために用いた概念である。ソシュールの「アナグラム」を発展させた概念であり、テクストにおいて潜在する照応関係の多義性、多数性を指す。

（68）M. Proust, *A la recherche du temps perdu*, *op. cit.*, tome III, p. 373-374〔プルースト『失われた時を求めて8――第五篇　囚われの女』前掲書、六六〇―六六二頁〕.

らの特異性は、「私の想像力の前で執拗に、しかし想像力がそれを理解するよりもあまりにも素速く、絹織物のようなゼラニウムのかぐわしい花びらに喩えられるものをちらつかせていた」[69]……。彼は、さらに同じページにこう書いている。現れてくるもの、それは「ばらばらの破片、緋色の亀裂が入ったかけら」であるが、それは現働的な全体の破片ではなく、潜勢力の破片、彼が「未知なる色鮮やかな祝祭」と名付けるものである[70]。さて、当然のようにフェルメールが彼の筆先に再び現れる。彼は言う、フェルメールのすべての絵は「同じひとつの世界の破片」であるが、しかしそれは典拠としての世界、現実としての世界ではない。逆にそれは、「同じ新しい唯一の美であり、その美は当時は謎であり、人々がそれを主題によって何かと関係させずに、色彩が生む個別的な印象を引き出そうとするなら、何もそれに似ず、説明することもない」。この世界、それは厳密には、プルーストが書いているように「織物や場所におけるある種の色彩」であり、すなわちある意味では絵具そのもの、つまりカンヴァスにそれ固有の場を、その色彩と意味の鉱脈を生み出すためにそこに沈殿する、絵具そのものなのである[71]。

細部原則の彼岸

手短に論点を要約してみよう。部分と全体の関係に関していえば、細部においては部分を全体から差し引けるだろうが、面においては部分が全体を呑み込んでしまう。細部とは、たとえば糸であり、つまりは具象的空間において完全に位置決定可能な区域である。それは広がりを——まさに最小限の——、はっきりと定められた大きさを持つ。それは測定可能な空間に属しているのだ。逆に面は、色彩の強度に満ちた領域として現れる。そのようなものとして面は、絵における拡散の——広がりのではなく——「尺度を逸脱した」、測定不可能な力を帯びているのだ。それは有色の糸の細部ではなく、たとえば赤い色彩の流れであり、つまりは事物である以上に出来事である。細部というものは定義される。その輪郭は、表象される事物を、模倣的空間において場所を持つものを、あるいはむしろ自分の場所を持つものを限定する。したがってその場所的存在は、挿入のように特定可能で位置づけ可能である。逆に面は、事物を限定するよりもむしろ潜在的な力を生み出す。つまり、表象空間において何かが生起し、通過し、常軌を逸した働きをして、絵の中へと「挿入される」ことに抵抗する。なぜならそれは、そこで爆音を響かせ、あるいは侵入するからである。

この現象学は、その結果、これら二つの範疇の記号論的規定をすでに完全に問題化しているのだ。細部は判別可能で、つまり「他に残る部分」から切断可能であり、そうしたものとして命名可能である——糸、針、ナイフ、コルク抜き、臍……。それは、見えるものを切断して命名する描写的な精緻さに属している。細部の発見は、微少ゆえに「隠されて」いるものをよく見ることにあり、見えているものをきちんと名付けることにある。逆に面は、よく見ることを要請しない。つまりそれが要請するのは、見つめることにほかならず、明白で、この目の前にあり、まばゆいばかりであるが、名付けがたいがゆえに「隠されて」いるものを見つめることをそれは要請しているのだ。面は、厳密に言って細部のように「切り離《デタッシュ》」されることはない。つま

(69) *Id., ibid.*, p. 375〔同書、六六二—六六三頁〕.
(70) *Id., ibid*〔同書、六六三頁〕.
(71) *Id. ibid.*, p. 377–378〔同書、六六六—六六八頁〕.

り、それは斑《タッシュ》をなすのだ。細部は宣言を認め——これは針である——、したがって倒錯者がフェティッシュ的な対象を操れるようにそれは統御される（そのことは、細部における幻覚の含有量がいかに大きいかを示している）。面は、ロラン・バルトが語っていた手に負えないものと関係していて、そのため、徴候が身体を専制的に支配して包囲するように、あるいは火災が町をそうするように、目と感覚を専制的に支配するのは面なのである。われわれは細部を見つけるために探す。それに対してわれわれは、不意打ちによって、出会いによって面と出くわすだろう。細部は見えるものの断片であり、その断片はそれまで隠れていて、一度発見されると控えめに姿を現し、決定的に同定される（理想としては）。そのように、細部は見えるものの真相とみなされる。逆に面の方は、ほとんどの場合に絵の前景で、正面を向いて慎みなく目に飛び込んでくる。しかし、かといって同定されず囲い込まれもしない。一度発見されるや、それは不確かなものでありつづけるのだ。

細部の探求者は、ほんの些細なものを見る人物であり、答えを持つ人物である。彼は、見えるものの謎は解答を持つと考えていて、その解答は「ほんの些細なもの」、たとえば糸やナイフのなかに収まりうる。彼は眼鏡を磨き、シャーロック・ホームズを気取っている。逆に面が触発する人は、故意に浮動的となった可視性にしたがって見つめる人物である。彼は、見えるものに論理的な回答を期待しない（むしろ彼は、いかに見えるものがあらゆる論理を解消するかを感じている）。エドガー・ポーの「盗まれた手紙」におけるデュパンのように、彼はむしろ黒眼鏡をかけて、自分が待ち望んでいるものがやって来るに任せるだろう。そして彼が見出すとき、それは連鎖の終わり——答えとして了解された真相——ではなく、終わりなき連鎖関係における、問題の環探しゲームにおける選択的瞬間なのである。したがって細部の人物は、冒頭に提起される問いと最後に与えられる答えによってモデル小説を書いているのだ。面の人物を好きなように振る舞わせるとすれば、彼は終わりなき、網状でアポリア的な描写（*ekphraseis*）を書くだろう。

したがって細部とは、安定性と閉鎖へ向かう記号論的対象である。それに対して面は、記号論的に不安定で開かれている。細部は同一性の論理を前提としていて、それによれば、ある事物は必ず他のものの反対物となる（ナイフかあるいはコルク抜きか）。そしてそのことは、結局は類似記号の透明性を前提としていて、現働態にある形象化された形象を、見えるものに関する存在判断の確信を前提としている。面のほうは、まさに形象可能性そのものを、つまり過程を、潜勢力を、いまだないこと《パ・ザンコール》〔もう一歩〕を（それはラテン語で *praesens*〔現在〕といわれる）、不確実性を、形象における半ばの存在を明るみに出す。さて、まさに面が、作動中の形象可能性を示すからこそ——つまり完成しておらず、形象化しつつある形象であり、こう言ってよければまさに前‐形象である——、それは相対的な脱形象化として絵に不安をもたらすのである。それが潜勢的な形象としての面の逆説なのだ。細部が、一義的な仕方、あるいはそう期待される仕方で描写され、どこかに帰属させられる（これは白い糸である）のに対して、面が呼びかけるのは、不安をかき立てる同語反復（これは……赤い絵具の流れである）や、それに劣らず不安をかき立てる矛盾（これは……生地糸の流れである……しかしそれらの糸は血であり……しかしそれはレース枠用のクッションから流れ出し……しかしそれはもとの自分の場所に戻り……しかしそれは雨のように降り……しかしそれは斑や風景を生み出し……といったように続く）にほかならない。こう言ってもいいだろう、細部の解釈は、イメージの二次的加工のようなものへと、つまり穴埋め作業のようなものへと向かい、この作業は決定的な意味を与え、物語（*storia*）の諸段階を論理的に組織することを可能にするのだ。それに対して面は、より潜在的な瞬間の指標

――潜勢的な形象――であり、より変成的な瞬間の指標となるだろう。

もちろん、こうしたことはすべて、細部と面というこれら二つの形象的「対象」に関する、類似記号の状況そのものに影響を与えずにはいない。ある観点からすれば、細部は、その最小の、この上なく密かでもっとも微細な可視性を捉えさせるという意味で、類似記号の臨界状態を示す。つまり糸というものが、細部の秀逸さそのものを構成できることが理解されるだろう。なぜならそれ、この糸は、まさに絵具の線である以上に、レースを編む女の指の間に存在しているのだ。つまりそれは、現実の対象を表象している。それは背景からはっきりと切り離されたひとつの形態なのだ。絵におけるその存在は一様に観察的である。それは選択されて模倣的装置の中へと入っていく。それは絵の錯覚的な奥行きのなかにまさに位置づけられうる。それは外観の正確さへと向かう。それが描かれるのは、まさに様相を獲得するためであるかのようだ。逆に面は、類似記号の破局や中断《シンコペーション》を構成するという意味で、類似記号の臨界状態とみなされるべきであろう。つまり、模倣的装置における「補足的な線」としてと同時に「欠如の標識」として。[72] それは現実の対象を一義的に表象したりはしない。「具象的」であろうとも、それはまず絵画行為の非類似記号的な指標として顕現する。そのようなものとしてそれは正確ではなく、様相的ですらない。それは描かれているが……何でもないものとしてである。それは傾いた記号、あるいはこう言ってよければ内容を剥奪された記号である。それがもたらすのは錯覚《イリューズィオン》ではなく、表象的錯覚の崩壊、妄想（*délusion*）と名付けうるものである。[73] その知覚的存在は、純粋な観察的存在に属しているというよりも、むしろリーグルが触覚的空間と名付けたもの――諸平面の粉砕と準‐触覚を想定するもの――に属している。面は、細部における空間的座標を崩壊させる。つまりそれは、絵において文字通りに正面を向いているのだ。そのように、フェルメールの流れは、何よりもまず絵において移行として現れる。その移行において、絵具はもはや見せかけを装わない——その物質的存在について人を欺く見せかけを装わない。したがって、絵具は前を向いているのだ。顕現し、すべてを呑み込み感染させる光輪や、液状化や、色彩の重みを通して、面は様相を滅ぼそうとするのだ。形態は、まさに表象するよりもむしろ物質として、そして色彩の出現として自動的に現前するのだから、ここでは形態が地《じ》である。

細部とは有用なものである。つまりそれは描写的な価値を持ちうるか（これはレース細工をしているフェルメール嬢の糸である）、イコノロジー的な価値を持ちうる（画家は一六六五年にオウィディウスを読んでいて、《レースを編む女》はアラクネの化身である、と証明しようとする美術史家の姿を想像することができるだろう）。どちらの場合も、論理的関係は透明である。つまり「のような－そのような（*ut-ita*）」なのだ。逆に面は、解釈学を無力にしようとする。なぜならそれは半ば、つまり移動しか、換喩《メトニミー》、つまり変成しか提示しないからである（そして、この赤い流れが本当にアラクネを連想させるはずなら、それは脱形象化のただなかにある彼女の身体そのものを、われわれに示唆するためにほかならない）。この意味で面は、思考にとっての危険であるが、それは絵画が前へと進み出るとき、正面を向くときに提示する危険そのものである。なぜなら表象の物質が前へと進み出るとき、表象されるものはすべて崩壊の危険にさらされるから

（72）これら二つの表現は、ルイ・マランのものである（ウルビーノでのシンポジウムのセッションにおける議論）。

（73）Cf. H. Damisch, *Théorie du nuage – Pour une histoire de la peinture*, Le Seuil, Paris, 1972, p. 186〔ユベール・ダミッシュ『雲の理論——絵画史への試論』松岡新一郎訳、法政大学出版局、二〇〇八年、一七七頁〕.

である。そしてこの危険を、しかし解釈はそれと立ち向かうために、自分の対象が構成する「手に負えないもの」を示すために――ただ示すだけであろうとも――はっきりと確認しなければならないのである。

最後には、いかなる点で面の対象が、細部の対象ではないかが理解されるだろう。細部の対象は、見える世界の表象における対象である。まさに象徴の次元に高められたそれは、結局は現実の対象を前提として、その輪郭を描き、その可読性を確立しようとする。逆に面の対象は、絵の表象体系における絵画的なものの侵入――現前――としての面の対象は、ラカンが眼差しの「現実的な対象」を絵そのものにおける「拍動し、輝き、展開される機能」として位置づけた意味において、絵画の現実的な対象であろう。そしてラカンが位置づけたその機能は、不意の到来、混乱、出会い、トラウマ、そして欲動と関係しているのだ(74)。したがって、この「対象《オブジェ》」のなかに、まずは投擲（*jet*）という語を聞き取らなければならず、そして接頭辞を聞き取らなければならないだろう。その接頭辞が示しているのは、われわれの目の前のそこに位置づける行為、われわれが見つめるときにわれわれと対面する――われわれを見つめる――ものの行為である。強烈であると同時に部分的な、偶発的であるにもかかわらず執拗なこの対象において、矛盾するこの対象において、脱形象化の崩れやすい瞬間を、しかし形象化することの意味をわれわれに教えてくれる瞬間を、聞き取らなければならないだろう。

---

(74) J. Lacan, *Le Séminaire XI*, *op. cit.*, p. 83〔ラカン『精神分析の四基本概念』前掲書、一一八頁〕、そして全般的に p. 63-109〔八七―一五八頁〕。

〈付録〉内容紹介文

このテクストは原書の裏表紙に掲げられた一文である。付録として訳出する。

この本は、イメージを前にしたわれわれの確信に対して提起され、繰り返し提起される批判的問いを展開している。われわれはいかにして見つめるのか。目によってだけでも、眼差しによってだけでもない。見ること（*voir*）は知ること（*savoir*）と韻を踏み、そのことは野性状態の目が存在しないことを示唆し、そしてわれわれがイメージを理解するときに、それを言葉とともに、知的な手続き、思考のもろもろの範疇とともに理解していることを示唆している。

それらの範疇はどこから来るのか。そのような問いが、ここで美術史という学問に対して問いかけられている。この学問の現在の発展——その道具の洗練、その学識の及ぶ範囲の広さ、その科学性に対する自負、美術市場におけるその役割——は、芸術の専門家たち、イメージの知識人たちが非常に頻繁に取り入れた確信に満ちた語調を可能にしているようである。さて、イメージと呼ばれるこのプロテウスを知が対象とするとき、ひとつの知とはなんであろうか。この問いが要求するのは、絵や彫刻を前にして、われわれがそれについての知識を引きだし、さらには盗み取ろうとするときに働いている「自然発生的哲学」を、あるいは言説的モデルを明るみに出すことである。

見ることと知ることの間には、魔術的な言葉たちが、見せかけだけの知識という媚薬が頻繁に忍び込む。それらの言葉は、問題を解決して、理解できたような気にさせる。それらの魔術的な言葉を、その有名ないくつかを、史上初の美術史家ヴァザーリは十六世紀に発明したのだが、それらは今でもわれわれが使う語彙に残っている。二十世紀に現れた美術史の〈改革者〉であるパノフスキーは、重大な哲学的道具――カント的な認識批判――の助けを借りて、ある意味ではそれらの言葉を批判したが、その一方で彼は、人文主義の名において、そして表象というまだ古典的な概念の名において、それらの言葉を修復して使用した。

イメージに固有な認識に対する新たな批判方法をここでわれわれが求めたのは、フロイトに対してである。見る行為は、そこで文字通りに開かれた、つまり引き裂かれ、つづいて外へと広げられた。表象と現前化、象徴と徴候、決定論と重層決定の間で。そして最後に、見えるものという習慣的な概念と視覚的なものという新たにされた概念の間で。見ることと知ることのあいだの穏やかな等式――形而上学的あるいは実証主義的な――に代わって、ある不確実性原理のようなものがそれゆえに現れる。それは、視線に非‐知を強要するような何かである。それは、われわれをイメージの前に、逃れ去るものと向き合うように立たせる何かである。それは、この上なく不安定な位置なのだ。しかしその位置を、それでもなおある認識の企て――美術史の企て――のうちに位置づけるためには、それはこうして考察されねばならなかったのである。

訳者あとがき

ディディ＝ユベルマンの徴候論

絵画における徴候

ジョルジュ・ディディ＝ユベルマンがたびたび言及する絵を見つめよう。それはフラ・アンジェリコが描いた《影の聖母（「玉座の聖母子と八人の聖人」「聖会話」）》（一四三八―五〇年頃）である。この絵は、一見したところ具象的な光景を現している。中央の玉座に聖母子が座り、八人の聖人がそれを取り巻く。それは「見えるもの《ヴィジーブル》」として現れ、それを見るわれわれは、この見えるものをキリスト教的な文脈で「読めるもの《リジーブル》」へと翻訳する。その主題は「聖会話」、キリスト教絵画において伝統化した主題であり、中央に座る母子が誰なのか、それを取り巻く人々が何者なのかを、われわれは読み取ることができる。この絵は、「見えるもの」と「読めるもの」の密接な結合関係によって成立しているかのようだ。しかしこの「聖会話」は、実は単独で成立しているのではない。その下には四つの長方形に区切られた部分が、ひっそりと潜んでいる。それは抽象的ともいえる石目のような模様を示す絵であり、まるで大理石の土台のように「聖会話」の光景を支えている。ディディ＝ユベルマンは、イタリア滞在中にこの部分を「発見した」。

この部分は、美術史によって忘却された部分であり、当時はフラ・アンジェリコの画集に収められることもなく、言及されることもない部分であった。それは「見えるもの」としては単なる模擬大理石のようであり、「読めるもの」としてもそれ以上の価値をもたないようであった。しかしディディ゠ユベルマンは発見する。それは「聖会話」の光景とともに存在しているのだから、見つめずにすむものではない。それは無ではないのだから、見つめなければならない。具象的な上部のみを切り離して、「見えるもの」と「読めるもの」について語るだけではすまされない。だからよく見えず読みがたいものを見つめ、思考しなければならない。そして彼は発見する。そのなかば抽象的な石目のような模様には、無数の斑点が散在している。まるでジャクソン・ポロックのドリッピングによって振り撒かれたような絵具の斑点が。これはいったいなにを意味するのか。

そもそも模擬大理石と思われた色面は、はたして大理石を表象しているのだろうか。その色面を見つめるとき、われわれの確信は揺らぎだす。そこに現れるのは多彩な色彩、物質的な塗り跡を顕在化させた絵具の面であり、混沌とした物質、血、地、星雲……のようなものである。こうしてこの面そのものが前面化して、「大理石」と思われた形象は相対的に脱形象化される。この面は、もはや特定のなにかに類似してはいない。それは非類似的である。しかし決して虚無ではない。この面は、むしろなにかを非類似的に形象化しているのではないだろうか。不安定な流動するものを重層決定的に形象化しているのではないだろうか。石としてのキリスト、キリストの墓石、典礼空間における祭壇、受肉の場としてのマリア……。この面は、決して一義的な形象ではなく、重層決定的な形象であり、転移し続ける形象可能性の働きを潜在させているのではないか。

それでは、そこに振り撒かれた絵具の斑点とはなにか。それは「見えるもの」としては色彩であり、顕著な具象性を示さないため、「読めるもの」としてはせいぜいが「滴《したた》った絵具」を意味するだけである。われわれはこう呟きたくなる。それはなにも意味していない、無意味である……。あるいは逆にこう呟くだろうか。それは無形象だ、虚無だ、ならばそれは「見えないもの《アンヴィジーブル》」を、形象化できない神性を否定神学的に表しているのではないか……。しかしこのような「見えないもの」の神学も、抽象的な観念論であり、絵画という物質に目を閉ざす逃げ道にしかならないだろう。むしろイメージの前で、なによりも目の前に現れるものを見つめなければならない。

そこに現れる四つの長方形は、まずは色面、物質的な顔料である。それが解読不可能な謎として、簡潔な色彩という出来事としてわれわれの目の前に現れる。そしてそこに散在する滴《しずく》のような無数の色斑は、顔料が支持体に振りかけられたという、あるいは投げつけられたという事実を痕跡として示している。その過去の行為はもはや見えないが、痕跡としての色斑は、それを指標的に潜在性として示している。それにしてもこの痕跡は、なにかに類似していないだろうか。それはなにかと同じ形態をもつわけではないが、具象的には非類似的でありながらも、形態的同一性とは異なる様態で、なにかと類似した在り方をしていないだろうか。それは散布された聖なる種子のようであり、飛び散ったマリアの母乳のようであり、塗油の石に滴ったマリアの涙のようであり、受難せるキリストの血しぶきのようであり……。そしてなによりもそれは、キリスト教の典礼における「塗油」を思わせる。対象を聖別するために聖油を振りかける行為を。そして「キリスト」は、語源的に「塗油された者」を意味しているのだ。つまりこれらの色斑は、単なる無形象な色彩ではなく、キリスト教の教義、「受肉」の教義と関わり、聖書釈義における無数の出来事を重層決定的に形象化しているのではないか。

受肉は、非物質的な神性が物質化して、非限定的なものが限定され、永遠なるものが有限なものとなる矛盾する出来事を示している。この受肉という神秘を形象化するには、絵の上部が示すような聖母子、つまりすでに「形象化された形象」を具象化するだけでは不十分であろう。しかしだからといって、受肉は決して形象不可能性を要請するのではなく、神聖な力が物質化して形象化する過程を、「形象可能性」を告げている。ならばフラ・アンジェリコが滴らせた色斑は、この絵画における塗油は、受肉の過程を再演し、その神秘を形象化しているのではないか。そして受肉という出来事が、潜在する無数の出来事の結晶であるとすれば（アダムの堕罪、受胎告知、キリストの磔刑、キリストの復活、最後の審判……）、これらの簡潔な色斑という出来事は、重層決定的に増殖する意味の錯綜を形象化しているのだ。ならばこれらの色斑は、単なる色彩という「見えるもの」ではない。それらは明示的には現れないものの指標現象であり、現れると同時に後退し、出来事であると同時に潜在性である。そこで矛盾は総合されずに維持されて、弁証法的な結晶が形成される。ディディ＝ユベルマンは、このような結晶を「徴候《サンプトム》」と呼ぶ。この徴候は、決して「見えるもの」でも「見えないもの」でも「読めるもの」でもない。徴候が形象化する受肉は、見えない神が見えるものになる矛盾した出来事であり、そこで問われるのは通常の「見えるもの」の体制に生じる喪失、供犠的な欠損、一種の見える見えないもの、見えない見えるものである。ディディ＝ユベルマンは、そのような現れを「視覚的なもの《ヴィズュエル》」と名付ける。そしてこの視覚的なものは、一義的な「読めるもの」を示すのではなく、「釈義《エグゼジェーズ》」を示し、無数の潜在的意味の母体となる。徴候とは、こうして形成される結晶である。

しかし美術史は、「見えるもの」「読めるもの」「見えないもの」の範疇に還元できないものを見ない、見つめない、思考しない。それはなぜか。これが本書の問いである。こうしてディディ＝ユベルマンは、ジョルジョ・ヴァザーリからエルヴィン・パノフスキーにいたる美術史の歴史を批判的に考察していく。

イメージの思想家ディディ＝ユベルマン

ディディ＝ユベルマンは、世界でもっとも注目を浴びている美術史家の一人である。その浩瀚な著書は、もはや美術史の領域を軽やかに飛び超え、壮大で特異なイメージの思想を構築しているといえるだろう。彼は、一九五三年六月十三日にフランスのサン＝テティエンヌに生まれ、リヨン大学で七四年に哲学の学士号を取得した後、七六年に美術史学の修士号を取得、つづいて八一年にパリの社会科学高等研究院（E.H.E.S.S.）で博士号を取得している。翌八二年に刊行された処女作『ヒステリーの発明——シャルコーとサルペトリエール写真図像集』は、その博士論文である。その後、イタリアにおける長期間の研究などを経て、九〇年から社会科学高等研究院で助教授を務め、単著だけでもすでに四〇冊以上の著書を刊行している。その多作な著書のなかでも、本書は明らかに初期の代表作といえる書物である。なぜならここでディディ＝ユベルマンは、美術史家として美術史の基盤そのものを問い、新たな美術史の構築へと歩みを進めたからである。

本書『イメージの前で——美術史の目的への問い』は、Georges Didi-Huberman, *Devant l'image, question posée aux fins d'une histoire de l'art*, Minuit, Paris, 1990 の翻訳である。副題における「目的」の原語は「fins」であり、「終焉」と訳すこともできるため、「ある美術史の終焉への問い」と翻訳することもできるだろう。すでにドイツ語訳 *Vor einem Bild*, übersetzt von Reinhold Werner, Carl Hanser Verlag, München 2000、そして英語訳 *Confronting images, questioning the ends of a certain history of art*, translated by John Goodman, The Pennsylvania State University Press, Pennsylvania, 2005 が存在している。本書は、同じ年に出版された『フラ・アンジェリコ』（一九九〇年）の姉妹編であり、そちらが実践編であるとしたら、こちらは理論編である。そして本書の刊行から十年を隔てて『時間の前で』（二〇〇〇年）という続編が上梓されている。ディディ＝ユベルマンは、この続編においては、ヴァルター・ベンヤミン、カール・アインシュタイン、アビ・ヴァールブルクらの思想を参照しながら、イメージと時間の問題を問いつめている。この続編は、ぜひとも本書とともに読まれるべきであろう。

現在までに刊行されたディディ＝ユベルマンの主な著書は以下の通りである。

『ヒステリーの発明——シャルコーとサルペトリエール写真図像集』*Invention de l'hystérie. Charcot et l'Iconographie photographique de la Salpêtrière*, Macula, 1982 [édition revue, remaniée et augmentée, 2012]（谷川多佳子・和田ゆりえ訳、上下巻、みすず書房、二〇一四年）（シャルコーとヒステリー患者の写真をめぐって）

『ペストについての覚書——想像することの災禍』*Mémorandum de la peste. Le fléau d'imaginer*, Christian Bourgois, 1983 [2006]（自らが関わった演劇『ペスト最新情報』をきっかけとして執筆した覚書）

『芸術における悪魔憑き』（校訂と解説、共著）*Les Démoniaques dans l'art*, de J.-M. Charcot et P. Richer, édition et présentation, avec Pierre Fédida, Macula, 1984（シャルコーとリシェの共著書をピエール・フェディダとともに校訂・解説）

『受肉した絵画』*La Peinture incarnée*, Minuit, 1985（バルザックの『知られざる傑作』をめぐる探求）

『イメージの前で——美術史の目的への問い』*Devant l'image. Question posée aux fins d'une histoire de l'art*, Minuit, 1990（本書）

『フラ・アンジェリコ——非類似と形象化』*Fra Angelico. Dissemblance et figuration*, Flammarion, 1990（『フラ・アンジェリコ——神秘神学と絵画表現』寺田光徳・平岡洋子訳、平凡社、二〇〇一年）（『イメージの前で』の実践編であるフラ・アンジェリコ論）

『われわれが見るもの、われわれを見つめるもの』*Ce que nous voyons, ce qui nous regarde*, Minuit, 1992（ミニマル・アート論。『キューブと顔』に対して理論編）

『キューブと顔——アルベルト・ジャコメッティのある彫刻をめぐって』*Le Cube et le visage. Autour d'une sculpture d'Alberto Giacometti*, Macula, 1993（『ジャコメッティ——キューブと顔』石井直志訳、ＰＡＲＣＯ出版、一九九五年）（ジャコメッティ論。『われわれが見るもの……』に対して実践編）

『剝き出しの顔で』（監修と序文）*À visage découvert*, direction et présentation, Flammarion, 1992（カルティエ現代美術財団における企画展の図録）

『聖ゲオルギウスとドラゴン——ある伝説の変貌』（共著）*Saint Georges et le dragon. Versions d'une légende*, avec R. Garbetta et M. Morgaine, Adam Biro, 1994（聖ゲオルギウスの主題をめぐる論考）

「空の刻印」«L'Empreinte du ciel», présentation des *Caprices de la foudre*, de Camille Flammarion, *Antigone* n°20, 1994（カミーユ・フラマリオン『雷の変転』の解説）

『不定形の類似、あるいはジョルジュ・バタイユによる視覚的な喜ばしき知』*La Ressemblance informe, ou Le gai savoir visuel selon Georges Bataille*, Macula, 1995（第一章の初出テクストからの翻訳として、「いかにして類似を引き裂くか」鈴木雅雄訳、『ユリイカ』一九九七年七月号）（バタイユと雑誌『ドキュマン』をめぐる研究）
『刻印』*L'Empreinte*, Centre Georges Pompidou, 1997（ポンピドゥー・センターにおける企画展の図録）
『ななふし――出現についての試論』*Phasmes. Essais sur l'apparition*, Minuit, 1998（一九八三―九七年の既発表・未発表論文を収めた論集）
『星形のひび――アンタイとの会話』*L'Étoilement. Conversation avec Hantaï*, Minuit, 1998（シモン・アンタイ論）
『住まい、切り株――芸術家の系譜的関係』*La Demeure, la souche. Apparentement de l'artiste*, Minuit, 1999（パスカル・コンベール論）
『ヴィーナスを開く――裸体、夢、残酷――開くイメージI』*Ouvrir Vénus. Nudité, rêve, cruauté. L'Image ouvrante I*, Gallimard, 1999（宮下史朗・森元庸介訳、白水社、二〇〇二年）（サンドロ・ボッティチェッリ論）
『時間の前で――美術史とイメージのアナクロニズム』*Devant le temps. Histoire de l'art et anachronisme des images*, Minuit, 2000（小野康男・三小田祥久訳、法政大学出版局、二〇一二年）（『イメージの前で』の続編）
『頭蓋であること――場、接触、思考、彫刻』*Être crâne. Lieu, contact, pensée, sculpture*, Minuit, 2000（ジョゼッペ・ペノーネ論）
『色彩の中を歩んでいた男』*L'Homme qui marchait dans la couleur*, Minuit, 2001（ジェームズ・タレル

論）
『非場所の精――空気、塵、刻印、強迫観念』*Génie du non-lieu. Air, poussière, empreinte, hantise*, Minuit, 2001（クラウディオ・パルミッジアーニ論）
『残存するイメージ――アビ・ヴァールブルクによる美術史と幽霊たちの時間』*L'Image survivante. Histoire de l'art et temps des fantômes selon Aby Warburg*, Minuit, 2002（竹内孝宏・水野千依訳、人文書院、二〇〇五年）（『ニンファ・モデルナ』の理論編となるヴァールブルク論）
『ニンファ・モデルナ――包まれて落ちたものについて』*Ninfa moderna. Essai sur le drapé tombé*, Gallimard, 2002（森元庸介訳、平凡社、二〇一三年）（『残存するイメージ』の実践編。ヴァールブルク的なニンファというモチーフを、ルネサンスから現代を通じて探求）
『イメージ、それでもなお』*Images malgré tout*, Minuit, 2003（『イメージ、それでもなお――アウシュヴィッツからもぎ取られた四枚の写真』橋本一径訳、平凡社、二〇〇六年）（絶滅収容所の写真をめぐって、表象不可能性の絶対化に抗い、それでもなお残存するイメージを問う）
『空気の運動――エチエンヌ＝ジュール・マレイ、流体の写真家』（共著）*Mouvements de l'air. Étienne-Jules Marey, photographe des fluides*, avec Laurent Mannoni, Gallimard / Réunion des musées nationaux, 2004（オルセー美術館における企画展の図録）
『空気と石の身振り――身体、言葉、息、イメージ』*Gestes d'air et de pierre. Corps, parole, souffle, image*, Minuit, 2005（ピエール・フェディダ論）
『奉納像――イメージ、器官、時間』*Ex-voto. Image, organe, temps*, Bayard, 2006（奉納像をめぐる短い

テクストと豊富な図版）

『孤独のダンサー』*Le Danseur des solitudes*, Minuit, 2006（フラメンコのダンサーであるイスラエル・ガルヴァン論）

『イメージによって思考すること——ジョルジュ・ディディ＝ユベルマンの仕事をめぐって』（共著）*Penser par les images, autour des travaux de Georges Didi-Huberman*, Cécile Defaut, Nantes, 2006（「イメージは燃える」橋本一径訳、『photographers' gallery press』no. 10、二〇一一年）（ディディ＝ユベルマンをめぐる論集。本人による序論は、その後『シャクガ』に収められた）。

『開かれたイメージ——視覚芸術における受肉のモチーフ』*L'Image ouverte. Motifs de l'incarnation dans les arts visuels*, Gallimard, 2007（一九八四—九〇年に発表した受肉に関わる論文を収めた論集）

『接触による類似——刻印の考古学、アナクロニズム、現代性』*La Ressemblance par contact. Archéologie, anachronisme et modernité de l'empreinte*, Minuit, 2008（前掲書『刻印』の再刊）

『イメージが位置をとるとき——歴史の眼1』*Quand les images prennent position. L'Œil de l'histoire, 1*, Minuit, 2009（宮下志朗・伊藤博明訳、ありな書房、二〇一六年）（ベルトルト・ブレヒト論）

『蛍の残存』*Survivance des Lucioles*, Minuit, 2009（部分訳「蛍の残存——第2章」橋本一径訳、『photographers' gallery press』no.10、二〇一一年）（ピエル・パオロ・パゾリーニ論）

『受苦の時間の再モンタージュ——歴史の眼2』*Remontages du temps subi. L'Œil de l'histoire, 2*, Minuit, 2010（森元庸介・松井裕美訳、ありな書房、二〇一七年）（サミュエル・フラー、ハルーン・ファロッキ、アグスティ・センテーリャス、クリスチャン・ボルタンスキー論）

『アトラス、あるいは不安な悦ばしき知——歴史の眼3』*Atlas ou le gai savoir inquiet. L'Œil de l'histoire*, 3, Minuit, 2011（伊藤博明訳解説、ありな書房、二〇一五年）（「アトラス——いかにして世界を背負うか」展の図録に掲載したテクストの書籍化）

『イメージの経験』（共著）*L'expérience des images*, INA, 2011（マルク・オジェ、ディディ＝ユベルマン、ウンベルト・エーコの対談集）

『皮』*Écorces*, Minuit, 2011（アウシュヴィッツ＝ビルケナウ訪問をめぐる「写真物語」）

『曝け出された民衆、端役の民衆——歴史の眼4』*Peuples exposés, peuples figurants, L'Œil de l'histoire*, 4, Minuit, 2012（フィリップ・バザン、セルゲイ・エイゼンシュテイン、ロベルト・ロッセリーニ、ピエル・パオロ・パゾリーニなどをめぐって、来たるべき民衆の表象を考察）

『『アールプレス』の偉大な対話——ジョルジュ・ディディ＝ユベルマン』*Les grands entretiens d'art press, Georges Didi-Huberman*, imec éditeur, art press, 2012（美術雑誌『アールプレス』に一九九〇年から二〇一〇年にかけて掲載された四つの対話）

『人民とはなにか？』（共著）*Qu'est-ce qu'un peuple?*, La fabrique, 2013（市川崇訳、以文社、二〇一五年）（人民をめぐる共著書。収録論文「可感的にする」は、その後『泣き濡れる民衆、武装する民衆——歴史の眼6』の一部となる）

『糸の上で』*Sur le fil*, Minuit, 2013（パスカル・コンヴェール論とスティーヴ・マックイーン論）

『空白の不安』*Blancs soucis*, Minuit, 2013（サルキス論とエステル・シャレフ＝ゲルツ論）

『「想像美術館」時代の図版入り芸術書』*L'Album de l'art à l'époque du «Musée imaginaire»*, Hazan,

2014（アンドレ・マルローの「想像美術館」がはらむ可能性と限界をめぐる論考）

『なんという感動！　なんという感動？』*Quelle émotion ! Quelle émotion ?*, Bayard, 2014（橋本一径訳、『photographers' gallery press』no. 13、二〇一五年）（『歴史の眼６』の一部を改稿した書物）

『シャクガ――出現についての試論２』*Phalènes, Essais sur l'apparition 2*, Minuit, 2014（一九九八年から二〇〇八年の間に発表された論文を収めた論集）

『炭坑内ガスを感知すること』*Sentir le grisou*, Minuit, 2014（パゾリーニの映画『怒り』などをめぐる論考）

『見ることを試みること』*Essayer voir*, Minuit, 2014（ミロスワフ・バルカ論とジェームズ・コールマン論）

『ＪＬＧによって引用される過去――歴史の眼５』*Passés cités par JLG. L'Œil de l'histoire, 5*, Minuit, 2015（ジャン＝リュック・ゴダール論）

『暗闇から出ること』*Sortir du noir*, Minuit, 2015（映画『サウルの息子』をめぐるネメシュ・ラースロー監督への書簡形式のエッセイ）

『流動するニンフ――ドレープ＝欲望をめぐる試論』*Ninfa fluida, Essai sur le drapé-désir*, Gallimard, 2015（ボッティチェッリとヴァールブルクをめぐる論考）

『泣き濡れる民衆、武装する民衆――歴史の眼６』*Peuples en larmes, peuples en armes. L'Œil de l'histoire*, 6, Minuit, 2016（エイゼンシュテイン、ロラン・バルトなどをめぐって、情動のイメージを考察した論考）

『蜂起』（共著）*Soulèvements*, Gallimard, Jeu de Paume, 2016（ディディ゠ユベルマンが監修してジュ・ド・ポームで開かれた展覧会の図録）
『深みのニンフ――ドレープ゠嵐をめぐる試論』*Ninfa profunda. Essai sur le drapé-tourmente*, Gallimard, 2017（ヴィクトル・ユゴー論）
『開かれた本へ』*À livres ouverts*, Institut national d'histoire de l'art, 2017（国立美術史研究所図書館の再開館記念講演録であり、図書館論）
『どんな犠牲を払おうとも通過すること』（共著）*Passer quoi qu'il en coûte*, Minuit, 2017（ドキュメンタリー映画『亡霊たちがヨーロッパに現れる』をめぐるニキ・ジャナリの詩とディディ゠ユベルマンの論考）
『目にはいったもの』*Aperçues*, Minuit, 2018（断章のモンタージュ）

また、上記以外の日本語訳として以下のものが存在する。

「形式的特異性の人類学のために――ヴァールブルクの発想に関する考察」三宅真紀・赤間啓之訳、『記憶された身体――アビ・ヴァールブルクのイメージの宝庫』国立西洋美術館、一九九九年（ヴァールブルク論）。
「運動してやまぬ知、知としての運動――蝶に語った男」逸見龍生訳、『人文科学研究』新潟大学人文学部、第一〇二号、二〇〇〇年（フィリップ゠アラン・ミショー『アビ・ヴァールブルクと運動するイメージ』の序文。その後、前出の『シャクガ』に収録された）。

「形なきものをつつむ」小林新樹訳、『言語文化』明治学院大学言語文化研究所、第一九号、二〇〇二年（明治学院大学における講演の活字化）。

「イメージ、航跡」森元庸介訳、『痕跡』京都国立近代美術館、二〇〇四年（アンリ・ベルクソン論。その後、前出の『シャクガ』に収録された）。

「ジョルジュ・ディディ＝ユベルマンに聞く」橋本一径訳、『photographers' gallery press』no. 10、二〇一一年（再録「イメージで思考する――ジョルジュ・ディディ＝ユベルマンに聞く」『photographers' gallery press』no. 13、二〇一五年）（橋本一径氏によるインタヴュー）。

ディディ＝ユベルマンの著書は、ヒステリーを主題とする博士論文『ヒステリーの発明』に始まり、美術史の領域を越えるさまざまな主題を横断しながら、現在もなお深まり膨張し続けている。

『イメージの前で』の概要

ここで、本書の概要をたどりたい。

まず第一章「単なる実践の限界内における美術史」――この章と第三章の題名は、カントの著書『単なる理性の限界内における宗教』（一七九三年）に基づいている――において、ディディ＝ユベルマンは芸術に関する「知」の限界を摘出する。そして知を非‐知によって弁証法化していく。知が、イメージを捉えて詳細に分析するものであるとすれば、逆にイメージによって捉えられ、知を喪失するような契機が、イメージを前にした体験には存在する。

この章は、まずフラ・アンジェリコの《受胎告知》を前にする体験の記述から始まる。それは逆光の中でのよく見えない視覚体験であり、そしてその中から現れる強烈な白色の体験である。しかし、すぐさまこの視覚体験は「見えるもの」の分析によって鎮められる。こうして問題となるのは、芸術に関する「知」を構成する三つの範疇、「見えるもの（visible）」「読めるもの（lisible）」「見えないもの（invisible）」である。美術史を構成する知は、この《受胎告知》をそれらの範疇を通じて解読するだろう。この絵における「見えるもの」とは、まずはマリアと天使ガブリエル、そして二人を見つめる聖ペテロであり、三人は可視的な背景の中に位置していて、マリアと天使は無地の白い壁の前で向き合っている。これらの見えるものは表象的であり、「読めるもの」へと翻訳される。この場合の「読めるもの」とは聖書の物語、『ルカによる福音書』における受胎告知の場面である。このような可視性と可読性の結合関係が、図像学《イコノグラフィ》を、そして図像解釈学《イコノロジー》を構成しているのだ。しかしこうした解釈は、「見えるもの」と「読めるもの」に還元できない要素を解釈から排除せずにはいない。それでは、「見えないもの」の場合はどうだろうか。それは表象されない画面外も指すが、この絵においては、たとえば白い壁面がそれを示していると考えられる。この絵はあまりにも饒舌さを欠いている。つまり質素すぎるといえるほど飾り気がなく、マリアと天使のあいだには一見「なにもない」。その白い壁面にはなにも描かれていない。ならばそれは「見えるもの」ではなく「見えないもの」を示していると解釈できる。つまりそれは神の声を、神聖な見えないもの、語りえないもの、形象化不可能なものを示しているのだ……。しかし、この形而上学的ともいえる解釈も不十分である。なぜならこのような立場を取れば、絵画を「見えないもの」に還元することによって、もはや絵そのものを見つめることなく、物質でできた絵画を非物質化して、非受肉化して、抽象化してしまうからだ。しかしこの絵を見つめれば分かるように、マリアと天使の間には「なにもない」とはかぎらない。つまりそこには、無ではなく「白」が現れている。こうして現れるものを、ディディ゠ユベルマンは「視覚的なもの（visuel）」と名付ける。それは白色の「面《パン》」である。

それでは「視覚的なもの」とはなにか。《受胎告知》の白い面は、単刀直入に白として出現する「出来事」であるが、それは単なる見えるものではなく、明瞭判明に現れないものの指標現象となっている。それは絵解きをもたらす具象的で表象的なものではなく、むしろ「形象可能なもの」であり「潜在的」である。この宗教絵画はなにを潜在させているのか。それは聖書釈義（exégèse）が示すような錯綜した重層決定的な意味の星座である。つまり簡潔な白の視覚的出来事は、同時に潜在的には多様な出来事の結び目、母体であり、この視覚的なものは、「単純で複雑な」矛盾する弁証法的結晶を形成している。そのような結晶を、ディディ゠ユベルマンは、病の「症候」を意味する語彙によって「徴候（symptôme）」と名付ける。「視覚的なもの」は「見えるもの」のなかで「徴候」を形成して現れるのだ。

そもそも受胎告知という唯一の出来事は、同時に無数の出来事（アダムの創造から時間の終焉にいたる）の神秘的で潜在的な母体、つまり「徴候」である。この告知は矛盾した出来事を告げている。つまりここで天使が告げているのは、非物質的な神の御言葉が物質的な母胎に宿って受肉する出来事である。告知は、この矛盾した意味を潜在させている。そして告知は、キリスト誕生以前の予告であり、つまりは具象的な形象以前の形象可能性を告げている。ならば、この告知を絵画化するには、その場面を具象的に表象するだけでは不十分であろう。そのためフラ・アンジェリコは、告知の様相を模倣するだけでなく、告知の過程を、絵画的な釈義行為によって模倣したのだ。したがって、具象的な形象を示さないこの視覚的な白は、形象化の過程を潜在的に形象化して、受肉という物質への宿りを「具体的に」、物質的な徴候として、光のように強烈であると同時に壁面のように不透明な白い面として現前化している。つまり受肉の過程を絵画的に実現し、形象化しているのだ。

美術史は、このようなフラ・アンジェリコの絵画を、ルネサンスのただなかで行われた中世的な釈義行為をけっして正当に評価できなかった。その理由は、美術史が「視覚的なもの」ではなく「見えるもの」に注目し、「見えるもの」が翻訳する「読めるもの」に立脚しているからである。しかし「視覚的なもの」の要請は、キリスト教芸術の誕生以前から（たとえばテルトゥリアヌスにおいて）存在している。また美術史は、「視覚的なもの」のような概念を警戒し、哲学的な理論を、現代的な概念を警戒して、学問としての自分の特殊性に閉じこもる。そして確信的な調子を採用して、科学的な正確さへ向かおうとする。しかしこの学問は、その対象によって「疎外」された学問であり、なにを選ぼうとも喪失を定められているのだ。たとえば、芸術作品を正確に知ろうとすれば「見ずに知る」しかなく、見ようとすれば正確さを失い「知らずに見る」ほかない。そして美術史家は、歴史的な過去はその過去の範疇によって解釈されるべきであり、現在的な範疇によって解釈されるべきではないと主張するが、ここには大きな罠がある。たとえばフラ・アンジェリコは修道院生活を送り、中世に形成されたキリスト教神学を糧にして絵画制作を続けていたが、その絵画を同時代のルネサンス的な絵画理論によって解釈するとき、やはり歴史家はアナクロニズムの罠に落ちる。そもそも歴史家は、喪失対象としての過去と発見対象としての過去の間で宙づりになっていて、いかなる過去もアナクロニズム的であり、想起する現在の操作によって存在するほかない。したがってアナクロニズムは、むやみに避けるべきものではなく、むしろ歴史学において活用されるべきものである。

この美術史という学問は、二つの基本的命題によって構成される。つまり、「芸術は過去のものであり、歴史という観点に収まるかぎりで対象として捉えられる」、そして「芸術は見えるものに属するものであり、特殊な同一性、同定可能な様相、区分基準、閉じた領域を備えたものである」。要するに、芸術は終焉を迎えていて、誕生して死亡することによって歴史的な対象として不死となるのだ。そして死という喪失は、美術史という学問によって、知の勝利によって埋め合わされ、不死の対象となった芸術はすべて「見えるもの」となり、すべては知られる。美術史の発明者ヴァザーリは、このような美術史を「完璧さ」へと向かうイデアの自己運動として定義したが、ここにはヘーゲル的な歴史性の歪んだ近似物が見出される。まず、歴史の原動力は「彼方」、つまり「イデア」や「精神」として設定される。次に、歴史における死の働きは、否定的なものと止揚による弁証法の運動を思わせる。最後に、この歴史の運動は「絶対知」のようなものへと至る。しかし、ここで成立する美術史の歴史性は、ヘーゲル的な弁証法と絶対知の戯画にすぎない。むしろわれわれは喪失を、消失したものを呼び出しながら、そこに残存するものを見つめなければならないだろう。消失の視覚的痕跡、つまり「徴候」を見つめなければならないのだ。それが本書が試みたことである。

第二章「再生《ルネサンス》としての芸術　そして理想的人間の不死性」では、美術史という学問の誕生が問われる。この章の主役はまさにヴァザーリである。ヴァザーリは、その著書『列伝』とともに美術史を発明して、「ルネサンス（再生）」という時代を主題化した。つまり芸術は中世に死滅し、ルネサンスに再生して不滅なものに、不死なるものになる。ヴァザーリは、そのルネサンスに（再）誕生する芸術の歴史を、対象としての芸術の歴史（目的格的属格の意味における）を発明した。
ヴァザーリは『列伝』において、美術史の領域を定義する「枠組み」を構成するが、そのために四つの正当化の手続きを展開する。まずそれは、コジモ・デ・メディチという大公への服従関係である。次にそれは社会体の創設である。その社会体とは、大公によって承認される社会体であり、芸術家というエリート階級の社会体である。そして第三に、ヴァザーリは起源に訴えかける。つまり再生期《ルネサンス》の歴史家であるヴァザーリは、プリニウスを、誕生期の歴史の歴史家を援用して、自分の時間性（誕生と再生）の枠組みを構成する。そして第四に、ヴァザーリは未来へ向かう目的論的な正当化を行う。つまり彼は、時間の「目的（終焉）《ファン》」と主格的意味での美術史の目標を、目的格的意味での美術史の時間として総合する。

まず歴史家としてのヴァザーリは、芸術家に不滅の名声を与える。芸術家は、死後に時間の流れとともに忘却される「第二の死」の危険をこうむらずにはいないが、歴史家は彼らを忘却から救い、歴史に名をとどめる不死なるものとして救済し、聖別する。こうして構成されるヴァザーリの歴史にはさまざまな目的が含まれている。まず第一に、形而上学的目的があり、それは芸術を第二の宗教として構成する。次に宮廷的目的が、その不死性に栄光を授ける。

こうしてヴァザーリは、進化論的で目的論的な歴史を発明する。つまり芸術は、中世における死から（再）誕生し、進化して、ミケランジェロによって完成（目的）の域に達する。それでは、ルネサンスに再生したものとはなにか。それは「自然の模倣」である。ここで芸術という第二宗教の目標は、第一宗教における絶対的他者（神）ではなく、相対的他者（自然）として設定され、模倣《ミメーシス》（同一性）が芸術の原理となる。しかし、このヴァザーリ的「模倣」は矛盾をはらんでいて、しかもその矛盾という亀裂を巧みに縫合して、総合している。たとえば、彼はモデルへの従属を要請しながらも、同時にモデルに対する作品の優越を表明していた。そして、なによりも模倣は、「自然の模倣」であると同時に、美しき芸術の、古代芸術の模倣でなければならなかった。

それではなにがこのような矛盾の総合を可能にするのか。それは「イデア」を原理とする観念論《イデアリスム》（理想主義）である。ヴァザーリにとって、イデアは対象（自然）に内在していてそこから抽出されるが、同時にそれは精神にも知として内在している。つまりヴァザーリ的模倣は、「眼による模倣」と「精神による模倣」という矛盾する二重性として提示されるのだが、この二重性はどちらも「イデア」によって正当化されるのだ。このような魔術的な総合を可能にするのが、ヴァザーリの中心概念「素描（disegno）」である。これは、「再生」「模倣」「イデア」につづく第四の魔術的な言葉である。イタリア語の「disegno」は、手で描かれた「デッサン」を意味するとともに、「企図」を意味している。つまりヴァザーリ的「素描」は、対象の側から抽出されたイデア（デッサン）を意味すると同時に、精神の側から抽出されるイデア（企図）を意味するのだ。そしてこの矛盾する二重性は、素描のイデア性によって魔術的に総合される。こうして素描は、知性的なものと感性的なものという矛盾するものを調和させる。つまり、素描は感性的世界から知性的なものを抽出することであるが、同時に手と物質という感性的なものによってそれを表現することを意味するのだ。この矛盾は、素描によって「知性から知性へ」「認識から認識へ」という循環構造へと総合される。この操作によって、素描は芸術を知的認識の領域として構成するのだ。こうしてヴァザーリにおいて素描は、全芸術（建築、彫刻、絵画という素描三芸術）を統一的対象として構成する公分母、包括的原理となる。

美術史は、そのような知的認識としての芸術を対象として構成しながら、同時に自分自身を言説の主体として構成する学問であるが、この知は、「知としてとらえられた芸術」のみを対象とするほかない。つまり美術史は、芸術を自分の似姿として、鏡像として発明して、「視覚的なもの」をそこから排除してしまうのである。

つぎに、第三章「単なる理性の限界内における美術史」で主役となるのはパノフスキーである。美術史は、イデアと模倣《ミメーシス》の結合関係を継承して鏡像性を維持し続けるが、しかし十八世紀後半にヴィンケルマンによって転換を迎える。つまり美術史は、自分の原理的限界を検討して、認識批判をこうむり、自分の鏡像性を問題化する。こうして美術史は、ヴァザーリ的な定立に対する「反定立」を提起して、総合へといたる。美術史がここで迎えるのはカント的な転換である。カントは、ヴァザーリが確立したイデアとミメーシスの結合関係を解体した。彼にとって、芸術作品が美を通じて表現するのは「美学的理念《イデア》」だが、この理念は概念とは異質である。美学的理念は「構想力（想像力）の表象」（直観）であるが、それに対して「理性理念《イデア》」が「概念」なのだ。したがって、カントによってヴァザーリ的素描は引き裂かれる。カントは、自然を知る能力と芸術を判断する能力、純粋理性の客観的普遍性と主観的普遍性を弁別することによって、イデアとミメーシスの人文主義的結合を解体する。彼は、美学的理念《イデア》の能力（天才）を模倣《ミメーシス》的精神と対立させるのだ。しかし美術史は、芸術を対象として「認識」する学問として、美学的趣味能力ではなく純粋理性の認識能力に基づくことになる。つまり、カントの『判断力批判』ではなく『純粋理性批判』に基盤を置くのだ。このような美術史におけるカント的な調子を体現しているのが、エルヴィン・パノフスキーである。

パノフスキーの原理は意識であり、意識以前の自然状態は否定される。つまり、『イコノロジー研究』「序論」のドイツ時代の初稿「造形芸術作品の記述および内容解釈の問題について」が示すように、言語によって絵画を描写するにあたって、純粋に形式的な水準を想定することはできても、それを描写することはできない。目によって見るのは精神であり、描写は初めから意味作用の水準に、少なくともパノフスキーが「第一段階的」と呼ぶ水準に身を置いているのだ。それでは、そのような概念的内容を担う現象に対して解釈はなにを行うのか。解釈は、パノフスキーがハイデガーのカント論を援用しながら指摘するように、明白には表現されないものを暴力によって解釈して表現するのである。しかしこのような暴力性は、アメリカ版の「序論」から失われる。アメリカ版は、初稿の反定立を総合していると考えられるが、しかしそのような総合は初めからパノフスキーの理論に書き込まれていた。彼は自然な因果性を否定するが、そのかわりに「総合的直観」（それは反定立的な喪失を、疎外を解消する）による基礎づけを求める。そのためパノフスキーは、巧妙な方法論的循環を、総合を生み出していく。たとえば彼は、初期の著書『イデア』においてヴァザーリをカント化して、同時にカントをヴァザーリ化、人文主義化する。「人文主義」は第一の魔術的な言葉である。前章で検討されたように、ヴァザーリの芸術論は観念論《イデアリスム》と自然主義の弁証法的二律背反を含んでいるが、ここでパノフスキーは、むしろ彼をカント的総合の先駆者とみなす。ヴァザーリ的素描が、知性から演繹されて精神に投影される芸術的表象であり、外への表象に先行しているとすれば、芸術的直観は、認識する悟性と同様に「物自体」には関わらず、自分が構成した世界だけを対象としていて、その規則を制定する。つまり、芸術を生む直観は認識する悟性と結ばれ、芸術は認識と結ばれる。そして人文主義的歴史は、自然の感覚的観察（感覚的なもの）を歴史的な、過去の文化的伝統（知性的なもの）と総合する。歴史家は、過去の対象を「主観的に再創造する」が、「理性的な考古学的分析」を行うことによって、主観と客観を

「客観的に」「超総合」するのだ（これは方法論的循環である）。この科学的とされる総合は、歴史家の「意識」によってなされるため、美術史の対象は「意識の対象」となり、美術史に無意識は存在しないことになる。そしてこの意識は、暴力（たとえばナチズムの）に抗う手段となるが、しかし同時にイメージの暴力性そのもの（イメージが暴力をなす瞬間、非類似、非人間性）を否認してしまう。そのとき美術史は、イメージを自分の考えの、人文主義的イデアの鏡像に変えてしまうのだ。

パノフスキーの「イコノロジー（第二の魔術的言葉）」は、目の見る世界がすでに精神の見る世界である点を出発点としているが、この出発点は知性による鏡像的な循環を生み出し、他性はそこから排除され、「見る《ヴォワール》」と「知る《サヴォワール》」の強固な結合関係が形成される。チェーザレ・リーパの『イコノロジーア』は、「見えるもの」と「読めるもの（辞書のように）」の共通点を魔術的に形成して、つづいて「見えるもの」と「見えないもの（抽象概念）」の共通点を形成していた。こうして感性的イメージは、知性的な定義と一致する。そしてそれらの共通点は、イメージを導く普遍的規則を形成する。これを継承したパノフスキーのイコノロジーは、芸術をイメージと文化による普遍言語とみなして、自分の方法に適合するイコノロジー的な芸術を鏡像的に想定する。そのような芸術はイコノロジー的な内容をもつが、それは意味作用の問題であり、意味作用を産出する根本的な原理と関わる。この原理に到達できるのは「総合的直観」、一種の超越論的総合であり、イコノロジーは理性的に図像学《イコノグラフィー》的な分析を行うと同時に、文化的なテーマや概念に精通した直観によって総合を行うのである。こうしてイコノロジーは、芸術を「見えるもの」「読めるもの」「見えないもの」に還元して、それ以外の要素に関しては思考を停止する。

一九三九年のアメリカ版「序論」における「内的意味作用」の「見えない」テーマや概念は、その約十年前には「象徴形式」と呼ばれていた（『〈象徴形式〉としての遠近法』）。これが第三の魔術的言葉、体系のイデア（あるいは本質意味、究極内容、超越的審級）である。象徴形式は、知性的な内容を感性的な記号と結合する。この概念はエルンスト・カッシーラーに由来する。カッシーラーにとって、認識は媒介作用、多様性を統一する「機能」をそなえている。この統一性の原理とは、「充足理由の原理」であり、それは矛盾を総合する原理である。この原理は、ひとつの内容を複数の記号に、普遍的内容を個別的記号に、知性的内容を感性的記号に一致させる。象徴は、このような原理、「機能」から生じて、そこに充足理由を見出す。そして象徴形式は、象徴機能の一種の文法、一般文法であるが、それは結局は統一性を目的とするイデア的規則であり、総合を前提としているのだ。つまり象徴形式は、記号の感性的多様性を知性的な意味作用に包摂する。ここで感性的なものは知性的なものに転換されて、芸術は感性的な偶発的形態のもとで表現される知性的なものとなる。これはカント的な「総合的統一」の実現である。パノフスキーは、カッシーラーの「象徴形式」に基づいて思考していたが、パノフスキーの有名な三項図式は、実際にカント的な総合的統一性の図式をたどっている。パノフスキーの図式における第一段階は、カント的な「感性的な多様なもの」の水準に対応する。第二段階は「構想力」の段階である。構想力は、感性的な多様性を統合しながら内容を形成して総合する。第三段階は「総合的統一性」の段階であり、純粋悟性に基づいて認識を確立する。こうして「本質意味」つまり「概念」が得られるのだ。つまりこの図式は、直観からイメージ、つぎにイメージから概念へと進行する。こうしてパノフスキーは、芸術形式と知の形式を相互化して、象徴形式に「概念からイメージ」への運動を要請する。そして美術史は、芸術的イメージの「概念」を言表するという「目的」にいたる。それはカント的な「純粋悟性概念の図式論」によって可能となる。これが第四の魔術的言葉である。

カントにとって、純粋悟性概念と経験的（感性的）直観は異質であるが、「超越論的図式」が両者を媒介する。図式は、一方では悟性的カテゴリーと、他方では感性的現象（あるいはイメージ）と同質であり、両者を相互に適用可能にして、感性的なものを知性的なものに包摂し、あるいは逆に概念（知性的）をイメージ（感性的）に感性的に転換する。しかし図式は平等な相互性をもたらすのではなく、あくまでも感性的なものを悟性へと包摂するのだ。カッシーラーとパノフスキーの「象徴形式」は、このカント的図式の一種の代用品である。カント的図式は構想力の産物であるが、概念にしたがって規定する規則である。それは一種の「組み合わせ文字（モノグラム）」である。このカントの定義が美術史に転用されることによって、イメージはモノグラム化される。つまりイメージは要約され、理性理念の感性的転換だけが抽出されるのだ。この転換という総合によって、統一化する「表象の箱」が形成される。そこでイメージは純化され、非理性的な構造《エコノミー》を消去されてしまう。こうして美術史は、形而上学的になり論理的になってしまう。

第四章「裂け目としてのイメージ　そして受肉した神の死」は、本書の全体が流れ込むと同時に湧出する渦を形成しているため、その内容を詳細にたどりたい。

ここではまず、第三章において問われた美術史の鏡像性、知の主体と知の対象の鏡像的で循環的な関係を、「表象の箱」を引き裂き、開くことが要請される。ディディ＝ユベルマンは、パノフスキーによる総合に対して、総合的ではない弁証法を突き付ける。見ることと知ることの間にとどまり、定立でも反定立でもなく、対立を総合することなく弁証法化すること、そのような思考が問われる。形象化された形象に対して形象化しつつある形象、見えるものに対して視覚的なもの、形態に対して不定形の物質、表象に対して現前化……

が問われる。イメージは、そのような「否定的なもの」の力を宿しているのだ。

このような弁証法的思考を行ったのは、フロイトである。フロイトは、夢の作用《トラヴァイユ》を「判じ絵」になぞらえているが、夢は切れ端の集合であるとともに現前化する裂け目である。その裂け目は単なる虚無ではなく、省略や削除の残骸、消去の痕跡である。夢には論理的関係が不在だが、それは単なる欠如ではなく、この否定性は現前化の作用を示している。つまり夢は、一致と不一致を同時に、非論理的に、多様な対象として共現前させるか、単なる現前において共現前させる（同一化や混合的形成によって）。そのような夢における類似は、ヴァザーリ的「素描」が求める類似とは異なる。常識的な類似は、二項の形態的で観念的な統一性を意味するが、フロイト的類似は、物理的で非形態的な接触であり、そこから異質なものが類似化する過程が生じる。そして類似は、もはや二項性を要請するのではなく、多様なものの結び目、集合を生む「圧縮傾向」を示している。そこで同一物はもはや二項の融和ではなく、その表象は検閲された他のものの置換を、つまり他者性を意味し、類似化する諸項は融和されるというよりも、複合的形成において衝突して多様な関係を、さまざまな移行過程を産出する。それは解体における形成の錯綜である。

それでは夢と絵画の関係はどのようなものであろうか。夢における形象化の裂け目は、同時に形象化の作用を示している。そこで論理的関係は論理的には表象されないが、しかし「適切な脱形象化によってそれでも形象化される」のだ。曲折によるこの形象的働きにおいて、類似は相違と等しく、形象化は脱形象化と等しくなる。そこには覚醒時に削除された「なにか」があるが、そのなにかはそれでも無ではなく、自らを見せ、自ら現前化する。そのとき視覚は見ることと見つめること（そして見つめられること）の間で引き裂かれ、イメージは表象と自己現前化の間で引き裂かれる。そして、われわれが絵を見るのが覚醒時のことであるとすれば、その「なにか」は「夢の忘却」のように現れるはずだ。絵におけるその視覚的出来事は、「回想として表象されるもの」と「忘却として現前化するもの」の裂け目から生じる。そしてこの忘却されながらも現前化するものが「徴候」である。徴候は知の鏡像ではなく、むしろ知る主体の位置を変更するものであり、非魔術的な言葉である。

パノフスキーもまた無意識を、徴候を問題としなかったわけではない。しかしパノフスキー的無意識は、「いまは意識されていないがいつかは知ることができる無意識」であり、それに対してフロイト的無意識は知の対象ではない。そしてパノフスキー的徴候は、現象意味と指示的意味を超える「無意識的に漏らしてしまうもの」であるが、彼はそれを同質的意味や一般精神史、哲学体系へと還元して徴候性を否認してしまう（それに対してフロイト的徴候の性質は、異質性、特異性、不測性である）。パノフスキー的徴候は、結局は「見える」外観よりも根本的な「より見えないもの」を意味する。それは知が洗練されれば到達可能な現実、内在的意味作用である。そしてパノフスキー的無意識は、超個人的で形而上学的な本質であり、歴史家の超意識（純粋理性）によって認識可能である。ここで無意識は意識と不調和ではない。つまりここに無意識は存在しないのだ。パノフスキー的無意識は、無意識というよりも「象徴機能」であり、象徴を制作した者の個別的意図を超えた、形式の一般的生成文法である。この「象徴形式」は機能の統一性であり、もろもろの形式に統一的形式を、唯一のイデアを与えるのである。

したがってパノフスキーの試みは理性的であり、彼の分析は対象の重層決定性を論理形式に還元してしまう。たとえば彼は、デューラーの《メレンコリアⅠ》をメランコリー（人間的）と幾何学（知性的）の総合として、芸術家のメランコリーの表象として解釈する。それはデューラーの自己指示的形象として解釈され、ルネサンス的な「芸術家―知識人―天才」の体系において位置づけられる。しかしディディ＝ユベルマンは、そこにパノフスキーが排除した要素、「キリストの模倣」という宗教的範例を見出す。この範例がもたらす横断的連鎖は、重層決定性を生じさせて演繹モデルを崩壊させるため、パノフスキーの分析から排除されていたのだ。

象徴的な演繹は、意味を与えるためにイメージを要約して総合の統一性に還元する。それに対して徴候は重層決定的である。象徴は機能であり、意味作用の内容（本質意味）によって説明される。それに対して徴候は「作用《トラヴァイユ》」であり、シニフィアン、非意味的素材によって説明される。演繹であるイコノロジー的操作は、方向づけられた時間性を、進歩を想定する。それに対して徴候の時間性は、前進と後退が一体となった戯れ、ひそかな恒常性と不測の事故として現れる。徴候の重層決定性は、葛藤と多義性を通じて現在とつながり、その葛藤と多義性もまた過去の（しかし存続する）葛藤と多義性と、記憶要素と関係している。そしてその記憶要素が、現在の徴候を形成して主体の現在を変形しにやってくるのだ。

パノフスキー的象徴とは異なって、フロイト的徴候の象徴性は二項的ではなく、諸々の項の集合が関係する開放的集合によって成立していて、それぞれの諸項の集合にも開放性があり、各項は二重の意味が構成する最小限の重層決定をこうむっている。つまり徴候は、生じたと同時に生じなかった出来事を同時に象徴化する。それは象徴化しながら表象するが、変形しながら象徴化するのだ。徴候の三条件とは、内向的襞、その襞が現前化する回帰、そして襞と現前化の緊張した多義性である。

イコノロジーの理想は、作品において「思考可能なもの」の条件を定義することにあるが、しかし徴候への開放は、目の前でイメージを横切る「思考不可能なもの」へと導く。そこで生じるのは出会いの出来事であり、作品の構築された部分は呪われた部分によって侵害されてしまう。

　そのような徴候は、キリスト教芸術に現れている。フロイト的徴候は、不可能な外的世界の変形を身体の変形で入れ替える。そして御言葉の受肉は、人間世界を救うためにキリストの身体を供犠的に変貌させることを意味する。信者は、そのキリストの脱形象化の試練を模倣する。この模倣は、身体だけでなく徴候の模倣へと向かう。たとえば聖痕という徴候的な脱形象化の模倣へと（アッシジのフランチェスコのように）。そしてキリスト教芸術もまた、具象的様相の模倣だけでなく、同様の模倣を行うのだ。

　受肉は、二重の構造《エコノミー》をイメージに与えている。まずそれは、神的なものが身体の可視性に接触する出来事であり、古典的模倣を要請して身体をイメージにおいて機能させる。その一方で、受肉は身体を供犠的に変貌させることを要請する。したがって受肉のモチーフを考察することは、人文主義的な見えるものの専制（模倣）と読めるものの専制（イコノロジー）を批判することにつながるだろう。つまり、見えるものは視覚的なものの作用へと開かれ、読めるものは釈義や意味の重層決定性へと開かれる。そのような受肉を示す原型的イメージが、聖顔布や聖骸布である。御言葉が現世的肉体に受肉したように、神との接触がそれらの粗末な素材に啓示力を、出現力を与え、受肉を行う。この原型的イメージは徴候であり、神の接触の痕跡であるが、この神聖な指標は、同時に人間による非‐接触を要請して欲望対象となる。ヴェロニカは高い位置に展示されているため、ほとんど額縁しか見えない形で展示されているが、これは弁証法的な「後退」の実現である。この弁証法は、単なる見えるものではなく現前可能性の作用を、イメージの潜在性を、そして徴候的な出現力を生み出す。そしてイメージを範例イメージへと、人間が自分を神の似姿とみなす関係の母体へと構成する。人間が（神の）イメージに類似していたことは、人間がそれに従属していたことを意味していて、イメージを見る者はイメージへの支配力を持たず、自分がイメージの眼差しの下にあると感じる。これは刻印（character）の関係である。奇跡的な図像は、御言葉による肉の神聖な刻印であり、その図像は鑑賞者にその刻印の力を伝え、受肉の作用を継続するのだ。展示という出来事の背後へと後退し、現前可能性として現れるそのようなイメージにおいて、可視的把握の代わりに視覚的出来事が生じる。美術史はこのような対象を考察しないが、この美術史にとっての不可能な対象の歴史を思考しなければならない。

たとえばフラ・アンジェリコの《影の聖母》の下部に美術史は決して言及することはなかったが、具象的で説話的な上部に対して下部が示すのは、石のような模様の上に散布された色彩である。この視覚的徴候は、上部の模倣的様相（表象への要請）に対して、身振りや非類似（現前化への要請）の対位法を生み出している。それは確かに非類似的だが、典礼的な模倣を実現していて、ある過程を、「塗油の身振り」、聖別の身振りを再演している。この身振りは、受肉の教義に則って絵画の表面を聖別しているのだ。あるいはシュニュットゲン博物館の磔刑図において、磔刑のキリスト像は赤い色彩（血）にまみれ、そこでは身体全体が傷口となる。ここには現前可能性の作用が現れている。イメージはあまりにも遠いと同時にあまりにも近くにある。ここには、キリスト教が身体という可視的世界に与えた限界の要請が現れている。つまりそれは、信者は身体というこの世の煉獄を定められているのだから、受肉した御言葉が人々を救済するために身体を犠牲にするのを模倣して、自分の身体を変形せよという要請である。これは徴候への呼びかけであり、この色斑はその形象的等価物である。それは主体としての色彩である。それは単なる色彩であり描写的ではないが、しかし純粋な偶然の無償性でもなく、徴候形成の重層決定的な力を備えている。そこには形象可能性の作用が働いていて、描写される身体が色斑において省略されるのは、無となるためではなく、「ずらされた肉の名残」を残存させるためである。それは中間状態の色彩であり、覆い隠すと同時に開くものなのだ。この色彩が呼びかける対象は、クリストゥス、キリスト、つまり塗油された者である。つまり画家が顔料を投げつける行為は塗油行為であり、その行為は宗教的欲望の不在対象と結びついているのだ。それゆえに、これは聖書釈義の行為である。それゆえこの色斑は、色彩という簡潔な出来事と潜在性の結晶、視覚的ショックと釈義的展開の結晶である。つまりそれは徴候であり、古典的磔刑図と古典的模倣に対して脱形象化を行っているのだ。そこに現れるのは重層決定され異郷化する不気味な力である。

この徴候は抽象的ではなく、あくまでもキリストである。そこで通常の類似は危機にさらされるが、それはあくまでも類似している。そしてこの徴候は、もはや図像学的コードにしたがって物語るのではなく、「語ると想定されたイメージにおける叫びや無言を生み出している」。この絵において、模倣的様相は受肉の真理によって引き裂かれるが、その真理は「キリスト教の神の死」を、同一者の変質を意味している。キリスト教的イメージには、その変質が要請されるが、ここにあるのは類似の排除ではなく、キリスト教には類似のドラマが存在する。つまり、神のイメージに類似したアダムが類似を喪失して人間は類似を失う。つぎに神のイメージ（キリスト）が人類の罪を贖うために受肉して、脱形象化の試練にあって自らを犠牲にする。この彼の死は、人間に救済の保証を与え、最後の審判の後で類似を回復する機会を与える。ならば人間の世界は非類似の領域であり、そこで類似は不可能な対象である。

中世の画家が残した絵画概論は非常に宗教的な内容を持っていて、たとえばチェンニーノ・チェンニーニは「描くこと」を、アダムの過失によって失われた知恵を回復して、失われた類似を回復する技術として定義する。しかし、宗教的中世と人文主義的ルネサンスを対立させるだけでは、ヴァザーリ的な分割線を延長することにしかならない。むしろ歴史はアナクロニズムと衝突の編み物である。つまり、ヴァザーリ的に創作されて進展するものは、永続し退行するものと共存して、総合のない弁証法を形成しているのだ。たとえばフラ・アンジェリコは、十五世紀の様式的近世性（アルベルティ的透視図）を中世的な範疇を通じて思考して利用していた。つまりイメージの歴史はつねに異郷化しているのだ。しかし人文主義的美術史は、中世を排除することによって殺害して、イメージを殺害してしまう。イメージの暴力性、非類似、非人間性を否定して、芸術が多様な領域へと散種することを妨げ、矛盾した主体から知的で不滅な人間性だけを抽出してしまう。

こうしてイメージを殺害する美術史は、「死を殺害」しているのだ。テオフィルスやチェンニーニにとって芸術的イメージは、アダムの過失によってイメージとの類似が失われた喪の徴にほかならない。この喪失は、人間が不死性を失って死を定められたことを意味する。したがってイメージを再び見いだす欲望は、不死性を再び見いだす欲望と重なる。つまり、受肉的イメージの弁証法は、矛盾する二重の運動をイメージにもたらすのだ。それは死の死（つまり不死）のためにイメージに死をもたらすことであり、イメージにおいて永続的な殺害を、供犠を行うことである。しかしヴァザーリは「再生」を唱え、「生」（『列伝』の題名の第一語）を語り、「死を殺害」して、イメージを殺害する。彼にとって「再生する」芸術家は、芸術を再生させて、同時に模倣的に表象される対象に再び生を授ける。こうして「類似している」「自然な」「生き生きとした」という紋切り型が一体化して、死を否認し、受肉的なイメージの部分を殺害してしまうのだ。

たとえば十五世紀にドナテッロが制作したニッコロ・ダ・ウッツァーノの胸像とされるテラコッタ像は、ヴァザーリ的視点では写実主義の極みであり、人文主義的な彫像に思える。しかし、同様の写実主義の極みは、すでに中世の教会奉納像に、型取りによって制作された物体に見いだされる。それらの奉納像は、美術史の対象とはならなかった。なぜなら、それらは中世美術の様式ではなくルネサンス作品の様式を持ち、しかも芸術作品ではなく奉納像であったからであり、刻印による指標的物体であり、人文主義的概念（着想、手法など）を重視しない職人芸によって制作されていたからである。ヴァザーリは、この奉納像を歴史の闇に葬った。それは、キリスト教的な類似のドラマから類似を切り離し、芸術的目標へと、芸術家の企てへと、自然なものの、生の獲得へと変え、人文主義的な範疇へと構成するためであった。奉納像の類似性は、即自的な目的ではなく、様相の探求ではなく、別の宗教的目的をもっていたため、ヴァザーリはそれを否認しなければならなかった。そしてなによりもヴァザーリは、この型取りという技法が死に関わる技法であることを、ローマ時代のデスマスクである「イマーゴ」の技法に由来していることを、忘れ去りたかったのだ。このイマーゴの致死的な本質は、ドナテッロの胸像に、そして同室にある女性の胸像にさらにはっきりと現れる。それは「もっとも正確で非人称的で劇的な類似性――その死したものであるという類似性――だけに」類似しているのだ。

ヴァザーリは類似を獲得物と、芸術と、生とみなすが、これらのイメージにおける類似は「神への贈与、超自然的契約の証し、そして間近に迫った死の徴」とみなされる。これらの像を奉納したり教会に置くことは、象徴的力を表明することであるが、同時にそれはなにかを「捨て去る」こと、自分の自然な類似性を、死後の生における超自然的な類似性（神との）のために供犠的に「贈与」することである。したがってこのイメージは、類似的であるが同時に異郷的であり、現前化の様態における脱形象化を突きつける。そこには死の運用のようなものがあり、死はこれらのイメージの支えである。なぜならキリスト教的なイメージ操作の中心には死があるからだ。キリスト教は死（キリストの）を主題化して投影するが、それを死の不在（救済）へ向かう媒介作用に変えて否定を弁証法的に包含する。しかし同時に、回帰する否定性に身を開かずにはいられない。まずキリスト教は、定義上は不死なるもの（神）を死なせ、つぎに死を死なせる（信者の死を殺害する）。キリスト教はそれをイメージ化した。しかし、そのため死はイメージにおいて存続する。キリスト教徒は、死を殺害すると同時に死を模倣する二重の欲望の中で生きている。つまりそれは、「キリストのまねび」によって神の死を模倣し、復活する神のイメージに類似して自分の死を殺害する欲望である。キリスト教は、イメージに類似して死ぬことを、供犠的死を演じ直すことを要請するのだ。そしてこの死への強制は、キリスト教芸術のイメージにも当然のように襲いかかっている。キリスト教的イメージは、この総合なき二重の要請にしたがっているのだ。そこに現れるのは模倣と受肉の複雑な戯れである。

こうしてディディ＝ユベルマンは要請する、なによりもイメージの前でイメージを見つめ続けること、そしてたとえ自らの知が引き裂かれようとも、その裂け目において思考し続けることを。

訳語について

最後に、訳語に関して付言したい。

«fin»は「目的」「終焉」「終わり」と訳した。

«symptôme»は基本的に「徴候」と訳した。ディディ＝ユベルマンは、この用語をなによりもフロイト的な文脈で用いているため、「症状」や「症候」と訳したほうが適切な場合も多い。しかし、本書では、パノフスキー的な「象徴（symbole）」に対して、それとは異なる概念として使用されていて、なによりも絵画における「徴」として問題化されるため、この訳語を採用した。

「視覚的なもの」「視覚的」と訳したのは《visuel》、「見えるもの」「見える」「可視的」は《visible》、「読めるもの」「読める」「可読的」は《lisible》、「見えないもの」「見えない」は《invisible》であり、「釈義」は《exégèse》である。

《histoire》は、「歴史」「物語」「歴史物語」、あるいは「物語（歴史）」などと訳した。絵画において表象される「歴史物語」は、必ずしも史実ではなく、宗教的な物語なども含んでいる。「歴史物語」という訳語は、そのような「歴史的な物語」、あるいは「物語的な歴史」を示している。また、この用語は、美術史におけるアルベルティの用語としては、慣例的に「歴史画」「物語画」と訳される。

《économie》は、おもに「構造《エコノミー》」と訳して、同じ訳語をもつ《structure》と区別するためにルビをつけた。この用語は、現代においてはおもに「経済」と訳されて、富の生産、流通、交換、分配、蓄積、消費の構造を意味している。本書と関係のある精神分析の文脈においても、やはり「経済」と訳される。もともと語源的には、古代ギリシア語において「家政（オイコノミア）」を意味していて、「家（広義には国や宇宙）」の秩序だった管理運営を指していた。そして、キリスト教的な文脈では、神の「救済計画」を意味していて、この場合は「経綸」と訳される。ディディ＝ユベルマンは、この用語を重層的な文脈で用いているが、共通する基本的な意味は、静態的ではない構造、不等価性や等価性、流動性や循環性によって形成される動的な構造である。

《travail》は本書では基本的に「作用」と訳した。フロイトが『夢解釈』において用いた《Traumarbeit》

という用語は、フランス語では«travail du rêve»と訳され、日本語では「夢の作業」「夢工作」と訳されるのが慣例となっているが、本書の全体において「作業」「工作」という訳語を採用するのは不可能であるため、「夢の作用」と訳した。

頻出する名詞である«ouverture»に関しては、統一的な訳語を採用せずに、文脈にしたがって訳し分けた。訳語は、「開放」「開放性」「開口」「開口部」「開かれた入り口」「切開」である。また、動詞«ouvrir»は「開く」「切り開く」「裂開する」と訳した。

«invention»は、文脈にしたがって「発明」「創作」「着想」「考案」として訳し分けた。

本文中でたびたび用いられる«à l'image de»という表現は、通常は「〜の似姿として」「〜に似て」と訳されるが、原語に「イメージ」という単語が入っていることを示すために、場合によっては「〜のイメージに似せて」「〜のイメージに類似して」などと訳した。

«signification»は「意味作用」「意義」と訳した（ただしsens-signification は「指示的意味」）。この単語は、本書ではパノフスキーの用語«meaning»の訳語としても用いられている。この用語は、パノフスキーの邦訳においては通常は「意味」と訳されるが、拙訳では«sens（意味）»と区別するために「意味作用」と訳した。

«iconique»は、形容詞としてはおもに「類似記号的」（«signe iconique»は「類似記号」）、名詞としては「類似記号的なもの」と訳した。

原書における明らかな誤植と思われる箇所に関しては、訳者の独断で訂正をした。また、訳注において誤植の可能性を僭越ながら指摘した場合もある。

＊＊＊

本書を上梓するまでにさまざまな方からお力添えをいただいた。とくに日向太郎氏からは、イタリア語、ラテン語、ギリシア語に関するさまざまなご教示と多大なお力添えをいただいた。また、石原陽一郎氏からは、精神分析の用語に関するさまざまなご指摘と拙訳全体に関するご意見をいただいた。そして、本書の仕上げをするにあたって、法政大学出版局の編集者である郷間雅俊氏から絶妙のご支援をいただき、さらには人名索引の作成をお引き受けいただいた。本書は訳者にとって初めての単独訳書であるが、一人の力では決してこの仕事を成し遂げることはできなかった。ご協力くださったすべての方に謝辞を申し上げたい。

いまはただ、本書が未知の読者の糧となることを祈るばかりである。

訳者識

第二版への訳者あとがき

第二版にあたって、『イメージの前で』英語版の序「悪魔祓い師」を収録した。この論文は、二〇〇一年十二月に、アーウィン・パノフスキーをめぐる連続講演会で口頭発表され（ルーヴル美術館において）、続いて二〇〇五年に、『イメージの前で』の英語版（*Confronting images, questioning the ends of a certain history of art*, translated by John Godman, The Pennsylvania State University Press, Pennsylvania, 2005）に序（« The exorcist »）として収録された。その後、二〇〇八年に共著『パノフスキーを再読する』（*Relire Panofsky*, Musée du Louvre, École nationale supérieure des beaux-arts, Paris, 2008）にフランス語版が収録され、最終的にディディ＝ユベルマンの単著『シャクガ——出現についての試論２』（*Phalènes, Essais sur l'apparition*, 2, Minuit, Paris, 2013）に二〇一三年に再録された。それらのテクストには異同が存在するが、訳出は『シャクガ』に収録されたフランス語版（« L'exorciste »）から行った。

ディディ＝ユベルマンは、『イメージの前で』（一九九〇年）刊行後に、『われわれが見るもの、われわれを見つめるもの』（一九九二年）からヴァルター・ベンヤミンに頻繁に言及するようになり、「弁証法的イメージ」を始めとするベンヤミンの概念を縦横無尽に活用するようになる。そして同時に、アビ・ヴァールブルク研究の世界的な進展と歩みを合わせながら、というよりもむしろその先陣を切って、独自のヴァールブルク論を深化させて、「残存」を始めとするその概念を自家薬籠中のものとしていく。彼は、『イメージの前で』を刊行してから、その続編を執筆するためにヴァールブルク研究を開始して、一九九〇年から一九九二年にかけて、社会科学高等研究院のセミナーでヴァールブルクを取り上げた。その最初の成果として、一九九二年から一九九八年にかけて約一〇本の論文を発表している。そして、やはり『イメージの前で』の続編として構想されていた『時間の前で――美術史とイメージのアナクロニズム』(二〇〇〇年)を刊行後に、長年にわたるヴァールブルク研究の成果として、二〇〇二年には大著『残存するイメージ――アビ・ヴァールブルクによる美術史と幽霊たちの時間』を刊行した。さらにその後、やはりヴァールブルク論『アトラス、あるいは不安な悦ばしき知――歴史の眼3』を二〇一一年に発表している。このたびこの第二版に収めた英語版の序は、一九九〇年の『イメージの前で』とその後のヴァールブルク論を結ぶ関係を、簡潔に解き明かしてくれる好論である。ヴァールブルクについての言及は、すでに『イメージの前で』においても簡潔に行われていたが、英語版の序は、本書第三章におけるパノフスキー批判を、悪魔祓い師パノフスキーによるヴァールブルクの悪魔祓いとして語り直している。その意味で、この序「悪魔祓い師」は、過去の仕事と現在の仕事を結ぶ潜在的な水脈を、鮮やかに浮かび上がらせてくれるであろう。

本訳書の第一版は、二〇一二年に上梓されてから、幸いなことに多くの読者に恵まれ、こうして重版の機会を頂くことができた。第二版の刊行にあたって、訳書を全体的に見直して修正を行った。また、「訳者あとがき」の著作リストを最新作まで補完した。この第二版が、ふたたび未知なる読者の糧となることを、訳者は願ってやまない。

二〇一八年二月十六日

訳者識

人名索引

ア 行

アヴェリ　Avery, C.　371
アグリッパ（ネッテスハイムの）　Agrippa de Nettesheim　292
アッローリ　Allori, A.　127
アドリアーニ　Adriani, G. B.　99, 114
アブラハム　Abraham, N.　271
アペレス　Apelle　99, 101, 356, 361
アラス　Arasse, D.　207, 307, 399, 401
アリオスト　Arioste（Ludovico Ariosto, dit l'）　105
アリストテレス　Aristote　78-79, 138, 150, 155, 205, 255, 257, 394-97, 434, 436
アルチュセール　Althusser, L.　73
アルテミドロス　Artémidore de Daldis　202
アルパース　Alpers, S.　115, 201, 404-14, 425, 427
アルフェリ　Alféri, P.　61
アルベルティ，レオン・バッティスタ　Alberti, L. B.　18-19, 21, 29, 127, 187-90, 201, 337, 363-64, 404
アルベルティ，ロマーノ　Alberti, R.　127, 137, 141
アルベルトゥス・マグヌス　Albert le Grand　26, 30, 32-33, 37, 45, 364
アルメニーニ　Armenini, G. B.　127
アンジェリコ，フラ　Angelico, Fra　18, 20-22, 24, 26-28, 31-32, 34-37, 61, 63, 65, 336-39, 341, 349, 364
アン＝スキ　Anski, S.　xv, xvi
アントニヌス（フィレンツェの聖）　Antonin de Florence（saint）　28, 30, 37
アンドレウッチ　Andreucci, O.　373
イザベラ・デステ　Isabelle D'Este　372
イザヤ　Isaïe　33
ヴァールブルク　Warburg, A.　xix-xxvi, xxx-xxxi, 46, 87, 159-61, 203, 215, 372-73, 377
ヴァイツマン　Weitzmann, K.　43
ヴァザーリ　Vasari, G.　47, 70-73, 88-129, 131-38, 145-54, 156-60, 184, 187-91, 193-94, 197-99, 201, 256, 276, 309, 311, 326-28, 331-33, 346, 352-56, 359, 361, 363-66, 368-71, 374-76, 378, 391, 393
ヴァシンスキ　Waszynski, M.　xvi
ヴァスビンスキー　Wazbinski, Z.　111, 115
ヴァルキ　Varchi, B.　128-29, 135
ウィーロック　Wheelock, A. K., Jr.　427
ウィットカウアー　Wittkower, R.　x
ヴィッラーニ　Villani, F.　95
ウィリアム・オッカム　Guillaume d'Ockham　61
ウィリー　Willey, T. E.　217
ヴィルト　Wirth, J.　x, 245
ヴィンケルマン　Winckelmann, J. J.　152-53, 187
ヴィンデルバント　Windelband, W.　178
ウィンド　Wind, E.　x, 160, 365
ウーゴ・ダ・カルピ（コンティ・ダ・パニコ，ウーゴ・デイ）　Ugo da Carpi（Conti da Panico U., dit）　328-36
ヴェトツォルト　Waetzoldt, W.　155
ウェブスター　Webster, N.　211
ウェルギリウス　Virgile　107, 247, 275
ヴェルドン　Verdon, T.　365
ヴェルナン　Vernant, J.-P.　121, 335

ヴェルフリン　Wölfflin, H.　ix, 46, 87, 162, 171, 178, 206, 278
ヴェロッキオ　Verrocchio, A.　374
ウリヴィ　Ulivi, F.　123
ウンガレッティ　Ungaretti, G.　427
エウセビオス（カエサレアの）　Eusèbe de Césarée　325
エーコ　Eco, U.　244-45
エドガートン　Edgerton, S. Y.　201
オウィディウス　Ovide　105, 449
オーバンク　Aubenque, P.　79
オルタッリ　Ortalli, G.　201

カ 行

カッシーラー　Cassirer, E.　xvii, xxvi, xxx, 8, 160-61, 178, 186, 215-17, 219-23, 226, 246, 249, 260, 278-79, 286-89, 304-05
ガッディ，アーニョロ　Gaddi, A.　356
ガッディ，タッデーオ　Gaddi, T.　356
カプッチ　Capucci, M.　115
カラブ　Kallab, W.　91
カルディーニ　Cardini, F.　109
カルピ，ウーゴ・ダ　→ウーゴ・ダ・カルピ
ガルベロ・ゾルジ　Garbero Zorzi, E.　109
ガレン　Garin, E.　121
カント　Kant, I.　xxx, 8-11, 67, 73, 153-60, 173, 175-79, 181-85, 187-92, 194-97, 199, 201, 206, 212-13, 215, 217-18, 220, 222-36, 239-41, 243, 249-51, 254, 263, 273, 278-79, 286, 289, 293, 296, 311
カントロヴィッチ　Kantorowicz, E. H.　359, 377
ギージー　Giesey, R. E.　377
キケロ　Cicéron　69, 124
キッツィンガー　Kitzinger, E.　43
ギベルティ　Ghiberti, L.　127
ギンズブルグ　Ginzburg, C.　269, 389, 391
クインティリアヌス　Quintilien　124
クライン　Klein, R.　45, 65, 176, 207
クラウトハイマー　Krautheimer, R.　109
グラッシ　Grassi L.　91
クラナッハ　Cranach, L.　333
クリーマン　Kliemann, J.　103, 105, 107, 111
クリステラー　Kristeller, P. O.　127, 151
クリバンスキー　Klibansky, R.　281, 291
グリューネヴァルト　Grünewald, M.　168, 170, 174, 214, 366
グリュメル　Grumel, V.　323
クルセル　Courcelle, P.　353
クルターマン　Kultermann, U.　155
グレゴリウス15世（教皇）　Grégoire XV（pape）　324
クレペリン　Kræpelin, E.　281
クレメンス7世　Clément VII（pape）　372
クレンペラー　Klemperer, V.　xxvii
クローデル　Claudel, P.　410-11, 415, 418-21, 425
ゲーテ　Goethe, J. W.　xxiv
ケーニヒスベルガー　Kœnigsberger, D.　193
ゲオルゲス・ピシデス　Georges Pisidès　321
ケンプ　Kemp, M.　123
ゴーイング　Gowing, L.　425
コーヘン　Cohen, H.　178
コッツィ　Cozzi, E.　355
コッロービ・ラッギャンティ　Collobi Ragghianti, L.　117
ゴヤ・イ・ルシエンテス　Goya y Lucientes, F. de　61
コルドベロ　Cordovero, M.　xiv-xv
コレッジョ（アッレグリ，アントニオ）　Corrège（Allegri, A., dit le）　213
コンティ・ダ・パニコ，ウーゴ・デイ　→ウーゴ・ダ・カルピ
ゴンブリッチ　Gombrich, E. H.　87,

119, 121, 161, 175, 177, 207, 231, 301, 371, 403

サ 行

ザイフェルトヴァ　Seifertová, H.　341
ザクスル　Saxl, F.　x, 160, 281, 291
ザンドラルト　Sandrart, J. von　150-51, 155
シェーンボルン　Schönborn, C. von　339
ジャヴレ　Javelet, R.　351
シャステル　Chastel, A.　47, 53, 71, 87, 91, 111, 115, 121, 129, 161, 358, 359
ジャック・ド・ヴォラジーヌ　Jacques de Voragine　351
シャピロ　Schapiro, M.　xi, 50-51, 176-77, 441
シャルコー　Charcot, J. M.　11, 14, 275, 432-33
シャルダン　Chardin J.-B. S.　391, 393
シュヴァリエ　Chevalier, U.　331
シュジェール神父　Suger（abbé）　360-61
シュトラウス　Strauss, W. L.　297
ジュネット　Genette, G.　91
シュミット　Schmitt, J.-C.　43, 45
シュルテス　Schulthess, P.　231
シュロッサー　Schlosser, J. von　88-89, 109, 115, 123, 159, 191, 353, 355
ショア　Schor, N.　389
ジョヴァンニ・ディ・ジェノヴァ　Giovanni di Genova　349
ジョーヴィオ　Giovio, P.　117
ショーレム　Scholem, G.　xiii, xxiii, xxv
ジョーンズ　Jones, E.　270
ジョット・ディ・ボンドーネ　Giotto di Bondone　95, 101, 118-20, 146, 187, 356, 364, 368-71
スタニスラフスキー　Stanislavski, C.　xvi
スタロバンスキー　Starobinski, J.　247
スピネッロ・アレティーノ　Spinello Aretino　191
ゼーリ　Zeri, F.　381
セザンヌ　Cézanne, P.　282
セジュルネ　Séjourné, P.　375
セズネック　Seznec, J.　365
ソクラテス　Socrate　78
ソシュール　Saussure, F. de　55, 60, 163, 443
ソロン　Solon　78-79

タ 行

ダーウィン　Darwin, C.　xxiv
タイラー　Tylor, E. B.　xxiv
ダニロヴァ　Danilova, I.　365
ダミッシュ　Damisch, H.　xviii, 449
タラブーキン　Taraboukine, N.　67
ダンテ・アリギエーリ　Dante Alighieri　120, 322-23, 364, 370-71
タントゥルリ　Tanturli, G.　109
チェッリーニ　Cellini, B.　127
チェンニーニ　Cennini, C.　35, 134-35, 353-59, 362-64, 366, 373, 375-76
チマブーエ　Cimabue　88, 95, 191
ツッカリ，タッデオ　Zuccari, T.　137
ツッカリ，フェデリコ　Zuccari, F.　127, 137-39, 141, 156
デ・アンジェリス・ドサ　De Angelis d'Ossat, G.　133
デイヴィス　Davis, M. D.　129
ティエリ　Thiery, A.　365
ディオニュシオス・アレオパギテス（偽）　Denys L'Aréopagite（pseudo-）　52, 121, 334-35, 360
テイセードル　Teyssèdre, B.　87, 89, 161, 165, 207, 305, 389, 399
ティツィアーノ（ヴェチェッリオ）　Titien（Vecellio T., dit）　209, 211, 213, 389, 391
ディドロ　Diderot, D.　391, 393
テイラー　Taylor, A. E.　353

テオフィルス　Théophile　353-57, 362-63, 366
デカルト　Descartes, R.　308-09
デューヴ　Duve, Th. de　67
デューラー　Dürer, A.　14, 186-87, 232, 282-83, 289-98, 312-13, 363
デュシャン　Duchamp, M.　66-67
デュビィ　Duby, G.　57
デュルケーム　Durkheim, E.　285
デラ・ペルゴラ　Della Pergola, P.　91
デリダ　Derrida, J.　xix, 51, 91, 121
テルトゥリアヌス　Tertullien　13, 39, 41-42, 54-55
ドゥッチョ・ディ・ブオニンセーニャ　Duccio di Buoninsegna　159
ドゥルーズ　Deleuze, G.　xix, 225
ドーニ　Doni, A. F.　127, 137
ドナテッロ（ドナート・ディ・ニッコロ・ディ・ベット・バルディ）　Donatello（Donato di Niccolo di Betto Bardi, dit）　21, 371-72, 374, 377
ドブシュッツ　Dobschütz, E. von　317, 325
トマス・アクィナス（聖）　Thomas d'Aquin（saint）　26, 30-31, 37, 45, 325, 359, 375
ドミニチ　Dominici, G.　28
トム　Thom, R.　395
トロック　Torok, M.　271
トロッタン　Trottein, S.　203

ナ 行

ナンシー　Nancy, J.-L.　185
ニーチェ　Nietzsche, F.　xxiv, xxvi, xxviii, 159
ニコラウス・クザーヌス　Nicolas de Cues　337
ニコラオス・カヴァシラス　Nicolas Cabasilas　343
ニコラス（ハドリアノポリスの）　Nicolas d'Andrinople　323
ニッコロ・ダ・ウッツァーノ　Niccolò da Uzzano　371, 376
ネルソン　Nelson, W.　115
ノチェンティーニ　Nocentini, A.　129
ノルデンファルク　Nordenfalk, C.　175

ハ 行

パース　Peirce, C. S.　285
ハート　Hartt, F.　87
ハープラート　Harprath, R.　329
ハイデガー　Heidegger, M.　xxviii, 50-51, 173-75, 191, 226, 232-36, 243, 276, 284, 435
パウロ（聖）　Paul（saint）　318, 330, 380
パウロ3世（教皇）　Paul III（pape）　111
バクサンドール　Baxandall, M.　62-63, 123, 176-77, 405
バザン　Bazin, G.　47, 55, 95, 97, 115, 129
バシュラール　Bachelard, G.　49, 390-95
パストゥロー　Pastoureau, M.　43
バタイユ　Bataille, G.　1, 2, 432-33
パチェコ　Pacheco, F.　151
パッジ　Paggi, G. B.　129
バッタリア　Battaglia, S.　133
バトゥー　Batteux, C.　150-52
パノフスキー，エルヴィン　Panofsky, E.　ix-xxxi, 1-2, 7-9, 13-14, 18, 46, 87, 89, 110-12, 117, 119, 124-25, 127, 139, 149, 151, 155, 159-64, 166-68, 170-218, 220, 223-26, 229, 232, 240-41, 246, 276-97, 300, 302, 304-05, 307-08, 310, 312-13, 315, 349, 359, 361, 365-66, 389, 398-99, 403-04, 409
パノフスキー，ドーラ　Panofsky, D.　213
バルザック　Balzac, H. de　49, 392
バルディヌッチ　Baldinucci, F.　125,

137
バルト　Barthes, R.　438-40, 446
バルドゥング・グリーン　Baldung Grien, H.　295, 333
バルトルシャイティス　Baltrušaitis, J.　201
バルビ　Balbi, G.　349
パルミジャニーノ（マッツォーラ）Parmesan（Mazzola F., dit）328-29
バレ　Barré, M.　415
パレオッティ，アルフォンソ　Paleotti, A.　320-21
パレオッティ，ガブリエーレ　Paleotti, G.　137
バロッキ　Barocchi, P.　91, 117, 127, 137
ビアリク　Bialik, H. N.　xvi
ビアンコーニ　Bianconi, P.　427
ピーノ　Pino, P.　129
ピエトリ　Pietri, C.　41
ピエロ・ディ・コジモ　Piero di Cosimo　307
ピエロ・デラ・フランチェスカ　Piero della Francesca　21, 391
ピカソ　Picasso, P.　61
ヒューズ　Hughes, A.　129
ビュットナー　Büttner, F. O.　343
ビング　Bing, G.　159
ビンスワンガー　Binswanger, L.　xix-xx, xxiv
ファルギエール　Falguières, P.　55
ファン・ゴッホ　Van Gogh, V.　50-51
ファン・フェーン　Van Veen, H. T.　95, 109
ファン・マンデル　Van Mander, C.　150-51
フィチーノ　Ficin, M.　198-99
フィッシャー　Vischer, R.　xxiv
フィロネンコ　Philonenko, A.　179
フィンク　Fink, D.　427
フーコー　Foucault, M.　xix, 55, 207, 367
フーゴー（サン・ヴィクトールの）Hugues de Saint-Victor　351
ブーバー　Buber, M.　xiii
フェディダ　Fédida, P.　14, 59, 145, 251, 266-67, 269, 271, 367
フェルメール　Vermeer de Delft, J.　25, 308, 385, 404, 408, 410-17, 419-20, 422-29, 431, 436, 444, 448-49
フェレッティ　Ferretti, S.　161, 183, 287
フォンテーヌ　Fontaine, J.　41
フッサール　Husserl, E.　xix, 47
プファイファー　Pfeiffer, H.　321
フュマロリ　Fumaroli, M.　319
フュルティエール　Furetière, A.　437
フライ　Frey K.　115
フラヴァコヴァ　Hlaváčková, H.　341
ブラウン　Brown, P.　41
ブラッチョリーニ　Bracciolini, P.　198
プラトン　Platon　xii, 121, 154-56, 186, 188, 292, 335
フランカステル　Francastel, P.　176-77
フランシスコ・ドランダ　François de Hollande　127
ブランショ　Blanchot, M.　266-67, 322-23, 379, 412-13
フランチェスコ（アッシジの聖）François d'Assise（saint）314
ブラント　Blunt, A.　91
フリース　Fliess, W.　275, 278-79
フリードリヒ３世（アラゴンの）Frédéric III d'Aragon　372
プリニウス（大）Pline L'Ancien　69-70, 99, 356
ブリューゲル，ピーテル（父）Bruegel, P. L'Ancien　400-01, 403
プリンツ　Prinz, W.　117
プルースト　Proust, M.　412-13, 415, 443-44
ブルーニ　Bruni, L.　114

ブルーノ　Bruno, G.　188
ブルクハルト　Burckhardt, J.　xxiv
ブルデュー　Bourdieu, P.　xviii, 147, 161, 163, 179, 285-87, 289
ブレイク　Blake, W.　xx
プレヴィターリ　Previtali, G.　91
フロイト　Freud, S.　xviii, xx, xxiv, xxvi, xxviii, xxx, 11-14, 23, 40, 59, 166, 247-52, 254-60, 262-65, 268-71, 273-81, 284-89, 302-03, 306-10, 313, 315, 346-49, 381, 387-90, 425, 432-38
ブロッホ　Bloch, E.　xxviii, 397
プロティノス　Plotin　121
フロリオ　Florio, J.　63
ペヴズナー　Pevsner, N.　129
ヘーゲル　Hegel, G. W. F.　72-75, 77-79, 121, 303, 364
ヘクシャー　Heckscher, W. S.　xx, xxiii, xxviii-xxix
ベケット　Beckett, S.　22
ベッカー　Becker, H. S.　147
ベッタリーニ　Bettarini, R.　89, 91
ベッローリ　Bellori, G. P.　187
ベニンテンディ　Benintendi, O.　374
ペパン　Pépin, J.　361
ペヒト　Pächt, O.　175
ベラスケス　Vélasquez, D.　61
ベルクソン　Bergson, H.　xix
ヘルダーリン　Hölderlin, F.　xxi
ベルティ　Berti, L.　129
ベルティング　Belting, H.　43, 61, 63
ベルテッリ，カルロ　Bertelli, C.　325
ベルテッリ，セルジオ　Bertelli, S.　109
ベレンソン　Berenson, B.　87
ベンヤミン　Benjamin, W.　xxviii, 322-23
ホイジンガ　Huizinga, J.　363
ポー　Poe, E.　446
ボーズ　Boase, T. S. R.　91
ホープ　Hope, C.　117
ホーヘンベルフ　Hogenberg, N.　295
ボッカチオ　Boccace　101
ホッサールト（マビューズ）　Gossaert, J., dit Mabuse　295
ボッティチェッリ　Botticelli, S.　21
ポミアン　Pomian, K.　117
ボリエス　Borries, J. E. von　297
ボルギーニ，ヴィンチェンツォ　Borghini, V.　107, 114-16
ボルギーニ，ラファエロ　Borghini, R.　127
ホルバイン　Holbein, H.　411
ボルヘス　Borges, J. L.　56
ボワ　Bois, Y. A.　67
ボンヌ　Bonne, J.-C.　365, 443

マ 行

マイス　Meiss, M.　161
マキァヴェッリ　Machiavel, N.　101
マザッチョ（トンマーゾ・ディ・セル・ジョヴァンニ）　Masaccio (Tommaso di Ser Giovanni, dit)　21, 120, 364
マタイ（聖）　Mathieu (saint)　325
マッツォーニ　Mazzoni, G.　373
マネ　Manet, E.　61
マノーニ　Mannoni, O.　425
マビューズ（ホッサールト）　Mabuse (Gossaert, J., dit)　295
マホン　Mahon, D.　151
マラン　Marin, L.　xviii, 91, 313, 385, 449
マリーノ　Marino, G. B.　319
マルク　Marc, F.　168
マルティ　Marty, F.　229
マレーヴィッチ　Malevitch, K.　66
マンハイム　Mannheim, K.　167
ミケランジェロ（ブオナローティ）　Michel-Ange (Buonarroti M., dit)　72-73, 88, 101, 105, 120, 187, 332-33, 361
ミシュレ　Michelet, J.　57
ミショー　Michaux, H.　382
ミナゾリ　Minazzoli, A.　337
ミラネージ　Milanesi, G.　71, 88, 91, 93, 391

ムーラン　Moulin, R.　147
メディチ，コジモ・デ　Médicis, Cosme de　88, 93, 95, 364
メディチ，ロレンツォ・デ　Médicis, Laurent de　373
メランヒトン（シュヴァルツェルト）　Melanchthon (Schwarzerd, P.)　186
メリー，ド　Mély, F. de　331
メルロ＝ポンティ　Merleau-Ponty, M.　242-43
モース　Mauss, M.　185, 285
モスコヴィシ　Moscovici, M.　59
モンフラン　Monfrin, F.　41

ヤ 行

ユリウス３世（教皇）　Jules III (pape)　93
ユング　Jung, C. G.　xxviii
ヨハネ（聖）　Jean (saint)　34, 105, 350, 354-55

ラ 行

ライモンディ　Raimondi, M.-A.　332
ラインホルト　Reinhold, C. L.　179
ラカン　Lacan, J.　49, 55, 60, 113, 241, 251, 265, 272-73, 289, 293, 301, 303, 305, 315, 349, 367, 381, 392-93, 437, 450
ラクー＝ラバルト　Lacoue-Labarthe, Ph.　121
ラッギャンティ，カルロ・ルドヴィーコ　Ragghianti, C. L.　117
ラッド　Rud, E.　89
ラバリエール　Labarrière, P.-J.　75
ラファエロ（サンツィオ）　Raphaël (Sanzio R., dit)　159, 267, 282
ランツィ　Lanzi, L.　117
ランディーノ　Landino, C.　62-63, 65, 95
リー　Lee, R. W.　151
リーグル　Riegl, A.　46, 162-63, 180-81, 189-90, 448
リーパ　Ripa, C.　203-07, 209, 214, 315, 399
リシェ　Richer, P.　433
リップス　Lipps, Th.　165
リトレ　Littré, E.　386, 397, 437
ル・ゴフ　Le Goff, J.　43, 371
ル・モレ　Le Mollé, R.　91, 111, 119, 123, 125, 133, 135, 369
ルーシェット　Rouchette, J.　89, 123, 133
ルーモール　Rumohr, K. F. von　155, 158-59
ルカ（聖）　Luc (saint)　19-20, 33, 45, 355
ルニョー　Regnault, V.　440
ルリア　Louria, I.　xiv
レヴィ＝ストロース　Lévi-Strauss, C.　55, 185
レオ（カルケドンの）　Léon de Chalcédoine　323
レオ 10 世（教皇）　Léon X (pape)　372
レオナルド・ダ・ヴィンチ　Léonard de Vinci　195-96, 346
ロゲルス（ヘルマルスハウゼンの）　Roger de Helmarshausen　353
ロジェ　Roger, A.　229
ロッシ　Rossi, S.　141
ロット　Lotto, L.　399, 401
ロトチェンコ　Rodtchenko, A.　66-67
ロマッツォ　Lomazzo, G. P.　127

ワ 行

ワフタンゴフ　Vakhtangov, E.　xvi

図版目録

図 1. フラ・アンジェリコ《受胎告知》, 1440–1441 年頃. フレスコ, フィレンツェ, サン・マルコ修道院, 第 3 僧房.

図 2. G. ヴァザーリ『列伝』の口絵, 初版（L・トッレンティーノ, フィレンツェ, 1550 年）. 木版.

図 3. G. ヴァザーリ『列伝』の最終頁, 初版（L・トッレンティーノ, フィレンツェ, 1550 年）. 木版.

図 4. G. ヴァザーリ『列伝』の口絵と最終頁, 第 2 版（ジュンティ, フィレンツェ, 1568 年）. 木版.

図 5. A. デューラー《悲しみの人》, 1509–1510 年. 1511 年刊行の木版『小受難伝』の口絵.

図 6. 作者不詳, イタリア,《聖顔》, 1621–1623 年. グレゴリウス 15 世がスフォルツァ公妃のために作らせたヴェロニカのカンヴァスへの模写. ローマ, ジェズ教会.

図 7. ウーゴ・ダ・カルピ《聖ペテロと聖パウロのあいだのヴェロニカ》, 1524–1527 年頃. テンペラと木炭, カンヴァス. ヴァチカン, サン・ピエトロの尊き教会財産管理委員会.

図 8. パルミジャニーノ《聖ペテロと聖パウロのあいだのヴェロニカ》, 1524–1527 年頃. デッサン, 紙. フィレンツェ, ウフィツィ, デッサン保管室.

図 9. フラ・アンジェリコ《影の聖母》の下部, 1440–1450 年頃（部分）. フレスコ. フィレンツェ, サン・マルコ修道院, 北側〔東側〕回廊. 高さ 1.50 メートル.

図 10. 作者不詳, チェコ,《ヴィッシー・ブロトのマドンナ》, 1420 年頃（裏面）. テンペラ, 木. プラハ, 国立美術館.

図 11. 作者不詳, ドイツ,《聖ベルナールと修道女がいる磔刑図》, 14 世紀前半. ケルン, シュニュットゲン博物館.

図 12. 作者不詳, フィレンツエ《女性の胸像》, 15 世紀. ブロンズ. フィレンツェ, バルジェッロ国立美術館.

図 13. P. ブリューゲル《イカロスの墜落のある風景》（部分）, 1555 年頃. 油絵, カンヴァス. ブリュッセル, 王立美術館.

図 14. J. フェルメール《デルフトの眺望》（部分）, 1658–1660〔1660–61〕年頃. 油絵, カンヴァス. デン・ハーグ, マウリッツハイス.

図 15. J. フェルメール《レースを編む女》, 1665〔1669–70〕年頃. 油絵, カンヴァス. パリ, ルーヴル.

図 16. J. フェルメール《レースを編む女》（部分）.

図 17. J. フェルメール《レースを編む女》（面）.

図 18. J. フェルメール《赤い帽子の女》, 1665 年頃. 油絵, カンヴァス〔板〕. ワシントン, ナショナル・ギャラリー.

《叢書・ウニベルシタス　971》
イメージの前で　〈増補改訂版〉
美術史の目的への問い

2012年 2月 28日　　初版第1刷発行
2018年 4月 20日　増補版第1刷発行

ジョルジュ・ディディ＝ユベルマン
江澤健一郎 訳
発行所　一般財団法人　法政大学出版局
〒102-0071 東京都千代田区富士見 2-17-1
電話03(5214)5540 振替00160-6-95814
組版: HUP　印刷: 日経印刷　製本: 誠製本

Printed in Japan

ISBN978-4-588-14049-5

著　者

ジョルジュ・ディディ＝ユベルマン (Georges Didi-Huberman)

哲学者，美術史家．1953年6月13日生（サン＝テティエンヌ，フランス）．リヨン大学で哲学の学士号を取得した後，美術史学の修士号を取得．その後，社会科学高等研究院（E.H.E.S.S.）で博士号を取得．1990年から社会科学高等研究院の助教授．日本語訳として『ヒステリーの発明――シャルコーとサルペトリエール写真図像集』（みすず書房），『フラ・アンジェリコ――神秘神学と絵画表現』『ニンファ・モデルナ――包まれて落ちたものについて』『イメージ，それでもなお――アウシュヴィッツからもぎ取られた四枚の写真』（以上，平凡社），『ジャコメッティ――キューブと顔』（PARCO出版），『時間の前で――美術史とイメージのアナクロニズム』（法政大学出版局），『ヴィーナスを開く――裸体，夢，残酷』（白水社），『残存するイメージ――アビ・ヴァールブルクによる美術史と幽霊たちの時間』（人文書院），『イメージが位置をとるとき――歴史の眼１』『受苦の時間の再モンタージュ――歴史の眼２』『アトラス，あるいは不安な悦ばしき知――歴史の眼３』（以上，ありな書房）がある．

訳　者

江澤健一郎（えざわ・けんいちろう）

1967年生まれ．フランス文学専攻．博士（文学）．立教大学兼任講師．著書に『バタイユ――呪われた思想家』（河出書房新社），『ジョルジュ・バタイユの《不定形》の美学』（水声社）．共著書に『中平卓馬――来たるべき写真家』（河出書房新社）ほか．訳書にジョルジュ・バタイユ『有罪者――無神学大全』『ドキュマン』（以上，河出文庫），『マネ』（月曜社），『聖なる陰謀――アセファル資料集』（共訳，ちくま学芸文庫），ジル・ドゥルーズ『シネマ２＊時間イメージ』（共訳，法政大学出版局）．

―――― 叢書・ウニベルシタスより ――――

（表示価格は税別です）

983 再配分か承認か？ 政治・哲学論争
N. フレイザー，A. ホネット／加藤泰史監訳 3800円

984 スペイン・イタリア紀行
A. ヤング／宮崎揚弘訳 2800円

985 アカデミック・キャピタリズムとニューエコノミー
S. スローター，G. ローズ／成定薫監訳 6800円

986 ジェンダーの系譜学
J. ジャーモン／左古輝人訳 4600円

987 根源悪の系譜 カントからアーレントまで
R. J. バーンスタイン／阿部・後藤・齋藤・菅原・田口訳 4500円

988 安全の原理
W. ソフスキー／佐藤公紀，S. マスロー訳 2800円

989 散種
J. デリダ／藤本一勇・立花史・郷原佳以訳 5800円

990 ルーマニアの変容
シオラン／金井裕訳 3800円

991 ヘーゲルの実践哲学 人倫としての理性的行為者性
R. B. ピピン／星野勉監訳，大橋・大藪・小井沼訳 5200円

992 倫理学と対話 道徳的判断をめぐるカントと討議倫理学
A. ヴェルマー／加藤泰史監訳 3600円

993 哲学の犯罪計画 ヘーゲル『精神現象学』を読む
J.-C. マルタン／信友建志訳 3600円

994 文学的自叙伝 文学者としての我が人生と意見の伝記的素描
S. T. コウルリッジ／東京コウルリッジ研究会訳 9000円

995 道徳から応用倫理へ 公正の探求２
P. リクール／久米博・越門勝彦訳 3500円

996 限界の試練 デリダ、アンリ、レヴィナスと現象学
F.-D. セバー／合田正人訳 4700円

──── 叢書・ウニベルシタスより ────
（表示価格は税別です）

997 導きとしてのユダヤ哲学
H. パトナム／佐藤貴史訳 2500円

998 複数的人間　行為のさまざまな原動力
B. ライール／鈴木智之訳 4600円

999 解放された観客
J. ランシエール／梶田裕訳 2600円

1000 エクリチュールと差異〈新訳〉
J. デリダ／合田正人・谷口博史訳 5600円

1001 なぜ哲学するのか？
J.-F. リオタール／松葉祥一訳 2000円

1002 自然美学
M. ゼール／加藤泰史・平山敬二監訳 5000円

1003 翻訳の時代　ベンヤミン『翻訳者の使命』註解
A. ベルマン／岸正樹訳 3500円

1004 世界リスク社会
B. ベック／山本啓訳 3600円

1005 ティリッヒとフランクフルト学派
深井智朗監修 3500円

1006 加入礼・儀式・秘密結社
M. エリアーデ／前野佳彦訳 4800円

1007 悪についての試論
J. ナベール／杉村靖彦訳 3200円

1008 規則の力　ウィトゲンシュタインと必然性の発明
J. ブーヴレス／中川大・村上友一訳 3000円

1009 中世の戦争と修道院文化の形成
C. A. スミス／井本晌二・山下陽子訳 5000円

1010 承認をめぐる闘争〈増補版〉
A. ホネット／山本啓・直江清隆訳 3600円

叢書・ウニベルシタスより

（表示価格は税別です）

1011 グローバルな複雑性
J. アーリ／吉原直樹監訳，伊藤嘉高・板倉有紀訳 3400円

1012 ゴヤ 啓蒙の光の影で
T. トドロフ／小野潮訳 3800円

1013 無神論の歴史 上・下
G. ミノワ／石川光一訳 13000円

1014 観光のまなざし
J. アーリ，J. ラースン／加太宏邦訳 4600円

1015 創造と狂気 精神病理学的判断の歴史
F. グロ／澤田直・黒川学訳 3600円

1016 世界内政のニュース
U. ベック／川端健嗣，S. メルテンス訳 2800円

1017 生そのものの政治学
N. ローズ／檜垣立哉監訳，小倉拓也・佐古仁志・山崎吾郎訳 5200円

1018 自然主義と宗教の間 哲学論集
J. ハーバーマス／庄司・日暮・池田・福山訳 4800円

1019 われわれが生きている現実 技術・芸術・修辞学
H. ブルーメンベルク／村井則夫訳 2900円

1020 現代革命の新たな考察
E. ラクラウ／山本圭訳 4200円

1021 知恵と女性性
L. ビバール／堅田研一訳 6200円

1022 イメージとしての女性
S. ボーヴェンシェン／渡邊洋子・田邊玲子訳 4800円

1023 思想のグローバル・ヒストリー
D. アーミテイジ／平田・山田・細川・岡本訳 4600円

1024 人間の尊厳と人格の自律 生命科学と民主主義的価値
M. クヴァンテ／加藤泰史監訳 3600円

叢書・ウニベルシタスより

(表示価格は税別です)

1025　見えないこと　相互主体性理論の諸段階について
A. ホネット／宮本真也・日暮雅夫・水上英徳訳　2800円

1026　市民の共同体　国民という近代的概念について
D. シュナペール／中嶋洋平訳　3500円

1027　目に見えるものの署名　ジェイムソン映画論
F. ジェイムソン／椎名美智・武田ちあき・末廣幹訳　5500円

1028　無神論
A. コジェーヴ／今村真介訳　3600円

1029　都市と人間
L. シュトラウス／石崎・飯島・小高・近藤・佐々木訳　4400円

1030　世界戦争
M. セール／秋枝茂夫訳　2800円

1031　中欧の詩学　歴史の困難
J. クロウトヴォル／石川達夫訳　3000円

1032　フランスという坩堝　一九世紀から二〇世紀の移民史
G. ノワリエル／大中一彌・川﨑亜紀子・太田悠介訳　4800円

1033　技術の道徳化　事物の道徳性を理解し設計する
P.-P. フェルベーク／鈴木 俊洋訳　3200円

1034　他者のための一者　レヴィナスと意義
D. フランク／米虫正巳・服部敬弘訳　4800円

1035　ライプニッツのデカルト批判　下
Y. ベラヴァル／岡部英男・伊豆藏好美訳　4000円

1036　熱のない人間　治癒せざるものの治療のために
C. マラン／鈴木智之訳　3800円

1037　哲学的急進主義の成立 I　ベンサムの青年期
E. アレヴィ／永井義雄訳　7600円

1038　哲学的急進主義の成立 II　最大幸福主義理論の進展
E. アレヴィ／永井義雄訳　6800円

叢書・ウニベルシタスより

（表示価格は税別です）

1039 哲学的急進主義の成立 III 哲学的急進主義
E. アレヴィ／永井義雄訳 9000円

1040 核の脅威 原子力時代についての徹底的考察
G. アンダース／青木隆嘉訳 3400円

1041 基本の色彩語 普遍性と進化について
B. バーリン，P. ケイ／日髙杏子訳 3500円

1042 社会の宗教
N. ルーマン／土方透・森川剛光・渡曾知子・畠中茉莉子訳 5800円

1043 セリーナへの手紙 スピノザ駁論
J. トーランド／三井礼子訳 4600円

1044 真理と正当化 哲学論文集
J. ハーバーマス／三島憲一・大竹弘二・木前利秋・鈴木直訳 4800円

1045 実在論を立て直す
H. ドレイファス，C. テイラー／村田純一監訳 3400円

1046 批評的差異 読むことの現代的修辞に関する試論集
B. ジョンソン／土田知則訳 3400円

1047 インティマシーあるいはインテグリティー
T. カスリス／衣笠正晃訳，高田康成解説 3400円

1048 翻訳そして／あるいはパフォーマティヴ
J. デリダ，豊崎光一／豊崎光一訳，守中高明監修 2000円

1049 犯罪・捜査・メディア 19世紀フランスの治安と文化
D. カリファ／梅澤礼訳 4000円

1050 カンギレムと経験の統一性
X. ロート／田中祐理子訳 4200円

1051 メディアの歴史 ビッグバンからインターネットまで
J. ヘーリッシュ／川島建太郎・津崎正行・林志津江訳 4800円

1052 二人称的観点の倫理学 道徳・尊敬・責任
S. ダーウォル／寺田俊郎・会澤久仁子訳 4600円